MICHELLE McNAMARA

ICH GING IN DIE DUNKELHEIT

Eine wahre Geschichte von der Suche nach einem Mörder

Aus dem amerikanischen Englisch von Eva Kemper

Atrium Verlag · Zürich

Weder Butler noch Dienstmagd noch Blut auf der Treppe.
Weder exzentrische Tante noch Gärtner noch Freund der
  Familie
Lächeln zwischen all dem Krimskrams und Mord.
Nur ein Haus in der Vorstadt mit offener Tür
Und ein Hund, der Eichhörnchen verbellt, und die Autos
Auf der Straße. Die Leiche schon kalt. Die Ehefrau in
  Florida.

Dazu folgende Spuren: der Kartoffelstampfer in der Vase,
Das Foto des Basketballteams der Wesleyan University
Zerfetzt verstreut im Flur mit Scheckbelegen;
Der nicht abgeschickte Fan-Brief an Shirley Temple,
Der Hoover-Anstecker am Aufschlag der Toten,
Der Zettel: »So getötet zu werden, macht mir nichts aus.«

Kein Wunder, dass der Fall nie gelöst wurde
Oder dass der Schnüffler Le Roux unheilbar verrückt
Allein in einem weißen Hemd in einem weißen Raum
  hockt
Und schreit, die Welt sei verrückt, die Spuren
Führten ins Nichts oder zu Mauern, so hoch, dass man
  ihre Kronen nicht sieht;
Immerzu schreit er, es herrsche Krieg, schreit, nichts ließe
  sich lösen.

Weldon Kees, »Krimi-Club«

INHALT

Orte und Daten des Geschehens   9
Personen   10

EINLEITUNG
  Von Gillian Flynn   13

PROLOG   19

TEIL EINS
  Irvine, 1981   29
  Dana Point, 1980   42
  Hollywood, 2009   50
  Oak Park   54
  Sacramento, 1976–1977   78
  Visalia   119
  Orange County, 1996   135
  Irvine, 1986   145
  Ventura, 1980   157
  Goleta, 1979   168
  Goleta, 1981   176
  Orange County, 2000   198
  Contra Costa, 1997   207

TEIL ZWEI

Sacramento, 2012	223
East Sacramento, 2012	233
Die Manschettenknopf-Coda	245
Los Angeles, 2012	250
Contra Costa, 2013	256
Concord	256
San Ramon	270
Danville	282
Walnut Creek	305
Davis	313
Fred Ray	329
Der Richtige	335
Los Angeles, 2014	349
Sacramento, 2014	352
Sacramento, 1978	356

TEIL DREI

Von Paul Haynes und Billy Jensen	363

NACHWORT

Von Patton Oswalt	401

EPILOG

Brief an einen alten Mann	407

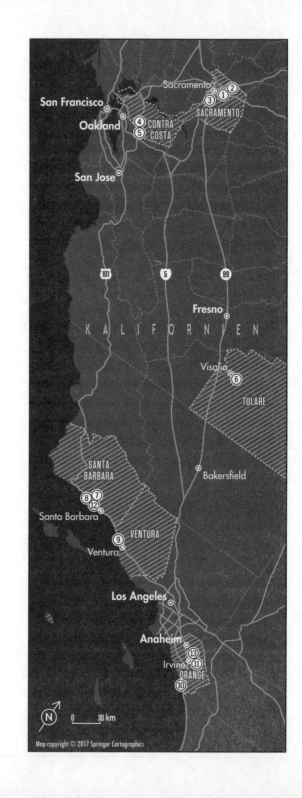

ORTE UND DATEN DES GESCHEHENS

VERGEWALTIGUNGEN IN DER EAST AREA
*(Juni 1976 bis Juli 1979) Nordkalifornien
Überfällt 50 Frauen in sieben Countys*

① **18. Juni 1976 – Rancho Cordova**
Eine 23-jährige Frau (in diesem Buch »Sheila« genannt) wird in ihrem Bett von einem maskierten Eindringling vergewaltigt. Es sollte der erste von Dutzenden Überfällen eines Mannes werden, den Presse und Polizei später als den »East Area Rapist« bezeichneten.

② **5. Oktober 1976 – Citrus Heights**
Der East Area Rapist (EAR) schlägt ein fünftes Mal zu und überfällt die 30-jährige Hausfrau Julie Miller.* Der Vergewaltiger wartet, bis der Ehemann des Opfers zur Arbeit geht, und dringt Minuten später ins Haus ein. Während der gesamten Tortur befindet sich der dreijährige Sohn des Opfers im Schlafzimmer.

③ **28. Mai 1977 – Parkway-South Sacramento**
Die 28-jährige Fiona Williams* und ihr Mann Phillip sehen sich dem EAR bei seinem 22. bekannten Überfall gegenüber – dem siebten, bei dem der Mann anwesend ist.

④ **28. Oktober 1978 – San Ramon**
Die offizielle Anzahl der Fälle erreicht 40, als der EAR ein weiteres Paar überfällt: die 23-jährige Kathy* und ihren Mann David*.

⑤ **9. Dezember 1978 – Danville**
Die 32-jährige Esther McDonald* wird nachts geweckt, gefesselt und vergewaltigt, was sie zum 43. Opfer des EAR macht.

DIE EINBRÜCHE DES VISALIA-PLÜNDERERS UND SCHUSSWAFFENGEBRAUCH
(April 1974 bis Dezember 1975)

⑥ **Visalia**
Eine mögliche Verbindung zu mehreren Einbrüchen und dem Mord an Claude Snelling wird untersucht.

DIE VERBRECHENSSERIE DES »ORIGINAL NIGHT STALKER«
(Oktober 1979 bis Mai 1986)

⑦ **1. Oktober 1979 – Goleta**
Der Original Night Stalker (ONS) will ein Paar in seinem Haus angreifen; das Paar kann fliehen.

⑧ **30. Dezember 1979 – Goleta**
Der ONS ermordet Dr. Robert Offerman und Debra Alexandria Manning.

⑨ **13. März 1980 – Ventura**
Der ONS ermordet Charlene und Lyman Smith.

⑩ **19. August 1980 – Dana Point**
Der ONS ermordet Patrice und Keith Harrington.

⑪ **6. Februar 1981 – Irvine**
Der ONS ermordet Manuela Witthuhn.

⑫ **27. Juli 1981 – Goleta**
Der ONS ermordet Cheri Domingo und Gregory Sanchez.

⑬ **4. Mai 1986 – Irvine**
Der ONS ermordet Janelle Cruz.

---

* Pseudonym.

PERSONEN

OPFER

VERGEWALTIGUNGSOPFER
Sheila* (Sacramento, 1976)
Jane Carson (Sacramento, 1976)
Fiona Williams* (South Sacramento, 1977)
Kathy* (San Ramon, 1978)
Esther McDonald* (Danville, 1978)

MORDOPFER
Claude Snelling (Visalia, 1978)†
Katie und Brian Maggiore (Sacramento, 1978)†
Debra Alexandria Manning und Robert Offerman (Goleta, 1979)
Charlene und Lyman Smith (Ventura, 1980)
Patrice und Keith Harrington (Dana Point, 1980)
Manuela Witthuhn (Irvine, 1981)
Cheri Domingo und Gregory Sanchez (Goleta, 1981)
Janelle Cruz (Irvine, 1986)

---

* Pseudonym
† Nicht eindeutig dem Golden State Killer zugeordnet.

ERMITTLER

Jim Bevins – Ermittler, Sacramento County Sheriff's Department
Ken Clark – Detective, Sacramento Sheriff's Office
Carol Daly – Detective, Sacramento County Sheriff's Department
Richard Shelby – Detective, Sacramento County Sheriff's Department
Larry Crompton – Detective, Contra Costa County Sheriff's Office
Paul Holes – Forensiker, Contra Costa County Sheriff's Office
John Murdock – Leiter des kriminaltechnischen Labors des Contra Costa County Sheriff's Office
Bill McGowen – Detective, Visalia Police Department
Mary Hong – Kriminaltechnikerin, kriminaltechnisches Labor Orange County
Erika Hutchcraft – Ermittlerin, Büro des Staatsanwalts von Orange County
Larry Pool – Ermittler, Countrywide Law Enforcement Unsolved Element (CLUE), Orange County Sheriff's Department
Jim White – Kriminaltechniker, Orange County Sheriff's Department
Fred Ray – Detective, Santa Barbara County Sheriff's Office

EINLEITUNG

Vor dem »Golden State Killer« gab es das Mädchen. Michelle wird Ihnen von ihr erzählen. Die junge Frau Anfang zwanzig wurde in eine Gasse an der Pleasant Street gezerrt, ermordet und wie Unrat liegen gelassen. Das geschah in Oak Park, Illinois, wenige Straßen von Michelles trubeligem, irisch-katholischem Elternhaus entfernt.

Michelle, das jüngste von sechs Kindern, unterzeichnete ihre Tagebucheinträge mit »Michelle, Schriftstellerin«. Sie sagte, dieser Mord habe ihr Interesse an Kriminalfällen geweckt.

Wir hätten ein gutes (wenn vielleicht auch seltsames) Paar abgegeben. Zur gleichen Zeit fühlte ich mich als Teenager in Kansas City, Missouri, ebenfalls als aufstrebende Autorin, nur verpasste ich mir in meinem Tagebuch einen hochtrabenderen Namen: »Gillian die Große«. Wie Michelle wuchs ich in einer großen irischen Familie auf, besuchte eine katholische Schule, hegte eine Faszination für das Dunkle. Mit zwölf las ich eine gebraucht erstandene Ausgabe von Truman Capotes *Kaltblütig* und bin seitdem dem Genre »True Crime« treu geblieben.

Ich verschlinge Bücher über reale Kriminalfälle, aber dabei vergesse ich nie, dass ich damit die wahren Tragödien anderer Menschen als Literatur konsumiere. Und wie jede verantwortungsbewusste Konsumentin versuche ich, kritisch auszuwählen.

Ich lese nur gute Autoren, das heißt solche, die anspruchsvoll, tiefgründig und voller Menschlichkeit schreiben.

An Michelle führte also kein Weg vorbei.

Ich hatte immer den Eindruck, dass bei den guten True-Crime-Autoren die menschliche Seite deutlich unterschätzt wird. Michelle McNamara versetzte sich mit erstaunlichem Talent nicht nur in die Gedankenwelten von Mördern, sondern auch in die der Polizisten, der Opfer und der trauernden Angehörigen. Als Erwachsene las ich regelmäßig ihren beeindruckenden Blog *True Crime Diary*. »Schreib ihr doch mal«, drängte mich mein Mann immer wieder. Sie stammte aus Chicago, ich lebte in Chicago, wir beide waren Mütter, die einen ungesund großen Teil ihrer Zeit damit verbrachten, die dunklen Seiten der Menschheit zu betrachten.

Ich widerstand dem Drängen meines Mannes. Ansatzweise nahe kam ich ihr allenfalls, als ich einmal ihre Tante auf einer meiner Lesungen kennenlernte. Sie lieh mir ihr Handy, und ich schrieb Michelle eine Kurznachricht, die eindeutig nicht zu einer Schriftstellerin passte, so etwas wie: »Sie sind total cool!!!«

Ehrlich gesagt war ich nicht ganz sicher, ob ich diese Autorin kennenlernen wollte. Ich fühlte mich ihr unterlegen. Als Romanautorin erfinde ich meine Figuren einfach. Michelle dagegen musste sich mit realen Tatsachen befassen und der Chronologie der Ereignisse folgen. Sie musste das Vertrauen argwöhnischer, abgespannter Ermittler gewinnen, sich durch Berge von Unterlagen wühlen, die vielleicht die entscheidende Information enthielten, musste bei Angehörigen und Freunden der Opfer um Verständnis bitten, wenn sie mit ihren Fragen alte Wunden aufriss.

All das tat sie mit einer gewissen Größe. Sie schrieb nachts, wenn ihre Familie schlief, in einem Zimmer, dessen Boden mit dem Bastelpapier ihrer Tochter übersät war, und notierte sich mit Buntstift Paragrafen aus dem Strafgesetzbuch Kaliforniens.

Als True-Crime-Leserin kenne ich einen Haufen übler Verbrecher, aber den Mann, den Michelle später den Golden State Killer nannte, lernte ich erst kennen, als Michelle über diesen albtraumhaften Täter schrieb. Er war für fünfzig Vergewaltigungen und mindestens zehn Morde in Kalifornien in den Siebzigern und Achtzigern verantwortlich. Der Fall war Jahrzehnte alt. Zeugen und Opfer waren weggezogen oder verstorben oder hatten mit ihm abgeschlossen. Er erstreckte sich über mehrere Zuständigkeitsbereiche im südlichen und auch nördlichen Teil Kaliforniens und füllte unzählige Akten, die noch nicht von den Segnungen der DNA-Analyse profitiert hatten. Nur sehr wenige Autoren würden sich eines solchen Falls annehmen, noch weniger wären dabei erfolgreich.

Michelle arbeitete dabei mit einer unglaublichen Hartnäckigkeit. Ein typisches Beispiel waren die Manschettenknöpfe, die 1977 an einem Tatort in Stockton gestohlen worden waren und die sie auf der Website eines Retro-Ladens in Oregon auftrieb. Und nicht nur das, sie konnte einem auch sagen, dass »Jungennamen mit dem Anfangsbuchstaben N recht selten vorkamen; in den Dreißiger- und Vierzigerjahren, in denen der ursprüngliche Besitzer wahrscheinlich geboren wurde, tauchte in den Listen der hundert beliebtesten nur einmal ein solcher Name auf«. Das war wohlgemerkt kein Hinweis, der zum Mörder führte, der Hinweis führte zu den Manschettenknöpfen, die der Mörder gestohlen hatte. Diese Akribie, wenn es um Einzelheiten ging, war typisch für sie. Wie Michelle schrieb: »Einmal habe ich einen ganzen Nachmittag lang so viele Details wie möglich über einen Spieler der Wasserpolomannschaft von 1972 der Rio Americano High School herausgefunden, weil er auf seinem Jahrbuchfoto aussah, als wäre er schlank und hätte kräftige Waden« – ein *mögliches* körperliches Merkmal des Golden State Killer.

Wenn Autoren bei ihren Recherchen so viel Blut und Wasser

15

schwitzen, neigen sie dazu, sich in Details zu verlieren. Ihre Fokussierung auf nackte Daten und Fakten trübt leicht ihren Blick für die Zwischentöne des Lebens.

Ich ging in die Dunkelheit dagegen ist nicht nur ein großartiger Tatsachenbericht, sondern auch eine Momentaufnahme der Zeit, des Ortes und der Menschen. Michelle erweckt die kalifornischen Wohnsiedlungen neben den Orangenhainen zum Leben, die gläsernen Neubauten, in denen die Opfer zu den Hauptfiguren ihrer eigenen Horrorgeschichten wurden, die Städte am Fuß der Berge, die jedes Jahr von Tausenden paarungsbereiten Vogelspinnen heimgesucht wurden. Und die Menschen, guter Gott, die Menschen – entspannte Exhippies; frisch verheiratete, hoffnungsvolle Paare; eine Mutter und ihre Teenagertochter, die über Freiheit und Verantwortung und Badeanzüge stritten, ohne zu wissen, dass es das letzte Mal sein würde ...

Ich war von Anfang an gefesselt. Und Michelle ging es offenbar genauso. Doch ihre jahrelange Jagd nach dem Golden State Killer forderte einen hohen Tribut: »In meiner Kehle steckt fortwährend ein Schrei.«

Michelle starb überraschend mit sechsundvierzig Jahren, bevor sie dieses bemerkenswerte Buch beenden konnte. Sie werden von ihren Kollegen alles Weitere über den Fall lesen, aber die Identität des Golden State Killer zu ermitteln – die Auflösung des Krimis zu liefern –, blieb ihr versagt.

Mir war seine Identität vollkommen egal. Ich wollte, dass er geschnappt wird. Wer er ist, interessierte mich nicht. Es ist immer ernüchternd, einem solchen Mann ins Gesicht zu blicken, und noch mehr, ihm einen Namen zuzuordnen. Wir wissen, was er getan hat. Jede Information darüber hinaus wirkt unweigerlich banal, in gewisser Weise klischeehaft: »Meine Mutter war grausam. Ich hasse Frauen. Ich hatte nie eine Familie ...«

Und so weiter. Ich will etwas über echte normale Menschen erfahren und nicht über kaputte Typen lesen. Auch über Michelle wollte ich mehr erfahren. Während sie ihre Suche nach dieser Schattengestalt ausführlich beschrieb, hielt ich unwillkürlich Ausschau nach Hinweisen zu dieser Autorin, die ich bewunderte. Wer war die Frau, der ich so sehr vertraute, dass ich ihr in diesen Albtraum folgte? Wie war sie? Wodurch war sie so geworden? Was hatte ihr diese Größe verliehen? An einem Sommertag fuhr ich die zwanzig Minuten von meinem Haus in Chicago nach Oak Park, zu der Gasse, in der man »das Mädchen« gefunden hatte – und wo sich Michelle ihrer Berufung als Schriftstellerin bewusst geworden war. Erst vor Ort begriff ich, warum ich dort war. Ich war dorthin gefahren, weil ich mich selbst auf der Suche befand, weil ich diese bemerkenswerte Jägerin der Dunkelheit jagte.

Gillian Flynn

PROLOG

In diesem Sommer habe ich den Serienkiller nachts vom Spielzimmer meiner Tochter aus gejagt. Zuerst befolgte ich die abendlichen Rituale aller normalen Menschen. Putzte mir die Zähne. Zog einen Pyjama an. Aber wenn mein Mann und meine Tochter eingeschlafen waren, schlich ich mich in mein provisorisches Büro und öffnete mein Laptop – ein fünfzehn Zoll großes Fenster in eine Welt der unendlichen Möglichkeiten. In unserem Wohnviertel nordwestlich der Innenstadt von Los Angeles ist es nachts überraschend still. Manchmal hörte ich als einziges Geräusch das Tippen auf dem Touchpad, wenn ich mich per Google Street View den Auffahrten von Männern näherte, die ich nicht kannte. Ich saß fast reglos da und sprang doch mit wenigen Klicks Jahrzehnte in die Vergangenheit. Jahrbücher. Hochzeitsurkunden. Verbrecherfotos. Ich ging Tausende Seiten Polizeiakten aus den Siebzigern durch. Ich studierte Autopsieberichte. Dabei war ich umgeben von Dutzenden von Stofftieren und rosa Minibongos, aber das störte mich nicht. Ich hatte den richtigen Platz für meine Suche gefunden, einen Rückzugsort, wie ihn jede Obsession braucht. Meiner war übersät mit Malpapier, auf dem ich mit Buntstiften kalifornische Strafrechtsparagrafen notierte.

Gegen Mitternacht des 3. Juli 2012 öffnete ich ein Dokument mit einer Liste aller Wertgegenstände, die er im Laufe der Jahre gestohlen hatte. Etwas mehr als die Hälfte hatte ich fett markiert – allesamt Sackgassen. Meine nächste Suche galt Manschettenknöpfen, die im September 1977 in Stockton entwendet wurden. Zu diesem Zeitpunkt war der Golden State Killer, wie ich ihn mittlerweile getauft hatte, noch nicht zum Mörder geworden. Er war ein Serienvergewaltiger, den man den »East Area Rapist« nannte. Er überfiel Frauen und Mädchen in ihren Schlafzimmern, anfangs im Osten von Sacramento County, dann drang er in die Orte im Central Valley und in der East Bay von San Francisco vor. Er war jung – zwischen achtzehn und dreißig –, weiß und sportlich. Auf der Flucht konnte er hohe Zäune überspringen. Als Ziel bevorzugte er einstöckige Häuser (möglichst das vorletzte vor der nächsten Straßenkreuzung), in Wohnvierteln der Mittelklasse. Er trug immer eine Maske.

Präzision und ein starker Selbsterhaltungstrieb gehörten zu seinen charakteristischen Merkmalen. Wenn er ein Opfer ins Visier nahm, drang er oft vorher ins Haus ein, wenn niemand dort war, betrachtete Familienfotos, machte sich mit der Raumaufteilung vertraut. Er setzte Verandalampen außer Betrieb und entriegelte Schiebetüren. Aus Waffen entfernte er die Munition. Arglose Hausbesitzer ließen ihre vorher verschlossenen Tore geöffnet, und wenn er Bilderrahmen verrückt hatte, stellten die Bewohner sie wieder an ihren Platz und dachten sich nichts dabei. Die Opfer schliefen sorglos, bis sie im grellen Licht seiner Taschenlampe erwachten. Sie waren geblendet und desorientiert. Schlaftrunkene Gedanken begannen zu rasen. Eine Gestalt, die sie nicht sehen konnten, richtete die Lampe auf sie, aber wer und warum? Ihre Angst konzentrierte sich auf die Stimme, die sie hörten, auf das kehlige Flüstern durch zusammengebissene Zähne, schroff und bedrohlich. Einige Opfer berichteten, er habe manchmal gestottert und zittrig oder mit höherer Stimme gesprochen, als habe der maskierte Fremde in der Dunkelheit nicht nur sein Gesicht verbergen wollen, sondern auch eine tiefe Unsicherheit.

Der Fall in Stockton im September 1977, bei dem er die Manschettenknöpfe stahl, war sein dreiundzwanzigster Überfall nach einer exakt eingehaltenen Sommerpause. Das Scharren der Haken an der Gardinenstange weckte eine neunundzwanzigjährige Frau um halb zwei Uhr morgens in ihrem Schlafzimmer im Nordwesten von Stockton. Sie setzte sich leicht auf. Im Licht der Verandalampe zeichnete sich eine Silhouette in der Tür ab. Das Bild verschwand, als der Strahl der Taschenlampe ihr Gesicht fand und sie blendete. Als ungebremste Macht stürmte er auf ihr Bett zu. Den letzten Überfall hatte er Ende Mai am Memorial-Day-Wochenende begangen. Nun war es Anfang September, der Dienstag nach Labor Day. Der Sommer war vorbei. Er war wieder da.

Jetzt hatte er es auf Paare abgesehen. Das weibliche Opfer versuchte dem Polizisten, der den Fall aufnahm, den üblen Körpergeruch ihres Angreifers zu beschreiben. Es fiel ihr schwer, ihn zu benennen. Er stammte nicht von mangelnder Hygiene, sagte sie. Der Geruch kam weder aus den Achseln noch aus dem Mund. Laut Polizeibericht konnte das Opfer ihn nur als einen Geruch der Nervosität beschreiben, der von keinem bestimmten Körperteil ausging, sondern aus jeder Pore strömte. Der Polizist fragte, ob sie es genauer schildern könne. Sie konnte es nicht. Weil sie so etwas vorher noch nie gerochen hatte.

Wie bei anderen Taten in Stockton behauptete er, er sei auf Geld aus, ignorierte es dann aber, als er es vor sich hatte. Er wollte Gegenstände, die für seine Opfer persönlichen Wert besaßen: gravierte Eheringe, Führerscheine, Souvenirmünzen. Die Manschettenknöpfe waren ein Familienerbstück, in den Fünfzigerjahren gefertigte Unikate, auf denen die Initialen N. R. eingraviert waren. Am Seitenrand seines Berichts hatte der Polizist die Schmuckstücke grob skizziert. Ich wollte recherchieren, ob sie mit ihren Initialen vielleicht ungewöhnlich waren. Bei einer Internetsuche fand ich heraus, dass Jungennamen mit dem Anfangsbuchstaben N recht selten waren. In den Dreißiger- und Vierzigerjahren, in denen der ursprüngliche Besitzer wahrscheinlich geboren wurde, tauchte in den Listen der hundert beliebtesten Namen sogar nur ein solcher Name auf. Ich gab eine Beschreibung der Manschettenknöpfe bei Google ein und drückte die Eingabetaste.

Es ist recht vermessen zu glauben, man könne einen verwickelten Serienmörderfall aufklären, den eine Sondereinheit aus fünf kalifornischen Gerichtsbezirken mit Unterstützung des FBI nicht hatte lösen können, vor allem, wenn die Ermittlungsarbeit wie bei mir Marke Eigenbau ist. Mein Interesse an Verbrechen wurzelt in einem persönlichen Erlebnis. Als ich vierzehn war, weckte der ungelöste Mord an einer Nachbarin in mir eine Faszination für ungeklärte Fälle. Mit dem Aufkommen des Internets wuchs sich mein bloßes Interesse zu einer aktiven Beschäftigung aus. Als immer mehr offizielle Dokumente online gestellt und die Suchmaschinen weiterentwickelt wurden, erkannte ich die Möglichkeiten, die sich einem neugierigen, an Kriminalfällen interessierten Menschen boten, und schuf 2006 die Website *True Crime Diary*. Wenn meine Familie schlafen geht, reise ich durch die Zeit und füge mithilfe der Technologie des 21. Jahrhunderts alte Ermittlungsergebnisse neu zusammen. Ich klicke mich durchs Internet auf der Suche nach digitalen Spuren, die öffentliche Stellen übersehen haben könnten, kombiniere digitalisierte Telefonbücher, Jahrbücher und Google-Earth-Ansichten von Tatorten – ein unerschöpfliches Reservoir möglicher Hinweise für die Laptop-Ermittlerin. Und meine Theorien teile ich mit den treuen Leserinnen und Lesern meines Blogs.

Ich habe über zahllose ungelöste Verbrechen geschrieben,

von Chloroform-Mördern bis zu Killer-Priestern. Der Golden State Killer allerdings hat mich am stärksten in seinen Bann geschlagen. Neben fünfzig sexuellen Gewalttaten im Norden Kaliforniens war er für zehn sadistische Morde in Südkalifornien verantwortlich. Dieser Fall erstreckte sich über ein Jahrzehnt und brachte den Staat dazu, die Gesetze über den Umgang mit DNA-Beweisen zu ändern. Weder der Zodiac-Killer, der San Francisco Ende der Sechziger- und Anfang der Siebzigerjahre terrorisierte, noch der Night Stalker, wegen dem die Menschen in Südkalifornien in den Achtzigern ihre Fenster verriegelten, war so aktiv. Trotzdem wurde der Golden State Killer kaum zur Kenntnis genommen. Er besaß keinen einprägsamen Namen, bis ich einen erfand. Er schlug in verschiedenen Gerichtsbezirken Kaliforniens zu, die nicht immer ihre Informationen austauschten. Als DNA-Tests enthüllten, dass Verbrechen, zwischen denen man keinen Zusammenhang vermutet hatte, einem einzigen Mann zuzuschreiben waren, lag sein letzter bekannter Mord mehr als zehn Jahre zurück, und seine Ergreifung galt nicht als dringlich. Er lebte weiter auf freiem Fuß, offensichtlich unauffällig und nicht identifiziert.

Doch er quälte immer noch seine Opfer. 2001 nahm eine Frau in Sacramento in dem Haus, in dem sie vierundzwanzig Jahre zuvor überfallen worden war, das Telefon ab. »Weißt du noch, wie wir gespielt haben?«, flüsterte ein Mann. Sie erkannte die Stimme sofort. Mit seinen Worten spielte er darauf an, was er in Stockton gesagt hatte, als die sechsjährige Tochter des Paares aufgestanden und ihm auf dem Weg ins Bad begegnet war. Etwa sieben Meter vor ihr hatte er gestanden, mit einer braunen Skimaske und schwarzen Strickhandschuhen und ohne Hose. Er hatte einen Gürtel mit einer Art Schwert darin getragen. »Ich spiele mit Mama und Papa«, hatte er gesagt. »Komm und schau zu.«

Ich verbiss mich in den Fall, weil ich das Gefühl hatte, man müsste ihn lösen können. Das Trümmerfeld, das er hinterlassen hatte, war gleichzeitig zu groß und zu klein, es gab so viele Opfer, so viele Spuren, aber in einem relativ überschaubaren Gebiet. Dadurch wurde es leichter, Daten über potenzielle Verdächtige zu sammeln. Der Fall nahm mich bald ganz gefangen. Ich befand mich auf der Jagd, klickte fieberhaft von Seite zu Seite und tippte mich in einen Dopaminrausch. Dabei war ich nicht allein. Ich fand eine Gruppe von Fanatikern, die in einem Online-Forum zusammenkamen und Hinweise und Theorien über den Fall austauschten. Ich schob sämtliche Vorurteile beiseite und verfolgte ihre Diskussion, las alle zwanzigtausend Posts, zu denen immer neue hinzukamen. Die unheimlichen Typen mit fragwürdigen Motiven ignorierte ich und konzentrierte mich auf die echten Jäger. Gelegentlich tauchte ein neuer Hinweis im Forum auf – etwa ein Foto von einem Aufkleber auf einem verdächtigen Fahrzeug, das jemand in der Nähe eines Tatorts gesehen hatte: der Versuch von Crowdsourcing von überlasteten Ermittlern, die immer noch an dem Fall saßen.

Für mich war er kein Geist. Ich baute auf menschliches Versagen. Irgendwann hatte er einen Fehler gemacht, davon war ich überzeugt.

In der Sommernacht, in der ich den Manschettenknöpfen nachspürte, war ich seit fast einem Jahr von dem Fall besessen. Ich benutze gerne gelbe linierte Schreibblöcke, vor allem die ersten zehn Seiten, wenn alles noch ordentlich und hoffnungsvoll wirkt. Das Spielzimmer meiner Tochter war mit nur teilweise vollgeschriebenen Blöcken übersät – eine verschwenderische Angewohnheit, die meine Geistesverfassung widerspiegelte. Jeder Block war eine Spur, die ich verfolgt hatte, bei der ich aber nicht weiterkam. Rat suchte ich bei den pensionierten

Ermittlern, die an dem Fall gearbeitet hatten und von denen ich viele mittlerweile als Freunde betrachtete. Sie hatten irgendwann die Hoffnung verloren, aber das hielt sie nicht davon ab, mich zu ermutigen. Die Jagd nach dem Golden State Killer, die beinahe vier Jahrzehnte andauerte, kam mir weniger wie ein Staffellauf vor, eher wie eine sonderbare Seilschaft, die versucht, einen Berg zu besteigen. Die betagten Jungs mussten aufgeben, bestanden aber darauf, dass ich weiterging. Bei einem beklagte ich mich, es käme mir vor, als würde ich nach Strohhalmen greifen.

»Soll ich dir was raten? Schnapp dir den Strohhalm«, sagte er. »Klammere dich an allem fest, was du in die Hände bekommst.«

Die gestohlenen Wertgegenstände waren mein letzter Strohhalm. Und ich war wenig optimistisch. Am Wochenende des 4. Juli wollten meine Familie und ich nach Santa Monica fahren. Ich hatte noch nicht gepackt. Die Wettervorhersage klang wenig vielversprechend. Dann sah ich es, ein einzelnes Foto unter Hunderten, die mein Laptop auf den Bildschirm geladen hatte: Manschettenknöpfe, die zur Zeichnung in der Polizeiakte passten, mit den dazugehörigen Initialen. Immer wieder verglich ich die grobe Skizze des Polizisten mit dem Bild auf meinem Monitor. Die Schmuckstücke wurden für acht Dollar in einem Retro-Laden in einer Kleinstadt in Oregon angeboten. Sofort bestellte ich sie und zahlte vierzig Dollar für eine Lieferung per Nachtexpress. Ich ging durch den Flur zu unserem Schlafzimmer. Mein Mann lag auf der Seite und schlief. Ich setzte mich neben ihn auf die Bettkante und wartete, bis er die Augen öffnete.

»Ich glaube, ich habe ihn gefunden«, sagte ich.

Mein Mann musste nicht fragen, wer »er« war.

TEIL EINS

IRVINE, 1981

Als die Polizisten mit der Spurensicherung im Haus fertig waren, sagten sie zu Drew Witthuhn: »Es gehört Ihnen.« Das gelbe Flatterband wurde abgenommen, die Haustür geschlossen. Die nüchterne, präzise Arbeit der Dienstmarkenträger hatte geholfen, von dem Fleck abzulenken. Jetzt konnte er ihm nicht mehr ausweichen. Das Schlafzimmer seines Bruders und seiner Schwägerin lag gleich neben der Haustür, gegenüber von der Küche. Als Drew an der Spüle stand, musste er nur den Kopf nach links drehen, um die dunklen Spritzer an der weißen Wand über Davids und Manuelas Bett zu sehen.

Drew war stolz darauf, dass ihn so schnell nichts aus der Fassung brachte. An der Polizeischule wurde man darauf trainiert, mit schlimmen Situationen fertigzuwerden. Wer seinen Abschluss machen wollte, musste Nerven wie Drahtseile haben. Aber bis zum Abend des 6. Februar 1981, einem Freitag, als die Schwester seiner Verlobten an seinem Tisch im Rathskeller Pub in Huntington Beach auftauchte und atemlos sagte: »Drew, ruf deine Mom an«, hätte er nicht gedacht, dass er diese Fähigkeit – die Ruhe zu bewahren, wenn alle anderen durchdrehten und schrien – so bald oder im persönlichen Umfeld brauchen würde.

David und Manuela wohnten in der Columbus Nr. 35, einem einstöckigen Haus inmitten einer Reihensiedlung in Northwood, einem Neubaugebiet in Irvine. Ihr Wohnviertel drang als Ausläufer der Vorstadt auf das Gebiet der alten Irvine-Ranch vor, das immer noch von Orangenhainen geprägt war. Neben dem Beton und Asphalt fanden sich noch schnurgerade Baumreihen, ein Verpackungsbetrieb und ein Lager für die Pflücker. Die Zukunft der sich wandelnden Landschaft war jedoch besiegelt: Das Dröhnen der Zementlaster übertönte längst die schwindende Zahl der Traktoren.

Obwohl Northwood am Reißbrett entworfen wurde, bemühte man sich um einen Anstrich von Vornehmheit. Hoch aufragende Eukalyptusbäume, die Bauern in den Vierzigerjahren als Schutz vor den unerbittlichen Santa-Ana-Winden gepflanzt hatten, wurden nicht gefällt, sondern versetzt. Die Bauunternehmen bepflanzten mit ihnen die Mittelstreifen der Hauptstraßen und die Grünanlagen der Wohnviertel. Davids und Manuelas Wohnsiedlung Shady Hollow umfasste 137 Häuser mit vier verschiedenen Grundrissen. Sie hatten sich für den Grundriss 6014 entschieden – The Willow –, drei Schlafzimmer, 142 Quadratmeter. Als das Haus Ende 1979 fertiggestellt war, zogen sie ein.

Auf Drew machte das Haus einen sonderbar erwachsenen Eindruck – obwohl David und Manuela nur fünf Jahre älter als er waren. Zum einen war es nagelneu. Die ganze Küche glänzte noch. Das Innere des Kühlschranks roch nach Kunststoff. Und es war geräumig. Drew und David waren in einem fast ebenso großen Haus aufgewachsen, aber dort hatten sich sieben Menschen zusammengedrängt. Sie hatten ungeduldig gewartet, bis die Dusche frei wurde, und sich am Esstisch mit den Ellbogen angestoßen. David und Manuela stellten in einem der drei Schlafzimmer ihre Fahrräder unter, in dem anderen freien Zimmer bewahrte David seine Gitarre auf.

Drew gestand es sich nicht gerne ein, aber er beneidete seinen großen Bruder. David und Manuela waren seit fünf Jahren verheiratet, beide waren fest angestellt. Sie arbeitete als Kreditbearbeiterin bei der California First Bank, er war Verkäufer bei einem Mercedes-Benz-Händler. Zusammen träumten sie den Traum der Mittelschicht. Sie diskutierten oft darüber, ob sie vor dem Haus pflastern lassen sollten und wo man gute orientalische Teppiche herbekam. Das Haus Nr. 35 in der Columbus war eine Kontur, die ausgefüllt werden wollte. Es steckte voller Verheißungen. Verglichen damit fühlte Drew sich unreif und unzulänglich.

Manuela Witthuhn,
ermordet am
6. Februar 1981 in
Irvine, Kalifornien.

Nach der ersten Hausbesichtigung besuchte Drew sie nur selten. Es herrschte kein offener Groll zwischen ihnen, aber doch eine gewisse Missstimmung. Manuela, das einzige Kind deutscher Einwanderer, konnte überraschend schroff sein. Wenn sie fand, einer ihrer Kollegen müsse zum Friseur, sagte sie es unverblümt. In einem Notizbuch hielt sie – auf Deutsch – fest, was ihre Kollegen falsch machten. Sie war schlank und hübsch und hatte markante Wangenknochen und Brustimplantate. Nach der Hochzeit hatte sie sich operieren lassen, weil sie kleine Brüste hatte und David, wie sie einer Kollegin mit einem abfälligen Schulterzucken erzählte, offenbar große bevorzugte. Ihre neue Figur stellte sie nicht gern zur Schau. Im Gegenteil, sie trug am liebsten Rollkragenpullover und verschränkte die Arme vor der Brust, als würde sie mit abfälligen Kommentaren rechnen.

Drew sah, dass die Beziehung seinem eher verschlossenen, zurückhaltenden Bruder guttat. Er selbst fühlte sich nach Treffen mit den beiden allerdings oft geknickt, weil ihm Manuelas Krittelei aufs Gemüt schlug.

Anfang Februar 1981 erfuhr Drew, dass es David nicht gut ging und er im Krankenhaus lag. Er hatte seinen Bruder schon länger nicht gesehen und plante auch nicht, ihn zu besuchen. Manuela hatte David am Montag, dem 2. Februar, ins Santa Ana-Tustin Community Hospital gebracht, wo er mit einer schweren Magen-Darm-Infektion aufgenommen wurde. An den folgenden Tagen aß sie bei ihren Eltern zu Abend und besuchte dann David in Zimmer 320 des Krankenhauses. Tagsüber und abends telefonierten sie. Freitagvormittag versuchte David, Manuela in der Bank zu erreichen, doch ihre Kollegen sagten, sie sei nicht zur Arbeit erschienen. Er rief zu Hause an, aber es nahm niemand ab, was ihn wunderte. Nach dem dritten Klingeln sprang jeweils der Anrufbeantworter an. Manuela konnte das Gerät nicht bedienen. Als Nächstes rief er ihre Mutter Ruth an, die sich bereit erklärte, zum Haus zu fahren und nach ihrer Tochter zu sehen. Als die Tür nicht geöffnet wurde, schloss sie mit ihrem eigenen Schlüssel auf. Wenige Minuten später erhielt Ron Sharpe*, ein enger Freund der Familie, einen Anruf der hysterischen Ruth und fuhr sofort zum Haus.

---

* Pseudonym

»Ich habe nur nach links geschaut und das ganze Blut gesehen, das überall an der Wand klebte«, sagte Sharpe den Detectives. »Ich begreife nicht, wie es von da, wo sie lag, an die Wand gekommen ist.«

Nach diesem einen Blick wandte er sich ab und sah nie wieder in das Zimmer.

Manuela lag mit dem Gesicht nach unten auf dem Bett. Sie trug einen Bademantel aus braunem Velours und war zum Teil in einen Schlafsack gewickelt, in den sie sich manchmal gehüllt hatte, wenn ihr kalt war. An ihren Hand- und Fußgelenken fanden sich rote Striemen, Hinweise auf Fesseln, die entfernt worden waren. Ein großer Schraubenzieher lag auf der betonierten Terrasse einen halben Meter neben der gläsernen Schiebetür. Das Schloss der Tür war aufgebrochen worden. Der 19-Zoll-Fernseher stand in der südwestlichen Ecke des Gartens vor dem hohen Holzzaun. Die Ecke des Zauns klaffte auseinander, als hätte jemand gegen ihn getreten oder wäre mit Schwung über ihn hinweggeklettert. Die Ermittler entdeckten Schuhabdrücke mit kleinen kreisförmigen Mustern im Garten vor und hinter dem Haus und auf dem Gaszähler an der Ostseite.

Als eine der ersten Auffälligkeiten bemerkten die Ermittler, dass es im Schlafzimmer keine eigene Lichtquelle gab, es wurde nur durch das Bad erhellt. Sie fragten David danach. Er war bei Manuelas Eltern, wo sich Angehörige und Freunde nach der Nachricht versammelt hatten, um einander in ihrer Trauer beizustehen. Laut den Ermittlern war David am Boden zerstört und wirkte benommen, er konnte sich kaum auf ihre Fragen konzentrieren. Seine Antworten liefen ins Leere. Er wechselte abrupt das Thema. Die Frage nach dem Licht verwirrte ihn.

»Wo ist die Lampe?«, fragte er.

Eine Lampe mit quadratischem Fuß und einem kugelförmigen

Schirm aus verchromtem Metall, die auf der Stereoanlage links neben dem Bett gestanden hatte, fehlte. Das ließ die Polizei schon vermuten, mit welchem schweren Gegenstand Manuela erschlagen worden war.

David wurde gefragt, ob er wisse, warum das Band aus dem Anrufbeantworter fehle. Verdutzt schüttelte er den Kopf. Er könne es sich nur so erklären, sagte er, dass Manuelas Mörder auf das Band gesprochen hatte.

Der Vorfall war äußerst ungewöhnlich für Irvine, in dem kaum je Verbrechen begangen wurden. Einige Polizisten witterten einen inszenierten Tatort. Mehrere Schmuckstücke fehlten, und der Fernseher war in den Garten geschleppt worden. Aber welcher Einbrecher ließ seinen Schraubenzieher zurück? Sie fragten sich, ob Manuela den Mörder gekannt hatte: Ihr Mann verbringt die Nacht im Krankenhaus. Sie lädt einen Bekannten ein. Es kommt zu Gewalt, er schnappt sich die Kassette aus dem Anrufbeantworter, weil er weiß, dass seine Stimme darauf ist, dann stemmt er die Schiebetür auf, und um die Inszenierung abzurunden, lässt er den Schraubenzieher dort.

Andere bezweifelten allerdings, dass Manuela ihren Mörder gekannt hatte. Einen Tag nach dem Fund der Leiche wurde David im Polizeirevier von Irvine befragt. Unter anderem ging es darum, ob ihnen in letzter Zeit verdächtige Personen aufgefallen waren. Er überlegte und erzählte schließlich, dass sie drei oder vier Monate zuvor, entweder im Oktober oder November 1980, Schuhabdrücke gefunden hatten, die er sich nicht hatte erklären können. Für David hatten sie nach Abdrücken von Tennisschuhen ausgesehen, und sie hatten von einer Seite des Hauses bis zur anderen und in den Garten dahinter geführt. Die Ermittler gaben David ein Blatt Papier und baten ihn, das Muster der Abdrücke so genau wie möglich aufzuzeichnen. Erschöpft skizzierte er sie. Er wusste nicht, dass die Polizei einen

Gipsabguss von den Spuren genommen hatte, die Manuelas Mörder in der Tatnacht am Haus zurückgelassen hatte. Er schob das Blatt zurück, auf das er die Sohle eines rechten Tennisschuhs mit einer Anordnung von kleinen Kreisen gezeichnet hatte.

Die Ermittler bedankten sich bei David und ließen ihn nach Hause gehen. Seine Zeichnung verglichen sie mit dem Gipsabguss, den sie am Tatort gemacht hatten. Sie passten zusammen.

Die meisten Gewaltverbrecher gehen impulsiv und planlos vor und werden leicht geschnappt. Die überwiegende Mehrheit der Tötungsdelikte wird von Menschen begangen, die das Opfer kennt. Auch wenn sie nach Kräften versuchen, die Polizei von ihrer Spur abzubringen, werden sie in der Regel identifiziert und verhaftet. Eine größere Herausforderung stellt eine kleine Minderheit von Kriminellen dar, es sind vielleicht fünf Prozent – ihre Verbrechen verraten Planung und eine unbarmherzige Wut. Der Mord an Manuela trug alle Kennzeichen dieses zweiten Typus. Die Fesseln, die wieder entfernt worden waren. Die Schwere ihrer Kopfwunden. Der zeitliche Abstand zwischen den frühen Fußabdrücken und der Tat wies auf einen planenden, wachsamen Beobachter hin, dessen Brutalität und Beharrlichkeit niemand einschätzen konnte.

Nachdem die Polizei alle Spuren gesichert hatte, machte sie vierundzwanzig Stunden später, am Samstag, dem 7. Februar, gegen Mittag einen letzten Durchgang und gab das Haus dann frei. Damals gab es noch keine professionellen Tatortreiniger. An den Türknäufen klebte rußiges Fingerabdruckpulver. In Davids und Manuelas breiter Matratze klafften Löcher, wo Forensiker Stücke herausgeschnitten und als Beweise eingetütet hatten. Das Bett und die Wand an dieser Seite waren noch von Blutspritzern überzogen. Drew war klar, dass er als Polizeischüler das Säubern übernehmen sollte, und bot sich an.

Außerdem hatte er das Gefühl, dass er es seinem Bruder schuldig war.

Zehn Jahre zuvor hatte sich ihr Vater Max Witthuhn nach einem Streit mit seiner Frau in einem Zimmer ihres Elternhauses eingeschlossen. Drew ging in die achte Klasse und besuchte an diesem Abend einen Schulball. David war achtzehn, das älteste Kind, und er war derjenige, der die Tür aufbrach, nachdem ein Gewehrschuss das Haus erschüttert hatte. Er bewahrte die Familie vor dem Anblick, der sich ihm bot, und sah als Einziger den zerfetzten Schädel seines Vaters. Ihr Vater hatte sich zwei Wochen vor Weihnachten das Leben genommen. Diese Erfahrung hatte David seiner Sicherheit beraubt. Seitdem wirkte er zaghaft und zögerlich. Sein Mund lächelte manchmal, aber seine Augen nie.

Dann lernte er Manuela kennen, und er spürte wieder festen Boden unter den Füßen.

Ihr Brautschleier hing an der Innenseite der Schlafzimmertür. Weil die Polizei vermutete, es könnte ein Hinweis sein, fragte sie David danach. Er erklärte, es sei einer ihrer seltenen sentimentalen Züge gewesen, ihn immer dort aufzubewahren. Der Schleier offenbarte Manuelas sanfte Seite, die nur wenige Menschen gekannt hatten – und die jetzt niemand mehr kennenlernen würde.

Drews Verlobte machte eine Ausbildung zur Pflegerin. Sie bot an, ihm beim Aufräumen und Säubern des Hauses zu helfen. Später bekamen sie zwei Söhne und waren achtundzwanzig Jahre lang verheiratet, bevor sie sich scheiden ließen. Selbst während ihrer Ehekrise konnte er sich bei jedem Streit bremsen, wenn er an diesen Tag dachte. Diese selbstlose Hilfe vergaß er nie.

Sie schleppten Flaschen mit Bleichmittel und eimerweise Wasser heran und zogen gelbe Handschuhe über. Es war eine scheußliche Aufgabe, aber Drew erledigte sie mit stoischer Konzentration und ohne Tränen. Er versuchte, selbst aus dieser schlimmen Erfahrung zu lernen. Polizeiarbeit erforderte kühle Überlegung. Man musste hart sein, selbst wenn man das Blut seiner Schwägerin von einem Messingbettgestell wischte.

In knappen drei Stunden beseitigten sie alle Spuren des Gewaltverbrechens im Haus und richteten es für Davids Rückkehr her.

Nach getaner Arbeit stellte Drew die restlichen Putzsachen in den Kofferraum seines Wagens und setzte sich hinter das Lenkrad. Er steckte den Schlüssel ins Zündschloss, doch dann hielt er inne. Ein seltsames Gefühl stieg in ihm auf. Vielleicht lag es an der Erschöpfung. Weinen würde er nicht. Er wusste nicht mehr, wann er zuletzt geweint hatte. War nicht seine Art.

Er drehte sich zur Seite und starrte das Haus Nummer 35 an. Plötzlich fühlte er sich in den Moment zurückversetzt, als er zum ersten Mal vor dem Haus gehalten hatte. Er erinnerte sich daran, was er gedacht hatte, als er im Auto gesessen und einen Moment gezögert hatte, hineinzugehen.

Mein Bruder hat es geschafft.

Das unterdrückte Schluchzen brach sich Bahn, er kämpfte nicht mehr dagegen an. Drew presste die Stirn auf das Lenkrad und weinte. Hemmungslos. Von tiefer Trauer geschüttelt. Es war reinigend. Sein Auto roch nach Ammoniak. Das Blut sollte noch tagelang unter seinen Fingernägeln kleben.

Irgendwann sagte er sich, er müsse sich zusammenreißen. In seinem Besitz befand sich ein kleiner Gegenstand, den er der Spurensicherung übergeben musste. Den er unter dem Bett gefunden hatte. Den sie übersehen hatten.

Es war ein Teil von Manuelas Schädel.

Samstagabend klingelten Ron Veach und Paul Jessup, Ermittler der Polizei von Irvine, auf der Suche nach weiteren Informationen aus Manuelas näherem Umfeld am Haus ihrer Eltern in der Loma Street im Viertel Greentree. Horst Rohrbeck, ihr Vater, öffnete ihnen die Tür. Am Tag zuvor, kurz nachdem die Polizei das Haus der Witthuhns abgesperrt und zu einem Tatort erklärt hatte, waren Horst und seine Frau Ruth aufs Revier gebracht und getrennt voneinander von Kollegen befragt worden. Jessup und Veach, der die Leitung des Falls übernommen hatte, begegneten den Rohrbecks zum ersten Mal. Horst lebte seit zwanzig Jahren in Amerika, war aber noch immer durch und durch Deutscher. Er war Mitbesitzer einer Autowerkstatt in der Nähe, und es hieß, er könne einen Mercedes-Benz mit einem einzigen Schraubenschlüssel auseinandernehmen.

Manuela war das einzige Kind der Rohrbecks gewesen. Jeden Tag hatte sie mit ihnen zu Abend gegessen. In ihrem Kalender waren für den Januar nur zwei Termine vermerkt, die sie an die Geburtstage ihrer Eltern erinnern sollten. *Mama. Papa.*

»Jemand hat sie ermordet«, hatte Horst während der ersten Befragung gesagt. »Ich bringe ihn um.«

Horst öffnete die Tür mit einem Kognakschwenker in der Hand. Veach und Jessup betraten das Haus. Im Wohnzimmer hatte sich eine kleine Gruppe erschütterte Freunde und Angehörige versammelt. Als die Ermittler sich vorstellten, löste sich Horsts steinerne Miene, und er explodierte. Er war kein großer Mann, aber in seinem Zorn schien er zu wachsen. Er schimpfte auf Englisch mit starkem Akzent, die Polizei sei eine Schande, sie müsse mehr tun … Nachdem Veach und Jessup sich die Tirade eine Weile angehört hatten, begriffen sie, dass sie in dem Haus nichts ausrichten konnten. An den verzweifelten Mann war nicht heranzukommen. Seine Wut glich einem Geschoss, das gerade zerbarst. Die Polizisten konnten nicht mehr tun, als ihre Visitenkarte auf den Flurtisch zu legen und ihm aus den Augen zu gehen.

Eine Sache bereute Horst in seiner Trauer besonders. Die Rohrbecks besaßen einen großen abgerichteten Deutschen Schäferhund mit Namen Possum. Horst hatte vorgeschlagen, Manuela solle Possum zu ihrem Schutz mit nach Hause nehmen und bei sich behalten, solange David im Krankenhaus war, aber sie hatte abgelehnt. Man malt sich unwillkürlich aus, was geschehen wäre, wenn sie sich anders entschieden hätte, und stellt sich vor, wie Possum sich mit messerscharfen Zähnen und tropfendem Geifer dem Eindringling, der sich am Schloss zu schaffen machte, entgegenstürzte und ihn vertrieb.

Manuela wurde am Mittwoch, dem 11. Februar, auf dem Friedhof der Saddleback Chapel in Tustin beigesetzt. Drew entdeckte Polizisten, die von der anderen Straßenseite aus Fotos schossen. Danach kehrte er mit David in die Columbus zurück. Die Brüder saßen bis spät in die Nacht im Wohnzimmer und redeten. David betrank sich.

»Sie glauben, ich hätte sie getötet«, sagte David unvermittelt. Er meinte die Polizei. Sein Gesichtsausdruck war nicht zu deuten. Drew machte sich innerlich auf ein Geständnis gefasst. Er glaubte nicht, dass David körperlich in der Lage gewesen wäre, Manuela zu ermorden, die Frage lautete, ob er möglicherweise jemanden angeheuert hatte. Drews Polizeiausbildung machte sich bemerkbar. In diesem Moment nahm er nur noch seinen Bruder wahr. Er hatte eine einzige Chance.

»Und – hast du?«, fragte Drew.

Die ganze Situation hatte David den Boden unter den Füßen weggerissen. Er fühlte sich schuldig, weil er noch lebte. David war mit einem Loch im Herzen zur Welt gekommen. Wenn jemand hätte sterben sollen, dann er. Die Trauer von Manuelas Eltern brauchte ein Ziel. Wenn ihre Blicke ihn gestreift hatten,

hatten sie sich wie Schläge angefühlt. Aber als er Drews Frage beantwortete, war seine typische Unsicherheit für einen Moment verschwunden.

»Nein«, sagte er. »Ich habe meine Frau nicht umgebracht, Drew.«

Zum ersten Mal seit Manuelas Mord hatte Drew nicht mehr das Gefühl, er würde die Luft anhalten. Er hatte diese Worte von David hören müssen. Als er den verletzten, aber unbeirrbaren Blick seines Bruders erwiderte, wusste Drew, dass er die Wahrheit sagte.

Nicht nur er hatte den Eindruck, dass David unschuldig war. Der Forensiker Jim White von der Polizei von Orange County hatte bei der Untersuchung des Tatorts geholfen. Gute Forensiker sind menschliche Scanner. Sie betreten ihnen unbekannte, chaotisch verwüstete Räume, grenzen wichtige Spuren ein und alles andere aus. Sie arbeiten unter Druck. Bei Tatorten ist Zeit ein wichtiger Faktor, es besteht immer die Gefahr, dass sie zerstört werden. Jede neue Person kann sie kontaminieren. Forensiker sind bestens ausgestattet mit Werkzeugen zum Sammeln und Sichern von Spuren – Asservatentaschen aus Kunststoff und Papier, Siegel, Maßbänder, Abstrichtupfer, Klebebänder, Gips ... Beim Witthuhn-Tatort arbeitete White mit dem Ermittler Veach zusammen, der ihn einwies, auf was sie sich konzentrierten. Er asservierte bröckeligen Lehm neben dem Bett und nahm einen Abstrich von einem verdünnten Blutfleck auf der Toilette. Als Manuelas Leiche umgedreht wurde, stand er neben Veach. Sie bemerkten die schwere Schädelverletzung, die Fesselspuren und mehrere Prellungen an ihrer rechten Hand. Auf ihrer linken Gesäßhälfte zeichnete sich ein Mal ab, bei dem der Rechtsmediziner später davon ausging, dass es von einem Faustschlag stammte.

Den zweiten Teil ihrer Arbeit erledigen Forensiker im Labor, wenn sie die gesicherten Spuren analysieren. White verglich die braune Farbe auf dem Schraubenzieher des Mörders mit gängigen Marken und fand die größte Übereinstimmung bei der im Laden angemischten Farbe »Oxford Brown« der Firma Behr. Mit der Laborarbeit endet ihre Beteiligung am Fall normalerweise. Forensiker sind keine Ermittler. Sie führen keine Befragungen durch oder jagen Spuren hinterher. Allerdings befand sich White in einer besonderen Lage. Die einzelnen Polizeibehörden von Orange County untersuchten die Verbrechen in ihren jeweiligen Zuständigkeitsbereichen, doch die meisten benutzten das Kriminallabor des Sheriff's Department. Deshalb kannten die Witthuhn-Ermittler nur die Fälle aus Irvine, aber White hatte an Tatorten im ganzen County gearbeitet, von Santa Ana bis San Clemente.

Für die Polizei von Irvine war der Mord an Manuela Witthuhn außergewöhnlich.

Jim White kam er bekannt vor.

DANA POINT, 1980

Roger Harrington las den handgeschriebenen Zettel, der unter der Klingel klemmte. Er war auf den 20. 8. 80 datiert, den Vortag.

*Liebe Patty, lieber Keith,
wir haben um 7 vorbeigeschaut,
aber es war niemand zu Hause. Ruft Ihr
an, wenn sich die Planung geändert hat?*

Unterschrieben war er mit »Merideth und Jay«, Namen, die Roger als Freunde seiner Schwiegertochter erkannte. Er wollte die Haustür öffnen und merkte überrascht, dass sie verschlossen war. Keith und Patty schlossen selten ab, wenn sie zu Hause waren, vor allem nicht, wenn sie ihn zum Abendessen erwarteten. Als Roger in die Auffahrt gebogen war, hatte er den Garagentoröffner gedrückt, und sowohl Keiths als auch Pattys Auto hatten dort gestanden, sein MG und ihr VW. Wenn sie nicht im Haus waren, dann bestimmt beim Joggen, dachte Roger. Mit dem Schlüssel, der über dem Terrassenspalier versteckt war, betrat er das Haus und nahm die Post, einen ungewöhnlich dicken Packen, mit hinein.

Das Haus Nummer 33381 am Cockleshell Drive steht in Niguel Shores, einer weitläufigen, umzäunten Wohnanlage in Dana Point, einer Küstenstadt im Süden von Orange County.

Keith und Patrice Harrington, ermordet in Dana Point, Kalifornien, am 19. August 1980. Das Paar war seit drei Jahren verheiratet, als Keiths Vater die Leichen in seinem Haus fand, in dem sie wohnten.

Es gehörte Roger, der allerdings in eine Eigentumswohnung im nahe gelegenen Lakewood gezogen war, das näher an seinem Büro in Long Beach lag. Im Moment wohnte in dem Haus am Cockleshell Drive sein vierundzwanzigjähriger Sohn Keith – Medizinstudent im dritten Jahr an der University of California-Irvine – mit seiner Frau Patty, einer staatlich geprüften Krankenschwester, worüber Roger sich freute, weil sie sich so öfter sahen.

Das Haus war im Stil der späten Siebziger eingerichtet. Schwertfisch an der Wand. Kronleuchter von Tiffany. Blumenampeln aus Makramee. Roger machte sich in der Küche einen Drink. Obwohl es noch nicht dämmerte, war es im Haus schummrig. Durch die nach Süden zeigenden Fenster und gläsernen Schiebetüren sah man in der Ferne das blau glitzernde Meer. Auf der Spüle stand eine Einkaufstasche von Alpha Beta

43

mit zwei Konservendosen. Neben einem Laib Brot lagen auf der Anrichte drei abgeschnittene, altbackene Scheiben. Allmählich beschlich Roger Angst.

Er ging über den ockerfarbenen Teppichboden im Flur zu den Schlafzimmern. Die Tür zum Gästezimmer, in dem Keith und Patty schliefen, stand offen. Wegen der geschlossenen Rollläden konnte er nicht viel sehen. Das Bett war gemacht, die Decke bis zum dunklen, hölzernen Kopfteil hochgezogen. Als Roger die Tür wieder schließen wollte, fiel ihm die seltsame Wölbung der Tagesdecke auf. Er ging zum Bett, drückte darauf und spürte etwas Hartes. Er schlug die Decke zurück.

Der Kontrast zwischen dem ordentlich gemachten Bett und dem, was sich unter der Decke fand, war in seiner Absurdität kaum zu begreifen. Keith und Patty lagen auf dem Bauch. Ihre Arme waren seltsam verdreht, die Handflächen zeigten nach oben. Ihre Körper wirkten zerschmettert, als wären sie aus großer Höhe herabgestürzt. Blut hatte sich auf dem ganzen Bett ausgebreitet.

Keith war der jüngste von Rogers vier Söhnen. Hervorragender Student. In der High School einer der besten Baseballspieler der Region. Vor Patty war Keith längere Zeit mit einer Medizinstudentin zusammen gewesen, die alle schon als seine zukünftige Frau betrachtet hatten. Irgendwann hatte sie an eine andere Hochschule gewechselt, was Roger sich nie erklären konnte, und das Paar hatte sich getrennt. Wenig später hatten sich Keith und Patty am UCI Medical Center kennengelernt, ein Jahr danach hatten sie geheiratet. Roger hatte sich insgeheim gesorgt, Keith habe sich zu schnell auf diese neue Beziehung eingelassen, aber Patty war eine ebenso warmherzige, liebenswerte Person wie Keith. Von ihrem letzten Freund hatte sie sich wegen seines Marihuanakonsums getrennt. Und sie schienen sich aufrichtig zu lieben. Roger hatte viel Zeit mit den »Kindern«, wie er sie nannte, verbracht. Er hatte ihnen geholfen, im Garten einen neuen Rasensprinkler zu installieren. Am vergangenen Samstag hatten sie zu dritt im Garten Pflanzen zurückgeschnitten. Später am Abend hatten sie eine Grillparty zum Geburtstag von Pattys Vater gegeben. Wenn im Film jemand eine Leiche findet, schüttelt er sie ungläubig. Roger tat das nicht. Das war nicht nötig. Selbst im Dämmerlicht konnte er sehen, dass die helle Haut seines Sohnes violett angelaufen war.

Es gab kein Anzeichen für einen Kampf, keinen Hinweis auf ein gewaltsames Eindringen, nur eine der Schiebetüren war möglicherweise nicht verschlossen gewesen. Patty hatte Dienstagabend um 21.48 Uhr Lebensmittel gekauft, das zeigte die Quittung von Alpha Beta. Später, gegen 23 Uhr, hatte ihre Schwester Sue angerufen. Keith hatte sich schlaftrunken gemeldet und das Telefon an Patty weitergereicht. Sie hatte Sue gesagt, sie seien schon im Bett, am nächsten Morgen werde die Pflegeagentur früh anrufen. In Pattys Kopfwunde wurde ein Metallfragment aus Messing gefunden. Das legte nahe, dass jemand nach Pattys Gespräch mit ihrer Schwester und vor Mittwochmorgen, als sie nicht bei der Arbeit erschienen war, einen der metallenen Kreisregner der Sprinkleranlage aus dem Rasen gezogen hatte und damit ins Haus geschlichen war. In einer Wohnsiedlung mit einem bewachten Tor. Und niemand hatte etwas gehört.

Als er sechs Monate später die Beweise im Fall Witthuhn durchging, hatte Forensiker Jim White vom Orange County Sheriff's Department das deutliche Gefühl, dass er mit dem Mord an den Harringtons zusammenhing. Es gab zahlreiche Übereinstimmungen. In beiden Fällen wurden Opfer aus der Mittelschicht im Bett mit Gegenständen erschlagen, die der Täter im oder am Haus gefunden hatte. Beide Male nahm der Mörder die Tatwaffe mit, als er ging. Die weiblichen Opfer wurden vergewaltigt. An den Leichen von Keith und Patty Harrington wurden Fesselspuren gefunden – auf und neben ihrem Bett lagen Makrameekordeln. Im Witthuhn-Fall sechs Monate später wies die Leiche ebenfalls Fesselspuren auf, aber das verwendete Material war vom Tatort entfernt worden. Der Täter schien dazugelernt zu haben.

Eine weitere interessante Verbindung zwischen den Fällen war der medizinische Hintergrund. Keith Harrington hatte an der UC-Irvine Medizin studiert, und Patty hatte als Krankenschwester manchmal im Mercy Hospital in Santa Ana Schichtdienst geleistet. David Witthuhn, Manuelas Mann, hatte als Patient im Santa Ana-Tustin Community Hospital gelegen, als seine Frau ermordet worden war.

Auf dem Küchenboden der Harringtons wurde ein nur wenig abgebranntes Streichholz gefunden. Beide Opfer hatten nicht geraucht, deshalb gingen die Ermittler davon aus, dass der Mörder es verwendet hatte.

Im Blumenbeet neben dem Haus der Witthuhns hatte die Polizei vier Streichhölzer gesichert.

Im Witthuhn-Fall war die Polizei von Irvine zuständig, bei den Harringtons das Orange County Sheriff's Department. Ermittler beider Gruppen besprachen die mögliche Verbindung. Zwei Menschen zu überfallen, wie es der Mörder der Harringtons getan hatte, galt als ungewöhnlich. Es war sehr riskant. Das wies darauf hin, dass die erhöhte Gefahr einen zusätzlichen Reiz darstellte. Würde derselbe Mörder sechs Monate später ein einzelnes Opfer auswählen, so wie bei Manuela Witthuhn? Allerdings war Davids Krankenhausaufenthalt nicht vorhersehbar gewesen. Vielleicht hatte der Mörder nicht damit gerechnet, Manuela in dieser Nacht allein anzutreffen.

Hier Diebstahl (Manuelas Schmuck), dort nicht. Hier gewaltsames Eindringen, dort nicht. Es gab keine Fingerabdrücke, die man hätte vergleichen können, und DNA-Beweise waren noch Zukunftsmusik. Der Mörder hatte an den Tatorten auch kein Pik-Ass als Visitenkarte hinterlassen. Doch die Details blieben. Der tödliche Schlag, der Keith Harrington traf, hatte das hölzerne Kopfteil des Betts beschädigt. Durch die Lage eines Holzsplitters, den sie zwischen Pattys Beinen gefunden hatten, schlossen die Ermittler, dass zuerst Keith ermordet und danach Patty vergewaltigt worden war. Auf diese Weise sollte ihr Leiden noch verstärkt werden. Manuelas Mörder hatte so viel Zeit mit ihr verbracht, dass sie sich irgendwann übergeben musste. Auf ihrem Bett fanden sich Spuren des Erbrochenen.

Der Begriff »Übertötung« wird gerne bei polizeilichen Untersuchungen und in Krimis benutzt, manchmal allerdings zu Unrecht. Selbst erfahrene Mordermittler bewerten das Verhalten von Tätern, die brutale Gewalt ausüben, gelegentlich falsch. Wenn es bei einem Mord zur Übertötung kommt, geht man häufig davon aus, dass zwischen Täter und Opfer eine Beziehung bestand, dass sich eine durch Vertrautheit aufgestaute Wut Bahn gebrochen hat. Das war etwas Persönliches, lautet das Klischee.*

---

* Anmerkung der Herausgeber: Michelles Einschätzung in Bezug auf eine mögliche Übertötung in diesen Fällen verschob sich ein wenig, nachdem sie diese Passage geschrieben hatte. Später kam sie zu dem Schluss, dass der Golden State Killer nicht mehr Gewalt als nötig aufgewendet hatte, um zu töten. Diese Information zog sie aus Gesprächen mit aktiven Ermittlern, darunter Paul Holes (der sagte, verglichen mit anderen Tatorten, die er analysiert hatte, sei das Maß an Brutalität bei den Schlägen »nicht ungewöhnlich« gewesen). Der Eindruck des Chaotischen am Tatort bei einem Mord durch Erschlagen kann im ersten Moment den Eindruck einer Übertötung erwecken, was wahrscheinlich bei einigen der Taten des GSK geschehen ist.

Allerdings werden bei dieser Annahme keine äußeren Ursachen für solches Verhalten berücksichtigt. Das Maß an Gewalt hängt möglicherweise davon ab, wie stark sich das Opfer wehrt. Massive Verletzungen, die nach einem furchtbar entgleisten Beziehungsstreit aussehen, können auch von einem längeren Kampf zwischen Fremden stammen.

Die meisten Gewaltverbrecher prügeln sich förmlich durchs Leben. Sie haben Fäuste statt Hände und denken nicht weiter, als ihr Blick geht. Dadurch werden sie schnell geschnappt. Sie reden zu viel. Sie kehren an den Tatort zurück und sind dabei so auffällig wie klappernde Blechdosen am Auto. Doch von Zeit zu Zeit betritt ein seltenes Exemplar die Bildfläche. Ein Schneeleopard schleicht vorbei.

Manchmal begegnet den Ermittlern ein Fall, bei dem ein fremder Täter Opfer übertötet, die sich nicht wehren.

Wenn man bedenkt, dass Manuela und Patty gefesselt waren und gar keinen Widerstand leisten konnten, offenbart das Maß der Gewalt eine extreme Wut auf die weiblichen Opfer. Derart ausufernde Aggressionen treten selten zusammen mit besonnener Planung auf. Es gab keine forensischen Übereinstimmungen zwischen den Fällen, aber ein Gefühl, eine Ahnung, dass derselbe Geist hinter beiden steckte, jemand, der weder viele Spuren hinterließ noch redete noch sein Gesicht zeigte, der sich unentdeckt in der Mittelschicht bewegte, ein unauffälliger Mann mit gestörtem Ruhepuls.

Eine mögliche Verbindung zwischen Harrington und Witthuhn wurde nie direkt verworfen, aber auch nicht offiziell untersucht. Im August 1981 warfen mehrere Zeitungsartikel die Frage auf, ob der Harrington-Fall mit anderen Doppelmorden der letzten Zeit in Südkalifornien zusammenhing. *Ermordet ein geistesgestörter* Night Stalker *in Südkalifornien Paare in ihren Betten?*, eröffnete die *Los Angeles Times* einen Artikel.

Die Idee, es könne eine Verbindung geben, stammte aus dem Santa Barbara Sheriff's Department. Dort lagen zwei Doppelmorde und ein Messerangriff vor, bei dem das Paar fliehen konnte. Doch die anderen Countys mit ähnlichen Fällen, Ventura und Orange, spielten mögliche Zusammenhänge herunter. In Ventura County hatten die Verantwortlichen noch nicht verschmerzt, dass die Untersuchung gegen den Verdächtigen im dortigen Doppelmord bei einer vorbereitenden Anhörung unter großem Medieninteresse geplatzt war. Sie wurden mit der Aussage zitiert, Santa Barbara habe voreilige Schlüsse gezogen. Auch in Orange County war man skeptisch. »Wir sehen das anders«, sagte Ermittler Darryl Coder.

Und das wars. Fünf Jahre vergingen. Zehn Jahre. Der Anruf mit dem entscheidenden Hinweis kam nie. Die Akten wurden regelmäßig überprüft, gaben aber nie die nötigen Informationen preis. Roger Harrington ließ nicht locker und versuchte, eine Erklärung für den Mord an Keith und Patty zu finden. Er heuerte einen Privatdetektiv an. Er setzte eine hohe Belohnung aus. Freunde und Kollegen wurden noch einmal befragt. All das führte zu nichts. Roger, ein zäher Selfmademan, brach zusammen und konsultierte eine Wahrsagerin. Sie konnte den Nebel nicht lichten. Roger ging jeden Moment durch, den er mit Keith und Patty vor ihrem Tod verbracht hatte, bedachte jedes Detail. So viele Puzzlesteine lagen vor ihm ausgebreitet, ohne sich je zusammenzufügen.

HOLLYWOOD, 2009

Paparazzi drängten sich in Viererreihen vor dem roten Teppich. Mein Mann Patton posierte in seinem schicken blauen Nadelstreifenanzug für die Kameras. Blitzlichter flackerten. Hinter der Metallabsperrung streckte ein Dutzend Hände Mikrofone hervor. Adam Sandler tauchte auf. Die Aufmerksamkeit verlagerte sich. Der Lärmpegel stieg. Dann Judd Apatow. Jonah Hill. Chris Rock. Es war Montag, der 20. Juli 2009, kurz nach 18 Uhr. Wir besuchten in den ArcLight Cinemas in Hollywood die Premiere des Films *Wie das Leben so spielt*. Irgendwo existiert wahrscheinlich ein nicht verwendetes Foto von einem Promi, auf dem im Hintergrund eine Frau mit einem schwarzen Etuikleid und bequemen Schuhen steht. Während sich weltbekannte Stars an mir vorbeischieben, starre ich völlig gebannt und kribbelig auf mein iPhone, weil ich gerade erfahre, dass ein Verbrecher, nach dem ich lange gesucht habe und der mir keine Ruhe ließ, ein Doppelmörder im Westen und Nordwesten, nach siebenunddreißig Jahren auf der Flucht gestellt wurde.

Ich verdrückte mich hinter eine Betonsäule und rief den einzigen Menschen an, von dem ich wusste, dass ihn diese Neuigkeiten genauso interessieren würden wie mich: Pete King, einen langjährigen Reporter der *Los Angeles Times*, der jetzt für die University of California Pressearbeit machte. Er meldete sich sofort.

»Pete, hast du es schon gehört?«, fragte ich. Ich bekam die Worte kaum schnell genug heraus.

»Was denn?«

»Ich habe gerade eine Mail mit einem Link zu einem Nachrichtenartikel bekommen. Irgendwo in den Bergen von New Mexico gab es eine Schießerei. Zwei Menschen sind tot. Ein Polizist. Und der Typ, hinter dem sie her waren. Ein geheimnisvoller Mann aus den Bergen, der in mehrere Hütten eingebrochen ist.«

»Nein«, sagte Pete.

»Doch«, entgegnete ich. »Sie haben die Fingerabdrücke von dem Mann genommen.«

Ich muss gestehen, dass ich an dieser Stelle eine dramatische Pause einlegte.

»Joseph Henry Burgess«, fuhr ich fort. »Pete, wir hatten recht. Er war die ganze Zeit da draußen.«

Einen Moment lang verschlug es uns die Sprache. Mir war klar, dass Pete so schnell wie möglich an seinen Computer wollte. Ich blickte mich um. Die Premierenveranstalter scheuchten die Leute hinein. Ich sah, dass Patton nach mir Ausschau hielt.

»Find mehr heraus«, bat ich Pete. »Ich kann nicht. Ich bin bei einer Premiere und muss rein.«

Dabei waren solche Veranstaltungen nichts für mich. Die meisten Menschen können das nicht verstehen und quittieren meine kritischen Bemerkungen für gewöhnlich mit einem abfälligen »Also ich stelle mir das schön vor«. Ich verstehe das. Aber betrachten Sie es mal von meiner Warte aus. Ich habe noch keine Veranstaltung in Hollywood erlebt, bei der mir nicht jemand ein Wäscheschildchen eingeklappt, einen Knopf gerichtet oder zu mir gesagt hätte, an meinen Zähnen klebe Lippenstift. Einmal hat mir ein Eventveranstalter auf die Finger gehauen, als ich an den Nägeln knabbern wollte. Auf dem roten Teppich wirke ich meist wie ein Schluck Wasser in der Kurve. Aber mein Mann ist Schauspieler. Ich liebe ihn und bewundere seine Arbeit und die unserer Freunde, und solche Veranstaltungen zu besuchen gehört manchmal dazu. Also wirft man sich in Schale und lässt sich von einem Profi herrichten. Man wird von einem Fahrer in einer Limousine abgeholt, wobei man sich seltsam vorkommt, als müsse man sich entschuldigen. Ein quirliger PR-Mensch, den man nicht kennt, führt einen zu einem roten Teppich, an dem unzählige Blitzlichter flackern und Menschen rufen: »Sehen Sie hierher!«, und: »Hierher!« Und dann, nach diesem kurzen glamourösen Moment, sitzt man in einem ganz normalen knarrenden Kinosessel, nippt Cola light aus einem feucht beschlagenen Plastikbecher und bekommt salzige Finger von dem warmen Popcorn. Das Licht geht aus. Die übliche künstliche Begeisterung macht sich breit.

Gleich zu Beginn der anschließenden Premierenfeier wurde Patton den Regisseuren von *Crank* vorgestellt, einem Actionfilm mit Jason Statham, für den er schwärmt. Er unterhielt sie mit seinen Lieblingsstellen aus dem Film. »Bei Statham bin ich hin und weg«, gestand er. Nach dem Gespräch mit den Regisseuren begutachteten wir das Gedränge im Ballsaal des Hollywood & Highland Center. Uns erwarteten Drinks, winzige Gourmet-Cheeseburger und vielleicht sogar Garry Shandling, ein Idol von Patton. Doch Patton konnte meine Gedanken lesen.

»Kein Problem«, sagte er.

Auf dem Weg nach draußen fing uns eine Freundin ab.

»Wollt ihr zum Baby?«, fragte sie mit einem warmherzigen Lächeln. Unsere Tochter Alice war drei Monate alt.

»Du weißt ja, wie das ist.«

Dabei trieb mich in Wahrheit ein ziemlich verkorkster Grund nach Hause: Ich verließ diese schicke Hollywoodparty nicht, um zu meinem schlafenden Kleinkind zu eilen, sondern an mein Laptop. Dort würde ich die halbe Nacht hindurch Recherchen über einen Mann anstellen, dem ich nie begegnet war und der Menschen getötet hatte, die ich nicht kannte.

Mir unbekannte, gewalttätige Männer spuken mir durch den Kopf, seit ich ein Teenager war – lange vor 2007, als ich zum ersten Mal von dem Täter hörte, dem ich schließlich den Namen Golden State Killer verleihen sollte. Der Teil des Gehirns, der für Sportstatistiken oder Dessertrezepte oder Shakespeare-Zitate reserviert ist, ist bei mir mit erschütternden Zeugnissen von Verbrechen angefüllt: dem Bild des BMX-Rades eines Jungen, verlassen im Graben neben einer Landstraße, die Räder drehen sich noch; einem mikroskopisch kleinen Büschel grüner Fasern, die auf dem Rücken eines toten Mädchens gesichert wurden.

Ob ich gerne aufhören würde, darüber nachzugrübeln, ist eine Frage, die sich nicht stellt. Manchmal wünschte ich allerdings, ich würde nicht in diesem Morast stecken. Ich beneide zum Beispiel Menschen, deren Steckenpferd der Amerikanische Bürgerkrieg ist. Auch da ist die Datenfülle immens, aber das Thema ist doch immerhin klar umrissen. In meinem Fall ziehen sich die Monster zwar zurück, aber sie verschwinden nie. Sie sind längst tot oder werden gerade geboren, während ich schreibe.

Der erste Mörder, gesichtslos und nie gefasst, prägte sich mir ein, als ich vierzehn war, und seitdem kehre ich fröhlichen Veranstaltungen den Rücken, um Antworten zu suchen.

OAK PARK

Ich höre Terry Keating, bevor ich ihn sehe. Er arbeitet als Schlagzeuger und gibt Unterricht, und seine laute Stimme ist wahrscheinlich eine Folge von Schwerhörigkeit oder der Angewohnheit, seine Schüler anzubrüllen, damit sie ihn hören. »Ich bin's, Terry!«, ruft er. Ich habe auf der Straße auf ihn gewartet. Jetzt blicke ich von meinem Handy auf und sehe einen mittelgroßen Mann mit verstrubbelten braunen Haaren und einem großen Starbucks-Becher. Er trägt Levi's-Jeans und ein grünes T-Shirt mit der Aufschrift *Shamrock Football*. Aber er hat nicht mich gemeint. Er überquert die South Wesley Avenue und nähert sich dem Haus Nr. 143, dem Backsteinbau an der Straßenecke in Oak Park, Illinois, vor dem wir uns treffen wollten. Sein Ruf galt einem Mann in den Fünfzigern, der in der Auffahrt an einem Auto schraubt. Der Mann ist groß, schlaksig, etwas gebeugt, die früher dunklen Haare sind grau geworden. Sein Gesicht erinnert an einen Raubvogel. An dem ganzen Menschen ist nichts Warmherziges.

Allerdings kommt er mir bekannt vor. Dem Aussehen nach könnte er gut zu der Familie gehören, die in dem Haus lebte, als ich aufwuchs. Einige der Kinder waren etwa in meinem Alter, und ich kannte sie aus der Stadt. Er muss ein älterer Bruder sein, überlege ich, wahrscheinlich hat er das Haus gekauft oder von seinen Eltern geerbt.

Seinem Blick nach zu urteilen, erkennt der Mann Terry nicht.

Ich sehe, dass Terry sich nicht abschrecken lässt, und werde unruhig. Aus mütterlichem Instinkt heraus würde ich gerne eingreifen und ihn ablenken. Doch Terry will sich dem Mann offensichtlich in Erinnerung bringen. Immerhin waren sie früher Nachbarn.

»Ich bin einer der Jungs, die die Leiche gefunden haben!«, brüllt Terry.

Der Mann steht neben seinem Auto und starrt Terry unverwandt an. Ohne ein Wort. Ich sehe mich nervös um. Mein Blick fällt auf die kleine Statue der Jungfrau Maria in der nordöstlichen Ecke des Vorgartens.

Es ist Samstagnachmittag, der 29. Juni 2013 – ein ungewöhnlich kalter und windiger Tag für diese Jahreszeit in Chicago. Eine Straße weiter westlich sehe ich am Himmel den Turm von St. Edmund, der alten katholischen Kirche meiner Familie, deren Schule ich von der ersten bis zur dritten Klasse besucht habe.

Der Mann widmet sich wieder seinem Auto. Terry wendet sich nach rechts und entdeckt mich dreißig Meter weiter auf dem Gehweg. Um die gescheiterte Kontaktaufnahme zu dem alten Nachbarn wettzumachen, strahle ich ihn an und winke wild, als sich unsere Blicke treffen. Terry war an der St.-Edmund's-Schule eine Klasse über mir. Soweit ich mich erinnere, habe ich ihn vor fünfunddreißig Jahren zum letzten Mal gesehen. Ich weiß kaum etwas über ihn, aber vor Kurzem habe ich herausgefunden, dass dieselbe Nacht im August 1984 unser beider Leben verändert hat.

»Michelle!«, ruft er schon von Weitem. »Was macht Hollywood?«

Unbeholfen umarmen wir uns. Seine Art versetzt mich sofort in das Oak Park meiner Kindheit zurück. Die breiten Vokale in seinem starken Chicagoer Akzent. Oder wie er später sagt, er müsse »die Hufe schwingen«. Er hat eine Haartolle, gerötete Wangen, und er trägt das Herz auf der Zunge. Er kommt direkt zur Sache.

»Tja, also, das war so«, sagt er, macht mit mir kehrt und nähert sich dem Haus. Ich zögere. Vielleicht aus Angst vor der Reaktion des ohnehin verstimmten Besitzers. Vielleicht aus dem Gefühl heraus, wenn wir weiterliefen, würden wir leichter zu jenem schwülen Sommerabend zurückfinden, als wir noch Fahrrad fuhren, aber schon an unserem ersten Bier genippt hatten.

Ich blicke die Gasse Richtung Süden hinunter.

»Wie wäre es, wenn wir den Weg ablaufen, den ihr damals genommen habt?«

Oak Park grenzt an die West Side von Chicago. Ernest Hemingway, der hier aufwuchs, soll Oak Park als eine Stadt »weitläufiger Gärten und engstirniger Menschen« bezeichnet haben, doch ich habe sie anders erlebt. Wir wohnten in einem zugigen, dreistöckigen Haus im viktorianischen Stil im 300er-Abschnitt der South Scoville, einer Sackgasse mitten in der Stadt. Nördlich von uns liegen Frank Lloyd Wrights Haus und Studio und ein wohlhabendes Wohnviertel mit Häusern im Prairie-Stil und Liberalen mit gehobenen Berufen und dem Drang, hip zu sein und zu bleiben. Meine Freundin Cameron hat früher in einem der Wright-Häuser gewohnt. Ihr Stiefvater war Bürgerrechtsanwalt und ihre Mutter hat getöpfert, glaube ich. Bei ihnen habe ich vegetarisches Essen und das Wort »Kabuki« kennengelernt. Ich weiß noch, dass Cameron und ich eine Vorliebe für schwarze Hängerchen und Bekenntnislyrik hegten und ihr Stiefvater uns riet, wir sollten uns den Konzertfilm *Stop Making Sense* von den Talking Heads ansehen, um ein bisschen auf andere Gedanken zu kommen.

Weiter südlich wohnten vor allem irisch-katholische Familien aus der Arbeiterschicht. In den Häusern war es immer ein paar

Grad zu kalt, und die Betten ließen Kopfteile vermissen. Gelegentlich verschwand ein Vater mit einer Zwanzigjährigen und wurde nie wieder gesehen, aber Scheidungen gab es nicht. Eine Collegefreundin, die im zweiten Jahr die Frühlingsferien bei meiner Familie verbrachte, war überzeugt davon, mein Vater würde eine Comedy-Nummer abziehen, als er mir den neuesten Tratsch aus der Nachbarschaft erzählte. Die Nachnamen seien so durch und durch irisch, sagte sie. Connelly. Flannery. O'Leary. Und so weiter. Einmal hörte ich, wie eine erschöpfte irische Mutter aus Oak Park gefragt wurde: »Wie viele Kinder haben eigentlich die McNamaras?« Und sie antwortete: »Nur sechs.« Sie selbst hatte elf.

Meine Familie war auf beiden Seiten von Oak Park zu Hause. Meine Eltern waren Eingeborene, sie gehörten dem Stamm an, der allgemein als die West-Side-Iren bezeichnet wurde. Sie lernten sich in der High School kennen. Mein Vater war ein fröhlicher junger Mann mit Zahnlücken, der gern lachte. Meine Mutter war die älteste, streng abstinente Tochter feierfreudiger Eltern. Sie liebte Judy Garland und war ihr Leben lang von Hollywood fasziniert. »Früher haben die Leute gesagt, ich würde aussehen wie Gene Tierney«, erzählte sie einmal schüchtern. Ich wusste nicht, wer das war. Als ich Jahre später *Laura* sah, war ich von der geheimnisvollen Hauptfigur ganz gebannt. Sie hatte tatsächlich die gleichen goldgesprenkelten braunen Haare und die fein geschnittenen Wangenknochen wie meine Mutter.

Der offiziellen Geschichte nach kamen meine Eltern zusammen, als mein Vater bei ihr anklopfte und vorgab, er würde einen seiner Freunde suchen. Das sah ihnen ähnlich. Emotionale Dinge indirekt anzugehen, passte zu beiden. Sie hatten beide große Augen, mein Vater blaue, meine Mutter grüne, die oft die Gefühle ausdrückten, die sie nicht in Worte fassen konnten. Während seines Studiums an der University of Notre Dame spielte mein Vater kurz mit dem Gedanken, Priester zu werden. Er bekam den Spitznamen Bruder Leo. Meine Mutter zog andere Verehrer in Betracht und malte mögliche Alternativen ihres zukünftigen Nachnamens in ihre Hefte. Doch Bruder Leo befand, die Priesterkandidaten seien dem Alkohol zu abgeneigt. Ihr gemeinsamer Freund Reverend Malachy Dooley vollzog ihre Trauung am Tag nach Weihnachten 1955. Meine älteste Schwester Margo kam im folgenden September zur Welt. Wenn man meine Mutter mit hochgezogener Augenbraue wegen der Daten neckte, wurde sie tiefrot. An der High School hatte sie als echtes Unschuldslamm gegolten.

Mein Vater arbeitete nach seinem Jurastudium an der Northwestern als Anwalt für die Firma Jenner & Block in der Innenstadt. Achtunddreißig Jahre lang blieb er dort. Fast jeder Tag begann für ihn auf der Veranda vor unserem Haus, in einer Hand die *Chicago Tribune*, in der anderen eine Tasse Tee, und endete mit einem extra trockenen Beefeater Martini auf Eis mit einer Zitronenzeste. Als er 1990 beschloss, abstinent zu werden, verkündete er die Neuigkeit wie üblich auf seine ganz eigene Art. Jedes Kind erhielt einen mit der Maschine geschriebenen Brief. »Mein Lieblingskind«, begann er, »ich habe beschlossen, mich der Generation Pepsi anzuschließen.« Später behauptete er, nur zwei seiner Kinder hätten ihm die Anrede abgenommen. Ich war eines von ihnen.

Meine Geschwister folgten dicht aufeinander, vier Mädchen und ein Junge. Ich kam als letztes Kind nach sechs Jahren Pause zur Welt. Selbst meine jüngste Schwester Mary Rita war so viel älter als ich, dass wir kaum miteinander spielten. Wenn ich jetzt zurückblicke, kommt es mir vor, als wäre ich in eine Party hineingeboren worden, der langsam die Luft ausging. Als ich auf der Bildfläche erschien, besaßen meine Eltern Fernsehsessel mit Kippfunktion. Unsere Haustür hatte einen gläsernen Einsatz, und stand man davor, konnte man die Lehne des beigefarbenen Sessels meiner Mutter sehen. Wenn Freunde von uns Kindern klingelten, reckte sie die Hand und beschrieb einen Kreis. »Geh ums Haus«, rief sie dann und schickte sie zur offenen Hintertür.

Die Familien in unserem Block standen sich nahe, aber die Kinder waren fast alle im Alter meiner Geschwister. Sie zogen im Rudel durch die Gegend und kamen erst in der Dämmerung nach Hause. Ich kann mich noch gut daran erinnern, wie es als Teenager in den Siebzigern war, weil ich viel Zeit mit ihnen verbracht habe. Meine zehn Jahre ältere Schwester Kathleen war und ist das extrovertierteste Mitglied unserer Familie, und sie schleppte mich mit sich herum wie ein geliebtes Spielzeug. Ich weiß noch, wie wackelig ich hinter ihr auf dem Bananensitz hockte, während sie zum Lebensmittelladen Jewel in der Madison Street strampelte. Jeder kannte sie. »Hallo, Beanie!«, grüßten die Leute sie mit ihrem Spitznamen.

In ihrem ersten High-School-Jahr verknallte Beanie sich in Anton, einen ruhigen, blonden Leichtathleten. Einmal nahm sie mich zu einem seiner Wettkämpfe mit. Wir versteckten uns oben auf der Tribüne, um ihm zuzusehen. Sie sah richtig liebeskrank aus, als er von der Startlinie lospreschte. In diesem Moment begriff ich es noch nicht, aber ich war dabei, sie an die High School zu verlieren. Bald saß ich allein auf den obersten Stufen der hinteren Treppe, die unsere Küche mit dem ersten Stock verband, und sah Jungs mit Koteletten in unserer Frühstücksecke Bier auf ex trinken, während zu laut *The Joker* der Steve Miller Band lief.

Die gesamte Familie spricht mit gespielter Ehrfurcht von dem Tag im Jahr 1974, als gegenüber die Schwestern Van einzogen – Lisa, in meinem Alter, und Kris, ein Jahr älter. »Gott sei Dank«, ziehen sie mich auf. »Was hätten wir sonst mit dir gemacht?«

Meine Eltern kannten viele ihrer besten Freunde seit der Grundschule und der High School. Sie waren stolz darauf, dass sie diese engen Beziehungen in einer zunehmend unverbindlichen und unbeständigen Welt erhalten hatten, und das zu Recht, aber ich glaube, sie haben sich dadurch auch abgekapselt. Wenn man sie aus ihrer Komfortzone holte, wurde ihnen unbehaglich zumute. Ich glaube, beide waren im Grunde schüchtern. Dabei zog es sie zu Menschen mit selbstbewusstem Auftreten. Spannungen lösten sie mit – oft bissigem – Humor. Gleichzeitig wirkte meine Mutter immer so, als würde sie etwas in sich unterdrücken – Gefühle, Erwartungen. Sie hatte kleine, sommersprossige Hände und die Angewohnheit, an ihren Fingern zu ziehen, wenn sie unter Druck stand.

Ich will keinen falschen Eindruck erwecken. Sie waren intelligente, neugierige Menschen, die um die Welt reisten, sobald sie es sich leisten konnten. Mein Vater vertrat 1991 – erfolglos – einen Fall vor dem Obersten Gerichtshof, der immer noch in Verfassungsrechtsseminaren behandelt wird. Sie hatten den *New Yorker* abonniert. Sie interessierten sich für Popkultur und alles, was gut oder cool war. Meine Mutter ließ sich in *Boogie Nights* mitnehmen. (»Ich sehe mir zwanzigmal hintereinander *Meine Lieder – meine Träume* an, um das zu vergessen«, sagte sie.) Sie waren Kennedy-Demokraten. »Politisch progressiv«, sagte meine Mutter gerne, »aber sozial konservativ.« Als meine großen Schwestern acht und zehn Jahre alt waren, nahm mein Vater sie mit in die Stadt zu einer Rede von Martin Luther King. 1984 stimmten sie für Mondale. Aber als ich neunzehn war, weckte meine Mutter mich einmal panisch im Morgengrauen und wedelte mit einer Handvoll Tabletten, die sie nicht kannte. Das Wort »Pille« brachte sie nicht über die Lippen.

»Du nimmst ...«, sagte sie.

»Ballaststoffe«, beendete ich den Satz und schlief weiter.

Doch meine Beziehung zu ihnen war immer angespannt. Meine Schwester Maureen erinnert sich, dass sie einmal nach Hause kam, als ich etwa zwei war, und meine Mutter auf der Veranda vor dem Haus auf und ab lief. »Ich weiß nicht, wer hier die Verrückte ist – ich oder Michelle«, sagte sie, während sie gegen die Tränen ankämpfte. Damals war meine Mutter vierzig. Sie hatte alkoholsüchtige Eltern und den Tod eines Sohnes im Säuglingsalter überstanden. Ohne Hilfe zog sie sechs Kinder groß. Bestimmt war ich die Verrückte. Sie nannte mich nur halb im Scherz ihre kleine Hexe.

Solange ich denken kann, haben wir uns gegenseitig fast in den Wahnsinn getrieben. Sie mauerte. Ich machte ein finsteres Gesicht. Sie schrieb Briefumschläge voll und schob sie unter meiner Zimmertür hindurch. »Du bist eitel, rücksichtslos und unhöflich«, stand in einer Nachricht, die ich sie nicht vergessen ließ. Doch sie schloss mit den Worten: »Trotzdem bist Du meine Tochter, und natürlich habe ich Dich sehr lieb.« Wir hatten ein Ferienhäuschen am Lake Michigan, und ich erinnere mich, wie ich als Kind einmal nachmittags in den Wellen spielte, während sie im Liegestuhl am Strand lag und ein Buch las. Die Wellen waren gerade so hoch, dass sie mich knapp überragten. Ich machte mir einen Spaß daraus, mich unsichtbar zu machen, indem ich unter den Wellen hindurchtauchte und nur hinter dem Wellenkamm kurz zum Atmen hochkam. Als meine Mutter sich aufsetzte und den See mit Blicken absuchte, machte ich mit meinem Spiel weiter. Auch, als sie ihr Buch weglegte. Und als sie aufstand. Und zum Wasser lief und fast geschrien hätte. Erst da zeigte ich mich und grinste lässig.

Jetzt wünschte ich, ich wäre liebevoller mit ihr umgegangen. Ich zog sie oft damit auf, dass sie bestimmte Szenen oder Themen in Filmen nicht ertrug. Wenn jemand eine Party schmiss und niemand kam oder wenn es um einen erfolglosen Vertreter oder etwas Ähnliches ging – das war zu viel für sie. Ich fand es sonderbar und amüsant, wie spezifisch ihre Abneigungen waren. Jetzt erkenne ich es als Merkmal eines hochsensiblen Menschen. Ihr Vater war ein erfolgreicher Verkäufer, dessen Karriere den Bach runterging. Sie sah mit an, wie ihre Eltern hinter einer fröhlichen Fassade alkoholabhängig wurden. Jetzt begreife ich ihre Verwundbarkeit. Ihre Eltern hatten Wert auf gesellschaftlichen Erfolg gelegt, aber den wachen, wissbegierigen Geist meiner Mutter ignoriert. Sie hatte sich nie richtig entfalten können. Seit ich älter bin, erkenne ich ihre manchmal demotivierenden und bissigen Bemerkungen als eine Folge ihres gebrochenen Selbstbewusstseins.

Wir alle müssen mit den Defiziten in unserem Leben umgehen, und alles in allem ermutigte sie mich ganz bewusst in einer Weise, wie sie es selbst nie erlebt hatte. Ich weiß noch, wie sie mir in der High School davon abriet, mich als Cheerleaderin zu bewerben. »Willst du nicht lieber selbst angefeuert werden?«, fragte sie. Jeder meiner schulischen oder literarischen Erfolge war für sie ein Grund zum Feiern. Während meiner High-School-Zeit fand ich einen halb fertigen Brief, den sie Jahre zuvor an Tante Marilyn geschrieben hatte, die Schwester meines Vaters, eine Theologiedozentin und erfolgreiche Archäologin. Meine Mutter suchte Rat, wie sie mich als angehende Autorin am besten unterstützen konnte. »Wie sorge ich dafür, dass sie nicht als Grußkartenschreiberin endet?«, fragte sie. In den vielen Phasen, in denen ich wer weiß was dafür gegeben hätte, hätte mich jemand für Grußkartensprüche bezahlt, dachte ich oft an diese Frage.

Doch ich spürte ihre Erwartungen, ihre Hoffnungen, die sie auf mich übertrug, und ging in Abwehrstellung. Ich sehnte mich nach ihrer Anerkennung und empfand ihre Anteilnahme an meinem Leben gleichzeitig als erdrückend. Sie war stolz auf ihre willensstarke Tochter und dabei verärgert darüber, dass ich meine eigenen Ansichten hatte. Es wurde auch nicht leichter dadurch, dass meine Generation auf Analyse und Dekonstruktion setzte und ihre nicht. Diese Art Nabelschau konnte oder wollte meine Mutter einfach nicht betreiben. Einmal sprach ich mit meiner Schwester Maureen über die strengen Kurzhaarschnitte, die wir alle als Kinder getragen hatten.

»Macht das nicht den Eindruck, als habe Mom uns entsexualisieren wollen?«, fragte ich. Maureen, mittlerweile dreifache Mutter, unterdrückte ein verärgertes Lachen. »Bekomm erst mal eigene Kinder, Michelle«, antwortete sie. »Kurze Haare sind nicht entsexualisierend. Sie sind praktisch.«

Am Abend vor meiner Hochzeit krachte es zwischen meiner Mutter und mir wie nie zuvor. Ich hatte keine Arbeit, war ziellos, schrieb nicht und machte auch sonst kaum etwas, und ich hatte viel – wahrscheinlich zu viel – Zeit in die Hochzeit investiert. Beim Probeabendessen setzte ich grüppchenweise Leute zusammen, die sich nicht kannten. Ich sagte ihnen nur, sie hätten etwas gemein und sollten herausfinden, was das war. An einem Tisch hatten alle irgendwann in Minnesota gelebt. An einem anderen saßen passionierte Köche.

Während des Essens fing meine Mutter mich auf dem Weg zur Toilette ab. Ich war ihr bisher ausgewichen, weil eine Freundin mir dummerweise erzählt hatte, sie habe meiner Mutter gegenüber an diesem Abend bemerkt, dass sie mich für die beste Autorin halte, die sie kenne. »Ja, ich weiß. Das finde ich auch«, hatte meine Mutter ihr beigepflichtet. »Aber meinen Sie nicht, dass es zu spät für sie ist?«

Ihre Worte trafen mich und gingen mir den ganzen Abend nicht aus dem Kopf.

Ich sah aus dem Augenwinkel, dass sie auf mich zusteuerte.

Im Nachhinein weiß ich, dass sie lächelte. Ich konnte ihr ansehen, dass sie mit allem zufrieden war, aussprechen konnte sie Komplimente nie gut. Bestimmt wollte sie nur witzig sein. Sie zeigte auf die Tische.

»Du hast wirklich zu viel Zeit«, sagte sie.

Mit einem Ausdruck blanker Wut drehte ich mich zu ihr um.

»Geh weg von mir«, zischte ich. Erschrocken wollte sie es mir erklären, aber ich unterbrach sie. »Hau bloß ab. Sofort.«

Ich ging auf die Damentoilette, schloss mich in einer Kabine ein und erlaubte mir, fünf Minuten zu weinen, bevor ich wieder hinausging und tat, als wäre alles in Ordnung.

Nach allem, was ich hörte, war sie wegen meiner Reaktion am Boden zerstört. Wir sprachen nie darüber, aber kurz nach der Hochzeit schickte sie mir in einem langen Brief eine Liste mit Gründen, weshalb sie auf mich stolz war. Danach bauten wir unsere Beziehung nach und nach wieder auf. Ende Januar 2007 beschlossen meine Eltern, eine Kreuzfahrt nach Costa Rica zu unternehmen. Das Schiff sollte südlich von Los Angeles ablegen. Wir vier – mein Mann Patton, ich und meine Eltern – aßen am Abend vor der Reise zusammen zu Abend. Wir lachten viel, und am Morgen brachte ich sie zum Hafen. Zum Abschied umarmten meine Mutter und ich uns fest.

Ein paar Tage später klingelte morgens um vier das Telefon in der Küche. Ich stand nicht auf. Dann klingelte es erneut, verstummte aber, bevor ich abheben konnte. Ich hörte die Sprachnachricht ab. Sie stammte von meinem Vater. Seine Stimme klang erstickt, beinahe unverständlich.

»Michelle«, sagte er. »Ruf deine Geschwister an.« *Klick.*

Ich rief meine Schwester Maureen an.

»Weißt du es noch nicht?«, fragte sie.

»Was?«

»Oh, Michelle. Mom ist gestorben.«

Meine Mutter war Diabetikerin und auf dem Schiff aufgrund von Komplikationen erkrankt. Sie wurde mit einem Hubschrauber nach San Jose geflogen, aber es war zu spät. Sie war vierundsiebzig.

Zwei Jahre später kam meine Tochter Alice zur Welt. In den ersten zwei Wochen war ich untröstlich. »Postnatale Depression«, erklärte mein Mann unseren Freunden. Nur war es nicht der Babyblues, sondern der Mutterblues. Als ich meine neugeborene Tochter im Arm hielt, verstand ich es. Ich verstand die Liebe, bei der sich das Herz im Leib herumdreht, das Verantwortungsgefühl, durch das man nur noch die Augen dieses kleinen Wesens sieht, das auf einen angewiesen ist. Mit neununddreißig begriff ich zum ersten Mal, wie sehr meine Mutter mich geliebt hatte. So hysterisch schluchzend, dass ich kaum sprechen konnte, schickte ich meinen Mann in unseren feuchtkalten Keller, um den Brief zu suchen, den meine Mutter mir nach der Hochzeit geschrieben hatte. Er war stundenlang dort unten. Unzählige Kartons packte er aus. Der Boden war von Papier übersät. Er konnte den Brief nicht finden.

Kurz nach dem Tod meiner Mutter versammelten sich mein Vater, meine Schwestern, mein Bruder und ich in der Wohnung meiner Eltern in Deerfield Beach, Florida, um ihre Habseligkeiten zu sortieren. Wir schnupperten an ihrer Kleidung, die noch nach Happy von Clinique roch, ihrem Parfum. Wir staunten über ihre enorme Sammlung von Taschen, für die sie immer einen Tick gehabt hatte. Jeder von uns nahm etwas von ihr mit. Ich suchte ein Paar pink-weißer Sandalen aus. Sie stehen immer noch in meinem Kleiderschrank.

Danach gingen wir zu siebt zu einem frühen Abendessen ins Sea Watch, ein nahe gelegenes Restaurant mit Blick aufs Meer. In unserer Familie wird gern gelacht, und wir erzählten

Geschichten über meine Mutter, die uns zum Lachen brachten. Sieben Menschen, die laut lachen, fallen auf.

Eine ältere Frau, die gerade aufbrechen wollte, kam mit leise belustigtem Lächeln an unseren Tisch. »Was ist das Geheimnis?«, wollte sie wissen.

»Wie bitte?«, fragte mein Bruder Bob.

»Einer so glücklichen Familie?«

Einen Moment saßen wir mit offenem Mund da. Keiner von uns brachte es übers Herz zu sagen, was wohl alle dachten: *Wir haben gerade die Sachen unserer verstorbenen Mutter ausgeräumt.* Dann brachen wir wieder in kreischendes Gelächter aus.

Die Beziehung zu meiner Mutter war die komplizierteste meines Lebens und wird es immer sein.

Während ich das schreibe, werden mir zwei unvereinbare Tatsachen klar, die mich schmerzen. Niemand würde sich mehr über dieses Buch freuen als meine Mutter. Und wahrscheinlich hätte ich nicht den Freiraum verspürt, es zu schreiben, wenn sie noch leben würde.

Früher lief ich jeden Tag die gleichen achthundert Meter zur St.-Edmund's-Schule, links auf die Randolph, rechts auf die Euclid, links auf die Pleasant. Die Mädchen trugen grau karierte Trägerkleider und weiße Blusen, die Jungen senffarbene Hemden und Stoffhosen. Ms Ray, meine Lehrerin in der ersten Klasse, hatte eine Sanduhrfigur, eine dichte karamellbraune Mähne und immer gute Laune. Sie war eine Art Suzanne Somers, die eine Schar Sechsjähriger hütete. Trotzdem ist sie nicht meine lebhafteste Erinnerung an die St. Edmund's. Erstaunlicherweise sind es auch nicht die katholischen Lehren oder die Zeit, die ich in der Kirche verbrachte, obwohl beides einen großen Teil meines Alltags bestimmte. Nein, die St. Edmund's hat sich mit einem bestimmten Bild in mein Gedächtnis gebrannt – dem eines stillen, netten Jungen mit hellbraunen Haaren und leicht abstehenden Ohren: Danny Olis.

Die Jungs, in die ich während der Schulzeit verknallt war, waren vom Aussehen und von ihrer Persönlichkeit her ganz unterschiedlich, aber sie hatten immer etwas gemeinsam – sie saßen im Unterricht vor mir. Andere Menschen können Gefühle für jemanden entwickeln, der neben oder hinter ihnen sitzt, aber ich nicht. Die Verbindung wäre zu direkt, manchmal müsste man für richtigen Blickkontakt sogar den Hals recken. Das wäre zu echt gewesen. Hinterköpfe waren für mich das Beste überhaupt. Der Rücken eines hingelümmelten Jungen konnte mir ewig als Projektionsfläche dienen. Er hätte mit offenem Mund dasitzen oder sich in der Nase bohren können, ich hätte es nicht mitbekommen.

Für eine Träumerin wie mich, die ihre Vorstellungen auf andere projizierte, war Danny Olis perfekt. Ich weiß nicht, ob er unglücklich war, aber ich kann mich auch nicht daran erinnern, dass er gelächelt hätte. Für einen kleinen Jungen wirkte er ein wenig zu ernsthaft, als wüsste er etwas, das wir leichtgläubigen Dummerchen mit unseren Zahnlücken noch herausfinden würden. Er war der Sam Shepard unserer ersten Klasse. Ich hatte zu meiner Geburt Coco, den neugierigen Affen, als Stofftier bekommen, und Dannys rundes, elfenhaftes Gesicht und seine großen Ohren erinnerten mich entfernt an Coco. Jeden Abend beim Einschlafen drückte ich ihn an meine Wange. Meine Liebe zu Danny galt bei uns zu Hause als große Neuigkeit. Als ich einmal bei einem Umzug meinen alten Kram durchsah, fand ich eine Karte, die Beanie mir in ihrem ersten Jahr an der Uni in Iowa geschrieben hatte.»Liebe Mish, Du fehlst mir. Wie geht es Danny Olis?«

Für die vierte Klasse wechselte ich an die öffentliche Schule in der Nähe, die William-Beye-Grundschule. Meine besten

Freundinnen, die Schwestern Van, die mich mit ihrem Einzug gegenüber aus meiner Einsamkeit errettet hatten, waren dort. Ich wollte bei ihnen sein. Ich wollte anziehen können, was mir gefiel. Nach einer Weile hatte ich Danny Olis fast vergessen. Coco, der neugierige Affe, verschwand, genau wie die anderen Dinge aus meiner Kindheit.

In meinem ersten High-School-Jahr wollte ich eine große Party schmeißen, während meine Eltern verreist waren. Eine Freundin half mir abends bei den Vorbereitungen. Sie hatte in den letzten Monaten mit ein paar Jungs von der Fenwick abgehangen, der katholischen Jungenschule in der Nähe, und fragte, ob ein paar von ihnen zur Party kommen könnten. Klar, sagte ich. Und na ja, erzählte sie zögerlich, mit einem von ihnen sei sie irgendwie zusammen.

»Nur irgendwie so«, sagte sie.

»Das ist toll. Wie heißt er?«

»Danny Olis.«

Ich riss die Augen auf und musste laut lachen. Dann holte ich tief Luft, wie man es tut, bevor man ein großes Geheimnis teilt.

»Das wirst du nicht glauben«, begann ich, »aber ich war in der Grundschule total in Danny Olis verknallt.«

Meine Freundin nickte. »Es hat im Musikunterricht angefangen, als der Lehrer wollte, dass ihr euch an den Händen haltet«, sagte sie.

Ich sah sie so verdutzt an, dass sie weitersprach.

»Er hat es mir erzählt.«

Ich wusste nichts vom Händchenhalten im Musikunterricht. Und er hatte es mitbekommen? In meiner Erinnerung war ich das stille Mädchen in den hinteren Reihen gewesen, das treu ergeben, aber unauffällig jede Drehung und Neigung seines Kopfes beobachtet hatte. Jetzt schien es, als wäre ich in meiner

Versessenheit etwa so subtil wie eine Seifenoper gewesen. Es war mir unendlich peinlich.

»Na ja, er ist ziemlich geheimnisvoll«, sagte ich leicht verärgert. Sie zuckte mit den Schultern. »Finde ich nicht.« An diesem Abend tummelten sich Teenager mit Plastikbechern sogar auf dem Rasen und der Straße. Ich trank zu viel Gin und schob mich im Haus zwischen Leuten hindurch, die ich nicht kannte. Jungs, mit denen ich mal ausgegangen war und mit denen ich noch ausgehen würde, waren dort. Jemand ließ immer wieder *Suspicious Minds* von den Fine Young Cannibals laufen.

Die ganze Zeit spürte ich regelrecht, dass in der Küchenecke neben dem Kühlschrank ein stiller Junge mit hellbraunen Haaren stand. Seine Haare bedeckten jetzt seine Ohren. Sein früher rundliches Gesicht war schmaler geworden, aber bei kurzen Blicken erkannte ich den gleichen geheimnisvollen Gesichtsausdruck wie früher. Ich ging ihm aus dem Weg. Kein einziges Mal sah ich ihn direkt an. Trotz des Gins war ich noch das Mädchen aus der letzten Reihe, wachsam, unbeachtet.

Sechsundzwanzig Jahre später, an einem Nachmittag im Mai, wollte ich gerade mein Laptop zuklappen, als ein vertrauter Signalton eine neue Mail meldete. Ich überprüfte den Posteingang. Ich schreibe nur unregelmäßig Mails, und ich schäme mich ein wenig, es zuzugeben, aber manchmal brauche ich ein paar Tage oder länger, um zu antworten. Es dauerte einen Moment, bis ich erkannte, wer mir da geschrieben hatte: Dan Olis. Zögernd öffnete ich die Mail.

Dan, der mittlerweile als Ingenieur in Denver lebte, erklärte, jemand habe ihm mein Porträt auf der »Ehemaligen«-Seite der Notre Dame weitergeleitet. In dem Artikel mit dem Titel

Schnüfflerin stand, ich würde die Website *True Crime Diary* betreiben und dort versuchen, ungelöste Morde aufzuklären. Der Verfasser des Porträts fragte, woher meine Faszination für solche Fälle stamme, und zitierte meine Antwort: »Das fing alles an, als ich vierzehn war. Eine Nachbarin von mir wurde brutal ermordet. Sehr seltsamer Fall. Sie war joggen, in der Nähe ihres Hauses. Die Polizei hat den Fall nie gelöst. Alle in der Nachbarschaft hatten Angst, und irgendwann machten sie einfach weiter wie immer. Aber ich konnte das nicht. Ich musste herausfinden, was geschehen war.«

Das war die Kurzfassung. Es gibt auch eine längere. Am Abend des 1. August 1984 genieße ich die Freiheit in meinem eigenen Reich, als das ich das ausgebaute Dachzimmer im zweiten Stock unseres Hauses empfinde. Jedes Kind in meiner Familie hat einen Teil seiner Teenagerjahre dort oben verbracht. Jetzt bin ich an der Reihe. Mein Vater hasst das Dachgeschoss, weil es bei einem Feuer zur Falle werden würde, aber für mich, den vierzehnjährigen Gefühlstornado, der seine Tagebucheinträge mit »Michelle, Schriftstellerin« unterschreibt, ist es eine wunderbare Zuflucht. Auf dem Boden liegt ein orangeroter Zottelteppich, die Wände sind schräg. Ein Bücherregal in der Wand lässt sich wie eine Tür zu einem geheimen Lager öffnen. Das Beste ist der riesige Holzschreibtisch, der das halbe Zimmer einnimmt. Ich habe einen Plattenspieler, eine Schreibmaschine und ein kleines Fenster mit Blick auf das Ziegeldach des Nachbarn. Ich habe einen Platz zum Träumen. In ein paar Wochen fängt für mich die High School an.

In diesem Moment joggt fünfhundert Meter entfernt Kathleen Lombardo, vierundzwanzig, mit ihrem Walkman die Pleasant Street entlang. Es ist ein sehr warmer Abend. Nachbarn sehen von ihrer Veranda aus Kathleen gegen Viertel vor zehn vorbeilaufen. Sie wird nur noch wenige Minuten leben.

Jemand – meine Schwester Maureen, glaube ich – kommt die Treppe in den ersten Stock herauf, dann höre ich Raunen, ein Luftholen und die schnellen Schritte meiner Mutter Richtung Fenster. Wir kannten die Lombardos von der St. Edmund's. Es sprach sich schnell herum. Ihr Mörder hatte sie in die Gasse zwischen der Euclid und der Wesley gezerrt. Er hatte ihr die Kehle durchgeschnitten.

Abgesehen von den Büchern über Nancy Drew, die ich als Kind manchmal gelesen hatte, hatten mich Verbrechen nie besonders interessiert. Doch zwei Tage nach dem Mord ging ich, ohne jemandem etwas zu sagen, zu der Stelle in der Nähe unseres Hauses, an der Kathleen überfallen wurde. Auf der Erde lagen Stücke ihres zerbrochenen Walkmans. Ich hob sie auf. Ich verspürte keine Angst, nur eine elektrisierende Neugier, eine so unerwartete, starke Spannung, dass ich mich an jede Einzelheit erinnern kann – den Geruch des frisch gemähten Grases, die abblätternde braune Farbe des Garagentors. Was mich faszinierte, war die unheilvolle Leerstelle, wo das Gesicht des Mörders sein sollte. Das schwarze Loch, das seine Identität fraß.

Ungelöste Mordfälle wurden für mich zur Obsession. Ich trug allerhand düstere und makabre Informationen zusammen. Das Wort »ungelöst« sorgte bei mir sofort für einen Adrenalinschub. Meine Ausleihliste in der Bibliothek bestand aus düsteren True-Crime-Büchern. Wenn ich jemanden kennenlerne und höre, woher er stammt, fällt mir sofort ein ungelöstes Verbrechen ein, das in seiner Gegend stattgefunden hat. Hat er die Miami University of Ohio besucht, muss ich an Ron Tammen denken, den Wrestler und Bassisten der Uni-Jazzband, der am 19. April 1953 sein Wohnheimzimmer verließ – das Radio lief noch, das Licht brannte, sein Psychologiebuch war aufgeschlagen – und verschwand. Er wurde nie wieder gesehen. Erwähnt jemand, dass er aus Yorktown, Virginia, stammt, werde ich ihn immer mit dem Colonial Parkway in Verbindung bringen, der sich neben dem York River entlangschlängelt und an dem zwischen 1986 und 1989 vier Pärchen entweder verschwanden oder ermordet wurden.

Mit Mitte dreißig ließ ich mich schließlich richtig auf das Thema ein und entwickelte mithilfe der aufkommenden Internettechnologie meine Amateurdetektivseite *True Crime Diary*.

»Warum interessierst du dich so für Verbrechen?«, werde ich gefragt, und ich kehre immer zu diesem Augenblick in der Gasse zurück, zu den abgesplitterten Teilen des Walkmans eines toten Mädchens in meinen Händen.

Ich muss sein Gesicht sehen.

Er verliert seine Macht, wenn wir sein Gesicht kennen.

Der Mord an Kathleen Lombardo wurde nie aufgeklärt.

Hin und wieder schrieb ich über ihren Fall und erwähnte ihn in Interviews. Ich habe sogar die Polizei von Oak Park ein paarmal angerufen, um nach Details zu fragen. Die einzige echte Spur lieferten die Aussagen von Augenzeugen, die einen Afroamerikaner mit einem gelben Muskelshirt und Stirnband gesehen hatten, der Kathleen beim Joggen aufmerksam beobachtet haben soll. Ein Gerücht, an das ich mich erinnere, hat die Polizei widerlegt: Es hieß, der Mörder sei gesehen worden, wie er die Hochbahn verlassen und Kathleen verfolgt habe. Der Gedanke hinter der Geschichte war klar: Der Mörder war keiner von uns, er kam von außerhalb.

Die Polizisten in Oak Park vermittelten mir deutlich den Eindruck, dass der Fall in einer Sackgasse gelandet war. Das war mein Stand bis zu dem Tag, an dem der Name Dan Olis in meinem Posteingang auftauchte. Dan hatte eine Kopie der Mail an Terry Keating, den Schlagzeuger, geschickt. Ich erinnerte mich vage, dass er an der St. Edmund's eine Klasse über uns war. Dan und Terry waren Cousins, wie sich herausstellte. Sie meldeten sich bei mir, weil der Mord an Kathleen Lombardo sie ebenfalls beschäftigte, allerdings aus anderen, viel persönlicheren Gründen.

In seiner Mail schrieb Dan: *Hallo, wie gehts?*, bevor er direkt zur Sache kam. *Wusstest Du, dass ein paar nette Jungs von der St. Edmund's Kathleen gefunden haben?*
Für die Kinder war es eine grauenhafte und erschütternde Erfahrung gewesen. Sie sprachen oft darüber, schrieb Dan, vor allem, weil sie wütend waren – die bekannte, akzeptierte Theorie darüber, was Kathleen an jenem Abend zugestoßen war, stimmte ihrer Meinung nach nicht. Sie glaubten, dass sie die Identität des Mörders kannten.
Sie waren ihm an diesem Abend sogar begegnet.

Terry und Dan sind nicht nur Cousins, sie sind auch im selben Haus aufgewachsen. Dans Familie wohnte im Erdgeschoss, Terrys im ersten Stock und ihre Großmutter im zweiten. Terry und ich begutachten die Rückseite des alten Hauses von der Gasse aus.
»Wie viele wart ihr insgesamt?«, frage ich Terry. Das Haus bietet keine dreihundert Quadratmeter zum Wohnen.
»Elf Kinder, fünf Erwachsene«, sagt er.
Dan und Terry sind nur ein Jahr auseinander und standen und stehen sich immer noch nah.
»In diesem Sommer hat sich für uns wirklich viel verändert«, sagt Terry. »Manchmal haben wir Bier geklaut und uns betrunken. Oder wir haben Blödsinn gemacht wie als Kinder.«
Er zeigt auf die Betonfläche, die an die Garage neben dem Garten stößt.
»Ich weiß noch, wir haben an dem Abend Hockey gespielt, vielleicht auch Basketball.« Zu der Gruppe gehörten Terry, Danny, Dannys kleiner Bruder Tom und zwei Freunde aus der

Grundschule, Mike und Darren. Es war kurz vor zehn Uhr abends. Jemand schlug vor, durch die Gasse zum White Hen zu laufen, einem kleinen Laden an der Euclid, anderthalb Blocks entfernt. Sie holten sich dort manchmal drei- oder viermal am Tag ein KitKat oder eine Cola.

Terry und ich gehen Richtung Norden. Als Kind hat er so viel Zeit in dieser Gasse verbracht, dass ihm alle möglichen Veränderungen auffallen.

»Damals war es abends dunkler«, sagt er. »Fast wie in einer Höhle. Die Äste waren länger und hingen weiter herab.«

In einem der Nachbargärten entdeckt er ein neues Gewächs. »Bambus«, sagt er. »Ist das zu fassen?«

Gute fünfzehn Meter von der Stelle entfernt, an der die Gasse auf die Pleasant Street trifft, bleibt Terry stehen. Wenn mehrere Jungs so herumalbern, wie sie es in Terrys Erinnerung getan haben, kann es laut werden. Sie haben sich mit Späßen abgelenkt. Dieser Ort macht ihn unruhig. Direkt gegenüber sieht man den Eingang zur Gasse auf der anderen Straßenseite.

»Hätten wir aufgepasst, hätten wir sie vielleicht vorbeilaufen sehen«, sagt er. »Vielleicht hätten wir mitbekommen, wie er sie gepackt hat.«

Wir überqueren die Straße zu dem schmalen Weg hinter der South Wesley Avenue 143. Die fünf Jungen liefen in einer Reihe nebeneinander. Danny war rechts von ihm, erinnert Terry sich. Er legt eine Hand auf den Zaun neben der Garage und rüttelt an ihm.

»Ich glaube, das ist derselbe Zaun, aber damals war er rot gestrichen«, sagt Terry.

Er dachte, er habe hinter den Mülltonnen einen aufgerollten Teppich gesehen. Kathleens Beine waren sehr blass, und im Dunkeln hielt er sie für einen hellen Teppich. Dann schrie Danny, der direkt neben ihm ging: »Da liegt eine Leiche!«

Terry und ich starren auf die Stelle neben der Garage, an der Kathleen auf dem Rücken lag. Auf den ersten Blick war klar, dass ihr jemand die Kehle durchgeschnitten hatte. An ihren Füßen hatte sich eine Blutlache gebildet. Es roch furchtbar. Wahrscheinlich Gase aus ihren Gedärmen, vermutet Terry jetzt. Darren, ein »zartbesaiteter Junge«, wie Terry ihn beschreibt, wich langsam rückwärts zur Garage auf der anderen Straßenseite, die Hände über dem Kopf zusammengeschlagen. Er bekam Panik. Tom rannte zur nächsten Hintertür und rief um Hilfe.

Ab diesem Moment weicht die offizielle Version über Kathleen Lombardos Mord von Terrys und Dans Erinnerung ab. Sie erinnern sich daran, dass Kathleen noch Lebenszeichen von sich gab, als sie sie fanden, aber starb, bevor Minuten später eine Schar Polizisten eintraf. Sie erinnern sich daran, dass die Detectives ihnen sagten, sie müssten den Mörder knapp verpasst haben.

Und daran, dass beinahe im gleichen Moment, in dem sie Kathleen entdeckten, ein Mann aus der Gasse auf sie zukam. Er war groß und schien indischer Abstammung zu sein. Er trug ein bis zum Nabel offenes Leinenhemd, Shorts und Sandalen.

»Was ist hier los?«, fragte er. Terry sagt, der Mann habe kein einziges Mal zu Kathleen gesehen.

»Jemand ist verletzt. Wir müssen die Polizei rufen«, schrie Mike den Mann an. Der Mann schüttelte den Kopf.

»Ich habe kein Telefon«, sagte er.

Dann überschlagen sich die Ereignisse. Terry erinnert sich an den Streifenwagen, der vor ihnen hielt, hinter dem Steuer ein skeptischer uniformierter Polizist mit Schnurrbart, der sarkastisch fragte, wo denn die Leiche liege. Auch an seinen Tonfall, der sich plötzlich änderte, als er die Leiche sah, und an den dringlichen Notruf über das Funkgerät. Er erinnert sich an den Partner des Polizisten, einen jüngeren Mann, vielleicht sogar noch in der Ausbildung, der würgend am Auto lehnte. Er erinnert sich an Darren, der sich gegen die Garage drückte, immer noch die Hände auf den Kopf presste und sich vor und zurück wiegte. Und an einen Ansturm von Lichtern und Sirenen, wie Terry ihn weder davor noch danach je erlebte.

Sieben Jahre später saß Terry bei einer Fahrgemeinschaft zu einem Konzert zufällig mit einem Typen namens Tom McBride im Auto, der wenige Häuser vom Tatort entfernt wohnte. Terry und Tom waren als Kinder verfeindet gewesen, wie man es eben ist, wenn man sich nicht kennt und verschiedene Schulen besucht. Tom, sagt Terry, war ein »Öffentlicher«, so hatten die katholischen Kinder sie genannt. Aber Terry merkte, dass Tom in Wahrheit ein netter Mensch war. Sie redeten den ganzen Abend miteinander.

»Warst du nicht einer von den Jungs, die die Leiche gefunden haben?«, fragte Tom.

Terry bejahte.

Tom kniff die Augen zusammen. »Ich hatte immer einen bestimmten Nachbarn im Verdacht.«

Ein Bild erschien vor Terrys innerem Auge, der Mann mit dem offenen Leinenhemd, sein seltsames Verhalten, als er nicht zu Kathleens Leiche gesehen hatte. Wie er gefragt hatte, was los sei, obwohl es etwas Schlimmes gewesen sein musste. Terrys Magen krampfte sich zusammen. »Wie hat er ausgesehen?«, fragte Terry.

Tom beschrieb ihn. Groß. Aus Indien. Ein richtig unheimlicher Typ.

»Er war da, als wir sie fanden!«, sagte Terry.

Tom wurde blass. Er konnte es kaum glauben. Er wusste noch genau, dass der Nachbar während des Aufruhrs nach der Entdeckung der Leiche frisch geduscht und im Bademantel aus der Hintertür seines Hauses gekommen war und die Polizeiautos betrachtet hatte. Er hatte sich zu Tom und seiner Familie umgedreht, die auf ihrer Veranda standen.

»Hat er etwas gesagt?«, fragte Terry.

Tom nickte.

»Was ist hier los?«, hatte der Nachbar gesagt.

Ihr Mörder wurde nie gefasst. Die Plastiksplitter von ihrem Walkman, die ich am Tatort aufgesammelt habe, spüre ich noch immer in meinen Händen, als ich dreißig Jahre später mit meinem Mietwagen auf die Capitol Avenue in Sacramento biege. Ich folge ihr nach Osten, stadtauswärts, bis sie zum Folsom Boulevard wird. Auf dieser Straße passiere ich die California State University-Sacramento und das Sutter-Psychiatriezentrum und immer wieder unbebaute Grundstücke, auf denen nur Unkraut und vereinzelte Eichen wachsen. Rechts neben mir verläuft die Gold Line, eine Stadtbahn von der Innenstadt bis nach Folsom vierzig Kilometer östlich. Es ist eine historische Strecke. Früher wurden die Schienen von der Sacramento Valley Railroad benutzt, die 1856 als erste die Stadt und die Minenlager in den Ausläufern der Sierra Nevada mit einer Dampfeisenbahn verband. Beim Überqueren der Bradshaw Road entdecke ich Schilder, auf denen *Pfandhaus* und *6 Pocket Sportbar* steht. Auf der anderen Straßenseite reihen sich hinter einem rostigen Maschendrahtzaun Öltanks aneinander. Ich habe mein Ziel erreicht. Hier hat alles begonnen: in der Stadt Rancho Cordova.

SACRAMENTO, 1976-1977

In den Siebzigern nannten Jugendliche von außerhalb die Stadt »Rancho Kambodscha«. Der American River durchschneidet den östlichen Teil von Sacramento County und trennt Rancho Cordova am Südufer von den grüneren, vornehmeren Vororten auf der anderen Flussseite. Das Gebiet war ursprünglich eine Landschenkung der mexikanischen Regierung von gut zweitausend Hektar und für die Landwirtschaft vorgesehen. Nachdem James W. Marshall 1848 fünfundfünfzig Kilometer flussaufwärts glitzernde Metallsplitter im Ablauf eines Wasserrads entdeckt und verkündet hatte: »Ich habe es gefunden«, fielen die Goldschürfer in Rancho Cordova ein und ließen ganze Berge aus Flusssteinen zurück. Eine Zeit lang baute man in der Gegend Wein an. 1918 wurde die »Mather Air Force Base« eingeweiht. Doch vor allem der Kalte Krieg veränderte Rancho Cordova. 1953 eröffnete Aerojet, ein Hersteller von Raketentriebwerken, seinen Hauptsitz dort. Für die Angestellten musste Wohnraum geschaffen werden, die alten Landstraßen (Zinfandel Drive, Riesling Way) wurden plötzlich asphaltiert, und links und rechts entstanden die immer gleichen schlichten, einstöckigen Häuser. Nahezu jede Familie hatte mit dem Militär oder Aerojet zu tun.

In der Stadt gab es auch finstere Gestalten. Ein Mann, der Mitte der Siebziger als Kind im La Gloria Way wohnte, erinnert sich an den Tag, an dem der Eismann verschwand, ein

Typ mit langen Haaren, Vollbart und verspiegelter Pilotenbrille, der mit seinem Wagen meist in der Nähe der Cordova-Meadows-Grundschule gestanden hatte. Wie sich herausstellte, hatte er den Kindern Eis verkauft und seiner anderen Kundschaft LSD und Kokain, und die Polizei hatte ihn einkassiert. Geschichten über eine Kindheit im Sacramento der Siebziger sind voll von solchen Episoden. Es ist immer eine Mischung aus Postkartenidylle und drohenden Gefahren.

An heißen Sommertagen sind wir durch den American River gewatet, erinnert sich eine Frau. Dann fällt ihr ein, wie sie an den Gleisen neben dem Fluss entlangrannten und im dichten Unterholz auf ein Obdachlosenlager stießen. Es hieß, an manchen Abschnitten des Flusses würde es spuken. Eine Gruppe von Mädchen traf sich im Land Park und beobachtete die Jungs, die mit nacktem Oberkörper ihre Autos polierten. Sie fuhren nach Oakland zu »Days on the Green«, einem Musikfestival, um sich die Eagles oder Peter Frampton oder Jethro Tull anzusehen, oder tranken am Damm an der Sutterville Road zusammen Bier. Genau das machten sie auch am Abend des 14. April 1978, als eine Kolonne von Streifenwagen mit heulenden Sirenen auf der Straße unter ihnen vorbeiraste. Die Kolonne nahm kein Ende. »So was habe ich sonst nie gesehen«, sagt eines der Mädchen von damals, eine jetzt zweiundfünfzigjährige Frau. Der East Area Rapist hatte wieder zugeschlagen.

Von Folsom aus biege ich links auf den Paseo Drive ab, der mitten in das Wohngebiet von Rancho Cordova führt. Dieser Ort hatte eine Bedeutung für ihn. Hier griff er zuerst an, hierher kehrte er immer wieder zurück. Im November 1976 wurden dem East Area Rapist neun Vergewaltigungen in Sacramento County innerhalb von sechs Monaten zugeschrieben, vier davon hatten in Rancho Cordova stattgefunden. Im März 1979, als er ein Jahr lang keine Angriffe verübt hatte und es so aussah, als sei er endgültig verschwunden, kam er ein letztes Mal nach Rancho Cordova. War er dort zu Hause? Einige der Ermittler, vor allem die ersten, die mit dem Fall betraut waren, glaubten das.

Ich halte vor dem ersten Tatort, einem einstöckigen Haus in L-Form, etwa hundert Quadratmeter groß, mit einem dicken Baumstumpf mitten im Garten. Von hier stammte der erste Notruf. Um fünf Uhr morgens am 18. Juni 1976 sprach eine dreiundzwanzig Jahre alte Frau in den Hörer, so gut sie es auf dem Boden liegend und mit hinter dem Rücken gefesselten Händen konnte. Sheila* hatte sich mit dem Rücken vor das Telefon auf dem Nachttisch ihres Vaters gestellt, es heruntergeworfen und mit ihren Fingern die o gesucht. Sie rief an und meldete eine Vergewaltigung durch einen Einbrecher.

Sie betonte, seine Maske sei eigenartig gewesen. Sie war weiß und aus einem groben, strickähnlichen Material, hatte Augenlöcher und eine Naht in der Mitte und saß sehr stramm. Als Sheila die Augen öffnete und ihn in der Schlafzimmertür sah, glaubte sie zu träumen. Wer trägt denn auch in Sacramento im Juni eine Skimaske? Sie blinzelte und nahm erste Einzelheiten wahr. Er war etwa eins fünfundsiebzig groß, leicht muskulös und trug ein marineblaues T-Shirt mit kurzen Ärmeln und graue Baumwollhandschuhe. Ein weiteres Detail war so unnatürlich, dass sie es zuerst nicht bewusst bemerkte – blasse Beine mit dunklen Haaren. Die Bruchstücke setzten sich schlagartig zu einem Ganzen zusammen. Der Mann trug keine Hose. Sein Penis war erigiert. Seine Brust hob und senkte sich, sein schwerer Atem verstärkte den bedrohlichen Eindruck.

Er sprang auf Sheilas Bett und drückte eine zehn Zentimeter lange Messerklinge gegen ihre rechte Schläfe. Als könnte sie

---

* Pseudonym

den Albtraum damit verscheuchen, zog sie sich die Decke über den Kopf. Er riss die Decke zurück. »Wenn du dich bewegst oder einen Ton von dir gibst, ramme ich dir das Messer rein«, flüsterte er.

Er fesselte ihre Handgelenke hinter dem Rücken mit einer mitgebrachten Schnur, dann verknotete er darüber einen rot-weißen Stoffgürtel, den er in Sheilas Kleiderschrank gefunden hatte. Als Knebel stopfte er ihr einen ihrer weißen Nylonslips in den Mund. Hier zeigten sich schon Anzeichen des Vorgehens, das später so charakteristisch wurde. Er rieb seinen Penis mit Babyöl ein, bevor er sie vergewaltigte. Er durchwühlte alles. Sie hörte die kleinen Zugringe der Beistelltischchen im Wohnzimmer klappern, als er die Schubladen öffnete. Beim Sprechen biss er die Zähne zusammen, seine Stimme war ein leises, kehliges Flüstern. An ihrer rechten Augenbraue blutete ein zentimeterlanger Schnitt. Er hatte sie mit seinem Messer verletzt, als er ihr befohlen hatte, still zu sein.

Der gesunde Menschenverstand würde ebenso wie jeder Polizist sagen, dass ein Vergewaltiger ohne Hose ein primitiver Spanner im Teenageralter ist, der sich gerade von kleinen Vergehen zu einem nur grob geplanten Verbrechen hocharbeitet. Dieser Mistkerl ohne Hose leidet an einer Störung der Impulskontrolle und wird bald verhaftet werden. Mit seinem starrenden Blick ist er in der Nachbarschaft sicher als unheimlicher Typ verschrien. Nicht lange, und die Polizei weckt ihn im Haus seiner aufgeregten Mutter mit einem Tritt. Nur wurde dieses Mal kein Mistkerl ohne Hose geschnappt.

Es gibt ein Phänomen, das ich als Paradox des klugen Vergewaltigers bezeichne. Roy Hazelwood, ein ehemaliger FBI-Profiler, der sich auf Sexualverbrecher spezialisiert hat, schreibt in seinem mit Stephen G. Michaud verfassten Buch *The Evil That Men Do*: »Einen größeren Raub können die meisten Menschen problemlos mit Intelligenz in Einklang bringen. Aber eine Vergewaltigung mit Folter ist eine verabscheuungswürdige Tat, die sie nicht annähernd nachvollziehen können. Daher sträuben sie sich, solchen Tätern Intelligenz zuzugestehen. Das gilt auch für Polizisten.«

Betrachtet man das Vorgehen von Sheilas Vergewaltiger genauer, erkennt man die kühle Überlegung. Er hat darauf geachtet, nie seine Handschuhe auszuziehen. In den Wochen vor der Tat rief jemand wiederholt Sheila an und legte auf, als wollte er ihren Tagesablauf überwachen. Im April hatte sie das Gefühl, verfolgt zu werden. Sie sah mehrmals einen dunklen, mittelgroßen Wagen einer amerikanischen Marke. Doch es war seltsam – obwohl sie sich sicher war, dass es immer dasselbe Auto war, konnte sie den Fahrer nie richtig erkennen.

In der Tatnacht war im Garten hinter dem Haus ein Vogelbad unter die Telefonleitung gerückt und offenbar als Tritt benutzt worden. Die Leitung war allerdings nur zum Teil durchgeschnitten, ein Zeichen für das ungeschickte Zögern eines Anfängers, wie der verbogene Nagel eines Zimmermannslehrlings.

Vier Monate später stand Richard Shelby am Bordstein des Shadowbrook Way in Citrus Heights.

Den Vorschriften des Sacramento County Sheriff's Department zufolge hätte Shelby weder diesen noch einen anderen Fall bearbeiten dürfen. Er hätte nicht einmal seine Uniform tragen dürfen. Shelby kannte die Vorschriften: 1966 durfte man für das Sacramento County Sheriff's Department nur arbeiten, wenn alle zehn Finger komplett vorhanden waren, aber er hatte den schriftlichen und den körperlichen Eignungstest bestanden und beschlossen, sein Glück zu versuchen. Bisher hatte das Glück es gut mit ihm gemeint. Selbst, dass ihm ein guter Teil seines linken Ringfingers fehlte, zählte er dazu. Der verirrte

Schuss aus dem Schrotgewehr eines Jägers hätte ihn in zwei Teile reißen können. Den Ärzten zufolge hätte er fast die ganze Hand verloren.

Als Shelbys Gegenüber im Bewerbungsgespräch seinen Finger bemerkte, brach er ab. Shelby wurde kurzerhand fortgeschickt. Die Ablehnung schmerzte. Sein Leben lang hatte Shelby gehört, wie ehrfürchtig seine Familie über einen Onkel sprach, der Sheriff in Oklahoma war. Vielleicht war es ein Zeichen. Er wollte sowieso in einem weniger dicht besiedelten County arbeiten, wie Placer oder Yolo County. In den Weiten des Central Valley hatte er seine Kindheit verbracht. Im Sommer hatte er auf den Ranches und Farmen im Osten von Merced County ausgeholfen. Hatte nackt in den Kanälen gebadet. Kaninchen und Wachteln in den Ausläufern der Sierra Nevada gejagt. Das Ablehnungsschreiben des SSD traf eine Woche später ein. Am nächsten Tag kam ein weiterer Brief. In diesem stand, wo und wann er sich zum Dienst melden solle.

Shelby rief an und bat um eine Erklärung. Vietnam nahm immer größere Dimensionen an. Im Februar 1965 waren dreitausend Mann eingezogen worden, bis zum Oktober war die Zahl auf dreiunddreißigtausend angestiegen. Überall im Land kam es zu teilweise gewaltsamen Protesten. Verfügbare junge Männer wurden allmählich rar. Für das SSD war Shelby eine neue Erscheinung. Vor über zehn Jahren war er zur Air Force gegangen, dreizehn Tage nach seinem siebzehnten Geburtstag, und hatte seinen Dienst abgeleistet. Er hatte einen College-Abschluss in Strafrechtspflege. Er war verheiratet. Und trotz der nicht vollzähligen Finger konnte er schneller tippen als die Sekretärin des Sheriffs. Sie änderten die Vorschrift, die die Vollzähligkeit der Finger betraf. Shelby meldete sich am 1. August 1966 zum Dienst. Er blieb siebenundzwanzig Jahre lang.

Das SSD war damals alles andere als beeindruckend. Der einzige Streifenwagen mit einer Schwanenhalslampe und einem Klemmbrett am Armaturenbrett war heiß umkämpft. In der Waffenkammer lagerten noch Maschinenpistolen aus den Zwanzigerjahren. Die Sirenen waren direkt auf den Autos befestigt, und die Polizisten, die sie fuhren, tragen heute Hörgeräte. Spezialabteilungen etwa für Sexualverbrechen gab es nicht. War man einmal ans Telefon gegangen und zum Tatort einer Vergewaltigung gerufen worden, galt man schon als Experte. Deshalb stand Shelby am Morgen des 5. Oktober 1976 am Bordstein des Shadowbrook Way.

Zu dieser Stelle hatte ihn ein Bluthund geführt, der einer Geruchsspur gefolgt war. Sie begann am Fenster eines Kinderzimmers, verlief über einen Zaun und ein Stück verwildertes Niemandsland und endete hier am Bordstein. Shelby klopfte an die nächstgelegene Tür und sah über das Niemandsland zum Haus des Opfers, das etwa sechzig Meter entfernt stand. Er wünschte sich, er könnte sein ungutes Gefühl abschütteln.

Anderthalb Stunden zuvor, kurz nach halb sieben Uhr morgens, hatte Jane Carson mit ihrem dreijährigen Sohn im Bett gekuschelt und gehört, wie eine Lampe ein- und wieder ausgeschaltet wurde und jemand durch den Flur lief. Ihr Mann hatte sich vor wenigen Minuten auf den Weg zur Arbeit gemacht.

»Jack, bist du das? Hast du was vergessen?«

Ein Mann mit einer olivfarbenen Skimaske war hereingekommen.

»Mund halten, ich will dein Geld, ich tue dir nichts«, hatte er gesagt.

Shelby fand den genau abgepassten Zeitpunkt interessant. Der Einbrecher war durch das Fenster im Zimmer des Sohns eingedrungen, als Janes Mann gerade das Haus verlassen hatte. Zwei Wochen zuvor waren sie schon einmal Opfer eines un-

Detective Richard Shelby, der ursprüngliche Leiter der Ermittlungen im EAR-Fall, tippt im Sacramento County Sheriff's Department einen Bericht ab.

gewöhnlichen Einbruchs geworden, bei dem der Dieb etwa zehn Ringe mitgenommen und einige bei einem Nachbarn gestohlene Schmuckstücke zurückgelassen hatte. Er war ebenfalls durch das Kinderzimmerfenster ein- und ausgestiegen. Derselbe Kerl, dachte Shelby. Systematisch und geduldig.

Janes Vergewaltigung war die fünfte, die dem East Area Rapist zugeschrieben wurde, aber die erste, die Shelby und Carol Daly bearbeiteten, zwei Detectives, die im Laufe der Zeit eng in die Verbrechensserie involviert wurden. Als weiblicher Detective mit Erfahrungen in Sachen Sexualverbrechen war Daly genau die Richtige, um die Opfer zu befragen. Dank ihrer sozialen Kompetenzen stieg sie später bis zum stellvertretenden Sheriff auf. Shelby dagegen verstörte die Leute eher durch seine direkte Art. »Besonderes Taktgefühl war nie meine Stärke«, sagt er.

In jenem Oktober fanden kurz hintereinander drei weitere Überfälle statt. Anfangs schrieben viele seiner Kollegen sie dem sogenannten »Early Bird Rapist« zu, der damals sein Unwesen trieb, doch Shelby wusste, dass sie es mit einem intelligenteren und ungewöhnlicheren Mann zu tun hatten. Damals wurden noch keine Täterprofile erstellt, Begriffe wie »Signatur« oder »ritualisiertes Verhalten« waren noch nicht üblich. Ermittler sprachen etwa von der »Präsenz« oder »Persönlichkeit« und fanden, ein Fall »rieche« nach einem bestimmten Täter. Es ging um eine Art Déjà-vu am Tatort und bei der Zeugenbefragung. In diesem Fall war da zum einen das übereinstimmend beschriebene Äußere. Der Täter war weiß, um die zwanzig, etwa eins fünfundsiebzig groß, von eher sportlicher Statur. Trug immer eine Maske. Angespanntes, wütendes Flüstern. Zusammengebissene Zähne. Wenn er sich aufregte, wurde seine Stimme höher. Kleiner Penis. Dann sein seltsames Verhalten: Er klang gehetzt, benahm sich aber nicht so. Er öffnete Schubladen und starrte minutenlang stumm hinein. In Berichten von Zeugen, die den East Area Rapist vermutlich unmittelbar nach seiner Tat gesehen hatten, hieß es oft, wenn derjenige gemerkt habe, dass er gesehen wurde, sei er gemächlich weitergegangen. »In aller Seelenruhe«, sagte ein Zeuge.

Sein psychosexuelles Verlangen war sehr spezifisch. Er fesselte den Opfern die Hände hinter dem Rücken, häufig mehrere Male hintereinander, manchmal mit unterschiedlichen Materialien. Mit gefesselten Händen mussten sie ihn dann befriedigen. Er berührte sie nie intim. Bei seinen Überfällen auf Paare brachte er die Frau ins Wohnzimmer und drapierte ein Handtuch über den Fernseher – die Beleuchtung schien wichtig zu sein. Fragen sexueller Natur regten ihn an. »Was mache ich jetzt?«, fragte er zum Beispiel ein Opfer, dem er die Augen verbunden hatte, während er mit einer im Haus gefundenen Handcreme masturbierte. »Ist es wie beim Captain?«, fragte er Jane – ihr Mann diente als Captain in der Air Force.

Er befahl ihr mindestens fünfzigmal »Sei still!«, erzählte Jane, aber bei der Vergewaltigung selbst stellte er andere Forderungen, er fuhr sie an wie ein Regisseur seine Schauspielerin. »Jetzt zeig mal Gefühle«, verlangte er, »sonst nehme ich das Messer.«

Er war kaltblütig. Zweimal drang er in Häuser ein und ließ sich nicht davon abschrecken, dass die Opfer ihn entdeckt hatten und panisch die Nummer der Polizei wählten. Auch von Kindern ließ er sich nicht stören. Er verletzte sie nicht körperlich, ältere Kinder fesselte er allerdings und brachte sie in ein anderes Zimmer. Janes kleinen Sohn setzte er vor der Vergewaltigung auf den Fußboden des Schlafzimmers. Der Junge schlief ein. Als er aufwachte, spähte er über die Bettkante. Der EAR war verschwunden. Seine Mutter lag auf dem Bett, mit Streifen von Handtüchern gefesselt und mit einem Waschlappen geknebelt. Er hielt die Fesseln für Verbände.

»Ist der Doktor weg?«, flüsterte er.

Für Shelby war das brutale Vorgehen von Perversen mit Skimasken nichts Neues, aber es war ungewöhnlich, wie akribisch dieser seine Opfer ausspähte. Er rief an, ohne sich zu melden. Lief die Umgebung ab. Brach ein. Der EAR konnte die Außenbeleuchtung ausschalten, selbst wenn sie über einen Timer gesteuert wurde. Er wusste, wo er gut versteckte Garagentoröffner finden konnte. Die Befragungen, die Shelby durchführte, ließen vermuten, dass der Verdächtige nicht nur Jane, sondern auch ihre Nachbarn überwacht und herausgefunden hatte, wo er parken konnte und wann die Nachbarn den Müll rausbrachten und zur Arbeit gingen.

Carol Daly, Shelbys Kollegin an diesem Tag, wurde ein Jahr später in der *Sacramento Bee* zu diesem Fall zitiert: »Normalerweise haben Vergewaltiger nicht so ausgeklügelte Pläne.« Genau dieser Gedanke ging auch Shelby durch den Kopf, als er mit dem Bluthund am Straßenrand stand und über das Stück Niemandsland hinweg zu Janes Haus sah. Es gab ein weiteres Detail, das ihn beunruhigte. Der Täter hatte Jane mit einem Gemüsemesser in die linke Schulter geschnitten. Jane hatte den Eindruck, dass er sie nicht hatte verletzen wollen, dass die Wunde ein Unfall war. Shelby war anderer Meinung. Er vermutete, dass der Mann gegen den Drang ankämpfte, den Opfern noch mehr Schmerzen zuzufügen. Bis er geschnappt würde, würde dieser Drang immer stärker werden.

So kam es auch. Der Täter ging dazu über, den Opfern die Augen zu verbinden, klapperte dann dicht neben ihren Ohren mit einer Schere und drohte, er würde ihnen für jede Bewegung einen Zeh abschneiden. Oder er rammte das Messer neben ihnen in die Matratze. Die psychischen Qualen seiner Opfer stachelten ihn an. »Du kennst mich nicht, oder?«, flüsterte er einem Opfer zu und nannte es beim Namen. »Dafür ist zu viel Zeit vergangen, oder? Es ist wirklich lange her. Aber ich kenne dich.« Er wartete immer, bis die Opfer dachten, er habe das Haus verlassen, und wenn die Anspannung in ihren Körpern nachließ und ihre tauben Finger nach den Fesseln tasteten, erschreckte er sie mit einem plötzlichen Geräusch oder einer Bewegung.

Nach dem Überfall auf Jane Carson im Oktober verbreiteten sich schnell Gerüchte über einen Serienvergewaltiger, der sich auf freiem Fuß befand. Das Sheriff's Department bat die Lokalpresse allerdings, nicht über die Verbrechen zu berichten, damit die öffentliche Aufmerksamkeit den Täter nicht vertrieb. Die Polizei hoffte, er würde im östlichen Teil des Countys bleiben und sie könnte ihn dort schnappen. Shelby, Daly und ihre Kollegen von der Ermittlungseinheit verfolgten unauffällig Spuren. Sie sprachen mit Bewährungshelfern. Überprüften Lieferanten,

Milchmänner, Hausmeister und Teppichverleger. Verteilten Visitenkarten an den Türen der Nachbarschaft und folgten den Hinweisen, die hereinkamen – meist ging es um junge Männer, deren Blick zu starr wirkte oder die abends lange ausgingen oder, wie ein Informant seinen jüngeren Bruder beschrieb, »irgendwie tuntig« wirkten. Die Detectives verbanden Jane die Augen und spielten ihr Tonaufnahmen von zwei Verdächtigen vor. Dabei lag sie auf ihrem Bett, ihre Arme zitterten. »Der nicht«, sagte sie. In Pfandleihen spürten sie den gestohlenen Gegenständen nach, und im *House of Eight*, einem Pornoladen am Del Paso Boulevard, informierten sie sich über Kunden, die auf Fesselspiele standen. Sie folgten einem Hinweis auf einen Mann, der sich bei der Kfz-Zulassungsstelle gegen eine Gebühr Daten von Frauen beschafft hatte und ihnen in seinem Auto gefolgt war. Bei der Befragung vor seinem Haus fiel den Polizisten auf, dass er im Rinnstein stand und vor lauter Nervosität nicht merkte, dass das Wasser über seine guten Schuhe floss. Er war nicht der EAR, aber sie brachten die Zulassungsstelle dazu, die Herausgabe von privaten Informationen gegen Gebühr zu verbieten.

Gleichzeitig brodelte die Gerüchteküche, weil eine offizielle Stellungnahme weiter ausblieb. Es hieß, die Polizei verschweige die Vergewaltigungen, weil die Einzelheiten zu grauenhaft waren. Er würde die Brüste der Frauen verstümmeln. Obwohl die Gerüchte nicht zutrafen, konnte sie wegen der Pressesperre niemand öffentlich widerlegen. Die angespannte Situation erreichte ihren Höhepunkt, als der EAR am 18. Oktober innerhalb von vierundzwanzig Stunden zweimal zuschlug. Eines der Opfer, eine zweiunddreißig Jahre alte Hausfrau und zweifache Mutter, lebte am Kipling Drive in Carmichael, einer recht wohlhabenden Wohngegend östlich von Sacramento. Einige vermuteten, dass der EAR der Funkstille in den Medien über-

Ein Jahr später, am 8. November 1977, veranstaltete das Sacramento County Sheriff's Department in der Mira Loma High School in Sacramento eine von mehreren weiteren Bürgerversammlungen zum Fall des EAR, bei der sich verängstigte Einwohner äußern konnten.

drüssig gewesen und in bessere Gegenden ausgewichen sei, um für größere Aufmerksamkeit zu sorgen. Es funktionierte. Am 3. November 1976 kamen fünfhundert Menschen zu einer Bürgerversammlung zum Thema Verbrechensbekämpfung in die Del-Dayo-Grundschule. Shelby und Daly bemühten sich abwechselnd, am Mikrofon so gut wie möglich die besorgten und aufgebrachten Fragen über den EAR zu beantworten.

Am nächsten Morgen erschien in der *Sacramento Bee* ein Artikel von Polizeireporter Warren Holloway: *Polizei jagt achtfachen Vergewaltiger*. Die Presse hatte ihr Schweigen gebrochen.

Vielleicht war es Zufall, aber am Abend des 10. November, an dem die *Bee* einen zweiten Artikel zum Thema brachte (*Angst vor dem East Area Rapist ergreift ruhige Stadtteile*), drang ein Mann mit einer Lederhaube durch das Fenster in ein Haus in Citrus Heights ein und schlich sich an ein sechzehnjähriges Mädchen heran, das im Wohnzimmer allein fernsah. Er zeigte mit einem Messer auf sie und drohte ihr:»Eine Bewegung und du sagst nie wieder etwas, und ich verschwinde im Dunkeln.«

Dieses Mal führte der EAR sein Opfer aus dem Haus und eine Böschung hinunter zu einem betonierten Abwassergraben, sechs Meter breit und drei Meter tief, dem sie etwa achthundert Meter nach Westen bis zu einer alten Trauerweide folgten. Später lief das Mädchen den Weg erneut mit Shelby und mehreren anderen Ermittlern ab. Im Gras in der Nähe des Baums lagen zerschnittene Schnürsenkel, eine zerfetzte Levi's und ein grüner Slip. Sie sagte, sie sei nicht vergewaltigt worden. Jemandem nach einem gewaltsamen Übergriff Informationen zu entlocken ist eine heikle Aufgabe, vor allem, wenn man wie Shelby ein eins neunzig großer, älterer Mann war und das Opfer ein junges Mädchen kurz vor dem emotionalen Zusammenbruch. Man sieht ihnen in die Augen und stellt die schwierige Frage.

Die Antwort kann richtig sein, muss es aber nicht. Später wiederholt man die Frage ohne Vorbereitung, vielleicht, während man über etwas anderes spricht. Das Opfer gibt dieselbe Antwort. Mehr kann man nicht tun.

Möglicherweise hatte der EAR sie verwechselt. »Bist du nicht am American River College?«, hatte er sie gefragt. Als sie mit Nein geantwortet hatte, hatte er ihr sein Messer an den Hals gedrückt und die Frage wiederholt. Wieder hatte sie Nein gesagt. Sie erzählte den Detectives, sie ähnele einer Nachbarin, die das American River College in der Nähe besuche. Allerdings war das Timing wieder auffällig passend. Das Mädchen war nur für kurze Zeit allein zu Hause. Ihre Eltern waren zum Krankenhaus gefahren, um ihren Bruder zu besuchen, und abends war sie mit ihrem Freund verabredet. Bevor der EAR sie zu dem Abwassergraben geführt hatte, hatte er sorgfältig wieder das Fliegengitter vor dem Fenster befestigt und den Fernseher und das Licht im Haus ausgeschaltet, als habe er gewusst, dass bald jemand nach Hause kommen würde. Er wollte nicht, dass die Eltern zu früh Alarm schlugen.

Was das Mädchen im Dunkeln, unter einer verrutschten Augenbinde hervor, flüchtig bemerkt hatte, fügte dem Bild weitere Puzzlesteine hinzu: schwarze Schuhe mit Karree-Spitze. Eine Taschenlampe, die so klein war, dass sie in seiner linken Hand verschwand. Eine Flecktarnhose. Während sie gefesselt war, war er immer wieder die westliche Einfassung des Kanals hinaufgekrabbelt und hatte nach etwas Ausschau gehalten, erzählte sie. Rauf und runter. Beinahe zappelig. Shelby stieg den Graben hinauf. Wie immer waren sie zu spät, mit einem Abstand von Minuten oder Stunden. Man konnte an exakt derselben Stelle stehen wie er, aber wenn man nicht wusste, was ihn zu diesem Ort gezogen hatte, suchte man nur stumpfsinnig den Horizont nach Hinweisen ab. Wucherndes dichtes Gestrüpp.

Zäune. Gärten hinter Häusern. Zu viel. Nicht genug. Zurück auf Anfang.

Laut der Beschreibung des Mädchens reichte die Lederhaube bis unter das Hemd des EAR und hatte Augen- und Mundschlitze. Für Shelby klang das nach den Hauben, die Elektroschweißer unter ihren Helmen trugen. Er holte von Firmen für Schweißtechnik Kundennamen ein. Ohne Erfolg. Im Sheriff's Department klingelten währenddessen die Telefone mit neuen Hinweisen. Die Detectives versuchten, jeden der Genannten in Augenschein zu nehmen. Männer wurden ausgeschlossen, weil sie große Füße hatten, eine Trichterbrust, einen dicken Bauch, einen Bart, weil sie links schielten, humpelten, orthopädische Einlagen trugen oder ihre Schwägerin im Vertrauen erzählte, dass sie einmal mit dem jüngeren Bruder ihres Mannes nackt baden war und er einen großen Penis hatte.

Am 18. Dezember überfiel der EAR erneut einen Teenager, dieses Mal in Fair Oaks. Im Januar gab es zwei weitere Opfer. *Vergewaltiger schlägt wieder zu – 14 Mal in 15 Monaten* lautete die Schlagzeile der *Sacramento Bee* am 24. Januar. Dem Zitat eines anonymen Mitarbeiters des Sheriff's Department merkt man den einsetzenden zynischen Überdruss an: »Es war genau wie immer.«

Am Morgen des 2. Februar 1977 lag eine dreißig Jahre alte Frau in Carmichael gefesselt, geknebelt und mit verbundenen Augen auf ihrem Bett. Nachdem sie lange gelauscht und nichts gehört hatte, spuckte sie mühsam den Knebel aus und rief nach ihrer siebenjährigen Tochter, weil sie ahnte, dass das Mädchen im Zimmer war. »Hat er dir was getan?«, fragte sie. Ihre Tochter antwortete nicht direkt, sondern sagte nur: »Mama, sei still.« Im selben Moment übte jemand Druck auf das Bett aus und ließ wieder los, als wollte er ihr zeigen, dass er noch da war.

Minutenlang lag sie nur da, die Augen unter dem orange-weißen Frotteetuch weit aufgerissen, und hörte seinen nahen Atem.

Hypnotiseure wurden hinzugezogen, um unbewusste Beobachtungen zutage zu fördern. Die Ermittler fahndeten nach einem schwarz-weißen Motorrad mit Satteltaschen aus Fiberglas. Nach einem schwarzen Auto, möglicherweise einem früheren Streifenwagen der kalifornischen Autobahnpolizei, mit lautem Auspuff. Nach einem weißen Lieferwagen ohne Seitenfenster. Einem Motorradfahrer namens Dan mit Koteletten und einem großen Schnurrbart. Eine Frau rief wegen eines Angestellten in einem nahe gelegenen Lebensmittelladen an. Der Penis des Mannes, erklärte sie fachmännisch, »ist ganz rau, als wäre er unglaublich oft benutzt worden«.

Auf der Suche nach Fingerabdrücken probierten die Ermittler eine Methode aus, bei der mithilfe von Joddampf latente Fingerabdrücke von der Haut auf Silberplatten übertragen werden. Carol Daly fiel die Aufgabe zu, durch ein Röhrchen ein feines Pulver auf die nackten Körper der Opfer zu pusten. Nichts. Doch es gab kleine Siege. Im Februar rang eine Frau in Carmichael mit dem EAR um seine Pistole. Er schlug ihr auf den Kopf. Als Shelby und Daly die Verletzung des Opfers untersuchten, fiel ihnen ein wenig Blut etwa fünf Zentimeter von der Wunde entfernt auf. Daly schnitt die blutigen Haare ab und schickte sie zur Typisierung ins Labor. Das Opfer hatte Blutgruppe B. Der Blutfleck, der mutmaßlich vom EAR stammte, war A positiv.

Es war gegen halb elf am 16. Februar 1977.[*] Die Familie Moore[†] verbrachte einen ruhigen Abend in ihrem Haus im Ri-

---

[*] Der folgende Abschnitt wurde aus Michelles Notizen zusammengesetzt.
[†] Alle Namen der Familie Moore sind Pseudonyme.

pon Court im Stadtteil College Glen von Sacramento. Der achtzehnjährige Douglas schnitt sich in der Küche ein Stück Kuchen ab, während seine fünfzehn Jahre alte Schwester Priscilla im Wohnzimmer fernsah. Plötzlich wurde die gewohnte Ereignislosigkeit eines Abends unter der Woche von einem unerwarteten Geräusch gestört – aus dem Garten drang Lärm. Es war der elektrische Räucherofen. Jemand war über den Zaun gesprungen und gegen ihn gestoßen.

Mavis Moore schaltete die Terrassenbeleuchtung ein, spähte durch die Vorhänge und sah gerade noch eine Gestalt durch den Garten laufen. Douglas nahm spontan die Verfolgung auf, und sein Vater Dale schnappte sich eine Taschenlampe und folgte ihm durch den Seiteneingang.

Während Dale zurückfiel, jagte sein Sohn dem blonden Mann nach, der durch ihren Garten geschlichen war – über den Ripon Court und zwischen zwei Häusern hindurch, wo der Mann hinter einem Zaun verschwand. Douglas folgte ihm. Als er gerade den Zaun erklommen hatte, ertönte ein lauter Knall. Dale sah, wie sein Sohn rückwärts auf den Rasen fiel.

»Er hat mich angeschossen«, rief Douglas, als sein Vater nach ihm sah. Ein zweiter Schuss folgte, ohne Schaden anzurichten. Dale schaffte Douglas aus der Schusslinie.

Mit einem Rettungswagen wurde Doug ins nächste Krankenhaus gebracht. Die Kugel war in den Bauch eingedrungen und hatte Löcher in den Darm, die Blase und das Rektum gerissen.

Die Polizisten klapperten die umliegenden Häuser ab und befragten die Bewohner. Die Zeugenaussagen ähnelten denen nach anderen Überfällen des EAR: Nachbarn hatten Geräusche in ihren Gärten gehört, als wäre jemand über den Zaun geklettert, eine Frau hatte Schritte auf ihrem Dach bemerkt. Manche hatten an ihren Zäunen herausgetretene Latten oder geöffnete Seitentore entdeckt. Lautes Hundegebell schien die

Das Phantombild des Verdächtigen, der am 16. Februar 1977 auf Douglas Moore* geschossen haben soll.

Bewegungen eines ungesehenen Eindringlings anzuzeigen. Anwohner aus der Umgebung berichteten von auffälligen Gestalten und Einbrüchen in den Wochen vor den Schüssen auf Doug Moore.

Und alle Zeugenberichte, auch der von Doug Moore, lieferten vertraute Personenbeschreibungen: ein weißer Mann zwischen fünfundzwanzig und dreißig, eins fünfundsiebzig bis eins achtzig, mit kräftigen Beinen und dunkelblonden, nackenlangen Haaren, trägt eine Fischermütze, eine Windjacke, eine Cordhose von Levi's und Tennisschuhe.

Unter den gesammelten Hinweisen fand sich wie häufig ein Ausreißer – vielleicht eine heiße Spur, vielleicht hatte er aber auch nichts mit den Ereignissen zu tun, die mit den Schüssen auf Doug Moore endeten: Ein Hausmeister war nach dem Ende seiner Schicht in der nahe gelegenen Thomas Jefferson School

---

*　Pseudonym

zwei jungen Männern begegnet, die vor einem der Schulgebäude standen. Als er vorbeiging, fragte einer von ihnen nach der Zeit, während der andere etwas – möglicherweise ein Transistorradio – unter seiner Jacke versteckte.

Beide waren etwa achtzehn oder neunzehn Jahre alt und eins fünfundsiebzig groß. Einer war dem Aussehen nach Mexikaner, er hatte schulterlange dunkle Haare und trug eine blaue Windjacke und eine Levi's-Jeans, der andere war weiß und gleich gekleidet.

Der Hausmeister war seit sieben Jahren bei der Schule beschäftigt und kannte die üblichen Verdächtigen, die sich nach Schulschluss auf dem Gelände herumtrieben. Diese beiden jungen Männer hatte er noch nie gesehen.

Das nächste Mal schlug der EAR in den frühen Morgenstunden des 8. März in Arden-Arcade zu. Die *Sacramento Bee* brachte einen Artikel (*Vergewaltigung – Möglicher Serientäter*). Darin hielt der Reporter fest: »Das Opfer lebt von seinem Mann getrennt und hat ein kleines Kind, das Montag nicht zu Hause übernachtete. Bei den Überfällen des East Area Rapist befand sich nie ein Mann im Haus, manchmal allerdings Kinder.« Die Frage, ob der EAR die Medienberichte über ihn verfolgte, durfte nach Erscheinen dieses Artikels als beantwortet gelten. Sein nächstes Opfer war zwar noch ein Mädchen im Teenageralter, aber danach überfiel er heterosexuelle Paare, elf hintereinander, und konzentrierte sich bei allen weiteren Angriffen auf Paare.

Am 18. März gingen zwischen Viertel nach vier und fünf Uhr nachmittags drei Anrufe im Sheriff's Department ein. »Ich bin der EAR«, sagte ein Mann, lachte und legte auf. Der zweite Anruf stammte offensichtlich von demselben Mann, der seine Wort wiederholte. Dann der dritte: »Ich bin der East Area

Rapist. Ich beobachte schon mein nächstes Opfer, und ihr könnt mich nicht schnappen.«

Am Abend kam in Rancho Cordova eine Sechzehnjährige von ihrem Teilzeitjob bei Kentucky Fried Chicken nach Hause, stellte ihre Tasche mit mitgebrachtem Essen auf die Küchentheke und wollte eine Freundin anrufen. Ihre Eltern waren verreist, und sie wollte bei der Freundin übernachten. Beim zweiten Klingeln kam ein Mann mit einer grünen Skimaske und einem hoch erhobenen Beil aus dem Schlafzimmer ihrer Eltern.

Dieses Mal konnte das Opfer mehr vom Gesicht des EAR sehen, weil er eine Skimaske trug, deren Mittelteil herausgeschnitten war. Weil sie vermuteten, der EAR könne ein junger Mann aus Rancho Cordova sein, besorgten Shelby und Daly einen Stapel Jahrbücher aus der näheren Umgebung. Sie gaben sie der jungen Frau, die sie aufmerksam durchblätterte. Im Jahrbuch von 1974 der Folsom High School hielt sie auf einer Seite inne. Sie reichte Shelby das Buch und zeigte auf das Foto eines Jungen. »Dieser hier sieht ihm am ähnlichsten.« Sie zogen Erkundigungen über den Jungen ein. Er war labil und verhaltensauffällig. Beides passte. Er arbeitete bei einer Tankstelle am Auburn Boulevard. Sie versteckten die junge Frau auf dem Rücksitz eines Zivilfahrzeugs, wo sie ihn aus einem Meter Entfernung beobachten konnte, während er den Tank füllte. Sie konnte ihn nicht eindeutig identifizieren.

Die Häuser waren unterschiedlich geschnitten. Einige Opfer waren junge Teenager, die sich Sofakissen vor den Bauch drückten und auf die Frage, ob sie wüssten, was ein Orgasmus sei, mit schmerzverzerrtem Gesicht verwirrt den Kopf schüttelten. Andere waren Mitte dreißig, gerade von ihrem zweiten Mann geschieden und besuchten die Kosmetikschule und Singletreffs. Aber für die Detectives, die oft in den frühen Morgenstunden aus dem Bett geklingelt wurden, ähnelten sich die Tatorte fast zum Verwechseln. Zerschnittene Schnürsenkel auf einem Zottelteppich. Tiefe rote Abdrücke an den Handgelenken. Spuren an den aufgehebelten Fensterrahmen. Offene Küchenschränke. Bierdosen und Keksverpackungen auf den Terrassen hinter den Häusern. Die Opfer hatten eine Tüte oder Tasche gehört, raschelndes Papier oder einen Reißverschluss, wenn der EAR persönlichen Schmuck, Führerscheine, Fotos, Münzen und manchmal Geld stahl. Allerdings war Diebstahl eindeutig nicht sein Hauptmotiv, weil er andere Wertgegenstände liegen ließ und die Dinge, die er stahl, etwa einen gravierten Ehering, den er brutal von einem geschwollenen Finger gerissen hatte, oft weggeworfen in der Nähe gefunden wurden.

Am 2. April erweiterte er seine Methode um einen neuen Kniff, den er beibehalten sollte. Dem ersten Paar, das er angriff, leuchtete er mit einer grellen, rechteckigen Taschenlampe in die Augen. Er flüsterte heiser, er habe eine Pistole (»eine 45er mit vierzehn Schuss«), warf der Frau ein Seil zu und befahl ihr, ihren Freund zu fesseln. Als sie fertig war, stellte der EAR eine Tasse mit Untertasse auf den Rücken des Mannes. »Wenn ich höre, dass die Tasse klappert oder die Bettfedern quietschen, erschieße ich jeden im Haus«, raunte er. Zu der Frau sagte er irgendwann: »Ich war in der Army, da habe ich viel gevögelt.«

Es wurde häufig darüber diskutiert, ob der EAR möglicherweise einen militärischen Hintergrund habe. Im Umkreis von einer Autostunde um Sacramento herum lagen fünf militärische Einrichtungen, allein die Mather Air Force Base, die an Rancho Cordova angrenzt, hatte eine Belegschaft von achttausend Personen. Seine Vorliebe für Armeegrün und die manchmal beobachteten schwarzen Schnürstiefel im Militärstil sprachen dafür. Nach Begegnungen mit ihm hatten mehrere Menschen, die zum Teil selbst beim Militär waren, den Eindruck, dass seine autoritäre Körperhaltung und sein drakonisches Auftreten an einen Angehörigen der Streitkräfte erinnerten. »Der Tellertrick«, wie sein ungewöhnliches Alarmsystem genannt wurde, kam manchen wie eine Technik aus dem Dschungelkrieg vor.

Dazu kam der fatale Umstand, dass sie ihn auch mit fortschrittlichen technischen Hilfsmitteln nicht fassen konnten. Das Sheriff's Department lieh sich Baumkameras aus, mit denen die staatliche Forstwirtschaftsbehörde normalerweise Jagd auf Brandstifter machte. Das Überstundenbudget wurde ausgeschöpft, um Zivilstreifen durch die Wohnviertel zu schicken, die der EAR heimgesucht hatte. Sie liehen sich militärische Nachtsichtgeräte und Bewegungssensoren, die man in Vietnam verwendet hatte. Und trotzdem war er immer noch da draußen, untergetaucht, getarnt als harmloser Bürger.

Das Sheriff's Department zog einen Colonel der Army hinzu, der in den Techniken von Spezialeinsatzkräften ausgebildet war und helfen sollte, die Vorgehensweisen des EAR zu verstehen.

»Ein wichtiger Aspekt bei der Ausbildung sind Geduld und Ausdauer«, erklärte der Colonel. »Wer entsprechend trainiert ist, sitzt notfalls stundenlang in derselben Position da, ohne sich zu bewegen.« Die besondere Aufmerksamkeit Geräuschen gegenüber – der EAR stellte Klimaanlagen und Heizgeräte oft aus, um besser hören zu können – war etwas, das Spezialeinsatzkräften eingeschärft wurde. Genau wie der Umgang mit Messern und Knoten und das Planen von mehreren Fluchtwegen.

»Er kann und wird jede Art von Versteck nutzen«, sagte der Colonel. Man solle ihn »dort suchen, wo man einen Menschen zuletzt vermuten würde, zum Beispiel unter den Bodenplanken eines Geräteschuppens oder in einem Brombeergestrüpp«. Der Colonel wiederholte: Denken Sie an die Geduld. Er hält sich für ausdauernder als jeden anderen und glaubt, die Verfolger geben früher auf als er.

Shelby fragte sich, ob sie ihn vielleicht aus einem anderen Grund noch nicht gefasst hatten. Ihm fiel auf, dass sie Zivilstreifen in Gegenden schickten, in denen der EAR bekanntermaßen aktiv war, und dass er genau in diesen Nächten an anderen Orten zuschlug. Er schien mehr über das Vorgehen der Polizei zu wissen als normale Bürger. Er trug immer Handschuhe und parkte außerhalb des Umkreises, den die Polizei absuchte. Einmal hatte er einer Frau, die ihm entkommen wollte, »Stehen bleiben!« nachgerufen. Shelby war nicht der Einzige, der das ansprach. Auch anderen Mitarbeitern des Sheriff's Department war dieser Gedanke gekommen. War er einer von ihnen?

Eines Abends folgte Shelby einem Hinweis auf eine verdächtige Gestalt. Die Frau, die angerufen hatte, wirkte überrascht, als Shelby an ihre Haustür klopfte und sich vorstellte. Sie habe schon minutenlang gedacht, es sei ein Polizist dort, erzählte sie ihm. Sie hätte schwören können, sie habe direkt vor ihrem Haus ein Polizeifunkgerät gehört.

»Er lässt den Suchtrupp bis auf zwei Fingerbreit an sich herankommen und wird sich nicht rühren«, hatte der Colonel gewarnt.

Ende April hatte sich die Zahl der Opfer auf siebzehn erhöht. Im Schnitt verübte der EAR zwei Überfälle pro Monat. Schon das erschreckte jeden, der den Fall verfolgte, und das taten die meisten Menschen.

Doch dann kam der Mai.

Das Sheriff's Department ging auf das Angebot einer Wahrsagerin ein, die behauptete, sie könne den EAR identifizieren. Sie stimmte einen Sprechgesang an und aß rohes Rinderhack. Die Detectives erwogen, ein »Biorhythmus-Diagramm« des EAR erstellen zu lassen, doch man sagte ihnen, ohne sein Geburtsdatum würde das nicht gehen. Gegen Mitternacht des 2. Mai, gute zwei Wochen nach dem letzten Überfall, hörte eine dreißigjährige Frau im La Riviera Drive einen dumpfen Aufprall; so klang es auch, wenn ihre jungen Söhne vom Damm aus über den Zaun in den Garten sprangen. Sie ging zum Fenster, sah aber nichts Verdächtiges. Um drei Uhr morgens ließ das plötzliche grelle Licht einer Taschenlampe sie und ihren Mann, einen Major der Air Force, aus dem Schlaf aufschrecken.

Zwei Tage später stürzte sich ein Mann mit einer beigefarbenen Skimaske und einer dunkelblauen Jacke, die aussah wie von der US Navy, aus dem Dunkeln auf eine junge Frau und ihren Arbeitskollegen, als sie in der Auffahrt vor seinem Haus in Orangevale zu ihrem Auto gingen. Beide Fälle folgten dem vertrauten Muster. Die vorausgegangenen Anrufe, bei denen sich niemand gemeldet hatte. Der Trick mit dem Geschirr. In einem Fall die erschreckende Kombination aus einer brutalen Vergewaltigung und einer anschließenden Pause, um in der Küche Ritz Cracker zu essen. Beide Paare berichteten den Detectives, der EAR habe den Eindruck gemacht, also wollte er sich bewusst hart geben – wie ein schlechter Schauspieler, der tief nach Luft schnappte, um wütend oder durchgedreht zu wirken. Die Frau in Orangevale erzählte, er sei für mehrere Minuten im Badezimmer verschwunden. Es habe sich angehört, als habe er hyperventiliert.

East Area Rapist überfällt 20. Opfer in Orangevale lautete am nächsten Tag die Schlagzeile in der *Bee*.

Der Druck auf das Sheriff's Department wuchs. Vorgesetzte, die ihre Untergebenen normalerweise gewähren ließen, mischten sich plötzlich aktiv ein. Es war erst Mai, und das Überstundenbudget für das ganze Jahr war beinahe erschöpft. Das Telefon stand nicht mehr still, aber kein Hinweis führte zum Täter. Es war nicht der Exfreund und nicht der öffentliche Angestellte, der die Straßenlaternen überprüfte. Bei den täglichen

Besprechungen im Revier nippte niemand mehr träge am Kaffee, die Leute liefen auf und ab oder wippten nervös mit den Beinen. Die Ermittler starrten auf Landkarten und versuchten, den nächsten Überfall vorauszusagen. Sie vermuteten, dass er das nächste Mal im Umfeld der Sunrise Mall in Citrus Heights zuschlagen würde. Aus dieser Gegend waren verstärkt Meldungen zu auffälligen Gestalten und Einbrüchen eingegangen.

Am 13. Mai, gegen Viertel vor eins nachts, hörte eine Familie im Merlindale Drive, unweit der Sunrise Mall, Schritte auf dem Dach. In den umliegenden Gärten bellten Hunde. Ein Nachbar rief gegen ein Uhr bei der Familie an und sagte, sie hätten auch jemanden auf ihrem Dach gehört. Minuten später trafen Streifenwagen ein, aber der Dachkletterer war schon verschwunden.

In der folgenden Nacht wurden – einen Block entfernt – eine junge Kellnerin und ihr Mann, ein Restaurantleiter, überfallen.

Die Menschen konnten es nicht fassen. Ein etwa fünfzehn Kilometer breiter Streifen entlang des American River, der sich östlich ins gemeindefreie Sacramento County erstreckte, befand sich im Belagerungszustand. Man musste niemandem mehr viel erklären. Man fragte nicht mehr: »Hast du schon gehört?« Man hatte gehört. Statt »Da hat so ein Typ ...« hieß es nur noch »Er«. An der Sacramento State University ließen Dozenten Semesterpläne fallen und widmeten ganze Sitzungen Diskussionen über den EAR, bei denen Studierende mit inoffiziellen Informationen über den Fall von den anderen ausgequetscht wurden.

Die Beziehung der Menschen zur Natur veränderte sich. Der düstere Winter mit Nieselregen und dichtem Bodennebel war einem wunderbar warmen Frühling mit frischem Grün und roten und rosa Kamillenblüten gewichen. Doch die Menschen in Sacramento betrachteten die sonst geliebte Baumpracht, die Oregon-Eschen und Blau-Eichen am Fluss, jetzt mit anderen

Augen. Statt üppiges Grün sahen sie nur noch das Versteck eines Jägers. Überall wurden Hecken zurückgestutzt, Sträucher herausgerissen und größere Äste von Bäumen abgesägt. Es genügte nicht, gläserne Schiebetüren mit Holzstäben zu sichern. Damit konnten sie vielleicht verhindern, dass er ins Haus kam, aber sie wollten mehr. Sie wollten ihm jede Möglichkeit nehmen, sich zu verbergen.

Am 16. Mai erhellte ein Meer neu installierter Flutlichter das östliche Ufer wie einen Weihnachtsbaum. In einem Haus hingen in jeder Tür und jedem Fenster Tamburine. Unter den Kopfkissen lagen Hämmer. Zwischen Januar und Mai wurden in Sacramento County fast dreitausend Schusswaffen verkauft. Manche Menschen schliefen zwischen ein und vier Uhr nachts nicht mehr. Einige Paare schliefen schichtweise, einer saß immer im Wohnzimmer auf dem Sofa und richtete ein Gewehr auf das Fenster.

Nur ein Verrückter würde noch einmal zuschlagen.

Am 17. Mai warteten alle mit angehaltenem Atem darauf, wer sterben würde. Die Menschen waren morgens mit der Nachricht aufgewacht, dass der EAR zum vierten Mal in diesem Monat zugeschlagen hatte. Es war der einundzwanzigste Überfall in weniger als einem Jahr, der ihm zugeschrieben wurde. Die letzten Opfer, ein Paar aus dem Stadtteil Del Dayo, berichteten der Polizei, er habe gedroht, in dieser Nacht zwei Menschen zu töten.

Innerhalb von vierundzwanzig Stunden, vom 17. auf den 18. Mai, gingen beim Sacramento County Sheriff's Department 6169 Anrufe ein. Fast alle betrafen den East Area Rapist.

Die Polizisten erreichten den Tatort um 3.55 Uhr. Das einunddreißigjährige männliche Opfer stand in einem hellblauen Pyjama vor seinem Haus, von seinem linken Handgelenk baumelte ein weißer Schnürsenkel. Wütend sprach er in einer Mischung aus Englisch und Italienisch mit den Polizisten. »Was soll die Eile?«, fragte er sie. »Er ist weg. Kommen Sie einfach rein!« Als Shelby eintraf, erkannte er den Mann sofort. Bei der überfüllten Bürgerversammlung im November, bei der er und Daly Fragen aus der Bevölkerung beantwortet hatten, war der Mann aufgestanden und hatte die Ermittlungen kritisiert. Er und Shelby hatten sich ein hitziges Wortgefecht geliefert. Das lag sechs Monate zurück, und möglicherweise war es nur ein Zufall, aber die Verbindung verstärkte den Eindruck, dass sie es mit einem kaltblütigen Täter zu tun hatten, der sogar Veranstaltungen besuchte, die zu seiner Ergreifung beitragen sollten, einem Täter, der sich unauffällig unter die Leute mischte, beobachtete, der nichts vergaß und über eine enorme Geduld verfügte.

Der Überfall, ganz in der Nähe des American River Drive in Del Dayo und einer Wasseraufbereitungsanlage, entsprach den früheren. Doch diesmal hatte sich der EAR von der Aufregung, die die ganze Stadt ergriffen hatte, offensichtlich anstecken lassen. Er stotterte, und es wirkte nicht gespielt. Und er wollte eine Nachricht übermitteln, die er dem weiblichen Opfer in wilder Wut förmlich entgegenspie. »Diese Wichser, diese Schweine! Hörst du mir zu? Ich habe noch nie getötet, aber jetzt werde ich töten. Sag diesen Wichsern, diesen Schweinen, dass ich nach Hause in meine Wohnung gehe. Ich habe eine Menge Fernseher. Ich werde Radio hören und fernsehen, und wenn ich von dieser Sache hier höre, ziehe ich morgen Nacht los und töte zwei Menschen. Irgendwer wird sterben.«

Dem Ehemann, der gefesselt in einem Zimmer nebenan lag, gab er eine etwas andere Botschaft mit. »Sag diesen verdammten Schweinen, ich hätte heute Nacht zwei Menschen töten können. Wenn ich das nicht in jeder Zeitung und im Fernsehen sehe, bringe ich morgen Nacht zwei Menschen um.«

Er aß Cheez-It Cracker und eine halbe Zuckermelone, bevor er ging.

Als die Stadt am nächsten Morgen erwachte, erwartete sie eine erschütternde Schlagzeile in der *Sacramento Bee*: *East Area Rapist überfällt Nr. 23 – Sterben heute Nacht Menschen?* Laut Artikel hatte das Sheriff's Department Psychiater aus der Region zurate gezogen und war zu dem Schluss gekommen, dass der EAR »wahrscheinlich paranoid schizophren« war und sich »aufgrund unzulänglich entwickelter (körperlicher) Merkmale in einer homosexuellen Panik« befand. Die »unzulänglichen Merkmale« wurden in dem Artikel mehrmals erwähnt. Ob das die Art von Presse war, die der EAR sich gewünscht hatte, oder ob er überhaupt Presse wollte, darüber konnte man nur Vermutungen anstellen. Ebenso wenig wusste man, ob er seine Drohung wahr machen und töten würde.

Im Mai 1977 wurden im östlichen Sacramento County unzählige schmiedeeiserne Gitter angebracht. Es wurden Nachtwachen organisiert. Dreihundert Männer aus der Gegend patrouillierten in Pick-ups mit CB-Funk. Feste Plexiglasplatten wurden vor Fenster und Türen geschraubt. Bei Türriegeln gab es Lieferschwierigkeiten. Strom- und Wasserableser hielten ihre Ausweise vor sich und meldeten sich laut und deutlich, wenn sie einen Vorgarten betraten. Die Bestellungen für Gartenstrahler stiegen von zehn auf sechshundert Stück im Monat. Ein typischer Leserbrief an die *Sacramento Union* aus dieser Zeit: »Früher ließen wir nachts die Fenster offen, um frische Luft zu bekommen. Jetzt nicht mehr. Wir gingen abends mit dem Hund spazieren. Jetzt nicht mehr. Meine Söhne fühlten sich in ihrem Zuhause sicher und geborgen. Jetzt nicht mehr. Früher schliefen wir, ohne bei normalen abendlichen Geräuschen sofort aufzuwachen. Jetzt nicht mehr.«

Etwa zu dieser Zeit observierte Shelby mit einem weiteren

Detective im südlichen Sacramento in einem Zivilfahrzeug die Umgebung. Sie blickten nach Osten. Zu ihrer Linken lag eine kurze Straße, in deren Mitte Tag-Football gespielt wurde. Ein Auto fuhr sehr langsam in östlicher Richtung vorbei. Das langsame Tempo war ungewöhnlich, aber noch auffälliger fand Shelby, dass der Fahrer das Spiel aufmerksam beobachtete. Shelby sah genauer hin. Es spielten nur junge Männer – mit einer Ausnahme: der Quarterback war eine Frau um die zwanzig mit langen Haaren. Wenige Minuten später kehrte das Auto im Schritttempo zurück. Wieder sah der Fahrer zu den Spielern hinüber. Shelby notierte die Automarke und das Modell. Als der Wagen ein drittes Mal vorbeikam, schrieb er das Kennzeichen auf und meldete es über Funk. »Wenn er noch mal umdreht, halten wir ihn an«, sagte Shelby zu seinem Partner. Doch es war das letzte Mal, dass der Fahrer, ein blonder Mann Anfang zwanzig mit dünnem Hals, ihren Wagen passierte. Shelby blieb vor allem seine konzentrierte Aufmerksamkeit im Gedächtnis. Das und die Tatsache, dass der EAR nur Tage später zum ersten Mal im südlichen Sacramento zuschlug, etwa anderthalb Kilometer entfernt.

Das Nummernschild war nicht registriert.

Während der Arbeit an diesem Buch fiel mir die selbstbewusste, bodenständige Art der alteingesessenen Einwohner von Sacramento auf. Einmal vereinbarte ich ein Interview beim Frühstück in dem schicken kleinen Hotel in der Innenstadt, in dem ich wohnte. Der Mann meiner Interview-Partnerin, ein Tischler, begleitete sie zu dem Treffen. Ich hatte mein Frühstück, ein exquisites Joghurt-Parfait, serviert in einem kleinen Einweckglas mit einem antiken Silberlöffel, schon bestellt. Ich forderte meine Gäste auf, sich auch etwas auszusuchen, aber als sich die Kellnerin dem Mann zuwandte, schüttelte er höflich den Kopf und lächelte. »Ich habe mir heute Morgen schon selbst Frühstück gemacht.« Als er das sagte, hatte ich buchstäblich einen silbernen Löffel im Mund.

Das erzähle ich nur, damit man manche Dinge besser einordnen kann. Zum Beispiel gab ein örtlicher Zahnarzt am 17. Mai, zwei Tage nach dem letzten Überfall, bekannt, dass er die bisher ausgesetzte Belohnung um 10 000 Dollar aufstocke (die *Sacramento Bee* hatte bereits 15 000 Dollar ausgesetzt) und zusammen mit einem Geschäftsmann eine Bürgerwehr, die »East Area Rapist Surveillance Patrol«, gründen wolle. Hunderte Männer aus der Gegend nahmen an einer Kundgebung teil und begannen, nachts östlich des Flusses Streife zu fahren. Der stellvertretende Sheriff äußerte sich in einem Artikel in der *Bee* vom 20. Mai deswegen besorgt, aber die Verbrecherjagd der Bürger lief unbeirrt weiter. Sie wurde begleitet von dem lauten Rotorengeräusch und den Suchstrahlern eines Überwachungshubschraubers – einer Leihgabe der kalifornischen Autobahnpolizei, die pausenlos über ihnen ihre Kreise zog.

Ein weiteres Beispiel: Ein Artikel in der *Sacramento Union* vom 22. Mai (*Zwei Opfer erinnern sich an East Area Rapist*) brachte ein Zitat von Jane. Er benutzte ein Pseudonym, verriet aber genug Einzelheiten über sie, anhand derer der EAR sie erkannt hätte, was ihre Bemerkung nur umso erstaunlicher machte.

»Ich würde mich betrogen fühlen, wenn ihm jemand den Kopf wegschießen würde. Wenn, dann zielt bitte tiefer«, sagte sie.

Am Morgen des folgenden Freitags – es war der 27. Mai, der Beginn des Memorial-Day-Wochenendes – erledigte Fiona Williams* ein paar Arbeiten im Haus und fuhr anschließend mit

---

* Alle Namen der Familie Williams sind Pseudonyme.

ihrem dreijährigen Sohn Justin zum Jumbo Market in der Florin Road zum Einkaufen. Sie setzte Justin bei seinem Babysitter ab und fuhr weiter zu einem Termin beim Optiker. Sie holte ihren Gehaltsscheck in der Bibliothek ab, in der sie in Teilzeit arbeitete, löste ihn in der Bank ein und besorgte noch ein paar Dinge bei JCPenney. Danach holte sie Justin vom Babysitter ab und fuhr mit ihm zum Mittagessen zu Mel's Coffee Shop. Als sie wieder zu Hause waren, schwammen sie eine Weile im Pool. In der Dämmerung sprengte sie, immer noch im Badeanzug, den Rasen vor dem Haus, während Justin allein spielte.

Fiona wusste natürlich, was um sie herum los war. Die Lokalsender überschlugen sich förmlich mit ihren dramatischen Meldungen. Aber sie war nicht besonders beunruhigt. Immerhin war er der *East Area* Rapist und hatte noch nie im Süden von Sacramento zugeschlagen, wo sie mit Justin und ihrem Mann Phillip in einem neuen Haus wohnte. Trotzdem spukte ihr der EAR durch den Kopf. Phillip arbeitete als Schichtleiter in einer Wasseraufbereitungsanlage in Del Dayo. Die letzten Opfer, die am 17. Mai überfallen wurden, wohnten in unmittelbarer Nähe der Anlage. Als Phillip an jenem Tag zur Spätschicht erschienen war, hatten ihm seine Kollegen von dem Großaufgebot der Polizei auf der gegenüberliegenden Straßenseite erzählt. Der EAR hatte dem Ehemann eine Waffe an den Kopf gehalten.»Sei still. Wenn du noch ein Wort sagst, bringe ich dich um, verstanden?«

Phillip kannte das Ehepaar nicht. Sie waren Fremde, abgeschottet hinter Polizeiautos, Gegenstand von Getuschel bei der Arbeit. Aber er würde sie bald kennenlernen.

Als Phillip gegen halb eins nachts nach Hause kam, schliefen Fiona und Justin. Er trank Bier und sah fern, bevor er ins Bett ging und einnickte. Etwa zwanzig Minuten später wurden er und Fiona gleichzeitig wach. Sie umarmten und küssten sich.

Einige Minuten später erschreckte sie ein kratzendes Geräusch in ihrem Zimmer. Die gläserne Schiebetür zur Terrasse öffnete sich, und ein Mann mit einer roten Skimaske kam herein. Ihnen war sofort klar, wer der Mann war. Es war ein unwirkliches Gefühl, als wäre eine Filmgestalt, jemand, den sie nur aus dem Fernsehen kannten, hinter den Vorhängen hervorgekommen und hätte mit ihnen gesprochen. Er hatte eine Stabtaschenlampe in der linken Hand. In der Rechten hielt er eine Pistole, dem Aussehen nach eine 45er, die er in den Schein der Taschenlampe hielt, um sie zu zeigen.

»Bleibt ganz still liegen, sonst bringe ich euch alle um«, sagte er. »Ich töte dich. Ich töte sie. Ich töte euren kleinen Sohn.«

Er warf Fiona ein Seil zu und befahl ihr, Phillip zu fesseln. Als Nächstes fesselte der EAR sie. Er durchwühlte das Zimmer, bedrohte sie und schwenkte das Licht der Taschenlampe ruckartig herum. Er stellte einen Stapel Teller auf Phillips Rücken und brachte Fiona ins Wohnzimmer.

»Warum machen Sie das?«, fragte sie ihn.

»Sei leise!«, zischte er.

»Tut mir leid«, antwortete sie reflexhaft, weil er sie angefahren hatte.

»Sei leise!«

Er stieß sie zu Boden, wo er schon Handtücher ausgelegt hatte. Nachdem er sie mehrmals vergewaltigt hatte, sagte er: »Ich will, dass du den verdammten Schweinen was von mir ausrichtest. Ich habe gesagt, ich würde zwei Menschen töten. Euch lasse ich leben. Wenn ich das morgen im Fernsehen sehe oder in der Zeitung lese, werde ich zwei Menschen töten. Hörst du zu? Hast du gehört? Ich habe Fernseher in meiner Wohnung, und ich werde sie einschalten. Wenn es in den Nachrichten kommt, töte ich zwei Menschen.«

Als er die Fernseher in seiner Wohnung erwähnte, stand

Fiona plötzlich das Bild von Lyndon B. Johnson im Oval Office vor Augen, der drei Fernseher neben seinem Schreibtisch betrachtete – eine Filmaufnahme, die in den Sechzigern oft in den Nachrichten gelaufen war. Der EAR stotterte hörbar bei Wörtern mit L, zum Beispiel bei »leise«. Sein Atem ging schnell, er sog die Luft laut und tief ein. Sie hoffte beinahe, das sei nur gespielt, denn wenn es das nicht war, klang er ernsthaft gestört. »Meine Mama bekommt Angst, wenn das in den Nachrichten ist«, sagte er zwischen hastigen Atemzügen.

Es war kurz nach vier Uhr morgens, als der erste Polizist das Haus durch die offene Terrassentür betrat und zögerlich zu der Frau ging, die um Hilfe rief. Sie lag bäuchlings auf dem Boden des Wohnzimmers, nackt, die Fußgelenke zusammengebunden, die Hände hinter dem Rücken mit Schnürsenkeln gefesselt. Der Fremde mit der Skimaske hatte Fiona und ihren Mann gerade anderthalb Stunden lang terrorisiert. Er hatte Fiona brutal vergewaltigt. Sie war eins siebenundfünfzig groß und wog fünfzig Kilo – eine zarte Erscheinung. Aber sie war auch eine typische Bewohnerin von Sacramento und besaß neben einer trockenen, nüchternen Art eine Zähigkeit, die man dieser zierlichen Frau nicht zugetraut hätte.

»Tja, der East Area Rapist ist jetzt wohl der South Area Rapist«, sagte sie.*

Shelby traf um fünf Uhr bei dem gelben Haus mit den braunen Verzierungen ein. An der Stelle, an der die Vergewaltigung stattgefunden hatte, lagen die kleinen Asservatenbeutel der Spurensicherung. Eine grüne Weinflasche und zwei Päckchen

---

* Dieser Überfall war der einzige des EAR im südlichen Sacramento, von dem man weiß. Die Praxis des Zahnarzts, der die Bürgerwehr mitgegründet und 10 000 Dollar Belohnung ausgesetzt hatte – worüber die Medien in der Woche vor dem Angriff ausführlich berichtet hatten –, lag nur einen guten halben Kilometer entfernt. Vielleicht Zufall, vielleicht auch nicht.

Würstchen lagen auf der Terrasse hinter dem Haus, etwa viereinhalb Meter von der Tür entfernt. Shelby begleitete den Hundeführer, während sich der Bluthund durch den Garten bis zur nordöstlichen Ecke arbeitete, wo er einen Schuhabdruck fand. Getrennt von knapp hundert Metern freier Fläche und einer Reihe großer Koniferen verlief der Highway 99 neben dem Haus. Dort, wo der Hund die Witterung verlor, am Seitenstreifen der Fahrbahn in Richtung Norden, fanden sich Reifenabdrücke, die nach einem kleineren ausländischen Wagen aussahen, möglicherweise einem VW Käfer. Ein Forensiker nahm ein Maßband zur Hand. Von Mitte zu Mitte gemessen hatten die Reifen einen Abstand von einem Meter dreißig.

Als die Ermittler mit ihren Notizbüchern in der Hand Fiona direkt nach dem Überfall fragten, ob sie sich erinnern könne, am Abend irgendetwas Ungewöhnliches bemerkt zu haben, fiel ihr nur die Garagentür ein. Sie war zwischen dem Haus und der Garage hin- und hergelaufen, um Wäsche zu waschen, und war sich sicher gewesen, dass die Tür zur Garage geschlossen war. Einmal hatte sie offen gestanden, als Fiona zurückgekommen war. Der Wind, hatte sie gedacht. Sie hatte die Tür zugemacht und abgeschlossen. Sie wohnten erst seit drei Wochen in diesem Haus und mussten sich noch an seine Eigenarten gewöhnen. Es war ein Eckhaus mit stolzen vier Schlafzimmern und einem Pool im Garten. Fiona musste wieder an den Mann denken, der bei der offenen Hausbesichtigung des Maklers neben ihr gestanden und mit ihr den Pool betrachtet hatte. Sie wusste nicht, warum dieses Bild ihr nicht aus dem Kopf ging. Hatte er zu dicht neben ihr gestanden? Oder einen Moment zu lange? Sie versuchte vergeblich, sich das Gesicht vorzustellen. Aber sie sah nur irgendeinen Mann vor sich, mehr nicht.

Direkt hinter dem Highway befanden sich ein kümmerlicher Maschendrahtzaun und ein leeres Grundstück. Mit der

Zeit sollte Fiona ihre Umgebung mit anderen Augen betrachten, statt der wohltuenden Weite sah sie einen ungeschützten Zugang. Eigentlich hatten sie es anders geplant, aber nach dem, was ihnen am Memorial-Day-Wochenende widerfahren war, gaben sie und Phillip 3000 Dollar aus, die sie eigentlich nicht hatten, und bauten eine Ziegelsteinmauer um ihr neues Haus.

Shelby bemerkte das »Verkauft«-Schild des Maklers auf der vorderen Veranda. Ein wichtiger Teil der Ermittlungen bestand aus der Suche nach Gemeinsamkeiten zwischen den Opfern. Die Detectives gaben ihnen ausführliche Fragenkataloge und verglichen die Antworten sorgfältig. Vor allem in den Bereichen Ausbildung und Beruf zeigten sich Gemeinsamkeiten: Es gab eine Reihe von Studenten, viele waren in der Bildung, im Gesundheitswesen oder beim Militär. Bei einigen wurde vermerkt, dass sie dieselbe Pizzeria besuchten. Doch die mit Abstand häufigste Gemeinsamkeit waren Immobilienverkäufe. Bei Jane, dem ersten Überfall, den Shelby im Oktober 76 untersucht hatte, war ihm auf der gegenüberliegenden Straßenseite ein Schild des Maklerunternehmens Century 21 aufgefallen. Mehrere Opfer waren gerade erst eingezogen, wollten bald ausziehen oder wohnten neben Häusern, die verkauft werden sollten. Als ein Jahrzehnt dem nächsten wich und der Fall immer komplexer wurde, tauchte das Thema Immobilien regelmäßig auf. Seine Bedeutung – falls es überhaupt von Bedeutung war – blieb unklar, bis zu dem Moment, als eine Maklerin ahnungslos eines ihrer Objekte aufschloss und das letzte bekannte Opfer des EAR fand – ein hübsches Mädchen, das im Tod nicht wiederzuerkennen war.

Nach dem Angriff auf Fiona und Phillip am Memorial-Day-Wochenende tauchte der EAR den Sommer über nicht mehr in Sacramento auf. Erst im Oktober kehrte er zurück. Shelby war mittlerweile von dem Fall abgezogen und dem Streifendienst zugeteilt worden. Es hatte immer häufiger Reibereien zwischen ihm und seinen Vorgesetzten gegeben. Je aufsehenerregender der Fall, desto größer die internen Machtspiele, aber für solche Spielchen hatte Shelby noch nie Geschick bewiesen. Er äußerte sogar ganz unverblümt den Verdacht, dass es innerhalb des Departments Fälle von Korruption gebe. Als er 1972 zum Detective befördert wurde, hatte sein Vorgesetzter Lieutenant Ray Root eine sehr direkte, aktive Herangehensweise vertreten. Geht raus, baut euch ein Informantennetz auf und deckt Verbrechen auf, die sonst nie gemeldet würden, lautete seine Anweisung. Erarbeitet euch selbst Fälle und wartet nicht darauf, dass sie euch zugeteilt werden.

Diese Philosophie lag Shelby. Seinen Vorgesetzten Honig um den Bart zu schmieren, eher nicht.

Die Versetzung machte ihm nichts aus, wie er oft betonte. Er war ausgelaugt von der Jagd nach dem Täter. Erschöpft von den internen Machtkämpfen. Bei einem Fall, der derart in der Öffentlichkeit verhandelt wurde, stand man unter ständiger Beobachtung, und bei Shelby sträubte sich alles gegen eine solche Überwachung. Er trug immer noch die Erinnerung an den stolzen jungen Mann in sich, der voller Hoffnung vor dem Gremium des Sheriff's Department gestanden hatte und abgelehnt worden war, weil er nicht alle nötigen Gliedmaßen besaß.

In den ersten Tagen nach dem Überfall konnte Fiona nur stotternd sprechen. Carol Daly organisierte ein Treffen der weiblichen Opfer, das bei einer der Frauen stattfand. Man unterhielt sich mit gedämpften Stimmen. Fiona erinnert sich an Bemerkungen der anderen: »Du schlägst dich so tapfer«, und: »Ich bin fünf Tage nicht aus dem Haus gegangen.« Daly spielte ihnen mehrere Aufnahmen von männlichen Stimmen vor, aber

Fiona erinnert sich nicht, dass eines der Opfer eine Stimme wiedererkannt hätte. Eine Zeit lang traf sie irrationale Sicherheitsmaßnahmen. Abends ging sie nicht in den hinteren Teil des Hauses, wo ihr Schlafzimmer lag, bevor Phillip zurückkam. Manchmal bewahrte sie eine geladene Pistole unter dem Fahrersitz ihres Autos auf. Die Anspannung ließ sie ruhelos werden.

Als sie diese Energie eines Abends wenigstens zu verbissenem Staubsaugen nutzen wollte, sprang eine Sicherung heraus, und das ganze Haus und der Garten lagen plötzlich im Dunkeln. Sie wurde hysterisch. Ihre Nachbarn, ein freundliches älteres Paar, das wusste, was geschehen war, eilten herüber und schalteten die Sicherung wieder ein.

Nicht lange nach dem Überfall ging Phillip in einer Arbeitspause zu dem Haus der anderen Opfer und stellte sich vor. Fiona erzählte er erst Jahre später davon, aber er und der andere Ehemann trafen sich manchmal in den frühen Morgenstunden, fuhren mit einem Auto die Umgebung ab und kontrollierten Gärten und leere Grundstücke. Fuhren immer wieder im Schritttempo. Hielten nach einer Gestalt Ausschau, die an Hecken entlangschlich. Sie sprachen nicht darüber, was sie verband. Aber welcher Mann hatte schon erlebt, was sie erlebt hatten? Wer konnte schon die vernichtende Wut nachvollziehen, wenn man bäuchlings auf seinem Bett lag und gefesselt und geknebelt hören musste, wie die eigene Frau nebenan wimmerte? Sie jagten einen Mann, dessen Gesicht sie nicht kannten. Das war nicht wichtig. Wichtig war nur, zu handeln, mit freien Händen, einfach etwas zu tun.

Ein Ausschnitt aus einem Artikel, der am 28. Februar 1979 in einem Verbund mittlerweile eingestellter Wochenblättchen für die Vorstädte erschien, veranschaulicht vielleicht, wie Sacramento in den Siebzigern war. *Drei Prozesse wegen Vergewal-*

tigung stehen bevor lautete die Schlagzeile, darunter als Untertitel: *Öffentliche Aufmerksamkeit problematisch*. Er beginnt: »Das Büro der Pflichtverteidiger wird versuchen zu beweisen, dass gegen drei Männer, die der mehrfachen Vergewaltigung beschuldigt werden, wegen der öffentlichen Aufmerksamkeit im Fall des East Area Rapist in Sacramento County kein gerechtes Verfahren möglich ist.«

Im Februar 1979 lag der letzte Überfall des East Area Rapist in Sacramento County zehn Monate zurück. Es gab Anzeichen dafür, dass er weitergezogen war und die East Bay heimsuchte. Trotzdem wurde in dem Artikel beschrieben, dass das Büro der Pflichtverteidiger Telefonumfragen unter den Einwohnern Sacramentos durchführte, um abzuschätzen, »in welchem Ausmaß wegen des East Area Rapist eine Aura der Angst herrscht«. Die Anwälte fürchteten, das Schreckgespenst des EAR könne mögliche Geschworene so weit beeinflussen, dass sie die Angeklagten (es ging um den sogenannten Woolly, Midday und City College Rapist) in einem fehlgeleiteten Versuch, den unbekannten Täter zu bestrafen, verurteilen würden – einen Täter, dessen Beiname bei vielen möglichen Teilnehmern der Umfrage immer noch solche Angst auslöste, dass sie von der Frage des Anrufers nur die vier Wörter »der East Area Rapist« hören mussten, um aufzulegen.

Vielleicht bekommt man einen Eindruck von Sacramento in den Siebzigern, wenn man erfährt, dass in einem Artikel über drei Serienvergewaltiger, die von einem vierten überschattet wurden, ein fünfter auf freiem Fuß nicht einmal Erwähnung fand. Der Early Bird Rapist war in Sacramento von 1972 bis Anfang 1976 aktiv, danach tauchte er ab. Vier Jahre lang Einbrüche und sexuelle Gewalt und etwa vierzig Opfer, und trotzdem zeigt eine Google-Suche über ihn nur Treffer in Verbindung mit dem EAR.

Eine Frau schrieb mir in einer Mail, sie sei als Teenager einem Mann begegnet, den sie für den East Area Rapist hielt. Sie und eine Freundin hatten eine Abkürzung zu ihrer High School in Arden-Arcade genommen, einem Viertel im Osten von Sacramento County. Sie weiß noch, dass es ein kalter Morgen war, und glaubt, es müsse entweder im Herbst oder Winter 1976 oder 77 gewesen sein. Sie folgten einem betonierten Weg neben einem Bach und landeten in einer Sackgasse vor einem umzäunten Garten. Als sie sich umdrehten, stand sechs Meter von ihnen entfernt ein Mann. Er trug eine schwarze Skimaske, die sein Gesicht bis auf die Augen bedeckte. Er kam näher, eine Hand in seiner Jackentasche. Geistesgegenwärtig tastete die Frau an dem Zaun nach einem Schloss. Das Tor öffnete sich, und die Freundinnen rannten schreiend in den Garten. Alarmiert durch den Lärm kamen die Bewohner heraus und winkten sie ins Haus. Sie erinnert sich, dass sie damals von Ermittlern befragt wurde. Sie wollte mir mitteilen, dass der maskierte Mann eine andere Statur gehabt habe, als ich es in meinen Zeitungsartikeln beschrieben hatte. Der Mann, dem sie begegnet war, sei *sehr* muskulös gewesen, schrieb die Frau. »Übertrieben muskulös.«

Ich leitete die Mail an Shelby weiter, der sich nach seinem Dienst im Sacramento County Sheriff's Department zur Ruhe gesetzt hatte. »Hat wahrscheinlich wirklich den EAR gesehen«, antwortete er. »Beschriebene Muskeln passen allerdings perfekt zu Richard Kisling.«

Richard Kisling? Ich recherchierte Kisling. Ein weiterer Serienvergewaltiger aus dem Raum Sacramento, der ebenso wie der EAR eine Skimaske getragen und die Männer gefesselt hatte, bevor er die Frauen vergewaltigt hatte.

Sacramento war mit diesem Problem nicht allein. Die Kriminalitätsstatistik der USA zeigt für die Sechziger- und Siebzigerjahre einen steten Anstieg von Gewaltverbrechen, die in den Achtzigern ihren Höhepunkt erreichten. *Taxi Driver* kam im Februar 1976 heraus. Dass dieser düstere und brutale Film als Sinnbild seiner Zeit verstanden wurde, überrascht nicht. Vielen ehemaligen Polizisten, mit denen ich spreche, ob aus Sacramento oder anderen Gegenden, sind die Jahre 1968 bis 1980 als besonders dunkle Epoche im Gedächtnis geblieben. Und im Gegensatz zu einigen anderen Orten ist Sacramento – erbaut von Pionieren, die Flüsse und verschneite Gebirgszüge überquert hatten, um hierherzugelangen – für seine eisernen Überlebensinstinkte bekannt.

Ich will nicht darauf hinaus, dass eine Seuche herrschte. Ich will nur auf eine Besonderheit hinweisen: In einer Stadt mit hartgesottenen Bewohnern und reichlich Gewalttätern gab es einen Verbrecher, der hervorstach.

Vielleicht hilft auch folgendes Detail, sich ein Bild von Sacramento in den Siebzigern und auch vom EAR zu machen: Wenn ich neugierigen Bewohnern der Gegend sage, ich würde über einen Serienvergewaltiger aus Sacramento schreiben, wurde ich noch nie gefragt, über welchen.

VISALIA

An einem Freitagmorgen Ende Februar 1977 saß Richard Shelby an seinem Schreibtisch im Sacramento County Sheriff's Department, als sein Telefon klingelte.* Am anderen Ende war ein Sergeant Vaughan von der Polizei von Visalia. Vaughan glaubte, er habe möglicherweise nützliche Informationen für die Ermittlungen zum EAR.

Von April 1974 bis Dezember des nächsten Jahrs hatte Visalia unter einer bizarren Einbruchsserie durch einen jungen Täter gelitten, der den Beinamen »Ransacker« – Plünderer – erhalten hatte. Der Plünderer hatte in weniger als zwei Jahren über 130 Mal zugeschlagen, war seit Dezember 1975 aber nicht mehr aktiv, und die Serie des EAR in Sacramento hatte nur sechs Monate später begonnen. Zudem schien es eine Vielzahl von Ähnlichkeiten zwischen beiden Tätern zu geben. Vielleicht lohne es, diesem Gedanken nachzugehen.

Der Plünderer ging ebenso effektiv wie seltsam vor. Häufig nahm er sich mehrere Häuser in einer Nacht vor – manchmal vier, manchmal fünf, einmal sogar ein ganzes Dutzend. Er wählte seine Ziele in vier bestimmten Wohngegenden aus. Als

---

* Dieses Kapitel wurde aus Michelles Notizen und frühen Entwürfen ihres Artikels *In the Footsteps of a Killer* zusammengefügt. Geschrieben für das *Los Angeles Magazine*, erschien er ursprünglich im Februar 2013 und wurde später durch eine Online-Version ergänzt.

Beute bevorzugte er persönliche Gegenstände wie Fotos und Eheringe, wertvollere Dinge ließ er liegen. Den Ermittlern fiel auf, dass er offenbar eine Schwäche für Handcreme besaß. Aber er hatte eine boshafte Ader: Er konnte Familien nicht leiden. Wenn er irgendwo Familienfotos fand, zerriss oder versteckte er sie, manchmal zerschlug er die Rahmen oder stahl die Fotos. Er schüttete Orangensaft in Kleiderschränke, wie ein ungezogenes Kind bei einem Wutanfall. Er zerlegte die Zimmer regelrecht. Das schien ihm wichtiger zu sein als der Diebstahl, daher auch sein Beiname. Er suchte sogar verstecktes Bargeld und legte es aufs Bett. Als Beute nahm er Krimskrams und gravierten Schmuck, Sparschweine und Rabattmarken mit. Er zog die Stecker von Küchengeräten und Uhrenradios heraus. Von Ohrringen nahm er gerne nur einen mit. Der Plünderer war offensichtlich ein gehässiger Mensch.

Die sexuelle Komponente bei den Einbrüchen des Plünderers zeigte sich in seiner Vorliebe, die Unterwäsche der Frauen zu durchwühlen und sie oft auf dem Boden verstreut oder auch ordentlich arrangiert zu hinterlassen. In einem Fall häufte er sie im Kinderbettchen auf. Bei einem anderen Einbruch legte er die Unterwäsche des Mannes im Flur aus, in einer durchgehenden Reihe vom Schlafzimmer zum Bad. Er hatte einen Riecher für alles, was sich als Gleitmittel benutzen ließ – und eine besondere Vorliebe für die Handcreme »Vaseline Intensive Care«. Dazu war er gerissen. Er hielt sich fast immer mehrere Fluchtwege offen, damit er eine Auswahl hatte, falls die Bewohner nach Hause kamen. Er baute sein eigenes Alarmsystem auf, indem er zum Beispiel Parfumflaschen oder Spraydosen auf die Türknäufe stellte.

In den frühen Morgenstunden des 11. September 1975 nahm die kriminelle Laufbahn des Plünderers eine erschreckende Wendung.

Es war gegen zwei Uhr morgens. Die sechzehnjährige Tochter von Claude Snelling, einem Journalistikdozenten am College of the Sequoias, wachte auf, weil ein Mann rittlings auf ihr saß und ihr seine behandschuhte Hand fest auf den Mund presste. Sie spürte ein Messer an ihrem Hals. »Du kommst mit. Schrei nicht, sonst steche ich dich ab«, flüsterte der Eindringling mit der Skimaske heiser. Als sie sich wehren wollte, zog er eine Pistole. »Sei still, sonst erschieße ich dich.« Er führte sie durch die Hintertür hinaus.

Alarmiert durch die Geräusche kam Snelling auf die Terrasse. »Hey, was machen Sie da, lassen Sie meine Tochter los!«, rief er.

Der Eindringling zielte und schoss. Die Kugel traf Snelling in die rechte Brusthälfte und wirbelte ihn herum. Ein zweiter Schuss fiel, und dieser erwischte ihn an der linken Seite, durchschlug seinen Arm und durchbohrte schließlich sein Herz und beide Lungenflügel. Snelling taumelte ins Haus und war Minuten später tot. Der Angreifer trat seinem Opfer dreimal ins Gesicht, bevor er flüchtete. Er war weiß, knapp eins achtzig groß, mit »wütenden Augen«, wie das Überfallopfer der Polizei berichtete.

Ballistische Untersuchungen ergaben, dass das Verbrechen mit einer Miroku, Kaliber 38, begangen wurde, die der Plünderer zehn Tage zuvor bei einem Einbruch gestohlen hatte. Außerdem fanden die Ermittler heraus, dass Claude Snelling im Februar beim Heimkommen einen Spanner entdeckt hatte, der vor dem Fenster seiner Tochter hockte. Er hatte den Mann verfolgt, ihn aber in der Dunkelheit verloren.

Die Beweise sprachen deutlich für den Plünderer. Die nächtliche Polizeipräsenz wurde verstärkt, Überwachungseinheiten observierten die Straßen. Besonderes Augenmerk galt einem

Haus, in das bereits dreimal eingebrochen worden war. Es lag an der West Kaweah Avenue, in einer Gegend, die der Plünderer häufig heimsuchte. Am 10. Dezember überraschte Detective Bill McGowen den Plünderer vor diesem Haus. Der Verdächtige sprang über einen Zaun, es kam zu einer Verfolgung. Als McGowen einen Warnschuss abgab, tat der Verdächtige, als wollte er aufgeben.

»O Gott! Tun Sie mir nichts!«, quiekte er mit hoher Stimme und einem seltsam künstlichen Tonfall. »Sehen Sie? Ich habe die Hände gehoben!«

Der Mann mit dem kindlichen Gesicht machte eine leichte, trügerische Drehung, zog eine Pistole aus seiner Jackentasche und schoss sofort auf McGowen. McGowen fiel nach hinten, und schlagartig wurde es dunkel. Die Kugel hatte die Taschenlampe des Polizisten getroffen.

Detective William McGowen,
Visalia Police Department.

Am 9. Januar 1976 standen die Detectives Bill McGowen und John Vaughan aus Visalia früh auf und fuhren drei Stunden Richtung Süden zum Parker Center, dem Polizeipräsidium in der Innenstadt von Los Angeles. McGowen hatte kurz zuvor einem Kriminellen gegenübergestanden, der entgegen allen Gesetzen der Logik den Behörden immer wieder entwischt war und dessen Ergreifung, so konnte man es wohl sagen, die gesamte Polizei von Visalia nicht zur Ruhe kommen ließ. Seine Begegnung mit dem Plünderer galt als wichtiger Durchbruch, deshalb war mit einer Sondereinheit des Los Angeles Police Department, des LAPD, vereinbart worden, McGowen zu hypnotisieren, um auf diese Weise womöglich verschüttete Erinnerungen ans Tageslicht zu holen.

Im Parker Center trafen sich die beiden Detectives aus Visalia mit Captain Richard Sandstrom, dem Leiter der Hypnoseabteilung des LAPD. Sie machten ihn mit den Einzelheiten vertraut. McGowen skizzierte die Wohngegend, in der seine Konfrontation mit dem Plünderer stattgefunden hatte. Ein Polizeizeichner fertigte nach McGowens Angaben ein Phantombild an. Dann versammelte sich die Gruppe in Zimmer 309. Die Skizze und das Phantombild wurden auf einen Tisch vor McGowen gelegt. Um 11.10 Uhr begann die Hypnosesitzung.

Sandstrom forderte McGowen leise auf, sich zu entspannen. Der Detective stellte seine Füße nebeneinander, lockerte die Fäuste, atmete tief. Er wurde in seiner Erinnerung einen Monat zurückgeführt, an den Abend des 10. Dezember 1975. In dieser Nacht war ein halbes Dutzend Polizisten für den Bereich um die Mount Whitney High School eingeteilt, einige auf festen, verborgenen Positionen, andere zu Fuß und einer in einem Zivilfahrzeug. Das Ziel dieser koordinierten Überwachung war es, den meistgesuchten Mann von Visalia, den Plünderer, »aufzuspüren und festzunehmen«.

Am Abend zuvor hatte McGowen einen besonders interessanten Anruf entgegengenommen. Die Anruferin stellte sich als Mrs Hanley* aus der West Kaweah Avenue vor. Sie rief wegen der Schuhabdrücke an. Wusste er noch, dass er ihr gesagt hatte, sie solle nach Schuhabdrücken suchen? Er wusste es noch.

Im Juli war Donna*, die neunzehnjährige Tochter der Hanleys, in ihrem Garten einem Eindringling mit Skimaske begegnet. Als sie den Vorfall gemeldet hatte, hatte McGowen ihr geraten, den Garten regelmäßig nach Schuhabdrücken abzusuchen und ihn zu benachrichtigen, wenn welche auftauchten. Das war jetzt der Fall.

Diese Information war der Grund, aus dem McGowen am folgenden Abend eingeteilt worden war, das Haus zu überwachen.

Auf seinem Stuhl im Parker Center, behutsam geführt von dem Hypnotiseur, versetzte McGowen sich in Gedanken zurück an jenen Abend.

Er positionierte sich in der Garage des Hauses 1505 West Kaweah Avenue mit Blick auf die Straße. Sein Instinkt sagte ihm, dass der Plünderer wahrscheinlich zum Haus der Hanleys zurückkehren würde, wo seine Tennisschuhe vor Donnas Schlafzimmerfenster Abdrücke hinterlassen hatten.

Um sieben Uhr abends traf McGowen die wenigen Maßnahmen für seine Überwachungsaktion. Er ließ das Garagentor offen. Das Licht war ausgeschaltet. Er saß im Dunkeln da, beobachtete das Nachbarhaus durch ein Seitenfenster und achtete gleichzeitig darauf, ob jemand an der Garage vorbeilief. Eine Stunde verstrich. Nichts rührte sich.

Eine weitere halbe Stunde verging.

---

*   Pseudonym

Dann schlich gegen halb neun eine gebückte Gestalt am Fenster vorbei. McGowen wartete. Die Gestalt tauchte vor dem offenen Garagentor auf und sah sich um. McGowen überlegte blitzschnell. War es der Hausbesitzer? Ein anderer Polizist? Doch seine Augen hatten sich an die Dunkelheit gewöhnt, und er erkannte, dass die Gestalt schwarz gekleidet war und eine Fischermütze trug.

McGowen beobachtete, wie sie an der Garage entlang nach hinten lief. Der Verdächtige war groß, sein Körperbau wirkte plump und irgendwie unproportioniert. McGowen ging hinaus, folgte ihm und richtete seine Taschenlampe auf den Verdächtigen, der sich an einem Seitentor zu schaffen machte.

Sein Kollege Vaughan schrieb mit, während McGowen unter Hypnose erzählte, was als Nächstes passiert war. Die überraschende Konfrontation. Die Verfolgung in den Garten. Der Schrei wie von einer Frau.

»O Gott! Tun Sie mir nichts!«

»War es eine Frau?«, fragte Sandstrom, der Hypnotiseur.

»Nein«, antwortete McGowen.

McGowen richtete den Schein seiner Kel-Lite-Taschenlampe fest auf die Gestalt, die vor ihm weglief, und rief mehrmals, sie solle stehen bleiben. Der Plünderer wirkte hysterisch, er kreischte immer wieder: »O Gott! Tun Sie mir nichts, tun Sie mir nichts!«, schlug Haken und sprang schließlich über einen niedrigen schiefergrauen Zaun in einen benachbarten Garten. McGowen zog seinen Dienstrevolver und feuerte einen Warnschuss in den Boden. Der Plünderer blieb stehen und drehte sich schnell um. Die rechte Hand war erhoben, als wollte er sich ergeben.

»Ich ergebe mich«, sagte er mit zittriger Stimme. »Sehen Sie? Sehen Sie, ich habe die Hände gehoben.«

McGowen in seiner Hypnose konzentrierte sich stärker auf das Gesicht im Schein der Taschenlampe.

»Kindlich. Rund. Weich.«
»Rasiert sich nicht mal.«
»Sehr helle Haut. Weich. Rund. Kindergesicht.«
»Kind.«

Es muss für McGowen ein Hochgefühl gewesen sein, vor diesem Zaun zu stehen. Die aufreibende achtzehn Monate lange Verbrecherjagd war vorbei. In wenigen Sekunden würde er einen Kriminellen verhaften, der sich so geschickt unsichtbar machen konnte, dass sich mehr als ein Polizist gefragt hatte, ob sie einen Geist verfolgten. Aber der Visalia-Plünderer war echt. Und er war ein schlechter Mensch. Doch von Angesicht zu Angesicht wirkte ihr böser Gegner nicht besonders bedrohlich. Ein feister Milchbubi, dachte McGowen, der unglücklich mit den Füße aufstampfte und ihn wimmernd anflehte, ihm nicht wehzutun. McGowen hatte nicht vor, ihm wehzutun. Er war ein gläubiger Mensch, ein Polizist alten Schlags, der sich an die Regeln hielt. Seine Euphorie war nur dem Wissen geschuldet, dass der Albtraum vorüber war. Sie hatten dem miesen Kerl das Handwerk gelegt. McGowen stieg über den Zaun, um ihn zu verhaften.

Doch der Plünderer hatte bei seiner Geste des Aufgebens nur die rechte Hand gehoben. Mit der linken Hand zog er einen Revolver aus gebläutem Stahl aus der Jackentasche und zielte direkt auf McGowens Brust. Zum Glück hielt McGowen seine Taschenlampe ausgestreckt vor sich – wie er es in der Polizeiausbildung gelernt hatte. Die Kugel traf die Linse. Durch den Aufprall wurde McGowen nach hinten geworfen. Sein Partner kam alarmiert durch den Schuss in den Garten gesprintet und sah McGowen reglos auf dem Boden liegen. Im Glauben, McGowen sei getroffen worden, lief er in die Richtung, in der er den Plünderer vermutete, und forderte dabei über Funk Hilfe an. Plötzlich hörte er hinter sich eine Bewegung. Er wirbelte herum. Es war McGowen. Schmauchspuren verschmierten sein Gesicht. Sein rechtes Auge war gerötet. Abgesehen davon war er unverletzt.

»Jetzt ist er weg«, sagte McGowen.

Siebzig Polizisten von drei verschiedenen Behörden riegelten ein Gebiet von sechs mal sechs Blocks ab. Nichts. Der äußerlich plump und kindlich wirkende Mann floh und verschwand in der Nacht – eine Motte, die von der Dunkelheit verschluckt wurde. Er ließ eine Socke voller Sammlermünzen und Schmuck und zwei Rabattmarken zurück.

McGowens Beschreibung des Plünderers als auffällige Erscheinung mit bizarrem Benehmen passte zu den Berichten über frühere Begegnungen zwischen Bewohnern von Visalia und einem nahezu allgegenwärtigen Spanner.

Die Polizei vermutete, dass er nie im Hellen vor die Tür ging, so blass war er. Den wenigen Menschen, die einen Blick auf ihn geworfen hatten, war sein Teint aufgefallen. In Visalia, einer landwirtschaftlich geprägten Stadt mitten in Kalifornien, wo es im Sommer über fünfunddreißig Grad warm wird, ist es nicht einfach, so bleich wie der Bauch eines Fisches zu bleiben. Man versteht besser, warum er durch seine Blässe auffiel, wenn man weiß, dass in Visalia viele Nachkommen von Flüchtlingen aus der Dust Bowl wohnen. Wer in Visalia geboren wurde, lebt nach einer von der Natur gestellten inneren Uhr. Die Menschen dort erinnern sich an die gewaltigen Fluten. Sehen die Dürren voraus. Lehnen an Pick-ups und beobachten, wie die Asche von Waldbränden in sechzig Kilometer Entfernung zu Boden sinkt. Die Natur ist für sie keine romantische Projektion, sondern raue Lebenswirklichkeit. Sonnenverbrannte Haut steht für Wissen und Vertrauen. Sie sagt: Ich verstehe, was es heißt, einen Zitrusbaum zu beschneiden, ich weiß, dass

»Baumwolle hacken« bedeutet, das Unterkraut an Baumwollpflanzen mit einer Hacke zu jäten. Ich bin auf einem Autoreifen den St. Johns River hinuntergetrieben, die Füße voller Alkalistaub, der sich im Wasser von der Farbe schwachen Kaffees auflöst.

Die Blässe des Plünderers bewies mangelnde Vertrautheit mit dieser Gegend. Sie war ein Anzeichen für ein zurückgezogenes Leben und daher verdächtig. Seine Verfolger vom Visalia Police Department wussten nicht, wer er war oder wo er sich verkroch. Sie wussten, dass er nachts hervorkam. Und sie hatten eine recht genaue Ahnung davon, was ihn anlockte.

Den Mädchen, die ihre Gardinen zuzogen, fiel ein helles Aufflackern im Dunkeln auf. Ein verirrter Lichtstrahl, der sie zögern ließ. Doch sie konnten in der Nacht nichts erkennen. Im Winter 1974 zog Glenda*, eine Sechzehnjährige aus West Feemster, ihre Gardinen zu und bemerkte bei einem zufälligen Blick nach unten etwas Marmorblasses, Mondförmiges im Gebüsch. Neugierig schob sie das Fenster hoch, um es näher zu betrachten. Die mondgesichtige Gestalt erwiderte ihren Blick, mit der linken Hand umklammerte sie einen Schraubenzieher.

Dann war sie plötzlich verschwunden. Wo gerade noch harte, kleine Augen geblitzt hatten, war jetzt nur Dunkelheit. Glenda hörte Geräusche, als würde ein Tier mit einer kräftigen Rute vor dem Licht davonlaufen. Büsche raschelten. Zäune schepperten. Die Geräusche wurden leiser, aber das folgende Alarmsignal übertönte ohnehin alles. 1974 schlossen die Geschäfte in Visalia um neun Uhr abends, und öffentlichen Aufruhr gab es nicht – mal abgesehen von den Männern, die sich regelmäßig an den Bewässerungsgräben versammelten und über

---

* Pseudonym

Wasserrechte stritten. Doch diesen Klang konnte man nicht verkennen. Filme können seine reale Wirkung nicht einfangen. Er lässt sich in keinem Studio nachahmen. Gespräche brechen ab. Köpfe fahren herum. Schläfen pochen vor böser Vorahnung, denn nichts überträgt nackte Angst so unmittelbar wie der wilde, ungezügelte Schrei eines Mädchens in der Nacht.

An dem Gesicht des Fremden hatte nicht nur seine Blässe erschreckend gewirkt. Eine Woche nach dem Spannervorfall wartete Glendas Freund Carl* vor ihrem Haus auf sie. Es war ein Abend im Frühherbst, noch warm, aber schon dunkel. Glendas Haus ähnelte anderen in dem Mittelschichtviertel nahe der Mt. Whitney High School im südwestlichen Visalia: einstöckig, in den Fünfzigern massiv gebaut, mit etwa 140 Quadratmetern nicht besonders groß. Carl saß auf dem Rasen im Schatten, fern vom Lichtschein des hell erleuchteten Panoramafensters an der Frontseite. Von seiner verborgenen Position aus beobachtete er, wie ein Mann den Fußweg am Kanal auf der anderen Straßenseite verließ. Der Mann schlenderte die Straße entlang, blieb aber abrupt stehen, als sein Blick an etwas hängen blieb. Carl folgte seinem gebannten Blick zum Fenster, hinter dem Glenda im Wohnzimmer in einem Trägershirt und Shorts mit ihrer Mutter sprach. Der Mann ließ sich auf alle viere fallen.

Als Glenda eine Woche zuvor den Spanner entdeckt hatte, war Carl bei ihr gewesen. Er hatte den Mann in einen angrenzenden Garten verfolgt, bevor er ihn in der Dunkelheit verloren hatte. Carl war sich sicher, dass er denselben Mann vor sich hatte. Trotzdem war er nicht darauf vorbereitet, was als Nächstes geschah. Als würde ihn der Anblick im Fenster anziehen wie ein Magnet, robbte sich der Mann, auf dem Boden liegend wie beim Militär, auf Glendas Haus zu.

---

* Pseudonym

Carl blieb reglos und versteckt im Dunkeln, während sich der Mann weiter der Hecke näherte. Carl wollte den richtigen Moment abpassen, den Mann anzusprechen, um ihn zu überraschen. Er wartete, bis der Mann sich leicht erhoben hatte und über die Hecke ins Fenster spähte.

»Was machst du da?«, rief Carl.

Erschrocken zuckte der Mann zurück. Er schrie etwas Unverständliches und rannte panisch, fast slapstickartig davon. Glenda hatte den Spanner als pummelig beschrieben. Er sei eher dick, bestätigte Carl, mit hängenden Schultern und kräftigen Beinen. Er lief unbeholfen und nicht besonders schnell. Die Jagd endete abrupt, als der Mann nach links abbog und in den Gartenpavillon eines Nachbarn lief, der an einer Seite geschlossen war. Carl baute sich vor dem Pavillon auf und versperrte ihm den Weg. Der Mann saß in der Falle. Im Licht der Straßenlaternen konnte Carl den Spanner näher mustern. Er war knapp eins achtzig groß, wog achtzig bis fünfundachtzig Kilo und hatte kurze, dicke Beine und ebenfalls recht kurze Arme. Die strähnigen blonden Haare waren zur Seite gekämmt. Er hatte eine Stupsnase. Seine Ohren waren klein und fleischig, die Augen schmal. Die Unterlippe war leicht vorgeschoben, das Gesicht insgesamt rund und ausdruckslos.

»Was sollte das, bei meiner Freundin ins Fenster zu sehen?«, fragte Carl.

Der Mann drehte den Kopf.

»Tja, Ben, wie es aussieht, hat der Typ uns erwischt!«, rief er laut und aufgeregt zur Seite, als würde dort ein Komplize warten.

Aber da war niemand.

»Wer bist du? Was machst du hier?«, wollte Carl wissen.

Als er keine Antwort bekam, näherte er sich dem Mann.

»Lass mich in Ruhe«, sagte der Mann. »Geh weg.«

Jetzt sprach er langsam und dumpf mit einem leichten Oklahoma-Akzent.

Carl ging einen weiteren Schritt auf ihn zu. Als Reaktion darauf griff der Mann in seine Tasche. Er trug eine braune Baumwolljacke mit Strickbündchen. Solche Jacken waren ein paar Jahre früher beliebt gewesen, aber mittlerweile aus der Mode gekommen.

»Lass mich in Ruhe«, wiederholte er tonlos. »Geh weg.«

Carl bemerkte eine Ausbuchtung in der Tasche, in die der Mann gegriffen hatte. Es dauerte einen Sekundenbruchteil, bis er begriff, doch dann wich er instinktiv zurück. Es war ein eigenartiges, verstörendes Gefühl, einen Moment lang die dunklen Schaltkreise hinter der ausdruckslosen Maske arbeiten zu sehen. Der mondgesichtige Einfaltspinsel mit der unmodischen Kleidung und dem monotonen Tonfall eines Landeis aus Oklahoma hatte sich mit dem Griff nach der Pistole – denn nur darum konnte es sich handeln – schlagartig als etwas ganz anderes herausgestellt. Carl trat beiseite. Als der Mann an ihm vorbeiging, fiel Carl erneut auf, wie blass und glatt sein Gesicht war. Obwohl er mindestens fünfundzwanzig Jahre alt sein musste, schien er sich noch nie rasiert zu haben.

Carl sah ihm nach, als er die Sowell Street Richtung Norden ging. Alle paar Sekunden drehte sich der Mann um, um sicherzugehen, dass Carl ihm nicht folgte. Trotz des Misstrauens und der Angst, die seine unruhige Körpersprache ausdrückten, blieb sein bleiches, rundes Gesicht reglos. Es verriet keinerlei Gefühl.

Noch früher, im September 1973, hatte Fran Cleary* eine befremdliche Begegnung vor ihrem Haus in der West Kaweah Avenue. Als sie in ihr Auto stieg, hörte sie ein Geräusch, blickte

---

*   Pseudonym

auf und entdeckte einen Mann mit hellblonden Haaren und einem glatten, runden Gesicht, der aus ihrem Garten kam. Er lief auf die Straße, und als er Cleary bemerkte, machte er eine Kehrtwende, rief: »Bis später, Sandy!«, und joggte auf einer Querstraße Richtung Norden. Fran erzählte ihrer fünfzehnjährigen Tochter Shari* von dem Zwischenfall, und Shari berichtete, dass ein Mann, zu dem diese Beschreibung passte, eine Woche zuvor durch ihr Zimmerfenster gespäht hatte. Der Spanner belästigte sie zwei Monate lang und suchte das Haus im Oktober ein letztes Mal heim.

Von 1973 bis Anfang 1976 entdeckten viele junge Frauen in der Umgebung einen Spanner vor ihrem Fenster, der zur Beschreibung passte.

Aber nachdem Mitte Dezember 1976 das Phantombild nach Bill McGowens Zusammenstoß mit dem Plünderer an die Lokalpresse gegeben wurde, ließ er Visalia in Ruhe.

Trotzdem lief die Fahndung nach dem Plünderer weiter auf Hochtouren. Will man bei einer ungelösten Verbrechensserie weiterkommen, muss man in der Zeit zurückgehen. Berichte über frühere Taten werden im Licht neu gewonnener Erkenntnisse noch einmal durchkämmt. Opfer und Augenzeugen werden erneut kontaktiert. Getrübte Erinnerungen klaren manchmal auf. Gelegentlich stößt man auf eine übersehene Spur. Jemand erinnert sich an einen Vorfall, der zuvor nicht offiziell gemeldet wurde. Sie haben einen Namen, wenn auch keine Nummer. Man telefoniert herum.

Die Ermittler aus Visalia, die 1977 mit den Behörden in Sacramento in Verbindung standen, bemerkten ein gutes Dutzend Ähnlichkeiten zwischen den Tätern. Darunter: Beide stahlen

---

* Pseudonym

Krimskrams und gravierten Schmuck, ließen teure Wertgegenstände aber zurück. Die Art, sich den Bewohnern zu nähern, ähnelte sich, die Täter setzten sich breitbeinig auf die schlafenden Opfer und hielten ihnen den Mund zu. Beide bauten aus Haushaltsgegenständen eine Art Alarmsystem auf. Ihre Einbruchsmethoden ähnelten sich, sie bearbeiteten Türrahmen mit einem Stemmwerkzeug, um das Schließblech zu umgehen. Beide sprangen über Zäune, beide wurden als eins achtzig groß beschrieben. Sie nahmen Handtaschen aus den Häusern mit und kippten den Inhalt draußen aus. Es war eine bestechende Liste. Die Polizei von Visalia wähnte sich auf der richtigen Spur.

Auch im Sheriff's Department von Sacramento County verglich man die beiden Einbruchsserien, sah aber zu viele unvereinbare Unterschiede. Sechs von neun Elementen der Vorgehensweisen stimmten nicht überein. Die Schuhabdrücke wichen voneinander ab. Sogar die Schuhgrößen waren andere. Der EAR stahl keine Rabattmarken. Und die Personenbeschreibungen unterschieden sich grundlegend. Immerhin schien der Plünderer ein sehr spezifisches Äußeres zu besitzen: eine Art Riesenbaby mit kurzen Gliedmaßen und glatter, blasser Haut. Der EAR hingegen sollte von normaler bis schlanker Statur sein, ein Opfer beschrieb ihn sogar als »mickrig«. In den Sommermonaten war seine Haut gebräunt. Der Plünderer konnte natürlich abgenommen haben, aber ein Gestaltwandler war er wohl nicht.

Visalia war anderer Meinung und wandte sich an die Presse. Im Juli 1978 pflichtete ein Artikel in der *Sacramento Union* der Vermutung bei, es könne eine Verbindung bestehen, und kritisierte das Sacramento County Sheriff's Department für seine Engstirnigkeit. Am nächsten Tag schlug Sacramento in der Presse zurück, beschuldigte die *Union*, unverantwortlichen

Journalismus zu betreiben, und unterstellte den Kollegen vom Visalia Police Department, mit dem Medienrummel von der Tatsache ablenken zu wollen, dass sie in ihrem Fall nicht weiterkamen.

Allerdings blieb die Polizei von Sacramento einer möglichen Verbindung gegenüber aufgeschlossen. Auch Richard Shelby klopfte die Fälle gelegentlich daraufhin ab. Das Sacramento County Sheriff's Department forderte von Versorgungsunternehmen Listen von Mitarbeitern an, die zwischen Dezember 1975 und April 1976 aus Visalia und Umgebung nach Sacramento versetzt wurden. Sie fanden zwei. Beide wurden kurz darauf als Täter ausgeschlossen.

Vierzig Jahre später gehen die offiziellen Ansichten immer noch auseinander, nur der Ton ist freundlicher geworden. Ken Clark, der zurzeit die Ermittlungen in Sacramento leitet, schreibt beide Serien demselben Täter zu. Das FBI stimmt ihm zu. Der Chefermittler in Contra Costa, Paul Holes, tut das nicht. Aus einem Endomorph wird nicht durch Zauberei ein Ektomorph, merkt Holes an.

ORANGE COUNTY, 1996

Roger Harrington gelangte zu einer Überzeugung, an der er festhielt, so unangenehm sie auch war. Im Oktober 1988, acht Jahre nach dem Mord an seinem Sohn und seiner Schwiegertochter, zitierte ihn die Zeitschrift *Orange Coast* mit der Äußerung, er sei sich sicher, das Motiv für die Tat liege in Pattys Vergangenheit, nicht in Keiths. Sie waren erst wenige Monate verheiratet gewesen. Patty schien über alle Zweifel erhaben, aber was wussten sie wirklich über die Zeit, bevor sie Keith kennenlernte? Ein Detail bewies seiner Ansicht nach, dass beide den Mörder gekannt hatten: die Bettdecke. Der Mörder hatte sich die Zeit genommen, ihnen die Decke über den Kopf zu ziehen.

»Wer das getan hat, kannte sie und hat seine Tat bereut«, sagte Roger der Zeitschrift.

Früher wurden offene Fälle durch unerwartete Anrufe gelöst – durch das Schrillen eines Wählscheibentelefons, gefolgt von einem Geständnis auf dem Totenbett oder einem Tipp, wo das entscheidende Beweismaterial zu finden sei. Aber für Keith und Patty Harrington oder Manuela Witthuhn klingelte das Telefon nicht. Stattdessen brachten drei Glasröhrchen in braunen Umschlägen, die fünfzehn Jahre lang niemand angefasst hatte, den Durchbruch.

Wohl niemand hätte diese Entwicklung mehr begrüßt als Roger Harrington. In seiner Gedankenwelt nahm der gesichtslose Mörder seines Sohns einen alles dominierenden Platz ein.

Das Porträt der *Orange Coast* über seine Suche nach Keiths und Pattys Mörder schloss mit einem düsteren Zitat: »Deshalb lebe ich weiter – ich will nicht gehen, bevor ich herausgefunden habe, was passiert ist.«

Die drei Röhrchen, die einen Teil des Rätsels lösten, wurden im Oktober und November 1996 geöffnet und getestet. Im Dezember konnten die Ermittler aus Orange County mit den Ergebnissen in der Hand die Angehörigen anrufen. Roger Harrington erreichte diese Nachricht nicht. Er war anderthalb Jahre zuvor, am 8. März 1995, gestorben.

Hätte Roger noch gelebt, hätte er erfahren, dass er falschgelegen hatte mit seiner Vermutung, warum der Mörder seinem Sohn und seiner Schwiegertochter die Decke über den Kopf zog. Es war nicht aus Reue geschehen. Bei seinem letzten Mord an einem Paar hatte das Schlafzimmer ausgesehen wie ein Schlachtfeld. Er wollte sich nur vor Keiths und Pattys Blut schützen.

An einem Sonntagmorgen im Jahr 1962 fand ein britischer Zeitungsjunge eine tote Katze am Straßenrand. Der Zwölfjährige steckte die Katze in seine Tasche und nahm sie mit nach Hause. Das geschah in Luton, einer Stadt fünfundvierzig Kilometer nördlich von London. Da er bis zum Mittagessen noch Zeit hatte, legte der Junge die Katze auf den Esstisch und sezierte sie mit selbst hergestellten Instrumenten, unter anderem einem Skalpell aus einem flach geklopften Nagel. Im Haus breitete sich ein unangenehmer Geruch aus, was die Familie des Jungen nicht gerade erfreute. Hätte die Katze noch gelebt, als sie ausgeweidet wurde, könnte diese Anekdote Teil von Ted Bundys Lebensgeschichte sein. Dieser Junge allerdings sollte später Wissenschaftler werden und als größter Feind aller Serienmörder ihr Kryptonit erschaffen. Er heißt Alec Jeffreys. Im September 1984 entdeckte er den genetischen Fingerabdruck und veränderte damit die Forensik und die Rechtsprechung radikal.

Die erste Generation der DNA-Technologie hat mit der heutigen Technik in etwa so viel zu tun wie ein Commodore-64-Heimcomputer mit einem Smartphone. Als das kriminaltechnische Labor von Orange County Anfang der Neunzigerjahre begann, DNA-Tests zu verwenden, brauchten die Forensiker für einen Fall bis zu vier Wochen. Für eine Untersuchung musste das biologische Material in ausreichender Menge – bei einem Blutfleck zum Beispiel etwa zweieinhalb Zentimeter Durchmesser – und in guter Qualität vorliegen. Jetzt können wenige Hautzellen innerhalb von Stunden einen genetischen Fingerabdruck liefern.

Der DNA Identification Act von 1994, das Gesetz über die DNA-Identifizierung, erlaubte es dem FBI, eine landesweite Datenbank zu betreiben, und so wurde das Combined DNA Index System – CODIS – geboren. Will man erklären, wie CODIS heute funktioniert, stellt man sich die Datenbank am besten an der Spitze einer großen Pyramide der forensischen Wissenschaft vor. Die unterste Schicht der Pyramide bilden Hunderte kriminaltechnische Labore im ganzen Land. Die Labore sichern unbekannte DNA an Tatorten und pflegen sie mit von Verdächtigen genommenen Proben in die Datenbank ihres Bundesstaats ein. In Kalifornien werden alle neuen Daten automatisch jeden Dienstag hochgeladen. Der Staat ist auch für das Sichern von DNA-Proben in Gefängnissen und Gerichten verantwortlich. Bei den staatlichen Datenbanken durchlaufen dann alle gesammelten Proben ein Verifizierungsverfahren und einen innerstaatlichen Vergleich. Anschließend werden die Proben auf die nationale Ebene gehoben, das heißt, sie landen in CODIS.

Schnell. Effizient. Gründlich. Mitte der Neunziger, als die Datenbanken gerade aufgebaut wurden, war das noch nicht so.

Die kriminaltechnischen Labore benutzten für DNA-Analysen RFLP (gesprochen »rif-lip«, kurz für Restriktionsfragmentlängenpolymorphismus), eine aufwendige Methode, der dasselbe Schicksal beschieden war wie dem Pager. Das Labor von Orange County genoss allerdings schon immer den Ruf, der Meute voraus zu sein. Am 20. Dezember 1995 berichtete ein Artikel im *Orange County Register* (*Staatsanwalt jagt Geist vergangener Morde*), dass Staatsanwälte in Zusammenarbeit mit Ermittlern und Forensikern zum ersten Mal DNA-Beweise von alten ungelösten Fällen an das neue Labor des kalifornischen Justizministeriums in Berkeley weiterleiteten. Dort waren viertausend DNA-Profile von bekannten gewalttätigen Kriminellen, viele von ihnen Sexualstraftäter, archiviert. Die DNA-Datenbank Kaliforniens steckte noch in den Kinderschuhen, und Orange County half ihr, zu wachsen.

Sechs Monate später, im Juni 1996, landete Orange County den ersten Treffer in einem alten Fall: eine Übereinstimmung zwischen DNA-Beweisen von einem Tatort und der DNA eines bekannten Straftäters in der Datenbank. Dieser erste Treffer hatte es in sich. Er identifizierte einen Gefängnisinsassen namens Gerald Parker als Serienmörder, der fünf Frauen getötet hatte. Parkers sechstes Opfer war hochschwanger gewesen, das Opfer hatte den Überfall überlebt, das Kind nicht. Der Ehemann des Opfers, dessen Verletzungen zu einem schweren Gedächtnisverlust geführt hatten, saß seit sechzehn Jahren wegen versuchten Totschlags im Gefängnis. Er wurde sofort freigesprochen. Parker stand zum Zeitpunkt des Treffers einen Monat vor seiner Entlassung.

Das Sheriff's Department und die Mitarbeiter des kriminaltechnischen Labors von Orange County waren verblüfft. Da leiten sie zum ersten Mal DNA an die noch wachsende staatliche Datenbank weiter und lösen sechs Mordfälle! In der Asservatenkammer schien es, als würde endlich helles Licht in die triste, graue Einöde aus Pappkartons strömen. Alte Beweise schlummerten dort seit Jahrzehnten wie ungehobene Schätze. Jeder Karton war eine Zeitkapsel. Eine Handtasche mit Fransen. Eine bestickte Tunika. Überbleibsel von Leben, die durch einen gewaltsamen Tod bestimmt wurden. Es war eine berauschende Vorstellung, einen Täter durch einen Flecken auf einer Patchworkdecke von 1978 aus dem Hut zu zaubern. Und dies nicht nur, um den Täter endlich dingfest machen zu können. Wer einen Mord begeht und unerkannt verschwindet, hinterlässt nicht nur großen Schmerz, sondern auch eine Lücke, eine alles überschattende Leere. Der unbekannte Mörder wird immer an einem Türknauf auf der anderen Seite einer Tür drehen, die sich nie öffnet. Aber sobald wir ihn kennen, verpufft seine Macht. Wir lernen seine banalen Geheimnisse kennen. Wir sehen, wie er gefesselt und verschwitzt in einen hell erleuchteten Gerichtssaal geführt wird, wie jemand auf ihn hinabblickt, ohne zu lächeln, mit seinem Hammer auf den Tisch schlägt und endlich jede Silbe seines Namens ausspricht.

Namen. Das Sheriff's Department brauchte Namen. Die verstaubten Kartons in der Asservatenkammer waren voll mit allem Möglichen. Abstrichtupfern in Röhrchen. Unterwäsche. Billigen weißen Bettlaken. Jeder Zentimeter Stoff und Millimeter Baumwolltupfer waren eine verheißungsvolle Lockung. Es standen nicht nur sofortige Festnahmen in Aussicht. Aus Beweismaterial gewonnene DNA-Profile führten vielleicht nicht zu bekannten Straftätern in der Datenbank, aber Profile von verschiedenen Fällen konnten zueinander passen und so eine Mordserie ans Licht bringen. Solche Informationen konnten einen neuen Fokus für Ermittlungen setzen. Sie befeuern. Die Ermittler mussten sich an die Arbeit machen.

Die Forensiker rechneten nach. Zwischen 1972 und 1994

waren in Orange County 2479 Tötungsdelikte untersucht und 1591 aufgeklärt worden, was fast 900 ungelöste Fälle ergab. Sie entwickelten eine Strategie, nach der sie alte Fälle überprüften. Morde, bei denen es zu sexueller Gewalt gekommen war, wurden vorgezogen, weil solche Mörder häufig Wiederholungstäter sind und die Art von biologischem Material zurücklassen, die sich für DNA-Analysen eignet.

Zu den Forensikern, die sich auf alte Fälle konzentrieren sollten, gehörte Mary Hong. Jim White wandte sich an sie. Fünfzehn Jahre später hatte er seinen alten Verdacht noch nicht vergessen.

»Harrington«, sagte er. »Witthuhn.«

Hong, die zur Zeit der Morde nicht im Labor gearbeitet hatte, verband mit den Namen nichts. White regte an, sie solle diese beiden Fälle vorrangig behandeln. »Ich habe immer geglaubt, dass es derselbe Kerl war«, erklärte er ihr.

Vielleicht wäre eine knappe, allgemein verständliche Erklärung von DNA ganz hilfreich. Die DNA oder Desoxyribonukleinsäure besteht aus einer bestimmten Abfolge von Molekülen, die jeden Menschen einzigartig macht. Jede Zelle unseres Körpers (mit Ausnahme der roten Blutkörperchen) besitzt einen Zellkern, der unsere DNA enthält. Um ein genetisches Profil zu erstellen, extrahieren Forensiker zunächst die in biologischen Proben – Samen, Blut, Haare – vorhandene DNA und isolieren, amplifizieren und analysieren sie anschließend. Die DNA besteht aus den immer gleichen vier Bausteinen, und die genaue Reihenfolge dieser Bausteine unterscheidet uns voneinander. Man kann sich das als einen menschlichen Barcode vorstellen. Die Ziffern des Barcodes stehen für genetische Marker. In der Anfangszeit der DNA-Analysen konnten nur wenige Marker entwickelt und untersucht werden. Heute arbeitet die

Datenbank CODIS mit dreizehn Markern. Die Wahrscheinlichkeit, dass zwei Personen, die keine eineiigen Zwillinge sind, denselben menschlichen Barcode haben, beträgt grob eins zu einer Milliarde.

Ende 1996, als Mary Hong die gesicherten Spuren der Vergewaltigungen von Harrington und Witthuhn aus der Asservatenkammer holte, gab es auf dem Feld der DNA-Analyse aufregende Entwicklungen. Die staatliche Datenbank nutzte noch die traditionelle RFLP-Methode, für die man eine große Menge DNA in einwandfreiem Zustand brauchte. Für alte Fälle war sie nicht ideal. Allerdings hatte das kriminaltechnische Labor von Orange County eine neue Technik entwickelt, die STR-Analyse (Polymerase-Kettenreaktion zur Bestimmung von sogenannten Short Tandem Repeats), die deutlich schneller als RFLP ist und heute das Rückgrat forensischer Analysen bildet. Der Unterschied zwischen RFLP und STR-Analyse ist wie der Unterschied zwischen dem Abschreiben eines Texts per Hand und dem Einsatz eines Kopiergeräts. Die STR-Analyse eignete sich besonders gut für alte Fälle, in denen sehr kleine oder degradierte DNA-Proben vorlagen.

Eines der frühesten Beispiele für einen Mord, der durch Forensik aufgeklärt wurde, findet sich im Buch *Aufzeichnungen zur Tilgung von Ungerechtigkeit*, das 1247 von dem chinesischen Leichenbeschauer und Untersuchungsbeamten Song Ci veröffentlicht wurde. Der Autor berichtet von einem Bauern, der mit einer Handsichel brutal zerstückelt wurde. Dem örtlichen Richter wollen bei der Untersuchung keine Fortschritte gelingen, und so ruft er die Männer des Dorfes mit ihren Sicheln zusammen. Sie müssen die Sicheln auf den Boden legen und einige Schritte zurücktreten. Die Sonne brennt auf sie herab. Man hört ein Summen. Grün schillernde Fliegen schwirren heran, landen plötzlich wie auf ein Signal hin auf einer einzigen

Sichel, ohne die anderen zu beachten. Der Richter weiß, dass Blut und menschliches Gewebe Schmeißfliegen anlocken. Beschämt lässt der Besitzer der Sichel den Kopf hängen. Der Fall ist aufgeklärt.

Seither hat sich viel getan. Die Insekten wurden durch Zentrifuge und Mikroskop ersetzt. Die unbekannte männliche DNA aus den gesicherten Spuren in den Fällen Harrington und Witthuhn wurde extrahiert und mit den feinsten Werkzeugen des Labors untersucht: mit Restriktionsenzymen, Fluoreszenzfarbstoffen und Thermolzyklern. Aber im Grunde geht es bei Fortschritten in der Forensik immer um eine neue Methode, Schmeißfliegen zu einer Sichel zu locken. Das Ziel ist dasselbe wie im ländlichen China des 13. Jahrhunderts: zelluläre Gewissheit bei der Feststellung von Schuld.

Hong tauchte in Jim Whites Tür auf. Er saß an seinem Schreibtisch.

»Harrington«, sagte sie. »Witthuhn.«

Er blickte erwartungsvoll auf. Forensiker wie Hong und White sind methodische Menschen. Das müssen sie sein. Ihre Arbeit wird vor Gericht von den Verteidigern genau unter die Lupe genommen. Die Schlussfolgerungen der Forensiker sind oft recht allgemein formuliert (»stumpfer Gegenstand«), was zu Spannungen mit den Polizisten führen kann, die ihnen vorwerfen, sie wären aus Selbstschutz so zurückhaltend. Polizisten und Forensiker brauchen einander, haben aber sehr unterschiedliche Temperamente. Polizisten fühlen sich wohl, wenn was los ist. Sie sind unruhige Geister mit Schreibtischen voller Papierkram, den sie meiden. Sie wollen draußen sein. Das Verhalten von Übeltätern haben sie ebenso verinnerlicht wie eigene Bewegungsabläufe. Wenn sie zum Beispiel jemanden ansprechen und der sich abrupt nach rechts dreht, trägt er wahrscheinlich versteckt eine Waffe. Sie wissen, nach welcher Droge

Fingerabdrücke Spuren von Verbrennungen aufweisen (Crack) und wie lange jemand ohne Puls überleben kann (vier Minuten). Gegen dummes Geschwätz und menschliches Elend sind sie gleichermaßen immunisiert, und so kämpfen sie sich durchs Chaos. Diese Arbeit schlägt Wunden. Im Gegenzug wird auch der Polizist verletzend. Und wenn er selbst von Dunkelheit durchdrungen ist, soll er die Eltern eines toten Mädchens trösten. Manchen Polizisten fällt dieser Wechsel zwischen Chaos und Trost mit der Zeit immer schwerer, und sie geben das Mitgefühl schließlich ganz auf.

Forensiker umkreisen das Chaos hinter einer Schutzschicht aus Latex. Kriminaltechnische Labore sind nüchtern und pragmatisch eingerichtet. Es gibt kein zynisches Geplänkel. Polizisten müssen sich hautnah mit den unschönen Aspekten des Lebens herumschlagen, Forensiker quantifizieren sie. Aber sie sind auch nur Menschen. Einzelheiten von Fällen, die sie bearbeiten, verfolgen sie. Zum Beispiel Patty Harringtons Babydecke. Selbst als Erwachsene schlief sie jede Nacht mit der kleinen weißen Decke, über das seidene Kantenband zu streichen gab ihr ein Gefühl von Sicherheit. Die Babydecke wurde zwischen ihr und Keith gefunden.

»Ein und derselbe Mann«, sagte Hong.

Jim White gestattete sich ein Lächeln, bevor er sich wieder seiner Arbeit zuwandte.

Wenige Wochen später, als sich das Jahr 1996 dem Ende zuneigte, saß Hong an ihrem Schreibtisch und ging eine Excel-Datei auf ihrem Computer durch. Die Tabelle bestand aus Daten von etwa zwanzig ungelösten Fällen, zu denen erfolgreich DNA-Profile erstellt wurden. Es gab Querverweise zwischen den Fallnummern und Namen der Opfer und den Profilen, die mit den damals üblichen fünf genetischen Markern erstellt wurden. Unter dem Marker »THO1« stand zum Beispiel als Ergebnis »8,7« und so weiter. Hong wusste, dass die Profile von Harrington und Witthuhn zueinander passten. Doch als ihr Blick über die Tabelle glitt, blieb er bei einem anderen Profil jäh hängen. Sie las die Sequenz mehrmals und verglich sie mit Harrington und Witthuhn, um sicher zu sein. Sie hatte richtig gesehen. Die Sequenz passte zu den anderen.

Das Opfer war die achtzehnjährige Janelle Cruz, deren Leiche man am 5. Mai 1986 in ihrem Elternhaus in Irvine entdeckt hatte. Niemand hatte je vermutet, Cruz könne mit Harrington und Witthuhn zusammenhängen, obwohl Cruz in Northwood gewohnt hatte, derselben Wohnsiedlung wie Witthuhn, und ihre Häuser nur zwei Kilometer voneinander entfernt lagen. Nicht nur wegen des zeitlichen Abstands von über fünf Jahren. Oder weil Janelle zehn Jahre jünger als Patty Harrington und Manuela Witthuhn war. Sie war anders.

IRVINE, 1986

Das kurze Leben der Janelle Cruz war nicht weniger tragisch als ihr Tod.* Ihr biologischer Vater verschwand früh von der Bildfläche. Sie musste eine Reihe von Stiefvätern und Freunden ihrer Mutter ertragen, von denen die meisten sie auf unterschiedliche Arten missbrauchten. Ihrer Mutter war es wichtiger, zu feiern und Drogen zu nehmen, als sich um ihre Tochter zu kümmern – zumindest kam es Janelle so vor.

Sie zog oft um: von New Jersey nach Tustin nach Lake Arrowhead nach Newport Beach und schließlich nach Irvine.

Mit fünfzehn übernachtete sie bei ihrer besten Freundin, deren Vater sie unter Drogen setzte und vergewaltigte. Janelle erzählte es ihrer Familie, die den Mann, einen in der nahe gelegenen Marinebasis stationierten Soldaten, zur Rede stellte. Er stritt es ab. Als Janelles Familie ihn bedrängte, hetzte er ihnen mehrere Kameraden auf den Hals, um sie einzuschüchtern, bis sie die Sache fallen ließen. Das Verbrechen wurde nicht angezeigt.

In den folgenden Jahren rebellierte Janelle. Sie trug nur noch Schwarz. Zog sich zurück. Fing an, sich zu ritzen. Sie nahm Kokain – weniger als Partydroge, sondern um abzunehmen. Ihre Mutter steckte sie in diverse soziale Einrichtungen – ein Lager

---

*   Dieses Kapitel wurde aus Michelles Notizen zusammengesetzt.

Janelle Cruz, Opfer des Golden State Killer, in glücklicheren Zeiten im YMCA-Lager am Bluff Lake (etwa 1981).

des YMCA, das Job Corps in Utah und schließlich in eine psychiatrische Akutklinik.

Sie machte beim Job Corps ihren High-School-Abschluss und kehrte nach Irvine zurück, wo sie sich am örtlichen College einschrieb. Sie hatte häufig wechselnde Sexualpartner, die meist etwas älter waren als sie. Sie nahm eine Stelle als Hostess im Bullwinkle's Restaurant an, einem Familienlokal benannt nach dem Elch aus der Serie *Die Abenteuer von Rocky und Bullwinkle*.

Einem Witz zufolge lautete das Motto von Irvine: »Sechzehn Postleitzahlen, sechs Grundrisse«. Oder: »Irvine – wir haben zweiundsechzig Wörter für beige«. Janelle streifte unruhig und suchend durch ihre monochrome Reihensiedlung. Die große Veränderung, auf die sie hoffte, die Liebe, blieb aus.

Am 3. Mai 1986 brachen ihre Mutter und ihr Stiefvater zu einem Urlaub in Cancún auf.

Den folgenden Abend verbrachte Ron Thomsen*, ein Kollege aus dem Bullwinkle's, mit Janelle, nachdem sie ihm erzählt hatte, sie fühle sich ohne ihre Eltern einsam. Sie saß mit ihm in ihrem Zimmer auf dem Boden und las ihm ihre Gedichte vor. In der Hoffnung auf eine Romanze harrte er auch noch aus, als sie ihm eine fünfundvierzig Minuten lange Aufnahme einer psychiatrischen Sitzung vorspielte, in der sie über ihre verkorkste Familie schimpfte. Ein Geräusch von draußen, das wie das Schließen eines Tors oder einer Tür klang, ließ sie aufhorchen. Janelle sah aus dem Fenster und schloss dann die Läden. »Das waren bestimmt nur die Katzen«, sagte sie. Etwas später hörten sie das Geräusch noch einmal, dieses Mal schien es von der Garage zu kommen.

Wieder tat Janelle es ab. »Das ist nur die Waschmaschine.«

Ihr Kollege, selbst noch Teenager, musste am nächsten Tag zur Schule und machte sich wenig später auf den Weg. Janelle verabschiedete sich mit einer freundschaftlichen Umarmung.

Maklerin Linda Sheen* verließ ihren Schreibtisch bei Tarbell Realty am Nachmittag des 5. Mai, um sich für einen möglichen Käufer ein Haus in Irvine anzusehen. Das Objekt mit der Adresse Encina Nr. 13 war ein einstöckiger Bau mit drei Schlafzimmern und zwei Bädern, das seit mehreren Monaten angeboten wurde. Die Besitzerin wohnte dort noch mit ihrem Mann und mit ihren vier Kindern – darunter zwei erwachsene Töchter. Es glich vielen anderen Häusern in Northwood – etwa dem mit der Adresse Columbus Nr. 35, anderthalb Kilometer entfernt, in dem eine neunundzwanzigjährige Hausfrau fünf Jahre zuvor

---

* Pseudonym

in ihrem Bett erschlagen worden war. Ein ungelöstes Verbrechen, das bald in Vergessenheit geriet.

Die Rückseite von Nr. 13 in der Encina grenzte an einen Park. Es stand als vorletztes Haus in einer Sackgasse, abgeschottet durch eine Hecke mit einem Durchlass in der Mitte, der zu einem verwilderten Stück Land führte, dem Ende der Zivilisation. Mehrere Kilometer Orangenhaine und freies Feld schirmten Northwood von den nahe gelegenen Orten Tustin und Santa Ana ab. Zehn Jahre zuvor hatten diese Orangenhaine noch das Land bedeckt, auf dem jetzt Encina Nr. 13 und das ganze Viertel standen. Zwei Jahrzehnte später sind die Obstbäume fast vollständig der Urbanisierung gewichen, ein riesiges Einkaufszentrum und einförmige Neubaugebiete verbinden jetzt die einst getrennten Orte.

Sheen erreichte das Haus Nr. 13 und klingelte. Obwohl in der Auffahrt ein beigefarbener Chevette stand, rührte sich im Haus nichts, also klingelte sie noch einmal. Immer noch keine Antwort. Sie holte den Schlüssel aus einem kleinen Schlüsseltresor und betrat das Haus.

Als sie sich umsah, fiel ihr auf, dass im Esszimmer das Licht brannte. In der Küche stand ein Milchkarton auf dem Tisch. Eine Zeitung war bei den Stellenanzeigen aufgeschlagen. Sie legte ihre Visitenkarte auf den Tisch, ging ins Wohnzimmer und warf durch die gläserne Schiebetür einen Blick in den Garten. Sie sah mehrere Gartenstühle und einen Liegestuhl, auf dem ein Handtuch ausgebreitet war. Beim Elternschlafzimmer wollte sie den Türknauf drehen, doch es war abgeschlossen. Ein zweites Zimmer schien einem Kind zu gehören, und als Sheen das letzte Zimmer am Ende des Flurs betrat, entdeckte sie eine junge Frau, die reglos im Bett lag, eine Decke über den Kopf gezogen.

Linda Sheen bekam es mit der Angst zu tun. Sie hatte das

Gefühl, es könnte noch jemand im Haus sein. Möglicherweise war sie zur falschen Zeit am falschen Ort und hatte etwas gesehen, das sie nicht sehen sollte. Die Frau schien nicht zu schlafen, sie sah aus, als wäre sie bewusstlos – oder tot. Vielleicht von einer Überdosis Drogen. Sheen stürzte aus dem Haus und kehrte in ihr Büro zurück, wo sie ihrem Chef Norm Prato* von ihrer Entdeckung erzählte. Er riet ihr, es noch mal telefonisch zu versuchen. Das tat sie – zweimal. Niemand meldete sich.

Linda und Norm teilten die Lage ihren Kollegen Arthur Hogue* und Carol Nosler* von Century 21 mit, die für den Verkauf des Hauses zuständig waren. Besorgt fuhren die beiden zur Encina Nr. 13 und betraten das Haus, in dem sie tatsächlich eine Leiche entdeckten. Hogue rief die Polizei an und meldete, sie hätten eine junge Frau mit eingeschlagenem Schädel gefunden.

Barry Aninag von der Polizei Irvine erreichte als Erster den Tatort. Im Haus stürmte Arthur Hogue aus der Küche auf ihn zu und rief: »Im Schlafzimmer liegt eine Leiche. Im Schlafzimmer liegt eine Leiche.«

Er wollte sich gar nicht beruhigen, während Aninag bereits durch den Flur zum letzten Zimmer ging. Auf dem Bett lag die nackte Leiche einer jungen Frau, die später als Janelle Cruz identifiziert wurde. Sie war schon kalt. Auf dem Rücken liegend waren Brust und Gesicht unter einer Decke verborgen, die auf Höhe des Kopfes einen großen, dunklen Fleck aufwies. Aninag zog vorsichtig die Decke ab, die hartnäckig am Gesicht des Opfers klebte. Mit einer schweren Wunde auf der Stirn und Hämatomen an der Nase war es eine regelrechte Maske aus Blut. Drei ihrer Zähne waren ausgeschlagen. Zwei fand man in ihren Haaren.

---

* Pseudonym

Zwischen ihren Beinen war eine Flüssigkeit getrocknet, die im Labor als Samen identifiziert wurde. Blaue Fasern wurden auf ihrem Körper gesichert, was darauf hinwies, dass jemand über ihr Stoff zerrissen hatte.

An der östlichen Seite des Hauses fanden sich Abdrücke von Tennisschuhen. Fesselwerkzeuge oder Waffen wurden am Tatort nicht gefunden.

Wie sich später herausstellte, fehlte eine schwere rote Rohrzange aus dem Garten.

Bei der Befragung der Nachbarn erhielt die Polizei nur wenige hilfreiche Hinweise. Ein Vertreter einer Fensterreinigungsfirma hatte am Abend vor dem Mord gelbe Flyer verteilt. Ein Junge aus der Nachbarschaft hatte gehört, das Mädchen in Encina Nr. 13 sei erschlagen worden, und machte die Polizisten auf einen zerbrochenen Baseballschläger aufmerksam, den er auf einem Feld in der Nähe gefunden hatte. Sie folgten ihm zu der Stelle. Eine Schnecke zog eine Schleimspur über den fast intakten Schläger. Er lag ganz offensichtlich schon lange dort, denn auf ihm wuchs bereits Gras.

Ein Nachbar hatte mitbekommen, wie Janelles Chevette mit seinem unverwechselbar lauten Auspuff gegen Viertel nach elf zurückgekommen war – etwa eine halbe Stunde nachdem ihr Kollege sich verabschiedet hatte. Er hatte gehört, wie der Motor ausgeschaltet und eine der Türen zugeknallt wurde.

Um vier und um halb sechs an diesem Morgen hatten zwei verschiedene Nachbarn bemerkt, dass das Haus »ungewöhnlich hell erleuchtet« war.

Janelles Schwester Michelle erreichte der Anruf während ihres Urlaubs in Mammoth: »Janelle wurde ermordet.«

Die Verbindung war schlecht. Ungläubig wiederholte Michelle, was sie verstanden hatte. »Janelle bekommt einen *Orden?*«

Beim zweiten Mal waren die Worte klarer.

Ermittlungsleiter Larry Montgomery und seine Kollegen überprüften Janelles Aktivitäten und stießen auf mehrere junge Männer, die in den Tagen vor ihrem Mord mit Janelle Kontakt gehabt hatten. Das war zum einen Randy Gill* aus dem YMCA-Lager, einer von Janelles Partnern, der sie am Abend vor dem Mord angerufen hatte. Ihm wurde ein Alkoholproblem nachgesagt. Janelle hatte zwei Wochen vor dem Mord mit ihm Schluss gemacht. Dann der vorbestrafte Martin Gomez*, den Janelle bei einer früheren Arbeitsstelle kennengelernt und zu dem sich mit der Zeit eine festere Beziehung entwickelt hatte. Janelle hatte sie schließlich beendet, als Gomez zu besitzergreifend wurde. Und Philip Michaels*, ein Bademeister, mit dem Janelle seit Kurzem zusammen war und der den Tag vor ihrem Mord mit ihr verbracht hatte. Er hatte auch mit Janelle geschlafen, obwohl er es anfangs abstritt.

Schließlich die drei Davids: David Decker*, der Janelle im YMCA-Lager kennengelernt hatte, wo er Betreuer war. Er hatte sie zuletzt zwei Tage vor ihrem Tod gesehen. Außerdem David Thompson* (nicht zu verwechseln mit Ron Thomsen – der Junge, der sie als Letzter lebend gesehen hatte), ebenfalls ein Kollege aus dem Bullwinkle's. Und Dave Kowalski*, ein weiterer Freund, der Janelle an ihrem Todestag zu Hause besucht und ihr seine Liebe gestanden hatte. Als Zeichen seiner Zuneigung hatte er ihr seine Seiko-Armbanduhr geschenkt. Sie war neben der Leiche gefunden worden.

Dazu kamen ein paar Spinner und Außenseiter – wie Bruce Wend*, ein komischer Kauz, der kurz vor dem Mord bei Janelles Haus gewesen war. Neben seinen Namen in ihrem Adress-

---

* Pseudonym

buch hatte Janelle geschrieben: »Vollidiot, Penner, Arschloch, Schwuchtel.«

Es gab noch einen weiteren Mann. Er gestand den Mord.

Tom Hickel* fuhr in seinem Lieferwagen nach einem Kinobesuch nach Hause, neben ihm saß sein Freund Mike Martinez*. Unterwegs drehte Martinez sich plötzlich zu ihm um und sagte: »Ich muss dir was erzählen.« Auf das, was folgte, war Hickel nicht vorbereitet.

»Ich habe sie umgebracht.« Martinez klang, als würde er sich eine Last von der Seele reden. »Ich habe Janelle umgebracht.« Er sah Hickel mit ernster Miene an. »Du kennst doch dieses Stahlding, das ich habe, oder?«

»Keine Ahnung, was für ein Stahlding du meinst«, antwortete Hickel.

»Ist auch egal«, fuhr Martinez fort. »Ich wollte nur sehen, ob ich mich traue, jemanden umzubringen. Im Bad hat es angefangen. Erst mal habe ich mit ihr gekämpft. Ich habe sie mit diesem Stahlding geschlagen.«

Hickel fragte, wie es sich angefühlt habe.

Martinez antwortete: »Überhaupt nicht besonders. Es war irgendwie normal.«

Hickel versuchte, sein Entsetzen zu verbergen.

»Ich wollte herausfinden, ob ich den Mumm habe, Jennifer* zu töten«, fuhr Martinez fort. Jennifer war seine Freundin. »Ist mir egal, ob ich für fünfundzwanzig Jahre ins Gefängnis gehe. Hier gibt es keine Todesstrafe. Ich habe Janelle umgebracht, und ich werde dafür bezahlen.«

Martinez erzählte Hickel, er habe Janelle in der Woche vor ihrem Tod zu Hause besucht. Er habe ihre Eltern kennengelernt.

---

*   Pseudonym

Dabei habe er mitbekommen, dass ihre Eltern verreisen und Janelle zu Hause allein lassen würden.

»Ich habe bei Big Five ein Gewehr gekauft«, vertraute Martinez ihm an. »Damit puste ich Jenny weg, sie muss sterben.«

Hickel bemühte sich nach Kräften, keine Reaktion zu zeigen.

»Danach stelle ich mich der Polizei«, versprach Martinez. »Ich mache es Samstag.«

Doch dann, kurz bevor sich ihre Wege trennten, behauptete er, alles sei nur ein Scherz gewesen.

»Ich wollte nur sehen, was du machst.«

Was Hickel machte, war, zur Polizei zu gehen – für die Mike Martinez kein Fremder war. Er war schon mehrmals verhaftet worden – wegen des versuchten Erwerbs von Marihuana, Einbruchs in Geschäftsräume, Einbruchs in Privaträume und Körperverletzung. Dazu hatte er zweimal versucht, sich das Leben zu nehmen, einmal, indem er Abflussreiniger trank. Die Anklage wegen des Einbruchs in Privaträume und eine der Körperverletzungen stammten von einem Zwischenfall mit Jenny, der Freundin, die Martinez töten wollte.

Und wie sich herausstellte, hatte Martinez seine Verbrechensserie fortgesetzt – in der Nacht, bevor Janelle ermordet worden war. Um ein Uhr nachts brach Martinez betrunken durch die gläserne Schiebetür bei Jennifer ein und stellte sie zur Rede. Er wollte wissen, warum sie ihn ignoriert hatte, als sie sich eine Woche zuvor bei Carl's Jr. über den Weg gelaufen waren. Schwankend und mit glasigem Blick beteuerte Martinez ihr seine Liebe und verunglimpfte im gleichen Atemzug ihre religiösen Überzeugungen. Jennifer flehte ihn an zu gehen. Er reagierte nicht. Seinem leeren Gesichtsausdruck nach zu urteilen, drangen die Worte gar nicht zu ihm durch.

»Warum hast du mich nicht angerufen?«, fragte er immer wieder.

Schließlich ging er aus dem Zimmer. Weil sie dachte, er habe das Haus verlassen, schlich Jennifer vorsichtig nach unten, wo sie Martinez in der Küche fand. Er war dabei, mit einem Küchenmesser ein Trockentuch in Streifen zu schneiden. Weil sie davon ausging, dass er sie fesseln wollte, schrie Jennifer laut. Er packte sie, hielt ihr mit einer Hand den Mund zu, schleifte sie in ihr Zimmer und warf sie aufs Bett. Sie schrie und wehrte sich und vertrieb ihn damit aus dem Haus. Aber nicht lange.

Als er zurückkam, um seine Schlüssel zu holen, schrie Jennifer wieder und befahl ihm, zu gehen. Er stieß sie gegen das Sofa und versetzte ihr zwei Fausthiebe auf den Mund und einen gegen die Schläfe. Endlich ging er tatsächlich.

Am 21. Juni wurde Mike Martinez in der Nähe seiner Wohnung in Garden Grove verhaftet.

Im Streifenwagen auf dem Weg zum Revier beharrte Martinez: »Ich hätte mich gestellt. Tom hat mich reingelegt. Ich war es nicht. Das ist ungerecht! Warum ich?« Er schimpfte immer weiter. »Habt ihr überhaupt genug Beweise, um mich einzubuchten, oder was? Das glaube ich nicht, ich war es nämlich nicht. Ich habe Janelle seit drei Jahren nicht gesehen. Wahrscheinlich behaltet ihr mich trotzdem«, fuhr er fort. »Ich bin Mexikaner. Ich habe kein Geld. Ich kann mir keinen Anwalt leisten. Ich bekomme einen Pflichtverteidiger. Der wird mir raten, ich soll mich auf fünfzehn oder fünfundzwanzig Jahre einlassen. Sie werden mich wegen vorsätzlichem Mord drankriegen. Das heißt fünfundzwanzig Jahre. Weshalb wollt ihr mich überhaupt anklagen? Mord oder Totschlag? Das ist ungerecht. Warum habt ihr mich festgenommen?«

Ein Kassettenrekorder lief. Die Polizisten ließen ihn reden. Er schaufelte sich gerade sein eigenes Grab.

»Na gut, ich stecke da jetzt drin, ziemlich üble Sache, sieht ganz nach vorsätzlichem Mord aus, oder? Viele unschuldige

Leute müssen den Kopf hinhalten, vor allem Nigger und Mexikaner wie ich. Nehmt mir wenigstens Blut ab. Findet raus, dass ich unschuldig bin, dann könnt ihr irgendwann den Richtigen schnappen. Wenn ich unschuldig bin, kann ich Tom dann verklagen? Ich glaube aber nicht, dass ich davonkomme. Montgomery wird einfach nehmen, was er kriegen kann, und das wird reichen.«

Im Revier angekommen nahm ein Mitarbeiter der Gold Coast Laboratories eine Blutprobe von Martinez. Jemand von der Spurensicherung half bei den Haarproben.

Anfang Juli bekam Montgomery die Ergebnisse von Michael Martinez' Blutprobe. Martinez wurde als Verdächtiger ausgeschlossen.

Ebenso sein Arbeitskollege. DNA-Profile sollten erst ein Jahr später in der Forensik Einzug halten, aber Fortschritte in der Serologie – die sich mit der Analyse der verschiedenen Körperflüssigkeiten befasst – lieferten den Ermittlern bereits wichtige Erkenntnisse.

Janelles Mörder besaß ungewöhnliche genetische Eigenschaften. Er war ein Nicht-Sekretor, das heißt, seine Blutgruppen-Antigene befanden sich nicht auch in anderen Körperflüssigkeiten wie Speichel oder Samen. Etwa zwanzig Prozent der Bevölkerung sind Nicht-Sekretoren. Zudem wies er eine seltene Form eines Phosphoglucomutase-Enzyms (PGM) auf. Ein Forensiker aus dem kriminaltechnischen Labor von Orange County informierte einen Ermittler im Fall Cruz, dass die Kombination aus Nicht-Sekretor und PGM-Typ des Mörders bei etwa einem Prozent der Bevölkerung auftrat.

Das sagte nichts über seine äußere Erscheinung. Es beeinflusste weder seine Gesundheit noch sein Verhalten. Er besaß lediglich seltene genetische Merkmale.

Die Ermittler wussten die forensischen Erkenntnisse zu schätzen, aber sie brauchten ein Gesicht und einen Namen. Sie waren überzeugt davon, die Antwort müsse in Janelles direktem Umfeld zu finden sein. Es hielt sich die Theorie, dass einer von Janelles Liebhabern für ihren Tod verantwortlich war.

Zehn Jahre später wurden Martinez und alle anderen Freunde und männlichen Bekannten von Janelle eindeutig ausgeschlossen, als das DNA-Profil ihres Mörders feststand. Es passte zu keinem der ursprünglichen Verdächtigen. Stattdessen entsprach es dem eines unbekannten Täters, der für drei andere Morde verantwortlich war.

Mary Hong betrachtet ihre Arbeit mit der Nüchternheit einer Wissenschaftlerin und ist nicht leicht zu schockieren. Doch als sie einen Treffer in den Fällen Harrington, Witthuhn und Cruz erzielte, verlor selbst sie für einen Moment ihre Gelassenheit. Sie starrte mit großen Augen auf die Tabelle.

»Das ist unglaublich«, sagte sie zu ihrem Monitor.

VENTURA, 1980

Das Orange County Sheriff's Department bildete eine Sondereinheit für ungeklärte Fälle, um mit der massiven Zunahme an neuen Spuren fertigzuwerden. Mitglieder der Einheit »Countrywide Law Enforcement Unsolved Element«, kurz CLUE, gingen ab Januar 1997 alte Akten durch. Zur gleichen Zeit faxte Mary Hong das DNA-Profil der Fälle Harrington, Witthuhn und Cruz an Hunderte kriminaltechnische Labore im ganzen Land. Es kam keine Antwort.

Ermittler Larry Pool wechselte im Februar 1998 von der Abteilung Sexualdelikte zu CLUE. Pool ist ein Veteran der Air Force mit strammem Auftreten. Seine moralische Haltung kennt keine Grautöne. Er liebt Gott und duldet nicht, wenn Menschen fluchen. Werden Polizisten gefragt, welcher Teil ihres Berufs ihnen am besten gefällt, schwelgen die meisten in Erinnerungen an ihre Zeit als verdeckter Ermittler, an das Adrenalin, wenn man sich, mit einer Tarnidentität versehen, in die Höhle des Löwen begibt, ohne zu wissen, was einen hinter der nächsten Ecke erwartet. Pool hat nie verdeckt gearbeitet. Man kann es sich bei ihm auch nicht vorstellen. Einmal hat er in einem anderen Bundesstaat einen Serienmörder in der Todeszelle wegen einer vermissten Frau befragt, weil die südkalifornische Polizei vermutete, der Mann habe sie getötet. Pool bat den Mörder, ihm zu verraten, wo er die Leiche versteckt habe. Es sei das Richtige. Für sein Gewissen. Für die Familie der Frau. Der

Mörder versuchte zu verhandeln, er sagte, in kalifornischen Gefängnissen würden ja bessere Verhältnisse herrschen. Ob sie sich nicht im Gegenzug für Informationen auf eine Verlegung einigen könnten?

Pool sammelte seine Unterlagen ein und stand auf.

»Sie werden hier sterben«, sagte er und ging.

Larry Pool während seiner Vereidigung als leitender Ermittler im Büro des Staatsanwalts von Riverside County im August 2017.

Alte Fälle lagen ihm. Sie waren Leerstellen, die offensivere Polizisten, Kollegen, die gerne mal Türen eintraten, vielleicht nicht füllen würden. Pool konnte das. Er war ein ruheloser Ermittler, der seinem Hirn einen »Startbefehl« erteilte und es so lange arbeiten ließ, bis ihm irgendwann, beim Zähneputzen etwa, die Antwort auf seine Frage einfiel. Alltagserfahrene Polizisten brachten es fertig, sich mit einem Vater, der gerade seine gesamte Familie ausgelöscht hatte, hinzusetzen und mit ihm zu reden wie mit einem Kumpel beim Bier. Sie konnten über ein gewisses Maß an moralischen Verfehlungen hinwegsehen oder es zumindest vorgeben. Für jemanden wie Pool, dem so etwas nicht gelingen würde, waren alte Fälle ideal. Er hatte zwölf Jahre Erfahrung im Sheriff's Department, war in Sachen Mord aber noch recht unbeleckt. Ein Pappkarton mit drei Akten (Harrington, Witthuhn und Cruz) enthielt seine neue Aufgabe. Vier unschuldige Opfer und ein gesichtsloses Ungeheuer. Pool erteilte seinem Hirn den Startbefehl und würde es nicht eher ruhen lassen, bis er das Monster gefunden hatte.

Am Rand eines Berichts in der Harrington-Akte fiel Pool eine Fallnummer des Ventura Police Department auf. Er rief an und erkundigte sich danach. Das seien die Morde an Lyman und Charlene Smith, sagte man ihm. Ein berüchtigter Fall in Ventura. Lyman war ein bekannter Anwalt. Er stand kurz vor einem Richteramt. Charlene war seine bildhübsche frühere Sekretärin und zweite Frau. Am Sonntag, dem 16. März 1980, fuhr Gary Smith, Lymans zwölfjähriger Sohn aus seiner ersten Ehe, mit dem Fahrrad zum Haus seines Vaters, um den Rasen zu mähen. Die Haustür war nicht abgeschlossen. Das Brummen eines Weckers ließ ihn aufhorchen. Er folgte dem Klang ins Schlafzimmer. Auf dem goldgelben Teppich waren Rindenstücke verstreut. Ein Holzscheit lag am Fußende des Betts. Unter der Bettdecke zeichneten sich zwei Gestalten ab – die Leichen seines Vaters und seiner Stiefmutter.

Die Ermittler wurden mit Hinweisen überschwemmt. Hinter der Hochglanzfassade des Smith-Hauses auf dem Hügel mit Blick auf den Hafen von Ventura spielten sich Dramen an. Es gab Affären und nicht ganz saubere Geschäfte. Schon bald geriet Joe Alsip, ein Freund und früherer Geschäftspartner von Lyman, ins Visier der Ermittler. Alsip hatte die Smiths am Abend vor dem Mord besucht, an einem Weinglas fand sich

Charlene und Lyman Smith, die am 13. März 1980 in ihrem Haus in Ventura getötet wurden.

ein Fingerabdruck von ihm. Noch belastender war, dass sein Pastor der Polizei steckte, Alsip habe ihm gegenüber quasi gestanden. Alsip wurde verhaftet. Polizei und Staatsanwaltschaft gingen berstend vor Zuversicht in die Voruntersuchung. Besonders freuten sie sich darüber, dass Alsip von Richard Hanawalt verteidigt wurde, den sie vor allem als erfolgreichen Anwalt für betrunkene Autofahrer kannten. Er neigte zu sonderbaren Metaphern und Gedankensprüngen.

»In der Mittagspause habe ich mich einen Moment lang gefragt, was ›stark‹ wirklich bedeutet«, verkündete er bei der Alsip-Verhandlung einmal. Über die widersprüchlichen Darstellungen des Falls sagte er: »Die Sache entrollt sich nach und nach wie ein langer Teppich vor einem Hotel.«

Die Gegenseite sah bei Hanawalt plumpe Stümperei, doch tatsächlich war er kurz davor, eine Bombe platzen zu lassen. Er hatte anonym den Tipp bekommen, die Vergangenheit des

Pastors zu durchleuchten. Dabei fand er heraus, dass der Pastor jahrzehntelang, von Indiana bis Washington, immer wieder aus absurden Gründen um Polizeischutz ersucht und sich in Ermittlungen gedrängt hatte. Sergeant Gary Adkinson, einer der leitenden Ermittler im Fall Smith, hatte im Stillen schon damit gerechnet, dass die Aussage des Pastors nicht standhalten würde, und wand sich innerlich, als Hanawalt dessen Geschichte jetzt genüsslich zerpflückte. Weil der Pastor behauptet hatte, er habe nach seiner Aussage im Fall Alsip Todesdrohungen erhalten, hatte der Polizeichef ihm ein Polizeifunkgerät gegeben. Eines Nachmittags kam die panische Stimme des Pastors über Funk. »Er ist hier! Er kommt auf mich zu!«, rief er. Adkinson war zufällig an der Kreuzung Telegraph und Victoria, nur eine Straße vom Haus des Pastors entfernt, und raste zu ihm. Der Pastor stand hinter der Haustür, drückte sich das Funkgerät verlegen an die Brust und wirkte bestürzt darüber, den Ermittler so bald zu sehen.

»Er ist wieder weg«, sagte er leise.

In seinem Schlussplädoyer gelang es Hanawalt außerdem, ein so grausames Bild des Tatorts zu entwerfen, dass der Mord eindeutig wie das Werk eines Psychopathen wirkte, und als der schien Joe Alsip kaum infrage zu kommen. Dafür sprachen die Fesselung mit einer Vorhangschnur, die brutalen Schläge mit dem Holzscheit gegen die Köpfe der Opfer, die ausgeschalteten Lichter im Haus, die vermuten ließen, dass die Gewalt in völliger Dunkelheit stattgefunden hatte. Und das Badezimmerfenster. Von dort aus hatte man freie Sicht ins Schlafzimmer. Wenige Schritte vom Fenster entfernt war das Feuerholz aufgestapelt, dort hatte der Mörder sich das gut fünfzig Zentimeter lange Stück Holz geholt.

Nach der Voranhörung ließ der Staatsanwalt von Ventura County Joe Alsip wegen Mangels an Beweisen frei. Die Ermittler standen wieder am Anfang. Sie waren geteilter Meinung. Die einen waren überzeugt, der Mörder habe die Smiths gekannt, die anderen gingen von einem Zufallsverbrechen mit sexuellen Motiven aus. Zehn Jahre lang stand die Akte Smith im Großraumbüro der Ermittler im Regal, dann wurde sie schließlich in die Asservatenkammer verbannt.

Larry Pool teilte dem Ventura Police Department mit, in Orange County liege eine ungeklärte Verbrechensserie mit vier Mordopfern vor, die Ähnlichkeiten zum Fall Smith aufwies. Er bat die dortige Polizei, alle forensischen Beweise, die es zu Smith noch gab, an das kriminaltechnische Labor von Orange County zu schicken. Mary Hong öffnete das Päckchen des Ventura Police Department, in dem mehrere Objektträger lagen. Sie war enttäuscht. Das Material, das nach Vergewaltigungen routinemäßig mit Abstrichtupfern gesichert wird, streicht man auf Objektträger, weil man unter dem Mikroskop leichter nach Spermien suchen kann. Normalerweise werden diese Tupfer ebenfalls archiviert, was hier aber nicht der Fall war. Forensiker sind immer bemüht, mit so viel biologischem Material wie möglich zu arbeiten.

Am 17. Februar 1998 leitete Hong ihren Bericht an Pool weiter. Es war ihr gelungen, aus den Spermien auf den Objektträgern ein DNA-Profil zu erstellen. Lyman Smith konnte als Quelle dafür ausgeschlossen werden.

Das DNA-Profil passte zu den Profilen aus den Fällen Harrington, Witthuhn und Cruz.

Ein Teil der alten Garde in der Polizei von Ventura weigerte sich, das zu glauben. Detective Russ Hayes, einer der führenden Ermittler im Fall Smith, wurde für eine Folge von *Cold Case Files – Wahre Fälle der US-Ermittler* interviewt, die einige Jahre später ausgestrahlt wurde. »Ich war völlig sprachlos«, erinnerte er sich an seine Reaktion auf die DNA-Verbindung. Der alte Hase schüttelte den Kopf. »Ich konnte es nicht glauben«, sagte er. »Ich konnte es einfach nicht glauben.«

Hayes erzählte von seiner Theorie, dass der Mörder vor dem Badezimmerfenster an der Nordseite des Hauses gestanden hatte, mit direktem Blick in Lymans und Charlenes Schlafzimmer, und etwas gesehen hatte, das ihn wütend machte – wahrscheinlich Intimitäten.

»Ich dachte, es sei jemand gewesen, der ihnen nahestand. Jemand, der durch dieses Fenster in ihr Schlafzimmer gesehen und etwas beobachtet hatte. Und dadurch so wütend geworden ist, dass er ins Haus einbrach und die Tat beging.«

Mit der Position vor dem Fenster hatte Hayes wahrscheinlich recht. Auch mit der Wut. Aber nicht mit der Nähe. Charlene Smith stand in diesem Moment nur unglücklicherweise für die lüsternen, höhnischen Frauen – Mutter, Mitschülerinnen, Exfrau –, die den Mörder in seiner Fantasie voller Missbilligung umringten, deren Chor der Verachtung ihn immer wieder in die Knie zwang. Das Holzscheit nahm er, als Erregung sich in Hass verwandelte, um die Strafe zu vollstrecken, die ein grausamer Richter verhängt hatte – sein krankes Hirn.

Die Zahl der Toten war auf sechs gestiegen. Fast zwanzig Jahre zu spät erkannten sie seine Methode. Wie er sich anpasste. Und dass er mobil war. Eine Kartografie seiner Verbrechen zu erstellen glich der Suche nach Patient null einer Seuche. Wo war er vor seiner Zeit in Ventura? Jemand grub alte Zeitungsartikel aus, in denen der Frage nachgegangen wurde, ob möglicherweise nicht nur die Fälle aus Ventura und Orange zu der Serie gehörten, sondern auch die aus Santa Barbara.

Polizei vermutet Verbindung zwischen Doppelmorden lautete die Schlagzeile des *Santa Ana Register* am 30. Juli 1981. Fast zwanzig Jahre später glichen die drei Countys wieder ihre

pacific clippings
post office box 11789
santa ana, calif. 92711

Anaheim, Cal.
BULLETIN
(Daily) JUL 3 1 1981

Murder links investigated

Investigators from three counties are probing a possible link between four double murders, including the bludgeoning murder of a young couple near Laguna Beach last year as they slept.

Although Orange County sheriff's investigators "have looked into" a possible connection between the county murders and murders in Ventura and Santa Barbara, Lt. Andy Romero said there has been no proof that the murders are related.

Dubbed the "night stalker" by some police detectives after a couple was killed in Santa Barbara, an FBI psychological profile suggested the murderer was a "psychopath who would strike again."

Some investigators believe he may have indeed struck again, but few clues have been found at the scene of each murder. No weapon has been found in connection with any of the murders.

According to Santa Barbara County public information officer Russ Birchim, the killer first appeared in Oct. 1979 when he terrorized a Santa Barbara couple in their home. The knife-wielding assailant fled after one victim escaped. No injuries were reported.

Two months later, in the same neighborhood, Dr. Robert Offerman, 44, and his girlfriend, Debra Manning, 35, were shot to death late at night in a bedroom of Offerman's condominium.

March 16, 1980, a Ventura couple was found dead in the bedroom of their home. Police believe a log from the fireplace may have been used by the murderer to bludgeon to death attorney Lyman Smith and his wife, Charlene. The weapon has not been found.

Keith Eli Harrington, 24, and his wife of four months, Patty, 27, were bludgeoned to death Aug. 19 or 20 as they slept in a bedroom of Harrington's father's home in Niguel Shores, south of Laguna Beach. Harrington was a Phi Betta Kappa medical student at UCI and his wife was a nurse.

The most recent murder occurred Sunday or Monday in the Santa Barbara suburb of Goleta and about five blocks from the scene of the first murder.

Greg Sanchez, 28, and an ex-girlfriend, Cheri Domingo, 35, died of massive head wounds. Sanchez, a computer technician, was also shot once but police said the wound was only "a contributing factor to death."

Zeitungsausschnitte aus dem Archiv des Orange County Sheriff's Department. Obwohl es in Betracht gezogen wurde, dass einige der Verbrechen zusammenhingen, blieb die Anwesenheit eines Serienmörders in der Region weitgehend unentdeckt.

post office box 11789
santa ana, calif. 92711

THE REGISTER
Daily
JUL 30 1981

Double murders may be linked, police say

By Keith Easthouse
Register staff writer

A possible link between the murder of a sleeping young couple in an exclusive South Laguna community last summer and three similar double murders that have occurred in Southern California during the past 18 months is being investigated by Santa Barbara County detectives.

Public information officer Russ Birchim said that striking similarities between the four double killings have led investigators to believe that one man — dubbed the "night stalker" — is responsible for all eight deaths.

The two most recent victims were bludgeoned to death in the bedroom of a suburban Santa Barbara home sometime Sunday night or Monday morning, Birchim said.

Investigators from the Orange County Sheriff's Department "have looked into" the three other sets of murders — one in Ventura County and two in Santa Barbara County — but have found no proof of a connection, according to Lt. Andy Romero.

Neither have Ventura city police, according to spokesman Larry White, who added that his department has had no contact with investigators from Orange and Santa Barbara counties concerning the slayings.

Nonetheless, the similarities between the four cases are startling:

● All the victims were relatively young couples killed in bed late at night as they slept.

● All were professional, middle- to upper-middle class people who lived in expensive homes.

● Six of the eight victims were bludgeoned to death. The other two were shot.

● In none of the four cases were there any signs of resistance, was a weapon recovered, or was anything stolen from the homes.

According to Birchim, investigators believe the killer first appeared in October of 1979, when an unidentified couple were terrorized in their suburban Santa Barbara home late at night by a knife-wielding assailant.

Birchim said the couple probably escaped death when the assailant fled after one of them escaped.

The first killings took place in the same wealthy neighborhood on December 30, 1979. Both Dr. Robert Offerman, 44, and his girlfriend, Debra Manning, 35, a Santa Maria psychologist, were shot to death in the bedroom after some person — or persons — broke into Offerman's condominium late at night.

Birchim said a psychological profile done after the murders by the FBI at the request of the Sheriff's Department suggested that the man responsible was a "psychopath who would strike again."

Three months later, on Sunday, March 16, 1980, another couple was found dead in their bedroom in a plush Ventura hillside home.

The victims, Lyman Smith, a prominent attorney, and his wife, Charlene, 33, were bludgeoned to death sometime late that Saturday night or early Sunday morning, according to police.

Police believe a log from the house's fireplace was used as a weapon, but were not able to prove it. There was no sign of forced entry.

Four months later, either on the evening of August 19, or Wednesday morning, August 20, Keith Eli Harrington, 24, and his wife of four months, Patty, 27, died of massive head injuries inflicted by a blunt instrument. They were killed as they slept in the bedroom of Harrington's father's exclusive home in Niguel Shores, south of Laguna Beach.

Harrington was a Phi Beta Kappa medical student from UC Irvine and his wife was a nurse. As with the Ventura killings, there was no sign of a forced entry.

And almost a year later, on a Sunday night or early Monday morning, yet another young couple was killed in a bedroom.

This time the killings took place back in the same suburb of Santa Barbara — Goleta — not more than five blocks from the site of the first murders.

The victims, Greg Sanchez, 28, and his ex-girlfriend, Cheri Domingo, 35, also died of massive head injuries, just like the Smiths and the Harringtons. Sanchez, who was a computer technician, was also shot once, but Birchim of the sheriff's department said the wound was only "a contributing factor to death."

Like the first killings, but unlike the other two, whoever killed Sanchez and Domingo had broken into the home.

pacific clippings
post office box 11789
santa ana, calif. 92711

misc. 6

Los Angeles, Cal.
TIMES MAY 2 5 1982
(Daily)

Sheriff Appeals for Information in Dual Slayings

3/1

The Orange County Sheriff's Department has appealed for information regarding the unsolved August, 1980, double-murder of Laguna Niguel newlyweds Keith and Patti Harrington.

Families of the slain couple have offered a $25,000 reward for information leading to the conviction of the killer or killers in the bludgeoning death of the couple on Aug. 19, 1980, in their home.

Keith Harrington was a 24-year-old medical student at UC Irvine and his wife Patti, 27, was a registered nurse.

People with information concerning the murders may call 834-3000. All tips will be kept confidential, a Sheriff's Department spokesman said.

---

pacific clippings
post office box 11789
santa ana, calif. 92711

THE REGISTER
Daily MAY 1 8 1982

Probe of Niguel Shores murders reaches dead end

3/1

By Anita Snow
Register staff writer

On Aug. 19, 1980, medical student Keith Harrington and his wife, Patty, a registered nurse, were bludgeoned to death as they lay in bed in a Niguel Shores home.

Almost two years later, Orange County sheriff's deputies have completed the last of almost 250 interviews in connection with the case. No arrests have been made and detectives say they've run out of clues.

"All we can do now is re-evaluate the information we've collected and begin re-contacting some of the people we've already interviewed," sheriff's spokesman Lt. Wyatt Hart said Monday.

Hart said the sheriff's department is asking that anyone who has information about the case, no matter how little, contact the department.

Members of the victim's families are reminding the public that they still offer a $25,000 reward for any information that leads to conviction of the person or persons responsible for the killings.

"We think there are people out there that know something about the killings," Hart said. "We're hoping we can jog some memories."

At the time of his death, Keith Harrington, 24, was a fourth-year student at University of California, Irvine, Medical School. His wife of four months, Patty, 27, was a registered nurse.

The Harringtons were killed in Keith's father's home at 33381 Cockleshell Drive, Niguel Shores, an exclusive, guarded community north of Dana Point.

Sheriff's detectives say nothing was taken from the house. There was no sign of forced entry.

Since the murders, Hart said, investigators have interviewed "everyone the Harringtons knew," including friends and family members.

Investigators also have looked into other similar double homicides throughout the country, hoping to make some kind of link, Hart said.

But they've come up empty-handed.

Hart stressed that the sheriff's department will keep confidential the identities of any persons who provide information about the slayings.

He urged that those with information about the Harrington murders call (714) 834-3000, which is a 24-hour hotline.

Informationen ab. Einige Dinge stimmten nicht überein – zwei der männlichen Opfer aus Santa Barbara waren erschossen worden, offenbar, weil sie sich gewehrt hatten –, aber es gab zu viele Parallelen, um eine Verbindung auszuschließen. Das Ausspähen der Häuser. Nächtliche Überfälle auf schlafende Opfer der Mittelschicht. Dass die Opfer erschlagen wurden. Die auf Länge geschnittenen, mitgebrachten Fesseln. Abdrücke von Tennisschuhen. Viele Details, die sich auch bei zwei Doppelmorden in einer Stadt fünfundsechzig Kilometer weiter nördlich fanden.*

---

* Von allen Einzelermittlungen war die in Ventura fraglos die verworrenste. Michelle hatte geplant, sie ausführlicher zu behandeln. Dass es dazu nicht kam, lag an den anhaltenden Schwierigkeiten, an die Akten heranzukommen.
2014 zahlte Michelle dem Gericht von Ventura County 1400 Dollar für Kopien der Abschriften von Joe Alsips Voranhörung. Sämtliche 2806 Seiten mussten von Mikrofilm auf Papier gedruckt werden. Als die Sekretärin Michelle den dicken Stapel frisch gedruckten Archivmaterials überreichte, sah sie sie halb erstaunt, halb vorwurfsvoll an.
In den Abschriften sprangen ihr sofort die verheißungsvollen Details ins Auge, die in den offiziellen Berichten ausführlicher dokumentiert waren, was Michelle nur noch versessener auf die Akten aus Ventura machte. Im Januar 2016 bekam sie die Unterlagen endlich in die Hände – drei Dutzend Kartons mit Material über den Golden State Killer, als freundliche Leihgabe des Orange County Sheriff's Department. Einen Großteil der Akten – in denen es vor allem um den zu Unrecht verdächtigten Joe Alsip ging – konnte sie vor ihrem Tod noch lesen, aber ihr blieb keine Zeit mehr, um die neuen Erkenntnisse in ihre Geschichte zu integrieren.
Ein ausführlicherer Bericht über die Ermittlungen im Fall Smith und die Anklage gegen Joe Alsip findet sich in Colleen Casons hervorragender Artikelserie *The Silent Witness*, erschienen im November 2002 im *Ventura County Star*.

GOLETA, 1979

Der Mann sprach Linda* an, als sie morgens zur Arbeit aufbrechen wollte.† »Gestern Abend hat sich mein Hund auf Ihrem Grundstück eine große Schnittwunde geholt«, sagte er. Der Mann war jung, Anfang zwanzig, hatte ein fein geschnittenes Gesicht und wirkte etwas aufgeregt. Er deutete auf eine Fußgängerbrücke, die etwa sechzig Meter von ihrem Standpunkt an der Berkeley Road in Goleta entfernt über einen Fluss führte. Mit seinem Hund Kimo sei er von dort gekommen, erklärte er. Er habe Kimo von der Leine gelassen und sei ihm gemächlich gefolgt. Goleta ist eine Schlafstadt mit dem Ruf, ungefährlich zu sein, sogar langweilig, trotzdem würden sich nur wenige Menschen nachts allein über den San Jose Creek trauen. Der schmale Fluss windet sich von den dicht bewachsenen Bergen zur Ostseite der Stadt hinunter, wo er von wuchtigen, ausladenden Bäumen gesäumt wird – Platanen, Erlen und Eukalyptusbäumen, deren papierähnliche, gerissene Rinde an Krallenspuren erinnert. Es gibt keine Beleuchtung, und man hört nichts als das Tapsen und Rascheln verborgener Tiere auf Futtersuche.

Allerdings war Kimo ein großer Hund mit Beschützerinstinkt, ein gut fünfzig Kilo schwerer Mischling aus Deutschem Schä-

---

* Pseudonym
† Teile dieses Kapitels wurden aus verschiedenen Entwürfen von Michelles Artikelserie *In the Footsteps of a Killer* zusammengefügt.

ferhund und Alaskan Malamute. Der Mann wäre nie auf den Gedanken gekommen, dem Hund könne etwas passieren. Als er von der Fußgängerbrücke ins Wohnviertel schlenderte, sah er Kimo zwischen Lindas Haus und das ihres Nachbarn flitzen. Ihm musste etwas aufgefallen sein. Kimo war neugierig. Soweit der Mann den 5400er-Abschnitt der Berkeley Road einsehen konnte, rührte sich nichts. Bis in die Sechziger hatte Goleta aus Walnussplantagen und Zitronenhainen bestanden, und in manchen Ecken, vor allem in der Nähe des Flusses, fühlte man sich in diese Zeit zurückversetzt. Keine aufheulenden Motoren, kein elektrisches Summen, nur die alles umfassende, stille Dunkelheit und hier und da die Lichter der einstöckigen Häuser. Nur ein Surfbrett auf einem VW Bully in einer Auffahrt erinnerte daran, dass man sich in einem Vorort in Südkalifornien im Frühherbst 1979 befand.

Ein schrilles Jaulen durchbrach die Stille. Im nächsten Moment tauchte Kimo wieder auf. Der Hund kam wankend zum Gehweg und brach vor den Füßen des Mannes zusammen. Sein Besitzer drehte ihn um. Aus einem langen Schnitt im Bauch des Hundes sickerte Blut.

Kimo überlebte. Nachdem der Mann panisch bei mehreren Häusern angeklopft hatte, fand er endlich ein Telefon und konnte Hilfe rufen. Ein Tierarzt schloss die Wunde mit siebzig Stichen und hinterließ eine Narbe, die sich von Kimos Brustbein bis zum Ende des Bauchs zog. Dem Mann war immer noch ein Rätsel, woher die Verletzung stammte. Linda verstand das. Die Arbeit konnte warten. Mit der Hilfe ihres direkten Nachbarn suchten sie zu dritt den Garten neben und hinter dem Haus gründlich nach scharfen Gegenständen ab, einem Rasenmähermesser etwa oder einem Riss im Zaun, an dem der Hund sich geschnitten haben könnte. Sie fanden nichts. Es war seltsam. Merkwürdig war auch, dass sich in dem Garten vor Lindas

Haus eine große Wasserlache befand. Etwa zu der Zeit, in der Kimo sich verletzt hatte, hatte offenbar jemand ihren Gartenschlauch aufgedreht und das Wasser laufen lassen.

Den Namen des Hundebesitzers erfuhr Linda nie. Er bedankte sich höflich und ging. Sie dachte kaum an den Vorfall, bis sie im Juli 1981 von einem anderen Mann vor ihrem Haus angesprochen wurde. In den anderthalb Jahren seit Kimos Verletzung hatte sich viel verändert. Dreimal war in dem Viertel das gelbe Flatterband der Polizei gespannt worden. Das war ungewöhnlich häufig für ein so kleines – kaum fünf Quadratkilometer großes – und so geruhsames Fleckchen Erde.

Es war das Santa Barbara County, in dem Präsident Reagans 278 Hektar große Ferienranch lag und begüterte Debütantinnen mit einer Hippie-Ader Urlaub machten. Dort konnten sie den ganzen Tag Flipflops tragen, bei einem fingierten Rodeo mitreiten und spanische Architektur im Originalzustand ohne geschmacklose Werbeplakate bewundern (die nach einem mehrjährigen Feldzug der Bildungsbürger der Gemeinde verboten waren). Von 1950 bis 1991 wurden die sonst durchgehenden siebenhundert Kilometer Highway 101 zwischen Los Angeles und San Francisco nur von vier Ampeln unterbrochen, die allesamt in Santa Barbara standen. Je nachdem, wem man glaubt, lag es entweder daran, dass die Einwohner fürchteten, eine Schnellstraße würde ihnen den Meeresblick versperren, daran, dass sie Touristen in die Geschäfte vor Ort locken wollten, oder daran, dass sie die Menschen dazu ermuntern wollten, eine Pause einzulegen und über das Leben zu sinnieren. Und welcher Ort wäre dafür besser geeignet als Santa Barbara, die amerikanische Riviera zwischen einer zerklüfteten Bergkette und dem Pazifik? Wer wollte nicht an einer Ampel im Paradies verweilen? Am Ende lautete die Antwort: niemand. Es gab unzählige Unfälle, jedes Wochenende einen Verkehrskollaps, und die leer laufenden Motoren stießen Unmengen von Abgasen aus.

Die Ermittler glaubten zu wissen, in welcher Nacht er begriffen hatte, dass er vorsichtig sein musste. Sie kannten die Nacht, die ihn verändert hatte. Das erste Verbrechen, das sie ihm zuschreiben konnten, mit dem ihr Suchen in der Vergangenheit endete, fand am 1. Oktober 1979 statt. Weniger als eine Woche nachdem Kimo verletzt wurde. Es war die Nacht, in der ein Paar in der Queen Ann Lane in Goleta im grellen Licht einer Taschenlampe aufwachte und einen jungen Mann durch zusammengebissene Zähne flüstern hörte. Der Frau wurde befohlen, ihren Freund zu fesseln. Dann fesselte der Eindringling sie. Er durchwühlte Schränke, öffnete und knallte Schubladen zu. Fluchte. Drohte. Fragte nach Geld, ohne auf die Antwort zu warten. Er führte die Frau ins Wohnzimmer, wo sie sich mit dem Gesicht nach unten auf den Boden legen musste, und legte ihr Tennisshorts auf den Kopf, damit sie nichts mehr sah. Sie hörte, wie er in die Küche ging. Dort wiederholte er immer dieselben Worte.

»Ich bringe sie um, ich bringe sie um, ich bringe sie um.«

Ein Adrenalinstoß ermöglichte es der Frau, sich von ihren Fesseln zu befreien und schreiend durch die Vordertür zu fliehen. Ihrem im Schlafzimmer gefesselten Freund gelang es, hüpfend in den Garten hinter dem Haus zu entkommen. Als er den Einbrecher kommen hörte, ließ er sich fallen und rollte hinter einen Orangenbaum, wo er dem suchenden Taschenlampenstrahl knapp entging.

Direkt nebenan wohnte ein FBI-Agent. Alarmiert durch den Schrei der Frau lief er aus dem Haus und sah gerade noch einen Mann hektisch auf einem gestohlenen Nishiki-Rennrad davonfahren. Karohemd. Jeans. Messerscheide. Tennisschuhe.

Zerzauste braune Haare. Der Agent nahm in seinem Auto die Verfolgung auf. Ein paar Straßen weiter auf dem San Patricio Drive erfassten seine Scheinwerfer den Radfahrer. Als das Licht ihn traf, ließ der Verdächtige das Fahrrad zurück und sprang über einen Zaun zwischen zwei Häusern.

Das Paar konnte nur eine grobe Beschreibung abgeben. Weißer Mann. Dunkle nackenlange Haare. Knappe eins achtzig. Etwa fünfundzwanzig Jahre alt, schätzten sie.

Danach gab es keine überlebenden Opfer mehr, die ihn hätten beschreiben können.

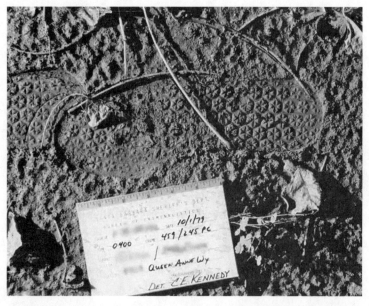

Ein Schuhabdruck, den die Ermittler bei der Untersuchung des Überfalls in Goleta am 1. Oktober 1979 fanden.

Die Leichen wurden im Schlafzimmer gefunden.

Am Morgen des 30. Dezember 1979 wurde die Polizei von Santa Barbara County zur Avenida Pequena Nr. 767 gerufen, einem einstöckigen Haus in einem Wohnkomplex, das dem osteopathischen Chirurgen Dr. Robert Offerman gehörte. Peter und Marlene Brady*, enge Freunde von Offerman, waren mit ihm und seiner neuen Freundin Alexandria Manning zum Tennis verabredet gewesen und hatten bemerkt, dass eine gläserne Schiebetür des Hauses offen stand. Sie gingen hinein und riefen Offerman, bekamen aber keine Antwort. Peter durchquerte das Wohnzimmer und spähte durch den Flur ins Schlafzimmer.

»Auf dem Bett liegt ein nacktes Mädchen«, berichtete er seiner Frau.

»Gehen wir wieder«, sagte Marlene, weil sie nicht stören wollte.

Doch nach ein paar Schritten blieb Peter stehen. Etwas stimmte nicht. Er hatte Offerman doch laut gerufen. Er machte auf dem Absatz kehrt zum Schlafzimmer, um genauer nachzusehen.

Als die Polizisten eintrafen, stand Marlene Brady weinend vor dem Haus.

»Da drin liegen zwei tote Menschen«, sagte sie.

Debra Alexandria Manning lag auf der rechten Seite des Wasserbetts, den Kopf nach links gedreht, die Hände hinter dem Rücken mit weißer Nylonschnur gefesselt. Offermans Leiche befand sich in kniender Haltung am Fußende des Betts, in der Hand ein Stück derselben Schnur. Hebelspuren zeigten, dass der Täter sich mit einem Schraubenzieher Zugang zum Haus verschafft hatte, wahrscheinlich mitten in der Nacht, als das Paar schlief. Möglicherweise hatte er mit vorgehaltener Pistole gesagt, er wolle sie ausrauben: Zwei Ringe, die Manning gehört hatten, wurden versteckt zwischen der Matratze und dem Rahmen gefunden.

---

* Pseudonym

Debra Alexandria Manning, die zusammen mit Robert Offerman in dessen Haus in Goleta am 30. Dezember 1979 ermordet wurde.

Ein undatiertes Foto von Robert Offerman, osteopathischer Chirurg, erschossen am 30. Dezember 1979.

Wahrscheinlich warf der Eindringling Manning die Schnur zu und verlangte, sie solle Offerman fesseln, was sie auch tat, aber nicht fest. Die Ermittler gehen davon aus, dass Offerman sich losreißen konnte, vielleicht als der Eindringling gerade Mannings Hände gefesselt hatte, und sich wehren wollte.

Nachbarn berichteten, sie hätten gegen drei Uhr morgens mehrere Schüsse gehört, denen nach einer Pause ein weiterer Schuss folgte. Offerman wurde dreimal in Rücken und Brust getroffen. Mannings einzige Wunde befand sich links oben am Hinterkopf.

Auf Offermans Nachttisch lag *Your Perfect Right: A Guide to Assertive Behavior*, ein Ratgeber für selbstbewusstes Auftreten von Robert E. Alberti. Es waren die Feiertage. An der Haustür hing ein grüner Kranz mit roten Blumen. Ein Weihnachtsbaum stand in einem Kübel neben dem Eingang. Bei der Untersuchung des Tatorts fanden die Ermittler ein Truthahngerippe in Zellophanfolie, das jemand auf die Terrasse geworfen hatte. Daraus schlossen sie, dass der Mörder irgendwann den Kühlschrank geöffnet und sich an den Resten von Dr. Offermans Weihnachtsessen bedient hatte.

Wer der Mörder auch war, in dieser Nacht hatte er gejagt wie ein Getriebener. Die Ermittler konnten dem Sternenmuster seiner Adidas-Laufschuhe rund um Offermans Haus folgen. Sie bemerkten das zertrampelte Blumenbeet vor Avenida Pequena Nr. 769, dem leer stehenden Nachbarhaus. Im Innern fanden sie Beweise, dass sich jemand in dem Haus aufgehalten hatte. Im Bad hatte er ein Stück Nylonschnur zurückgelassen.

Aus der Nachbarschaft wurden Einbrüche und Diebstähle in den Stunden vor den Morden gemeldet. Als ein Paar aus der Straße Windsor Court, einen knappen Kilometer von Offerman entfernt, gegen Viertel nach zehn abends mit dem Auto heimkam, sahen die beiden einen Mann durch das Wohnzimmer zur Hintertür rennen. Beim Hineingehen hörten sie, wie er über den Zaun hinter dem Haus sprang. Ein Weißer mit einer dunklen Fischermütze und einer dunklen Jacke, mehr konnten sie nicht mit Sicherheit sagen. Er hatte ihrem Pudel einen brutalen Schlag oder Tritt aufs Auge versetzt.

In den Tagen nach dem Mord entdeckten die Ermittler an verschiedenen Stellen weitere Teile der Nylonschnur: auf einem Trampelpfad neben dem San Jose Creek, auf einem Rasen in der Queen Ann Lane. Allerdings konnten sie bei der Schnur in der Queen Ann Lane nicht sicher sein, seit wann sie dort lag; das Paar, das zwei Monate zuvor Offermans und Mannings Schicksal knapp entgangen war, wohnte nur wenige Türen weiter. Das alles stand in den Polizeiberichten. Nylonschnur. Hebelspuren. Abdrücke von Adidas-Laufschuhen.

GOLETA, 1981

Woran Debbi Domingo sich vor allem erinnert, wenn sie an die letzte Unterhaltung mit ihrer Mutter Cheri denkt, ist, dass sie sich nicht unterhalten haben. Sie haben sich angeschrien. Es war Sonntag, der 26. Juli 1981, Hochsommer in Santa Barbara. Der Küstennebel mit seinem Geruch nach feuchtem Eukalyptus war abgezogen. Der Pazifik erwärmte sich, einladende kleine Wellen mit Schaumkronen liefen auf den weichen Sand und eine endlose Reihe dreißig Meter hoher Palmen zu. Goldbraun gebrannte, athletische Teenager mit langen, glatten Haaren trugen ihre Bretter mit dem typischen wippenden Surfergang zum Wasser. Das war Santa Barbaras magische Zeit, und wenn Debbi nicht wegen ihres Nebenjobs im Granada Theater war, wollte sie ein Teil dieser Magie werden. Sie liebte die lebendige Atmosphäre am East Beach, vor allem die Volleyballszene. Es gab nur ein Problem, und seinetwegen hielt Debbi an diesem Nachmittag mit ihrem Rennrad vor einem Telefon an der State Street. Sie kramte ein paar Münzen aus ihrer abgeschnittenen Jeans. Ihre Mutter meldete sich. Debbi kam sofort zur Sache.

»Ich komme gleich vorbei und hole meinen Badeanzug ab«, sagte sie.

Die schroffe Antwort ihrer Mutter überraschte sie. »Nein«, sagte Cheri.

Wut flammte hinter Debbis Augen auf. Sie umklammerte den

Hörer und legte richtig los. Mutter und Tochter machten dort weiter, wo sie aufgehört hatten.

Ihren letzten Streit hatten sie vor vier Tagen ganz in der Nähe geführt, in der Anacapa Street Nr. 1311. Das bescheidene Häuschen war Hauptsitz des Klein Bottle Crisis Shelter, einer Organisation für gefährdete Teenager. Dort war Debbi Mitte Juli aufgetaucht, eine Ausreißerin auf einem Fahrrad mit einer eilig gepackten Tasche und einem feinen Gespür für Regeln und wie man sie umgeht. Allerdings war Klein Bottle keine strenge, abgeschirmte Einrichtung. Das verrieten schon die zahlreichen Farne in den Makramee-Ampeln. Zu dieser Zeit war Alice Millers *Das Drama des begabten Kindes* sehr angesagt, ein Selbsthilfe-Buch, das die unterschwellig schlechte Erziehung selbst in vermeintlichen Vorzeigefamilien offenlegen wollte. Miller drängte ihre Leser, ihre »eigene Wahrheit« über etwaige Misshandlungen in der Kindheit zu finden, und fachte damit den beginnenden Hype um Gesprächstherapien an. Die Therapeuten bei Klein Bottle tranken Tee aus Steinguttassen und versicherten verstockten Heranwachsenden, kein Gefühl sei zu banal oder peinlich, um darüber zu sprechen.

Neben bestimmten Aufgaben im Haus, die jeder übernehmen musste, gab es eine Regel: Die Jugendlichen konnten kommen und gehen, wie sie wollten, aber sie mussten eine Vereinbarung unterzeichnen, dass sie an Therapiesitzungen teilnehmen würden. Die Mitarbeiter setzten ein Treffen zwischen Cheri und Debbi und einem Therapeuten an, um an ihren Problemen zu arbeiten.

Die Domingos mussten wie die perfekten Kandidatinnen für eine Schlichtung gewirkt haben. Weder Mutter noch Tochter hatten ein Suchtproblem, sie waren keine Junkies, litten nicht unter Stress und Vernachlässigung. Ganz im Gegenteil. Mutter und Tochter waren Schönheiten mit fein geschnittenen Gesichtern. Beide pflegten einen lässigen Strandstil: kaum Make-up, geflochtene Sandalen, bedruckte Oberteile und Jeans. Debbi schmückte ihre Haare mit dem einen oder anderen Zöpfchen oder Haarspangen. Cheri war fünfunddreißig, gertenschlank und sah aus wie Natalie Wood. Ihr Auftreten war geradlinig und freundlich, was zu ihrer Arbeit als Büroleiterin passte. Debbi war üppiger gebaut und hatte große blaue Augen, deren Blick wie bei den meisten Teenagern nicht weit in die Zukunft reichte. Beide strahlten Gesundheit und eine selbstsichere Ruhe aus.

Das Treffen begann. Oberflächliche Höflichkeiten wurden ausgetauscht. Doch sobald Debbi und Cheri sich wie zwei Vögel auf einem Drahtseil auf dem Sofa niedergelassen hatten, explodierten sie. Ihre Schlachten begannen mittlerweile schon voller Wut, ein unseliger Tanz, bei dem sich an ihren Positionen nur änderte, wer gerade vorwurfsvoll und wer beleidigt war. Sie brauchten niemanden, der das Gespräch in Gang brachte. Grenzen. Regeln. Feste Freunde. Respektlosigkeit. Debbi weiß nicht mehr, ob ein Mann oder eine Frau die Sitzung begleitete. Sie erinnert sich nur an Gebrüll und vage an eine dritte Person im Zimmer, die wohl alles mit ansah, stumm und ohne etwas auszurichten. Am Ende floh Debbi so abrupt wie beim letzten Mal – ein dunkelhaariger Gewittersturm von einem Mädchen, das mit seinen Habseligkeiten in einer Tasche davonradelte. Zwei Wochen später sollte sie sechzehn werden.

Cheri sah ihrer Tochter nach, wie sie im Stadttreiben verschwand, und machte sich Sorgen. Santa Barbara war verlockend. Es war heimtückisch. Es verhieß Romantik und verschleierte die Gefahren. Nachdem ein neunzehn Sekunden langes Erdbeben 1925 einen Großteil der Innenstadt von Santa Barbara zerstört hatte, war sie einheitlich im spanischen Kolonialstil wiederaufgebaut worden – weiß verputzte Wände, flach geneigte rote Ziegeldächer, Schmiedeeisen. Um das Stadtbild zu bewahren, verbot die Stadtverwaltung hohe Gebäude und Reklametafeln. Es herrschte eine dezente Kleinstadtatmosphäre. Zweiunddreißig Jahre lang verkaufte ein griechischer Immigrant, der »Popcorn-Mann«, jeden Tag aus seinem Kombi heraus Windrädchen und Popcorn vor der Stearns Wharf. An warmen Abenden wehte der Duft von Nachtjasmin durch die offenen Fenster herein. Das Rauschen des Meeres wiegte die Menschen in den Schlaf.

Doch das Idyll stand auf tönernen Füßen. Im Untergrund rumorte es. Die Rezession hatte viele Geschäfte in der Innenstadt in den Ruin getrieben. Auf der unteren State Street war Alkoholkonsum auf der Straße noch nicht verboten. Nachts schwankten Betrunkene herum und stritten sich lautstark, wenn sie nicht gerade an Häusermauern pinkelten oder sich erbrachen. Die Musikklubs veränderten sich. Folk und Disco waren out und wurden durch wütenden Punk ersetzt. In den Lokalzeitungen wurde von einem anonymen Anrufer berichtet, der Kindern zwischen elf und fünfzehn am Telefon sagte, sie würden sterben. Bei einer anderen Anrufserie drohte jemand – möglicherweise derselbe Mann – Frauen, er würde ihren Ehemännern etwas antun, wenn sie seinen Forderungen nicht nachkamen. Die örtliche Polizei nannte den Unbekannten nur »unseren Stöhner«.

An der Kreuzung State Street und Highway 101, einer der wichtigsten Nord-Süd-Strecken durch Kalifornien, stand eine Ampel, und mehr als zehn Jahre lang suchte hier eine bunte Schar von Hippies mit hochgehaltenen Schildern Mitfahrgelegenheiten nach San Diego oder Eureka. Das etablierte sich in Santa Barbara so sehr als Tradition, dass die Texaco-Tankstelle immer Filzschreiber bereithielt, mit denen die Anhalter ihre Pappschilder bemalen konnten.

Doch in letzter Zeit konnte man kaum übersehen, dass die

Hippies mit ihren Blumenkinderklamotten und Tamburinen in die Jahre gekommen waren. Wind und Sonne hatten Spuren in ihren Gesichtern hinterlassen, durch die großen und kleinen Niederlagen des Lebens war das Leuchten aus ihren Augen verschwunden. Die Schilder mit Reisezielen wurden seltener. Manche liefen einfach den ganzen Tag im Kreis.

Santa Barbaras purpurne Bougainvilleen konnten von den feinen Rissen im Fundament ablenken. Cheri hoffte, Debbi würde dort draußen nichts zustoßen. Wohl jede Mutter macht sich Gedanken darum, was ihrem Kind alles widerfahren kann. Umgekehrt geschieht das kaum. Warum sollte es auch? Welcher Teenager, der seine Eltern nicht mehr als Gott und noch nicht als Menschen betrachtet, sondern vorübergehend nur als Hindernis, macht sich schon Sorgen um sie? Nein, wenn jemand »gefährdet« war, wie es bei Klein Bottle heißen würde, dann war es Debbi. Für hübsche Ausreißerinnen endet die Geschichte selten gut.

Diese Mal tat sie es.

Debbi Domingo überlebte, weil sie von zu Hause ausgerissen war.

Cheri war sich sicher, dass ihre Schwierigkeiten mit Debbi nur eine Phase waren, eine vorübergehende Krise, und sie sich am Ende wieder aussöhnen würden. Sie würden darüber lachen, wenn Debbi selbst Mutter eines Teenagers war. Aber jetzt brauchte sie eine Lösung. Als Büroleiterin galt sie bei den Kollegen als Glucke, doch im Moment schien es, als könne sie ihre eigene Tochter nicht unter ihren Fittichen halten.

»Wie schaffst du das?«, fragte Cheri ihre beste Freundin Ellen,* als sie zusammen in Ellens Whirlpool in ihrem Garten

---

*   Pseudonym

saßen und Wein tranken. Ellen hatte drei Pflegetöchter im Teenageralter, die mit ihr und ihrem Mann zusammenlebten. Die Mädchen waren drogensüchtig zur Welt gekommen und ausgesetzt worden. Cheri bewunderte, wie gut erzogen sie waren.

»Disziplin«, antwortete Ellen.

Ellens Ansicht nach hatte Cheri schlicht zu spät versucht, Debbi zu disziplinieren. Sie hatte ihrer Tochter zu viel erlaubt. Ellen bestand darauf, dass ihr die Mädchen immer Bescheid sagten, wo sie waren. Die Mädchen wussten, wenn sie den Unterricht schwänzten, würden entweder Ellen oder ihr Mann Hank mit einem Plakat, das sie als Babysitter der Blaumacherin ausgab, bei der Schule auftauchen. Die Angst vor der öffentlichen Demütigung war so groß, dass sie in der Spur liefen.

Cheri hatte Debbi im Vergleich viele Freiheiten gelassen. Wenn Debbi nicht zur vereinbarten Zeit zu Hause war oder sich nicht meldete, reagierte sie geduldig. Sie war von Natur aus optimistisch und besonnen. In ihren Augen benahm sich Debbi wie ein normaler Teenager, deshalb wollte sie keine drakonischen Maßnahmen ergreifen. Die Phase würde vorbeigehen, sagte sie. Cheri hatte Debbi schon mit neunzehn bekommen, und wenn Mutter und Tochter in glücklicheren Tagen im Einkaufszentrum Kleidung anprobierten oder in ihrem Lieblingsrestaurant Pancho Villa aßen, freuten sie sich, wenn man sie für Schwestern hielt. Die beiden kicherten dann, und der Fremde merkte, dass er sich geirrt hatte. Natürlich waren sie keine Schwestern. Sie waren Freundinnen.

Deshalb schrie Debbi in den Monaten, in denen die Auseinandersetzungen eskalierten, manchmal: »Deine Regeln sind mir egal! Du machst mir das ganze Leben kaputt!« Cheris Antwort war zwar die Wahrheit, klang aber doch ein wenig kleinlaut: »Aber ich bin deine Mutter.«

Die Scheidung ihrer Eltern hatte Debbi auf ihren Konfrontationskurs gebracht. Cheryl Grace Smith und Roger Dean Domingo, ein Elektriker bei der Küstenwache und zwei Jahre älter als sie, lernten sich kennen, als sie die High School besuchten. Am 19. September 1964, kurz nach Cheris achtzehntem Geburtstag, heirateten sie in San Diego. Debbi kam im folgenden August zur Welt. Fast genau ein Jahr später bekamen sie ihren Sohn David. Roger verließ die Küstenwache und wurde erst methodistischer Pastor und später Lehrer an einer Mittelstufen-Schule. 1975 zog die Familie nach Santa Barbara.

In Debbis Erinnerung sind die ersten zwölf Jahre ihres Lebens in warmes bernsteinfarbenes Licht getaucht. Cheri backte Zuckerplätzchen. Mittags fuhren sie manchmal zum Picknick in den Nojoqui-Falls-Park. Sie fand es großartig, junge Eltern zu haben, die ihr nicht von der Parkbank aus zusahen, sondern sie aufs Klettergerüst hoben und am Strand mit ihr über die Felsen krabbelten. Cheri und Roger waren körperlich fit und als Kinder viel an der Sonne gewesen, und das merkte man ihnen an. »Bis zur Junior High School wusste ich nicht mal, was Zynismus ist«, sagt Debbi.

Im Laufe der Zeit kam es zu Unstimmigkeiten zwischen Cheri und Roger. Es gibt einen 1157 Seiten starken Bericht des Sheriff's Department von Santa Barbara County, der sich in weiten Teilen mit Cheris Leben befasst. Auf Seite 130 wird Roger zu ihrer Ehe und vor allem ihrem gesellschaftlichen Leben in Santa Barbara befragt. Er erinnert sich an Picknicks im Freien. Sie besuchten gerne Solvang, sagt er, ein malerisches, auf Dänisch getrimmtes Dorf in der Nähe. Zu Beginn der Befragung sprach er noch von »wir«, später ging es um »sie«. Cheri tanzte gerne. Sie »feierte gerne«. Es ist unklar, ob die Anführungszeichen von Roger oder dem fragenden Polizisten stammen, aber sie wirken wie ein stummer Vorwurf. Cheri nahm keine Drogen und trank nicht viel, das »Feiern« verrät wohl eher eine gewisse Richtung.

Roger war mit einem gefüllten Picknickkorb und einer Decke auf der Wiese zufrieden, Cheri wollte irgendwann mehr. Im Dezember 1976 trennten sie sich.

Roger zog zurück nach San Diego, und Debbi und David teilten ihre Zeit zwischen beiden Städten auf. Debbi entdeckte, welche Möglichkeiten ihr das Auseinanderbrechen der Familie bot. Sie begann, ihre Eltern gegeneinander auszuspielen. Testete Grenzen aus. Ignorierte Regeln. Beim leisesten Widerstand packte sie ihre Tasche und verkündete, sie würde zum anderen Elternteil ziehen. So pendelte sie mehrere Jahre lang zwischen San Diego und Santa Barbara hin und her, wechselte ein halbes Dutzend Mal die Schule, manchmal mitten im Jahr. Im Juli 1981 waren ihre ehemals guten Leistungen in der Schule besorgniserregend schlecht. Sie hatte inzwischen in San Diego einen Freund, der älter war als sie und von dem sowohl Cheri als auch Roger, die sich selten in irgendetwas einig waren, nichts hielten.

Ein aufsässiger Teenager im Rebellenmodus kann die gefestigtste Familie erschüttern. Dass Cheri zu dieser Zeit zudem berufliche Probleme hatte, machte die Sache nicht besser. Weil es mit der Wirtschaft bergab ging, verloren sie und Ellen im Juni ihre Jobs bei Trimm Industries, einem kleinen Hersteller von Computermöbeln. Cheri organisierte ihre gemeinsame Jobsuche. Sie mietete eine IBM-Selectric-Schreibmaschine und polierte ihre Lebensläufe auf. Noch dazu beschloss sie umzuziehen.

Seit einigen Jahren wohnten Cheri und die Kinder, wenn sie nicht in San Diego bei ihrem Vater waren, in einem gemieteten Gästehaus in Montecito. Im Mai rief die Cousine von Cheris Vater, die in der Familie von allen Tante Barbara genannt wurde, bei Cheri an. Sie sagte, sie wolle ihr Haus in Goleta verkaufen und nach Fresno ziehen. Tante Barbara wollte das Haus nicht leer stehen lassen, bis es verkauft war. Ob Cheri und die Kinder solange dort wohnen wollten?

Tante Barbara wohnte im Toltec Way, einer Sackgasse in einer ruhigen, grünen Ecke im Nordosten von Goleta, in der Nähe des San Jose Creek. Das mit Holzschindeln verkleidete Haus im Cape-Cod-Stil besaß einen zweiten Stock über der Garage und Fensterläden. Die Nachbarn nannten es die »große rote Scheune«. Das entscheidende Argument für Cheri war aber, dass Ellen schräg gegenüber im Toltec Drive wohnte.

Anfang Juni transportierten Cheri und die Kinder mithilfe einer Umzugsfirma ihre Habe in den Toltec Way Nr. 449. Der Eukalyptus wucherte dort üppig. Inmitten des ganzen Grüns herrschte eine manchmal fast erdrückende Stille, doch selbst hier kam Debbi nicht zur Ruhe. Hier war nichts los, anders als im Mesa-Viertel von Santa Barbara oder bei ihren Freunden in Montecito. Alles fühlte sich provisorisch an. Nicht von Dauer. Ein Makler führte regelmäßig Hausbesichtigungen durch. Auf dem Rasen stand ein Schild mit der Aufschrift: *Santana Properties – Zu verkaufen*. Debbi vermisste ihren Freund mit dem schlechten Einfluss aus San Diego und trieb die Telefonrechnung durch Gespräche mit ihm in astronomische Höhen. Ein paar Wochen nach dem Umzug knallte es zwischen ihr und Cheri. Debbi stopfte in eine Tasche, was sie konnte, schwang sich auf ihr Rad und verschwand.

Cheri ging fast jeden Abend zu Ellen hinüber, und die Freundinnen öffneten eine Flasche Wein und stiegen in den Whirlpool. Sie sprachen über Cheris Kampf mit Roger um den Unterhalt für die Kinder. Die Arbeitssuche. Liebe. Seit einiger Zeit probierte Cheri es mit Kontaktanzeigen und professioneller Partnervermittlung. Daraus hatten sich ein paar verkrampfte Verabredungen in Restaurants in der Stadt ergeben. Ein Mann rief in Cheris Büro an und nannte sich dabei »Marco Polo«.

Cheri lachte, als sie die Nachricht bekam, verriet aber niemandem etwas. Ellen wusste, dass Cheri irgendwann wieder heiraten wollte, dass sie trotz ihrer Scheidung eine altmodische Romantikerin war, die sich nach der kitschigen Postkartenversion von Liebe sehnte: das selig lächelnde Pärchen Hand in Hand bei Sonnenuntergang am Strand.

Was den Mann anging, der nach der Scheidung ihr Herz möglicherweise erobert hatte, hielt Cheri sich sehr bedeckt. Ellen lernte ihn nie kennen, sie sah ihn nur einmal, als er gerade in Cheris Büro schlüpfte. Er war deutlich jünger als Cheri, sehr attraktiv, groß, tadellos gekleidet, dichtes, dunkles Haar. Ellen erfuhr nur, dass Cheri ihn »noch von früher« kannte und seit Jahren immer mal wieder mit ihm zusammen war. Vor Kurzem hatte sie beschlossen, es zu beenden. Sie musste nach vorne blicken.

Vor allem sprachen die beiden Frauen über Cheris Probleme mit Debbi. Liebevolle Strenge, sagte Ellen. Konsequenzen.

»Sprich ein Machtwort«, riet sie.

Genau das tat Cheri, als Debbi vier Tage nach ihrem Zusammenstoß bei Klein Bottle anrief. Debbi hatte nur eines im Sinn, und das war weder eine Entschuldigung noch ein Friedensangebot, sondern ein Badeanzug. Sie hatte ihn im Haus im Toltec Way vergessen.

»Ich komme gleich vorbei und hole meinen Badeanzug ab«, sagte sie.

»Nein«, sagte Cheri.

»Was?«

»Ich habe Nein gesagt«, wiederholte Cheri.

»Das ist mein Badeanzug!«

»Und mein Haus!«

Debbi stand vor dem öffentlichen Telefon und schrie wütend

in den Hörer. Cheri schrie zurück. Die Leute auf der State Street gingen langsamer, als sie merkten, dass sich eine Szene anbahnte. Was die Gaffer dachten, kümmerte Debbi nicht. Sie bebte vor Wut und warf ihrer Mutter das Schlimmste an den Kopf, das ihr in diesem Moment einfiel.

»Verschwinde endlich aus meinem Leben!«, schrie sie und knallte den Hörer auf die Gabel.

Am nächsten Tag gegen halb drei Uhr nachmittags erhielt Debbi im Haus der Freundin, bei der sie untergekommen war, einen Anruf. Es war eine ihrer Kolleginnen aus dem Granada Theater. Ellen hatte versucht, Debbi im Theater zu erreichen, und darum gebeten, dass Debbi sie sofort zurückrief. Debbi erwartete, dass Ellen versuchen würde, ihr wegen ihrer Mutter ein schlechtes Gewissen einzureden. Ellens erste Worte überraschten Debbi kein bisschen. Sie konnte sich vorstellen, wie Ellen mit geringschätziger Miene dastand, eine Hand in die Hüfte gestemmt.

»Du musst nach Hause kommen«, sagte Ellen.

»Mache ich nicht«, sagte Debbi. »Auf keinen Fall.«

Was Ellen als Nächstes sagte, unterscheidet sich in Debbis und Ellens Erinnerung, aber beiden zufolge begriff Debbi schnell, dass sie sofort nach Hause kommen musste. Dass es dringend war. Auf der Fahrt zum Toltec Way saß Debbi im VW-Bus ihrer Freundin auf dem Beifahrersitz. Ihre Gedanken überschlugen sich. Das Erste, was sie bei ihrer Ankunft bemerkte, war das gelbe Flatterband der Polizei, das nicht nur die Straße, sondern auch das zweite Haus auf der westlichen Seite absperrte. Die große rote Scheune. Tante Barbaras Haus.

Sie dachte, wie seltsam es war, in der sonst so leeren Sackgasse so viele geschäftige Menschen zu sehen. Uniformierte Polizisten. Detectives im Anzug. Reporter. Schon die Geräuschkulisse vermittelte einen Eindruck von Anspannung und Hektik.

Die Leute liefen hin und her, versuchten Informationen zu bekommen. Irgendwie wurde Debbi hinter das Absperrband gebracht. Benommen ging sie durch den Lärm.

Verschwinde endlich aus meinem Leben!

Ihr Herz setzte einen Schlag aus, als sie in der Auffahrt das Auto ihrer Mutter entdeckte, einen braunen Datsun 280ZX.

Und dann erkannte sie ein zweites Auto vor dem Haus, einen weißen Camaro mit zwei schwarzen Rallyestreifen.

»Wo ist Greg?«, fragte Debbi, ohne jemand Bestimmten anzusprechen. Sie sah sich nach ihm um und wurde lauter. »Ich will mit Greg reden!«

Die Menschenmenge in der Sackgasse erstarrte und drehte sich dann wie auf Kommando zu ihr um. Die Meute starrte sie fragend an, dann kam ein allgemeines Geraune auf. Während Debbi benommen auf das Haus zuging, in dem sie ihre Mutter erwartete, vereinten sich die Stimmen zu einem durchdringenden Chor: »Welcher Greg? Welcher Greg?«

Greg war Gregory Sanchez, ein siebenundzwanzig Jahre alter Programmierer, der Cheri Domingo Ende der Siebziger kennenlernte, als sie beide bei der Burroughs Corporation arbeiteten.[*] Zwischen 1977 und 1981 kamen sie so oft zusammen und trennten sich, dass Debbi nach der endgültigen Trennung davon ausging, es sei wieder nur eine Beziehungspause.

Greg war acht Jahre jünger als Cheri, und manchmal merkte man das. Er beschäftigte sich mit typischen Männersachen. Neben einem Motorrad fuhr er einen Camaro mit Rallyestreifen. Er trainierte Kinder im Baseball und Football und hatte das Gästezimmer seiner Wohnung mit allen nur denkbaren, kost-

---

[*] Der folgende Abschnitt wurde aus Michelles Notizen und einem »Writer's Cut« zusammengesetzt, den sie in der digitalen Ausgabe der Zeitschrift *Los Angeles* als Fortsetzung von *In the Footsteps of a Killer* veröffentlichte.

Cheri Domingo und Gregory Sanchez, die am 27. Juli 1981 in Goleta von einem Eindringling ermordet wurden.

Cheri Domingo

Debbi Domingo, Tochter der getöteten Cheri Domingo, war von zu Hause weggelaufen. Das letzte Gespräch mit ihrer Mutter war ein Telefonat am Tag vor dem Mord. Debbis letzte Worte zu ihr lauteten: »Verschwinde endlich aus meinem Leben!«

Absperrband vor dem Toltec Way, der ruhigen Sackgasse in Santa Barbara, in der Cheri Domingo und Gregory Sanchez getötet wurden. Dreißig Jahre später stellte DNA vom Tatort eine Verbindung zwischen dem Doppelmord und dem Golden State Killer her.

spieligen Hi-Fi-Geräten ausgestattet. Greg hielt sich fit und zog sich immer gut an. Wie Cheri achtete er sehr auf sich. Beide waren ein wenig pedantisch. Als Kinder hatten sie nicht viel besessen, und jetzt behandelten sie ihr Eigentum sorgsam. Vier Jahre lang hatte sich ihre Beziehung im Kreis gedreht. Sie wartete darauf, dass er erwachsen wurde. Er wartete darauf, dass sie die Dinge lockerer sah. Irgendwann reichte es ihnen. Beide verabredeten sich mit anderen.

Im Juni 1981 kündigte die Burroughs Corporation an, den Standort Santa Barbara zu schließen. Sanchez plante eine Reise an die Ostküste, um sich bei den Niederlassungen in Florida nach Stellen umzusehen. Im Monat danach, als Debbi bei Klein Bottle Zuflucht gesucht hatte, meldete Greg sich bei ihr und lud sie zum Essen ein.

Greg und Debbi hatten sich nahegestanden. Er gehörte quasi zur Familie. Nicht unbedingt als Vaterfigur, dafür war er zu jung, aber als eine Art großer Bruder. Er war witzig und nett zu ihr. Er nannte sie gerne Debra D.

»Greg, ich heiße nicht Debra«, sagte sie dann.

»Schon gut, Debra D«, neckte er sie. »Kein Problem.«

Beim Hamburgeressen an diesem Nachmittag Mitte Juli brachte Greg Debbi schonend bei, dass er nach Florida ziehen würde. Er erklärte ihr, er habe es ihr selbst sagen wollen, damit sie nicht nachher vor vollendeten Tatsachen stand – dann wäre sie am Boden zerstört gewesen. Allerdings war sie kaum weniger niedergeschlagen, als sie es direkt von ihm hörte.

»Ich habe deiner Mom so viele Heiratsanträge gemacht«, sagte er resigniert. »Sie wird mich nie heiraten.« Cheri fand, sie sei zu alt für Greg, was Debbi für einen lächerlichen Grund hielt.

Nur wusste Debbi nicht, dass Greg schon mit einer anderen Frau zusammen war.

Er hatte Tabitha Silver* im Mai kennengelernt. Sie wohnten in derselben Apartmentanlage. Sie verabredeten sich und kamen sich schnell näher. Nach nicht einmal drei Wochen staunte Greg – ein wenig erschrocken – darüber, wie schnell es zwischen ihnen ernst geworden war.

Aber sie hatten ein schlechtes Timing. Beide befanden sich in Umbruchphasen. Tabitha wollte im Herbst an der UCLA Zahnmedizin studieren und hatte Santa Barbara verlassen, um den Sommer zu Hause in San Diego zu verbringen. Greg hing mit seiner Arbeit in der Schwebe und überlegte, nach Florida zu ziehen.

»Es ist für mich nicht der richtige Zeitpunkt, um mich fest zu binden«, erklärte Greg ihr.

»Wann ist denn der richtige Zeitpunkt?«, erwiderte Tabitha. »Wenn du die Radieschen von unten betrachtest?«

Greg kehrte am 23. Juli aus Florida zurück und rief Tabitha sofort an. Er hatte beschlossen, doch in Kalifornien zu bleiben. Florida war von seiner Familie und seinen Freunden zu weit entfernt. Da sie in wenigen Tagen Geburtstag hatte, lud er sie über das Wochenende nach Santa Barbara ein.

Sie fuhr Samstag zu ihm und verbrachte den Tag mit ihm. Er machte Andeutungen über einen Heiratsantrag. Am nächsten Abend stand sie plötzlich vor seiner Tür. Er überraschte sie mit einer kurzfristigen Planänderung: Statt mit ihr würde er den Abend mit einer Freundin verbringen.

Diese Freundin war Cheri Domingo.

Ein Nachbar von Cheri Domingo hörte mitten in der Nacht einen Schuss, gefolgt von einer Stimme. Eine Frau sagte ernst und ganz ruhig etwas zu jemandem, etwa: »Immer mit der

---

* Pseudonym

Ruhe!« Das waren wahrscheinlich Cheri Domingos letzte Worte.

Die Ermittler stellten später die Theorie auf, dass das verräterische Geräusch der Schlafzimmertür, die über den Zottelteppich glitt, Sanchez auf den Eindringling aufmerksam gemacht hatte. Wie es aussah, hatte er mit dem Mörder gekämpft.

Ein Detective, der mit dem Fall vertraut war, erinnert sich an die beschwichtigende Frauenstimme, die der Nachbar gehört hatte. »Sie hat ihn wütend gemacht«, sagte er.

Dieses Mal nahm der Mörder die Fesseln mit. Er lernte dazu, vernichtete Beweise.

Montagmorgen fuhr ein Makler zum Toltec Way Nr. 449, um das Haus einer Familie zu zeigen, die es vielleicht kaufen wollte. Er schloss auf, ging hinein, und als er das Schlafzimmer betrat, entdeckte er eine männliche und eine weibliche Leiche. Sofort scheuchte er seine Kunden hinaus und rief die Polizei.

Beide Opfer waren nackt. Sanchez lag bäuchlings halb im Wandschrank. Der Mörder hatte seinen Kopf mit einem Stapel Kleidung bedeckt, den er vom Regal heruntergezogen hatte. Neben seiner Leiche lag eine Taschenlampe – auf den Batterien befanden sich Sanchez' Fingerabdrücke, was darauf hinwies, dass die Lampe aus dem Haus stammte.

Sanchez war in die Wange geschossen worden, wahrscheinlich während er mit dem Täter gekämpft hatte. Die Wunde war nicht tödlich. Tödlich waren die vierundzwanzig Schläge mit einem stumpfen Gegenstand. Domingo lag mit dem Gesicht nach unten auf dem Bett in einer Blutlache. Sie war mit demselben Gegenstand erschlagen worden. Eine zur Tapete passende Tagesdecke war über ihr ausgebreitet. Ihre Hände lagen hinter ihrem Rücken über Kreuz, als wären sie gefesselt gewesen. Dafür sprachen auch Fesselspuren an den Handgelenken.

Ermittler fanden ein kleines, offen stehendes Fenster im unteren Gästebad. Das Fliegengitter war entfernt und im Gebüsch hinter einem Wacholder versteckt worden. Weil das Fenster für einen erwachsenen Mann zu klein war, schlossen die Ermittler, dass der Täter durch das Fenster gegriffen und die Badezimmertür, die nach draußen führte, geöffnet hatte.

Der Spurensicherung fielen die Umrisse von zwei Werkzeugen auf, die vor Kurzem von einem staubigen Regal mit Gartengeräten im Flur entfernt worden waren. Einer von ihnen stammte eindeutig von einer Rohrzange. Das fehlende Werkzeug, von dem der andere Umriss stammte, identifizierte später Cheris Exmann, es war höchstwahrscheinlich ein Rasenziegelstecher. Weder dieses Gerät noch die Rohrzange wurden je gefunden.

Die Polizei befragte die Bewohner der umliegenden Häuser. Der direkte Nachbar berichtete, er sei gegen Viertel nach zwei Uhr morgens von Hundegebell geweckt worden. Er und seine Frau hatten aus dem Fenster gesehen. Da sie nichts Beunruhigendes entdeckt hatten, waren sie wieder zu Bett gegangen.

Zwei dreizehnjährige Jungen sagten der Polizei, sie seien am Abend gegen Viertel vor zehn durch das Viertel gelaufen und hätten eine Straße vom Tatort entfernt jemanden hinter einem großen Baum entdeckt. Sie glaubten, es sei ein Mann gewesen, waren sich aber nicht sicher. Im Dunkeln hatten sie nicht mehr als eine Silhouette gesehen.

Len und Carol Goldschein* erzählten von einer seltsamen Begegnung bei einem abendlichen Spaziergang. Gegen halb elf schlenderten sie auf dem University Drive Richtung Westen, dabei fiel ihnen ein Mann auf, der ihnen zu folgen schien und

---

* Pseudonym

aufholte. Als sie in die Berkeley Road abbogen, überquerte der Mann die Straße und lief parallel zu ihnen weiter.

Er war weiß, um die zwanzig, etwa eins achtzig groß und schlank und hatte blonde, glatte Haare, die bis zum Hals reichten. Er war glatt rasiert. Zu einem Shirt, möglicherweise von Ocean Pacific, trug er eine hellblaue Hose aus Cord oder vielleicht Jeans.

Gegen elf Uhr am selben Abend joggten Tammy Straub* und ihre Tochter Carla* den Merida Way entlang, als sie einen verdächtigen jungen Mann mit einem Deutschen Schäferhund entdeckten. Er betrachtete konzentriert eine Garage neben einem der Häuser. Mit dem Rücken zu ihnen stand er reglos da, wie versteinert. Der Mann schien in den Zwanzigern oder Anfang dreißig zu sein, knappe eins achtzig groß und gut gebaut. Er hatte blonde Haare und trug weiße oder beigefarbene Tennisshorts und ein helles T-Shirt. Später wurde ein Phantombild erstellt.

Die Ermittler fanden heraus, dass die Maklerin Cami Bardo* am Nachmittag vor den Morden eine offene Besichtigung in der »großen roten Scheune« veranstaltet hatte. Während sie mit anderen Interessenten beschäftigt war, kam ein Mann zwischen fünfunddreißig und vierzig Jahren herein und sah sich wortlos im Haus um. Bevor sie sich von dem Gespräch loseisen konnte, ging er wieder.

Nach der Besichtigung inspizierte Bardo das Haus und fand in der Küche Metallteile. Im Rückblick wurde ihr klar, dass es die Einzelteile einer Schließvorrichtung der Hintertür waren.

Bardo konnte den eigenartigen Besucher der Hausbesichtigung recht genau beschreiben: hellblaue Augen, kurze hellbraune, von der Sonne aufgehellte Locken. Er war gebräunt,

---

*   Pseudonym

eins fünfundsiebzig groß und trug ein Lacoste-Hemd und ausgeblichene Levi's. Bei einem Treffen mit einem Zeichner des Santa Barbara Sheriff's Department entstand ein Phantombild.

Anfangs erwog die Polizei die Möglichkeit, Drogendealer könnten eingebrochen sein und das Paar getötet haben, aber das persönliche Umfeld der Opfer wies die Vorstellung als absurd zurück. Keiner von beiden hatte Drogen genommen. Darauf nahmen die Detectives Cheris Exmann ins Visier. Nachdem sie ihm im Verhör die Daumenschrauben angesetzt hatten, überprüften sie sein Alibi. Es hielt stand.

Mit den Jahren tauften die Einwohner das Phantom, das für den missglückten Überfall und die beiden Doppelmorde verantwortlich war, den »Creek Killer«. Weil alle drei Paare unverheiratet waren, spekulierten manche, der Mörder könnte ein religiöser Fanatiker sein und Menschen bestrafen wollen, die in Sünde lebten. Die Ermittler in Santa Barbara hielten dagegen einen polizeibekannten Kleinkriminellen aus der Stadt namens Brett Glasby für schuldig.

Zum ersten Mal hatten sie Glasby 1980 als möglichen Täter ins Auge gefasst. Glasby war für seine Bösartigkeit und seinen Jähzorn bekannt. Über ihn verlor niemand ein nettes Wort. Er war ein gemeiner Mistkerl. Und ein erfahrener Einbrecher, wodurch eine indirekte Verbindung zum Opfer Robert Offerman bestand: Glasby und ein paar andere Kleinkriminelle, mit denen er sich herumtrieb, wurden verdächtigt, einen Hausmeister in Offermans Bürogebäude brutal zusammengeschlagen zu haben. Er wohnte im Zielgebiet und hatte außerdem Zugriff auf eine Smith & Wesson Kaliber .38 – die gleiche Art Pistole, mit der Offerman und Manning ermordet wurden. Allerdings schlossen ballistische Tests die Waffe aus, und es tauchte nie Beweismaterial auf, das Glasby mit einem der Verbrechen in Verbindung brachte.

Brett Glasby wurde 1982 selbst getötet, zusammen mit seinem Bruder Brian. Während eines Urlaubs in Mexiko fuhren die beiden zu einem Strand in San Juan de Alima, um mit Drogen zu handeln. Dort angekommen stellte sich der Deal jedoch als Hinterhalt heraus, sie wurden ausgeraubt und erschossen. Die Polizei von Santa Barbara hielt weiter daran fest, dass Glasby wahrscheinlich für die Doppelmorde Offerman/Manning und Sanchez/Domingo verantwortlich war. Davon ließ sie auch nicht ab, als die Einheit für ungeklärte Fälle aus Orange County die Verbrechen anhand des Modus Operandi mit dem »Original Night Stalker« in Verbindung brachte – dessen letzte bekannte Morde 1986 begangen wurden, vier Jahre nach Glasbys Tod.

2011, Jahre nach früheren fehlgeschlagenen Versuchen, gelang es, aus degradiertem genetischen Material von einer Decke am Tatort Sanchez/Domingo ein DNA-Profil zu erstellen. Es belegte eindeutig, dass die Fälle in Goleta mit dem East Area Rapist beziehungsweise dem Original Night Stalker zusammenhingen.

Genau wie Joe Alsip stellte sich Brett Glasby als falsche Fährte heraus.

Niemand teilte Debbi Domingo mit, dass der Mörder ihrer Mutter möglicherweise schon früher getötet hatte. Das fand sie erst zu Beginn der Nullerjahre heraus, als True-Crime-Serien im Kabelfernsehen die Fälle des Original Night Stalker aufrollten. Zu dieser Zeit arbeitete Debbi als Gefängniswärterin in Texas und war nach fast einem Jahrzehnt Methamphetamin-Sucht seit sieben Jahren clean. Der Tod ihrer Mutter hatte sie gründlich aus der Bahn geworfen.

An jenem Tag im Juli, an dem die fünfzehnjährige Debbi vom Tod ihrer Mutter erfuhr, rief sie ihre Großmutter an und sagte, ihre Mutter sei gestorben.

»Debbi«, sagte die Großmutter, »darüber macht man keine Scherze.«

Wenig später zog sie nach San Diego. Die Familie ihrer Mutter brach den Kontakt zu ihr ab.

Kurz nach dem Tod ihrer Mutter hatte Debbi zufällig ein Gespräch mit angehört, das sie lange nicht loslassen sollte. »Linda«, sagte ihre Großmutter zu ihrer Tante, »ich bin so froh, dass du es nicht warst. Ich weiß nicht, was ich getan hätte.«

Im Laufe der Jahre versuchte Debbi, wieder Kontakt zu ihrer Großmutter und ihrer Tante zu knüpfen. Sie haben nie darauf reagiert.

ORANGE COUNTY, 2000

Die alten Hasen im Sheriff's Department von Orange County sahen Larry Pools gerunzelte Stirn, die Fotos der Opfer am Brett über seinem Arbeitsplatz, die Aktenordner, die sich wie eine düstere Festung um ihn auftürmten.

»Der Typ ist längst tot«, sagten sie dann für gewöhnlich mit einem Schulterzucken. »Oder er sitzt irgendwo lebenslänglich. Solche Kerle hören nie auf.«

»Solche Kerle« – das waren Psychopathen, Serienmörder, Monster. Wie man sie auch nannte, der gängigen Meinung nach hörten extrem brutale Serientäter nur mit dem Morden auf, wenn sie der Tod, eine körperliche Beeinträchtigung oder das Gefängnis dazu zwangen. Pools Phantom hatte 1986 zum letzten Mal zugeschlagen. Das war vierzehn Jahre her.

»Warum interessiert dich das noch?«, fragten die Kollegen. Pool wurmte diese Einstellung. Sie stachelte ihn nur noch mehr an und ließ ihn umso mehr an der Überzeugung festhalten: Er würde diesen Kerl schnappen.

Zu den Santa-Barbara-Fällen gab es noch keine DNA-Beweise, aber das Vorgehen war charakteristisch genug, dass Pool dieses Verbrechen ebenso wie den Fall Cruz zur Mordserie zählte. 1. Oktober 1979 bis 4. Mai 1986. Zehn Leichen. Zwei Überlebende. Ein Fall dieser Größenordnung lieferte den Ermittlern reichlich Material. Sie entschieden sich, auf den Kontakt zu den Medien zu verzichten, bis alle Spuren erschöpft waren. Der Mörder sollte nicht vorgewarnt werden. Pool gab den alten Hasen recht, dass ein Mann nach so vielen Gewalttaten vielleicht irgendwo mit hoher Haftstrafe einsaß. Er ging Haftakten durch. Spanner. Stalker. Einbrecher. Vergewaltiger. Sie exhumierten die Leiche eines früheren Häftlings in Baltimore. Nichts. Null.

Doch Pool hatte an sein Hirn einen »Startbefehl« ausgegeben, und eines Tages stand ihm plötzlich eine Erinnerung vor Augen: die erste Autopsie, der er beigewohnt hatte, kurz vor Ende seiner Polizeiausbildung. Die Leiche wurde aus dem Sack gehoben und auf einen stählernen Seziertisch gelegt. Der Verstorbene war eins achtzig groß, kräftig gebaut und hatte dunkle Haare. An Händen und Füßen gefesselt. Er trug Damenschuhe, Strümpfe, einen Slip und einen ausgestopften BH. Die Todesursache war eine Toluol-Vergiftung, er hatte bei einer autoerotischen Handlung Klebstoff aus einer Socke geschnüffelt. Pool konnte in dem Slip Ejakulat sehen. Der Anblick hinterließ bei dem prüden Pool einen bleibenden Eindruck. Jetzt fragte er sich, ob ihr Mörder manchmal mit Selbstfesselungen experimentierte, wenn er kein Opfer hatte. Er rechnete zurück und kam für die Autopsie auf den Oktober 1986, fünf Monate nach dem letzten Mord.

Er grub die Akte des gefesselten Typen aus. Er hatte weder Vorstrafen noch eine Verbindung zu den anderen Tatorten. Seine Leiche war eingeäschert worden. *Wenn das unser Mann war*, dachte Pool, *sind wir erledigt*. Er trug die Berichte von Rechtsmedizinern aus dem Zeitraum vom 4. Mai bis zum 31. Dezember 1986 aus allen Countys in Südkalifornien zusammen und klopfte sie systematisch ab. Es brachte ihn nicht weiter. Nach einer Weile gewann die Vorstellung, sich an die Medien zu wenden, doch an Reiz.

Am 1. Oktober 2000 erschien im *Orange County Register*

der erste Artikel über die DNA-Verbindung: *DNA deutet auf möglichen Serienmörder in der Region hin*. Darin hieß es, Pool habe dreiundneunzig Ordner über den Fall in seinem Büro stehen.

»Unser Mörder ist der ursprüngliche ›Night Stalker‹«, sagte Pool.

Damit wollte er nur darauf hinweisen, dass ihr Mörder seine Taten vor Richard Ramirez begangen hatte, dem Night Stalker, der Südkalifornien 1984 und 1985 in Atem gehalten hatte. Doch zu seinem Leidweisen blieb der verwirrende Beiname hängen. Von nun an hieß ihr Täter der Original Night Stalker.

Der Artikel begann mit Spekulationen darüber, wo der Mörder heute sein konnte. Tot. Hinter Gittern. In seinem Versteck, wo er seine nächsten Morde plant. Über seine Vergangenheit wurden keine Vermutungen angestellt. Inoffiziell gingen viele Ermittler aus Orange County davon aus, dass der Täter aus Goleta stammte, weil die Morde dort begonnen wurden. Einer von Pools Kollegen, Larry Montgomery, fuhr sogar dorthin und befragte mehrere Tage lang aktuelle und frühere Grundschullehrer in der Gegend um den San Jose Creek. Er wollte wissen, ob sie sich vielleicht an einen Jungen erinnerten, den sie Mitte der Sechziger unterrichtet hatten, der verhaltensauffällig gewesen war, Tiere gequält hatte oder dergleichen. Er kam mit mehreren Namen zurück. Alle wurden überprüft, aber keiner von ihnen kam als Verdächtiger infrage.

Beim Überfall vom 1. Oktober 1979 gab es durchaus Aspekte, die für einen Jugendlichen aus der Gegend sprachen. Das gestohlene Rennrad. Das Steakmesser aus dem Haus, das er genommen hatte. Andere Spuren, die damals nicht beachtet wurden, wiesen allerdings auf Erfahrung hin, die er nicht im Kifferdunst einer Surferclique gesammelt haben konnte, bei Typen, die gefährlich daherredeten, aber kaum etwas anstellten. Er arbeitete allein, autonom, aber zwanghaft. Er litt an einer psychischen Störung, die sich in geradezu maßloser Gewalt Bahn brach. Er hatte in jener Nacht an dem Haus des Paars nicht nur ein Schloss geknackt. Er hatte den Türrahmen losgestemmt und über den Zaun geworfen.

Und dazu war es ihm gelungen, auf einem Rennrad einem bewaffneten FBI-Agenten im Auto zu entkommen, während ein ganzer Trupp Polizisten anrückte. Stan Los, der FBI-Agent, der ihn verfolgt hatte, wurde später von der örtlichen Polizei massiv kritisiert, weil er nicht auf den Kerl geschossen hatte. Los ärgerte sich über die Kritik, doch er stand zu seiner Entscheidung. Für ihn hatte es sich nur um eine schreiende Frau gehandelt und einen unauffälligen Mann auf einem Fahrrad, der jedes Mal schneller gefahren war, wenn Los gerufen oder ihn angehupt hatte. Es war für ihn keine Situation, um von der Schusswaffe Gebrauch zu machen.

Los war kein Hellseher. Als der Mann das Fahrrad auf den Gehweg warf, zwischen den Häusern Nr. 5417 und 5423 des San Patricio Drive hindurchsprintete und über den Zaun sprang, hätte Los nicht vorhersagen können, dass er bei seinem nächsten Auftauchen brutaler vorgehen, dass er sich zum Mörder entwickeln würde. In der Nacht, in der er verfolgt wurde, lief er natürlich vor dem FBI-Agenten davon, aber er lief auch auf etwas zu. Er näherte sich einem neuen Bewusstseinszustand, in dem triviale, alltägliche Dinge keine Bedeutung hatten und die zwanghaften Fantasien, die seine Gedanken bedrängten, freigesetzt wurden und Macht gewannen.

Los hätte nicht schießen können. Nicht, dass er nicht gelegentlich die Ereignisse dieser Nacht in Gedanken rekonstruieren würde, die Sekunden, die er verlor, als er den Motor abwürgte, als er wenden musste, die Gestalt auf dem Fahrrad fünfzig Meter vor ihm, am rechten Rand seines Scheinwerferlichts, dessen

Strahl wie ein Befehl zu wirken schien. Vom Fahrrad springen. Losrennen. Hätte Los vorhersehen können, was aus dem Mann werden würde, hätte er seine 38er Special angelegt und ihn sofort niedergestreckt.

Alle waren sich einig, dass der 1. Oktober 1979 einen entscheidenden Einschnitt darstellte, die Nacht, in der ein angehender Mörder die Grenze überschritt.

Die Gestalt im Dunkel suchte sich ihre Ziele schließlich im Nordosten Goletas, in einem drei Kilometer großen Radius rund um die Kreuzung Cathedral Oaks Road und Patterson Avenue. Die drei Überfälle in Santa Barbara fanden in der Nähe des San Jose Creek statt, eines Flüsschens, das in den lorbeerbewachsenen Bergen entspringt und sich durch den Osten Goletas schlängelt, bevor es sich in den Pazifik ergießt. Der Abschnitt in den Vororten sieht aus wie eine Illustration aus *Huckleberry Finn*, mit seinen moosbedeckten Steinen und den Schwingseilen im Schutz grüner Bäume. Als Pool die Tatorte auf einer Karte von Goleta betrachtete, fiel ihm auf, dass der Mörder an dem Fluss hing wie an einer Nabelschnur.

Es gab einen weiteren Grund, warum die Überfälle in Goleta bemerkenswert waren. Die wichtigste Waffe des Täters war Kontrolle. Das zeigte sich in den Fesselungen. In den blitzartigen Angriffen. Tagsüber mochte er ein Langweiler und Versager sein, aber schlich er mit seiner furchterregenden Maske in ein Haus, wurde er zum Herrscher. Dass er manchmal in der Küche Milch und Brot auf dem Tisch stehen ließ, war ein Ausdruck der selbstsicheren Gelassenheit eines Psychopathen.

Und doch verlor dieses Verbrechergenie in Goleta jedes Mal die Kontrolle. Dreimal schlug er dort zu, dreimal wurden seine Pläne durchkreuzt. Es gelang ihm nie, die weiblichen Opfer zu vergewaltigen. Beim ersten Angriff konnte die Frau entkommen, beim zweiten und dritten wehrten sich die Männer und wurden erschossen. Wohl aus Angst, die Schüsse würden die Polizei auf den Plan rufen, tötete er auch die Frauen und floh.

Die kriminelle Entwicklung des Mörders nachzuvollziehen war, als würde man einen Horrorfilm rückwärts ansehen, aber dieses Zurückspulen war wichtig. »Ein Verbrecher ist in seiner Vergangenheit ungeschützter als in seiner Zukunft«, schreibt David Canter, ein führender britischer Kriminalpsychologe, in seinem Buch *Criminal Shadows*. Bei der Aufklärung von Verbrechensserien liegt Canter zufolge der Schlüssel in dem, was vor der ersten Tat geschehen ist, nicht so sehr darin, was der Täter nach der letzten Tat getan hat. »Vor dem Verbrechen wusste er möglicherweise selbst nicht, dass er es begehen würde«, schreibt Canter, »deshalb war er vorher vermutlich weniger vorsichtig als danach.«

Ohne Zweifel ging der Täter später vorsichtiger vor. Er beobachtete. Berechnete. Zum Beispiel in Ventura. In Santa Barbara County und Orange County schlug er mehrfach zu, in Ventura dagegen nur einmal. Warum? Joe Alsips Verhaftung für die Smith-Morde ging groß durch die Medien. Warum sollte er das Risiko eines weiteren Doppelmords in Ventura eingehen und damit Zweifel an Alsips Schuld wecken, wenn der Trottel für ihn den Kopf hinhalten musste?

Auch wenn die drei Einbrüche in Goleta stattgefunden hatten, dem weniger noblen Neubaugebiet westlich von Santa Barbara, versuchte das Sheriff's Office, die Verbrechen unter Verschluss zu halten. Wie in vielen lange bestehenden Institutionen hatte sich auch im Santa Barbara Sheriff's Office eine bestimmte Hauspolitik herausgebildet, die Behörde war bekannt für ihre Geheimniskrämerei und Abschottungstaktik. Einem Detective mochten sich beim Anblick eines Tatorts die Nackenhaare aufstellen, trotzdem durfte er sich der Öffentlichkeit gegenüber nichts anmerken lassen. Das war auch die Taktik von Detective O. B. Thomas, als er am 31. Juli 1981, einem Freitagnachmittag, die Umgebung vom Toltec Way Nr. 449 abklapperte. Fünf Tage zuvor war er nach einem Notruf als erster Polizist dort eingetroffen. Jetzt lautete seine Aufgabe, bei den Nachbarn zu klopfen und sich zu erkundigen, ob sie irgendetwas Ungewöhnliches oder Verdächtiges gesehen oder erlebt hatten. Es gab keinen Grund, die Öffentlichkeit in Panik zu versetzen. Thomas stellte seine Fragen und gab selbst nur wenig von dem preis, was geschehen war. Seinem Gesicht war nicht anzumerken, was er gesehen hatte.

Linda wohnte nur eine Straße vom Toltec Way entfernt. Als Detective Thomas an ihre Tür klopfte und sein Notizbuch zückte, rief er eine Erinnerung in ihr wach. Ihr fielen der verwundete Hund ein, die große Wasserlache auf dem Rasen und die erfolglose Suche nach scharfen Gegenständen, an denen sich der Hund in ihrem oder dem Nachbargarten hätte verletzen können. Sie erzählte Detective Thomas davon. Er fragte, ob sie sich an das Datum des Vorfalls erinnern könnte. Linda überlegte und schlug in ihrem Tagebuch nach. Am 24. September 1979, sagte sie.

Die Bedeutung des Datums lag sofort auf der Hand. Es war eine Woche vor dem ersten Überfall gewesen. Die Ermittler wussten kaum etwas über den Verdächtigen und konnten sich nur auf die Aussage eines Zeugen stützen, der ihn im Dunkeln hatte fliehen sehen: Es war ein erwachsener Weißer. Was ihn in diese verschlafene Wohnsiedlung zog, war nicht klar, aber ein paar Dinge wussten sie doch. Er trug ein Messer bei sich – auf der Flucht vom ersten Tatort hatte er eins verloren. Nachts schlich er von Haus zu Haus und suchte seine Opfer aus. Die Polizei konnte seinen Schuhabdrücken folgen. Und er mochte den Fluss. Vielleicht nutzte er das Unterholz und die schützenden

Bäume, um sich unbemerkt zu bewegen. Vielleicht kannte er diese Gegend von früher und hatte als Kind zwischen den moosbedeckten Steinen und den Schwingseilen gespielt. Warum auch immer er dort war, die Schuhabdrücke und die zurechtgeschnittenen Schnüre bewiesen seine Anwesenheit. Und alle drei Häuser, in die er eingedrungen war, teilten ein Merkmal: ihre Nähe zum Fluss.

Von ihrem Standort aus konnten Linda und Detective Thomas den schmalen Waldstreifen und den niedrigen weißen Holzzaun sehen, der dem Wasserlauf folgte. Und da war die Fußgängerbrücke, über die Kimo damals gekommen war. Mit seinem Gespür hatte er etwas entdeckt, das durch die Dunkelheit schlich. Es wurde immer klarer, was wahrscheinlich als Nächstes passiert war. Der Hund lief los, um zwischen den Häusern zu schnüffeln, und überraschte dabei den Täter, der zum Messer griff, um ihn loszuwerden. Vielleicht hatte er etwas von Kimos Blut abbekommen und Lindas Wasserschlauch benutzt, um es abzuwaschen. Bevor er zuschlug, kam es immer wieder zu solchen Zwischenfällen in der Nachbarschaft – zu kleinen, unerklärlichen Vorkommnissen, die man erst im Nachhinein einordnen konnte.

Jahre später, nach der Erfindung von Google Earth, erstellten Ermittler eine digitale Karte mit Zeitleiste, die den Pfad der Gewalt des Verdächtigen durch Kalifornien nachvollzog. Gelbe Stecknadelsymbole entlang des San Jose Creek markierten die Orte, an denen er im Nordosten von Goleta zugeschlagen hatte. Die Gegend hat sich in fünfunddreißig Jahren kaum verändert. Zoomt man hinein, sieht man den Garten, in dem ein jaulender Hund zum ersten Mal auf ihn aufmerksam machte. Seine tiefen Schuhabdrücke zeigen, dass er oft lange in derselben Position verharrte, an eine Mauer gelehnt oder in einem Garten kauernd. Man kann sich gut vorstellen, wie er im dunklen Garten steht, während Kimo wimmernd zur Straße schleicht, sein Besitzer an Türen klopft und dann ein Auto kommt, um sie abzuholen. Stille senkt sich wieder über die Nacht. Er pirscht zwischen den Häusern hindurch, spritzt mit dem Gartenschlauch seine Schuhe ab und schleicht davon, während hinter ihm verwässertes Blut im Gras versickert.

CONTRA COSTA, 1997

»Was bedeutet EAR?«, fragte Paul Holes.
John Murdock war im ersten Moment verdutzt. Dieses Akronym hatte er seit Jahren nicht gehört.
»Warum?«, fragte Murdock.
Sie saßen vom Gang getrennt nebeneinander im Flugzeug zu einer Tagung der California Association of Criminalists. Es war 1997. Murdock hatte vor Kurzem seinen Posten als Leiter des kriminaltechnischen Labors des Contra Costa County Sheriff's Office aufgegeben. Sein Spezialgebiet waren Schusswaffen und Werkzeugspuren. Holes, gerade Ende zwanzig, hatte kurz nach seinem Abschluss an der University of California-Davis mit Biochemie als Hauptfach eine Stelle als Forensiker im Sheriff's Office ergattert. Anfangs hatte er sich mit forensischer Toxikologie beschäftigt, aber bald gemerkt, dass seine Leidenschaft der Spurensicherung galt. Es dauerte nicht lange, bis ihm das Mikroskop nicht mehr genügte. Er begleitete Ermittler und widmete sich alten Fällen. In der Asservatenkammer streifte er gerne zwischen den Regalen umher und zog Kartons mit den Beweismitteln ungelöster Verbrechen hervor. Was er dort fand, waren Geschichten. Aussagen. Fotos. Gedanken und Notizen, die Ermittler an die Ränder gekritzelt hatten. Im Labor gab es keine Unklarheiten. Die alten Akten wimmelten von ihnen. Die Rätsel wirkten verlockend.
»Paul, das ist nicht deine Aufgabe«, ermahnten ihn Kollegen.

Paul Holes zu Beginn seiner Karriere als Ermittler im Contra Costa County Sheriff's Office.

Ihm war das egal. Er war wie eine Art Vorzeigepfadfinder – er sah gut aus, reagierte auf jeden Einwand sehr verbindlich und tat dann doch, was er wollte. Und er begriff, dass er Ermittler werden wollte. Als er schon eine Versetzung in die entsprechende Abteilung einfädeln wollte, ergab sich die Gelegenheit.

Trotz ihres Altersunterschieds merkten Murdock und Holes, dass sie eine Eigenschaft teilten: Sie waren hervorragende Wissenschaftler, aber was sie fesselte, waren Geschichten. Jeden Tag setzte sich Holes nach seiner Laborarbeit an die alten Fallakten, entsetzt und fasziniert von den grausamen Abwegen menschlichen Verhaltens. Die ungelösten Fälle hingen ihm nach. Als Wissenschaftler konnte er Unklarheiten nicht hinnehmen. Nachdem er eine Reihe alter Akten verschlungen hatte, hatte er bemerkt, dass unter allen besonders akribischen Tatortbeschreibungen dieselbe Unterschrift stand: John Murdock.

»Ich habe in einem Aktenschrank einige Mappen gesehen,

auf denen in großen roten Buchstaben EAR steht«, antwortete Holes. Er hatte sich noch nicht in die Akten vertieft, aber da sie gesondert verwahrt wurden, schienen sie eine besondere Bedeutung zu haben.

»EAR steht für East Area Rapist«, sagte Murdock. Der Name weckte sofort alte Erinnerungen.

»Noch nie gehört«, sagte Holes.

Auf dem restlichen Flug, zehntausend Meter über der Erde, erzählte Murdock ihm die Geschichte.

Er brach in Häuser ein, wenn die Bewohner zu Hause waren. Anfangs nahm die Polizei ihn kaum zur Kenntnis. Mitte Juni 1976 tauchte er östlich von Sacramento im Schlafzimmer einer jungen Frau auf, »unten ohne«, nur mit einem T-Shirt bekleidet. Mit einem Messer in der Hand. Flüsterte Drohungen. Plünderte das Haus. Er vergewaltigte sie. Eine schlimme Sache, aber 1976 gab es in Sacramento eine ganze Reihe scheußlicher Verbrecher. Die Skimaske und die Handschuhe deuteten auf ein gewisses Maß an Intelligenz hin, doch normalerweise sind solche plumpen Vergewaltiger unterbelichtete Teenager, die von ihren Müttern am Kragen zur Polizei geschleift werden.

Das passierte allerdings nie. Es folgten weitere Vergewaltigungen. Zweiundzwanzig in elf Monaten. Sein Vorgehen war charakteristisch und gleichbleibend. Der Trick, zunächst einen einfachen Einbruch vorzuspielen, um die Opfer gefügig zu machen. Die Frauen als geknebelte Objekte, die seinen Befehlen folgen mussten. Die Hände und Füße gefesselt, befreit und wieder gefesselt, oft mit Schnürsenkeln. Vergewaltigungen, seltsamerweise ohne Küssen oder Berührung der Brüste. Plündern als Stimulation. Die Bereitschaft, das Risiko zu erhöhen, als in East Sacramento eine ausgewachsene Panik um sich griff. Schlafende Paare zu überfallen. Das Geschirr auf dem Rücken des gefesselten Mannes und die Drohung, die Frau oder Freundin zu töten, wenn er das Geschirr fallen hört. Der East Area Rapist war ein wahres Schreckgespenst, eine Heimsuchung im Schlafzimmer, der Fremde, der zu viel wusste – Grundrisse der Häuser, Anzahl der Kinder, Arbeitszeiten. Die Skimaske und die raue, verstellte Stimme deuteten auf eine vorgespielte Persönlichkeit hin, doch welche war die echte?

Das Sacramento County Sheriff's Department stieß an seine Grenzen. Dieselben jungen weißen Männer wurden wiederholt vernommen. Der Richtige war nicht dabei. Oder vielleicht doch. Das war das Problem. Jedes Mitglied der Sondereinheit EAR hatte eine eigene Vorstellung vom Gesicht des Verdächtigen, aber keine zwei glichen sich. Er war ein blonder Kiffer in einer Armeejacke. Ein Mormone auf einem Fahrrad. Ein aalglatter Immobilienmakler mit olivfarbener Haut.

Carol Daly stand als leitende Ermittlerin der Sondereinheit vor. Nach der zweiundzwanzigsten Vergewaltigung, nach einer weiteren Fahrt ins Krankenhaus um drei Uhr morgens mit einem verstörten Opfer, kam ihr plötzlich ein beklemmender Gedanke. *Ich hasse Männer. Ich liebe meinen Ehemann, aber ich hasse Männer.*

Was Ermittler Richard Shelby nachts wach hielt, waren die glaubwürdigen Berichte über einen verdächtigen Mann, der »gemächlich« weiterging, wenn er entdeckt wurde.

Dieser kranke Widerling *schlenderte* in aller Seelenruhe davon.

Mit der Zeit bemerkten die Einwohner in den Augen der Polizisten Angst. Der EAR hatte sich in ihren Köpfen festgesetzt. Den Polizisten graute vor dem Sonnenuntergang. Er konnte doch unmöglich ewig mit seinen Taten davonkommen. Natürlich wäre es nur eine Frage der Zeit, irgendwann musste er einen Fehler machen und ihnen ins Netz gehen. Aber bis es so weit war, hielt er sie alle zum Narren.

Dann verschwand er aus East Sacramento auf ebenso unerklärliche Weise, wie er aufgetaucht war, nach einer zweijährigen Schreckensherrschaft von 1976 bis 1978.

»Wow«, sagte Holes. »Was ist dann passiert?«

Murdock ging auf, dass Holes damals zehn Jahre alt war. Er hatte wahrscheinlich nicht mitbekommen, wie der Fall die Menschen gelähmt hatte, kannte die Wendungen, falschen Hoffnungen und Sackgassen nicht. Seine Verbindung zu dem Fall beschränkte sich auf die roten Buchstaben »EAR«, die er auf ein paar Aktenmappen entdeckt hatte.

»Er ist in der East Bay aufgetaucht«, antwortete Murdock. »Er ist zu uns gekommen.«

Holes fragte ältere Freunde und Kollegen nach dem EAR und stellte überrascht fest, wie allgegenwärtig der Fall damals war. Jeder hatte eine Geschichte zu erzählen. Sein stellvertretender Sheriff erinnerte sich an den Wind der Hubschrauberrotoren über ihm, das Licht des Suchscheinwerfers, das über stille Wohnviertel glitt. Ein Dozent an der UC-Davis erzählte von seiner ersten Verabredung mit seiner späteren Frau, bei der sie an einer der nächtlichen Nachbarschaftspatrouillen teilgenommen hatten. Einer seiner Kollegen vertraute Holes an, dass seine Schwester zu den Opfern gehörte.

Zwischen Oktober 1978 und Juli 1979, bevor er Nordkalifornien verließ, gab es in der East Bay Area elf EAR-Fälle, zwei davon in San Jose und einen in Fremont. Zwanzig Jahre später bei den Ermittlungen Fortschritte zu erzielen war ein schwieriges Unterfangen. Einige Fälle wurden von den örtlichen Polizeibehörden bearbeitet. Alle Behörden, auch die in Sacramento County, hatten ihre Beweismittel vernichtet. Das entsprach dem üblichen Umgang mit Asservaten. Die Fälle waren verjährt. Zum Glück hatte das CCCSO (Contra Costa County Sheriff's Office), bei dem Holes arbeitete, die Beweise behalten. Die rot markierten EAR-Akten waren nicht zufällig aufbewahrt worden. Die alten Hasen des CCCSO versicherten damals, sie würden bleiben, wo sie waren. Sie waren das Gegenteil einer polizeilichen Belobigung, die man an die Wand hängte. Beim EAR hatten sie versagt. Wenn das menschliche Gehirn tatsächlich der leistungsstärkste Computer der Welt ist, wie Experten behaupten, wollten die alten Hasen mit ihren auffälligen EAR-Akten eines dieser jungen, wissbegierigen Superhirne ködern. Manchmal musste man in schwierigen Fällen den Staffelstab weiterreichen.

»Die Dummen schnappen wir immer«, sagen Polizisten gerne. Mit solchen Verhaftungen können sie neunundneunzig von hundert Taten abhaken. Doch eine bleibt. So etwas kann einen in ein frühes Grab treiben.

Im Juli 1997 besorgte Holes sich die Asservate von den EAR-Vergewaltigungen und versuchte, ihnen neue Beweise zu entlocken. Das kriminaltechnische Labor des CCCSO konnte technisch mit anderen Laboren in Kalifornien nicht mithalten, weil sein DNA-Programm erst seit Kurzem existierte. Trotzdem hoffte Holes, dass drei Proben genug Material für ein rudimentäres Profil liefern würden. Das Vorgehen des EAR war zwar charakteristisch, und es bestanden kaum Zweifel daran, dass die Überfälle in Nordkalifornien zusammenhingen, aber Holes hielt es dennoch für sinnvoll, wissenschaftlich zu beweisen, dass derselbe Mann für die drei Fälle des CCCSO verantwortlich war. Es würde die Ermittlungen vermutlich wiederbeleben. Sie könnten frühere Verdächtige auftreiben und Abstriche nehmen.

Die nötige Amplifikation der DNA-Abschnitte dauerte eine Weile, doch als die Ergebnisse vorlagen, bestätigten sie die Verbindung. Wie vorhergesagt war derselbe Mann für die drei Fälle in Contra Costa County verantwortlich. Holes lag jetzt ein einfaches DNA-Profil vor, das sie spezifizieren würden, wenn das Labor bessere Geräte anschaffte. Er vertiefte sich in die Akten, was er aufgeschoben hatte, solange er auf die wissenschaftliche Seite konzentriert war. Ihm fiel die immer gleiche Vorgehensweise des EAR auf. Er schlich durch Wohnviertel, um Informationen zu sammeln. Rief Opfer an. Bereitete alles taktisch vor.

Holes stellte eine Liste mit Namen von früheren Verdächtigen zusammen und spürte dann den pensionierten Ermittler Larry Crompton auf. Crompton hatte in der heißen Phase der Verbrechensserie zur Sondereinheit EAR des CCCSO gehört. Sein Name tauchte oft genug in den Berichten auf, um Holes zu zeigen, dass Crompton die Einheit de facto geleitet hatte. Entweder

Sergeant Larry Crompton von der Sondereinheit EAR in Contra Costa County gießt zur Spurensicherung Gips in einen Schuhabdruck.

war er einfach nur ein fleißiges Bienchen gewesen oder hatte sich die Fälle zu Herzen genommen.

Ruft man einen pensionierten Ermittler wegen eines alten Falls an, weiß man nie, wie die Reaktion ausfällt. Manche fühlen sich geschmeichelt. Andere reagieren gereizt. Sie stehen in der Apotheke an, um ihre Herzmedikamente zu holen. Sie installieren in ihrem Angelboot Ablaufstopfen. Der Feuereifer des jungen Anrufers bedeutet für sie verlorene Minuten.

Crompton beantwortete Holes' Anfrage, als habe er gerade in diesem Moment vom EAR gesprochen, als würde dieser unerwartete, willkommene Anruf ganz natürlich ein Gespräch über ein Dauerthema im Hause Crompton fortsetzen.

Crompton stammt aus Kanada, aus Nova Scotia, und sieht aus wie einer dieser großen, schlanken Rancher mit ehrlichem Gesicht, denen John Wayne in seinen Western vertraut hätte. Er hat eine etwas eigenartige, atemlose Art zu sprechen. Nie zögerlich, nur knappe, bestimmte Aussagen, die ein wenig mehr Luft vertragen könnten.

Holes wollte wissen, ob Crompton sich unter den früheren Verdächtigen an jemanden erinnerte, der herausstach und noch einmal überprüft werden sollte. Das tat er, und er gab Holes mehrere Namen durch, ohne große Begeisterung, denn wie sich herausstellte, wünschte Crompton sich eigentlich, Holes würde einer alten Ahnung nachgehen, deren Verfolgung ihm seine eigenen Vorgesetzten damals verboten hatten.

Die Zusammenarbeit verschiedener Zuständigkeitsbereiche ist noch heute ein Problem, damals, Ende der Siebzigerjahre, war sie eine Katastrophe. Fernschreiber und der Flurfunk waren für Polizisten die einzigen Möglichkeiten, von Fällen in anderen Behörden zu erfahren. Im Sommer 1979 verschwand der EAR aus der East Bay. Cromptons Chefs tanzten vor Erleichterung fast auf den Tischen. Crompton selbst reagierte besorgt.

Er hatte erkannt, dass die Taten eskalierten, dass der Täter zu seiner Befriedigung immer stärkere Panik bei seinen Opfern auslösen musste. Seine Todesdrohungen, die anfangs gekünstelt geklungen hatten, waren zuletzt konkreter, aber auch unverkrampfter geworden, als würde er seine Hemmungen abstreifen. Crompton hatte eine böse Ahnung, wohin das führen würde.

Anfang 1980 bekam Crompton einen Anruf von Jim Bevins vom Sacramento County Sheriff's Department, mit dem er in der Sondereinheit EAR eng zusammengearbeitet hatte. Bevins wollte sich von dem Fall zurückziehen. Die Arbeit hatte zuletzt sein Leben derart dominiert, dass seine Ehe gescheitert war. Doch vorher wollte er Crompton noch von den Gerüchten erzählen, denen zufolge es in Santa Barbara mehrere Fälle gab, einer davon ein Mord, die nach dem EAR aussahen. Crompton rief dort an.

Die Kollegen in Santa Barbara mauerten. »So was haben wir hier nicht«, wurde er abgewimmelt.

Bei einer Fortbildungstagung mit Teilnehmern aus ganz Kalifornien saß Crompton zufällig neben einem Ermittler des Santa Barbara County Sheriff's Office. Man kam ins Plaudern. Crompton stellte sich dumm. Tat so, als wolle er fachsimpeln.

»Was war denn mit diesem Doppelmord vor Kurzem?«, fragte er.

Er ließ sich den kalten Schauer, der ihn überfuhr, als er die Einzelheiten hörte, nicht anmerken.

Zu Holes sagte Crompton jetzt: »Rufen Sie im Süden an, Paul! Zuerst in Santa Barbara. Ich habe was von fünf Leichen da unten gehört.«

»Mache ich«, versprach Holes.

»Ich weiß genau, dass er es ist«, sagte Crompton und legte auf.

Zwanzig Jahre nach Crompton rief Holes in Santa Barbara an, und wieder mauerten die Kollegen. Das Sheriff's Department stritt ab, etwas von solchen Fällen zu wissen, nach denen Crompton fragte. Gegen Ende der Unterhaltung fiel dem Polizisten am anderen Ende aber entweder etwas ein oder er hatte seine Verschleierungstaktik überdacht.

»Versuchen Sie es in Irvine«, sagte er. »Ich glaube, da werden Sie fündig.«

Holes' Anruf in Irvine führte ihn zum Orange County Sheriff's Department, das den Kontakt zur Forensikerin Mary Hong im kriminaltechnischen Labor herstellte. Holes erklärte, er habe vor Kurzem das DNA-Profil eines unbekannten Weißen erstellen lassen, der unter dem Namen East Area Rapist oder EAR bekannt war und von 1976 bis 1979 in Nordkalifornien fünfzig Vergewaltigungen begangen hatte. Die Ermittler in den EAR-Fällen hätten immer vermutet, er sei in den Süden gezogen und habe dort weitergemacht. Holes umriss kurz den Modus Operandi des Täters. Einstöckige Häuser der zum Teil gehobenen Mittelschicht. Nächtliches Eindringen ins Haus. Schlafende Paare. Fesseln. Vergewaltigung der Frauen. Gelegentliche Diebstähle, vor allem von graviertem Schmuck, der den Opfern mehr bedeutete als wertvollere Gegenstände. Eine Skimaske erschwerte die Identifizierung, aber durch Beweise belegt waren Schuhgröße 42, Blutgruppe A, Nicht-Sekretor.

»Das klingt sehr nach unseren Fällen«, sagte Hong.

Zum damaligen Zeitpunkt benutzten Holes' und Hongs Labore unterschiedliche Methoden zur DNA-Analyse, da Orange County schon lange mit der STR-Analyse arbeitete. Sie konnten ein Gen vergleichen, DQA1, das übereinstimmte, aber weitere Vergleiche waren nicht möglich. Außerdem hatte das Labor in Contra Costa noch keinen Zugriff auf CODIS, was bedeutete, dass sie sich nicht mit staatlichen oder nationalen Datenbanken verbinden konnten. Hong und Holes vereinbarten, in Kontakt zu bleiben und gegebenenfalls Ergebnisse auszutauschen, sobald das Labor in Contra Costa besser ausgestattet wäre.

Aus Regierungsmitteln finanzierte Labore sind den Unwägbarkeiten der Konjunktur auf Gedeih und Verderb ausgeliefert. Gewählte Volksvertreter wissen, dass sie sich mit Kürzungen bei der Polizei unbeliebt machen, deshalb werden häufig weniger offenkundige Stellen wie die von Forensikern gestrichen. Laborausstattungen sind nicht billig, und die Laborleiter müssen oft mehrere Anträge stellen, bis sie bekommen, was sie brauchen.

Was zum Teil erklärt, warum es beim traditionell knapp gehaltenen Labor in Contra Costa etwa anderthalb Jahre dauerte, bis es über die gleiche Technologie wie in Orange County verfügte. Als die STR-Analyse im Januar 2001 in Contra Costa einsatzbereit war, bat Holes seinen Kollegen Dave Stockwell, die DNA-Extrakte aus den EAR-Fällen darauf zu prüfen, ob die Täterprofile immer noch übereinstimmten. Stockwell vermeldete, das sei der Fall.

»Ruf Mary Hong in Orange County an«, wies ihn Holes an, »und gleich deine Ergebnisse mit ihren ab.«

Am Telefon lasen sich Stockwell und Hong gegenseitig die Marker vor.

»Ja«, sagte Hong, wenn Stockwell ihr einen Marker des EAR nannte.

»Ja«, antwortete Stockwell auf ihre Marker.

Stockwell marschierte in Holes' Büro.

»Völlige Übereinstimmung.«

Die Neuigkeit ging am 4. April 2001 durch die Medien. *DNA verbindet Vergewaltigungen in den 70ern mit Mordserie* lautete die Schlagzeile des *San Francisco Chronicle*. Die überlebenden Vergewaltigungsopfer hatte niemand vor dieser Geschichte gewarnt, deshalb traf es viele wie ein Schlag, als sie am Frühstückstisch zur Morgenzeitung griffen. Da stand es, auf dem Titelblatt der *Sacramento Bee*: *Neue Spuren bei Vergewaltigungsserie: Nach Jahrzehnten verbindet DNA den East Area Rapist mit Verbrechen in Orange County.*

Noch unwirklicher erschien vielen von ihnen der Anblick der Ermittler auf der Titelseite der *Bee*. Richard Shelby und Jim Bevins. Shelby, groß, ruppig, der Mann mit dem unfehlbaren Gedächtnis. Und Jim Bevins – seine Kollegen zogen ihn freundschaftlich wegen seiner sanften Augen auf. Es gab keinen beliebteren Polizisten als Bevins. Wenn man ihn von Weitem näher kommen sah, wusste man sofort, dass dieser Mann die Lage beruhigen und alles in Ordnung bringen würde.

Und jetzt prangten sie auf der Titelseite. Sie waren alt geworden – fünfundzwanzig Jahre bei der Polizei sind eine lange Zeit, und man sah sie ihnen an. Ihre Mienen waren schwer zu deuten. Sprach aus ihnen Unsicherheit? Scham? Sie spekulierten, wo ihr alter Feind jetzt war. Shelby tippte auf die Klapse. Bevins vermutete, er sei tot.

Holes beantwortete Anrufe von Journalisten und genoss ein paar Tage lang die Aufregung. Aber obwohl er seine Berufung immer noch in der Ermittlungsarbeit sah, war er in der Forensik zum Gruppenleiter befördert worden. Die Pflicht rief. Er war verheiratet und hatte zwei kleine Kinder. Ihm fehlte die Zeit, sich den zehntausend Aktenseiten zu widmen, die der neue DNA-Beweis zu einem Fall zusammengeschnürt hatte. Eine solche Masse an Beweisen hatte es noch nicht gegeben. Die Ermittler waren voller Optimismus – geradezu euphorisch. DNA-Profile? Sechzig Fälle über Kalifornien verteilt? Sie stritten schon darum, wer ihn zuerst verhören durfte, wenn sie ihn hatten.

Larry Pool in Orange County sollte die Ermittlungen leiten. Für ihn war die DNA-Verbindung eine großartige Entdeckung, aber auch eine Herausforderung. Es kam ihm vor, als hätte er die letzten Jahre in einem kleinen, vertrauten Raum verbracht, um jetzt herauszufinden, dass er im Anbau eines großen Lagerhauses stand. Er begriff die Skepsis seiner Kollegen nicht, die darauf beharrten, das Monster sei tot. Serienmörder mit sexuellen Motiven hören nicht von allein auf zu töten, erinnerten sie ihn gerne. Vielleicht habe ihn also ein rechtschaffener Hausbesitzer bei einem Einbruch erschossen. Verschwende nicht deine Zeit, sagten sie.

Sieben Monate später wurde Pools Vermutung durch Nachrichten aus dem Pazifischen Nordwesten bestätigt. Im November 2001 wandten die Medien ihre Aufmerksamkeit einem anderen unbekannten Serienmörder zu, der fast zwei Jahrzehnte lang inaktiv gewesen war und von vielen längst für tot gehalten wurde: dem Green River Killer aus Washington. Wie sich herausstellte, war der Prostituiertenmörder noch quicklebendig und wohnte in einem Vorort von Seattle. Warum er zur Ruhe gekommen war? Er hatte geheiratet.

»Die Technik hat mich erwischt«, sagte Gary Ridgway den Polizisten, was einem verbalen Mittelfinger gleichkam. Er hatte recht. Jahrelang hatte er die Polizei getäuscht, indem er einfach ein dümmliches Gesicht gemacht hatte. Dieser Schwachkopf kann unmöglich ein teuflischer Serienmörder sein, dachten sie und ließen ihn jedes Mal wieder gehen, obwohl sich die Beweise häuften.

Am 6. April 2001, zwei Tage nachdem die Medien von der Verbindung zwischen dem East Area Rapist und dem Original Night Stalker berichtet hatten, klingelte in einem Haus im Thornwood Drive im Osten von Sacramento das Telefon. Eine Frau Anfang sechzig meldet sich. Sie wohnte seit fast dreißig

Jahren in diesem Haus, wenn auch mittlerweile unter einem anderen Nachnamen.
»Hallo?«
Die Stimme war leise. Er sprach langsam. Sie erkannte ihn sofort.
»Weißt du noch, wie wir gespielt haben?«

TEIL ZWEI

SACRAMENTO, 2012

Die Frau, die mir in einem beengten Büro in einer »Problemschule« im Osten von Sacramento gegenübersaß, war für mich eine Fremde.* Doch das hätte man nicht vermutet, so wie wir uns von Anfang an in Stichworten unterhielten. Unsere Sprache war eine Art EAR-ONS-Version des Klingonischen.
»Einbruch mit geschlagenem Hund 74?«, fragte ich.
Mein Gegenüber, ich nenne sie die Sozialarbeiterin, band ihren dicken Pferdeschwanz neu zusammen und nippte an ihrer Dose Rockstar. Sie war »fast sechzig«, hatte große, grüne Augen mit durchdringendem Blick und eine rauchige Stimme. Auf dem Parkplatz hatte sie mich mit hochgereckten Armen wild winkend begrüßt. Ich mochte sie auf Anhieb.
»Ich glaube, der gehört nicht dazu«, sagte sie.
Der Einbruch 1974 in Rancho Cordova war einer der Fälle, die erst vor Kurzem bekannt geworden waren und von den Mitgliedern »des Forums« nur zu gerne analysiert wurden. Gemeint ist das Online-Forum zum EAR-ONS auf der amerikanischen Website der Serie *Cold Case Files – Wahre Fälle der US-Ermittler*, das von der Sozialarbeiterin gewissermaßen angeführt wurde. Ich habe ihre Gründlichkeit in diesem Fall zu

---

* Dieses Kapitel ist ein Auszug aus einem frühen Entwurf von Michelles Artikel *In the Footsteps of a Killer*.

schätzen gelernt, doch anfangs war ich einfach nur erschlagen. Es gibt über tausend Threads und zwanzigtausend Posts.

Zu diesem Forum fand ich vor etwa anderthalb Jahren, nachdem ich fast in einem Rutsch Larry Cromptons Buch *Sudden Terror* verschlungen hatte, eine ungeschönte Flut von Fakten über den Fall, politisch unkorrekt, wie die Siebziger waren, und überraschend ergreifend, wenn man las, wie sehr die Ereignisse diesen nüchternen Polizisten noch immer beschäftigten. Ich fand erstaunlich, welche Masse an Informationen über diesen Fall zugänglich war.

Mehr als ein Dutzend Bücher widmete sich dem 25. Dezember 1996, an dem JonBenét Ramsey getötet wurde, aber über den EAR-ONS war bislang nur dieses eine, schwer zu beschaffende Buch im Selbstverlag erschienen. Dabei umspannte dieser Fall ein Jahrzehnt und einen ganzen Staat; sechzig Opfer waren zu beklagen; er führte zu einer Gesetzesänderung zum Umgang mit DNA in Kalifornien.* Ganz zu schweigen von vielen anderen Besonderheiten, den seltsamen Bemerkungen des Verdächtigen an den Tatorten (»Ich bringe euch um wie schon die Leute in Bakersfield«), dem Gedicht, das er geschrieben haben soll (»Excitement's Crave – Gier der Erregung«) oder der Stimme auf Band (ein kurzes, höhnisches Flüstern, das die Polizei mit einer Vorrichtung am Telefon des Opfers aufgenommen hat).

Schon beim ersten Einloggen in das EAR-ONS-Forum war ich von dem kompetenten Crowdsourcing dort beeindruckt. Sicher, es gibt auch Spinner, etwa den Typen, der gute Absichten

---

* Dieser Fall gab den Impuls für die California Proposition 69, einen 2004 angenommenen Gesetzesentwurf, der vorschrieb, von allen Straftätern sowie Erwachsenen und Jugendlichen, denen bestimmte Verbrechen (z. B. Sexualdelikte, Mord, Brandstiftung) vorgeworfen wurden, DNA-Proben zu nehmen. Der Bruder des ermordeten Keith Harrington, Bruce Harrington, unterstützte die Initiative mit fast zwei Millionen Dollar.

hat, aber darauf beharrt, Ted Kaczynski, der sogenannte Unabomber, sei der EAR-ONS. Aber zu einem großen Teil sind die Analysen erstklassig. Ein eifriger Autor namens PortofLeith half zum Beispiel herauszuarbeiten, dass die Studientermine der California State University-Sacramento in den Jahren, in denen der EAR aktiv war, mit seinen Verbrechen korrelierten. Mitglieder des Forums nutzen geografische Karten, um alles Mögliche zu veranschaulichen, von der Lage der einzelnen Tatorte über Orte möglicher Sichtungen bis zu der Stelle in Dana Point, an der er einen blutigen Motocrosshandschuh fallen ließ. Hunderte Posts nehmen seine potenziellen Verbindungen zum Militär unter die Lupe, zu Immobilien und zum Gesundheitswesen.

Die EAR-ONS-Schnüffler sind kluge Leute, und mit ihrer Klugheit wollen sie ihn tatsächlich schnappen. In einem Starbucks in Los Angeles traf ich mich mit einem Informatikstudenten, um über die Person zu sprechen, die er als Täter ins Auge gefasst hat. Vor unserer Verabredung bekam ich eine siebenseitige Abhandlung mit Fußnoten, Karten und Jahrbuchfotos des Verdächtigen. Ich stimmte ihm zu, dass der Mann vielversprechend schien. Allerdings machte dem Studenten zu schaffen, dass er die Schuhgröße des Verdächtigen nicht kannte (mit Größe 42 oder 42½ lag der EAR knapp unter dem Durchschnitt für Männer).

Forumsmitglieder neigen zur Paranoia, benutzen meist Pseudonyme und geraten in ihrem Eifer gern mal aneinander – was bei Menschen, die viel Zeit im Internet mit Diskussionen über Serienmörder verbringen, vielleicht nicht weiter verwundert. Die Sozialarbeiterin fungiert als eine Art Torwächterin zwischen den Ermittlern aus Sacramento und dem Forum. Das ärgert einige Teilnehmer, die ihr unterstellen, sie würde vertrauliche Informationen besitzen und nicht weitergeben.

Dabei steht außer Frage, dass sie neue Informationen mit

den anderen teilt. Am 2. Juli 2011 postete die Sozialarbeiterin eine Zeichnung eines Aufklebers, der auf einem verdächtigen Fahrzeug nahe dem Schauplatz einer Vergewaltigung in Sacramento gesehen wurde.

»Möglicherweise ist er von der Naval Air Station North Island, ist aber nicht bestätigt, und es gibt keine Aufzeichnungen. Kennt ihn hier jemand? Ich hoffe, wir können herausfinden, woher er stammt.«

Wir.

Je mehr ich mich in das Forum hineinziehen ließ, desto offensichtlicher wurde mir, dass sich auch Polizisten unter den Mitgliedern befanden. Die Netzdetektive, die aus ihren eigenen, unterschiedlichen Gründen von diesen jahrzehntealten Fällen fasziniert waren, bildeten die Meute, die den Mörder mithilfe ihrer Laptops jagte, doch die Ermittler lenkten sie dabei subtil.

Die Sozialarbeiterin fuhr mit mir zu den Schauplätzen der EAR-Fälle, zu dem Wohnviertel mit den bescheidenen einstöckigen Häusern, das an die alte Mather Air Force Base grenzte, durch die größeren, grüneren Wohnviertel in Arden-Arcade und Del Dayo. Seit etwa fünf Jahren arbeitete sie formlos mit den Ermittlern in Sacramento zusammen, erzählte sie mir.

»Ich habe während der heißen Phase hier gewohnt«, sagte sie. Damals war sie jung, gerade Mutter geworden, und sie erinnert sich noch an die Stimmung damals. Etwa bei der fünfzehnten Vergewaltigung verwandelte sich der Schrecken in ein Gefühl hilfloser Lähmung.

Der Osten Sacramentos, in dem der EAR-ONS seine Opfer suchte, macht schon äußerlich einen ruhigen, gediegenen Eindruck. Wir fuhren einen ganzen Block entlang, der komplett in Beige gehalten war. Es erscheint abwegig, dass sich hinter diesen Fassaden etwas Finsteres verbergen soll, und doch sind hier unglaubliche Dinge geschehen. Wir bogen in den Malaga

Way ab, in dem am 29. August 1976 eine Zwölfjährige vom Klimpern ihres Windspiels und vom durchdringenden Geruch nach Aftershave geweckt wurde. Ein maskierter Mann stand an ihrem Fenster und wollte die linke obere Ecke ihres Fliegengitters mit einem Messer losstemmen.

»Es ist wirklich hart, darüber nachzudenken«, sagte die Sozialarbeiterin. Warum tat sie es dann?

Sie hatte vor einigen Jahren abends im Bett durch die Fernsehprogramme geschaltet und das Ende einer Folge der *Cold Case Files* erwischt. Als sie den Fall erkannte, fuhr sie entsetzt auf. *O Gott*, dachte sie, *er ist zum Mörder geworden*.

Eine unbehagliche Erinnerung aus dieser Zeit ließ ihr keine Ruhe, und sie kontaktierte das Sacramento Police Department, um zu klären, ob sie es sich nur eingebildet hatte. Das hatte sie nicht. Der Polizist bestätigte ihr, dass sie noch vor den ersten Medienberichten über die Vorliebe des EAR, seine Opfer anzurufen, dreimal Anzeige gegen einen obszönen Anrufer erstattet hatte, einen Stalker, von dem sie sagt: »Er wusste alles über mich.« Heute glaubt sie, dass dieser Anrufer der EAR-ONS war.

In der Ferne funkelte blau der American River. Sie fühle sich »spirituell« berufen, bei der Aufklärung des Falls mitzuhelfen, erzählte die Sozialarbeiterin mir.

»Aber ich habe gelernt, dass man vorsichtig sein muss, dass man auf sich aufpassen muss. Sonst kann es einen verschlingen.«

Kann? Wir hatten in den letzten vier Stunden über nichts anderes als den EAR-ONS gesprochen. Wenn ihr Mann bei Dinnerpartys bemerkt, dass sie bedrohlich auf das Thema zusteuert, tritt er sie unter dem Tisch und flüstert: »Lass es.« Ich brachte einmal einen Nachtmittag damit zu, jedes mögliche Detail über ein Mitglied der Wasserpolomannschaft von 1972 der Rio Americano High School herauszufinden, weil er auf seinem Jahrbuchfoto aussah, als wäre er schlank und hätte kräftige Waden (was eine Zeit lang als Merkmal des EAR-ONS galt). Die Sozialarbeiterin aß mit einem Verdächtigen zu Abend und steckte seine Wasserflasche wegen der DNA ein. In den Polizeiakten werden Verdächtige oft mit den Nachnamen zuerst aufgeführt, und an meinem Tiefpunkt suchte ich vor lauter Verwirrtheit schon nach »Lary, Burg«, bevor sich meine Augen und mein Hirn neu justierten und *burglary*, Einbruch, erkannten.

In meiner Kehle steckt fortwährend ein Schrei. Als mein Mann einmal auf Zehenspitzen in unser Schlafzimmer schlich, um mich nicht zu wecken, sprang ich aus dem Bett, riss die Lampe von meinem Nachttisch und schlug nach seinem Kopf. Zum Glück traf ich nicht. Als ich am nächsten Morgen wieder sah, was ich getan hatte, zuckte ich zusammen. Dann tastete ich auf der Decke nach meinem Laptop und setzte meine akribische Lektüre der Polizeiberichte fort.

Trotzdem lachte ich nicht über die freundliche Warnung der Sozialarbeiterin, ich solle aufpassen, dass es nicht zur Besessenheit wurde. Ich nickte. Ich spielte bei der Illusion mit, wir würden den Eingang zum Kaninchenbau nur umkreisen und nicht längst hineingefallen sein.

In diesem Kaninchenbau leistet uns ein Dreißigjähriger aus Südflorida Gesellschaft, den ich den »Kleinen« nenne. Der Kleine hat Film studiert und Andeutungen über eine schwierige Beziehung zu seiner Familie fallen lassen. Details sind dem Kleinen wichtig. Neulich hat er im Kabelfernsehen *Dirty Harry* ausgeschaltet, »weil der Sender nach dem Vorspann das Format von 21:9 auf 16:9 umgeschaltet hat«. Er ist klug, akribisch und manchmal schroff. Und meiner Meinung nach stellt er unter den Amateuren die größte Hoffnung für diesen Fall dar.

Die meisten Menschen, die mit dem EAR-ONS vertraut sind,

stimmen darin überein, dass seine geografische Spur zu den wichtigsten Hinweisen gehört. Es gibt nicht allzu viele Männer, die zwischen, sagen wir, 1943 und 1959 geboren wurden und zwischen 1976 und 1986 in Sacramento, Santa Barbara County und Orange County gelebt oder gearbeitet haben.

Doch nur der Kleine hat fast viertausend Stunden lang Daten gesammelt, Möglichkeiten geprüft, ins Blaue hinein alles von Ancestry.com bis zu USSearch.com durchsucht. Dank eBay besitzt er ein 1977 von R. L. Polk herausgegebenes Adressverzeichnis der Vororte von Sacramento. Das Telefonbuch von Orange County von 1983 ist digital auf seiner Festplatte gespeichert.

Dass der Kleine erstklassige Arbeit leistet, ahnte ich, sobald ich mich für den Fall zu interessieren begann. Durch seine Antworten im Forum hatte er einen kompetenten Eindruck gemacht, deshalb schrieb ich ihn per Mail wegen eines möglichen Verdächtigen an, den ich entdeckt hatte. Mittlerweile habe ich gemerkt, dass dieses aufregende Gefühl, einen möglichen Verdächtigen gefunden zu haben, dem ersten kopflosen Verliebtsein in einer Beziehung sehr ähnlich ist. Obwohl leise Alarmglocken klingeln, stürzt man sich weiter hinein, weil man überzeugt davon ist, er wäre der Richtige.

Ich hatte meinem Verdächtigen quasi schon die Handschellen angelegt. Aber der Kleine war mir ein Jahr Recherche und mehrere Datenbanken voraus. »Mit dem Namen habe ich lange nichts mehr gemacht«, schrieb er zurück. Der Mail hängte er ein Bild von einem mürrischen Streber mit Pullunder an, ein Jahrbuchfoto meines Verdächtigen. »Steht bei mir nicht oben auf der Liste«, schrieb der Kleine.

Um zu veranschaulichen, wie schwierig die Bewertung potenzieller Verdächtiger ist, zeigte er später, dass rein nach den Aufenthaltsorten und der Personenbeschreibung des EAR-ONS selbst Tom Hanks infrage käme. (Der, das möchte ich betonen, schon wegen des Drehplans der Serie *Bosom Buddies* ausgeschlossen werden kann.)

Im letzten Frühling machte ich mit meiner Familie in Florida Urlaub und verabredete mich mit dem Kleinen in einem Café. Er ist attraktiv, adrett, dunkelblond und redegewandt, ein untypischer Kandidat für zwanghafte Datenanalysen zu alten Verbrechen, zu denen er keine persönliche Verbindung hat. Einen Kaffee lehnte er ab und rauchte stattdessen eine Camel Light nach der anderen. Wir unterhielten uns ein wenig über Kalifornien und das Filmgeschäft. Er erzählte, er sei einmal nach Los Angeles geflogen, um den Director's Cut seines Lieblingsfilms zu sehen, Wim Wenders' *Bis ans Ende der Welt*.

Vor allem sprachen wir über unsere gemeinsame Manie. Der Fall ist so verworren und schwer zusammenzufassen, dass es immer eine Erleichterung ist, mit jemandem zu reden, dem ein paar Stichworte reichen. Wir wirkten beide etwas ratlos und verlegen wegen unserer Versessenheit. Bei einer Hochzeitsfeier kurz zuvor hatte der Bräutigam ein Gespräch zwischen seiner Mutter und dem Kleinen, einem alten Freund, unterbrochen. »Erzähl ihr von deinem Serienmörder!«, hatte der Bräutigam dem Kleinen vorgeschlagen, bevor er weitergegangen war.

Ich sagte, ich müsse immer wieder an Experimente denken, die zeigten, dass Tiere in Gefangenschaft lieber nach ihrem Futter suchen, als es vorgesetzt zu bekommen. Die Suche ist der Hebel, der unseren Dopaminstoß auslöst. Was ich nicht erwähnte, war die verstörende Einsicht, wie sehr unsere fieberhafte Suche dem zwanghaften Verhalten des Mannes glich, den wir suchten – die zertretenen Blumenbeete, Kratzer an Fliegengitterfenstern, Anrufe, ohne sich zu melden …

Jeff Klapakis vom Santa Barbara County Sheriff's Department schaffte es irgendwann mit einer beiläufigen Bemerkung, dass mir meine Faszination nicht ganz so seltsam vorkam. Wir saßen in der »Einsatzzentrale« zum EAR-ONS, die er sich mit seinem Partner teilte, einem kleinen Büroraum voller Ablagekörbe, in denen sich alte Mappen stapelten. Hinter ihm hing eine Google-Earth-Karte von Goleta in Postergröße, auf der die Tatorte der Doppelmorde markiert waren. Sie hatten sich über neunzehn Monate, aber nur einen Kilometer verteilt. Der San Jose Creek schlängelte sich mitten durch die Karte, die wuchtigen, ausladenden Bäume an seinen Ufern hatten dem EAR-ONS Schutz geboten.

Ich fragte Klapakis, wieso er aus dem Ruhestand zurückgekehrt sei, um diesen Fall zu bearbeiten. Er zuckte mit den Schultern.

»Ich liebe Rätsel«, sagte er.

Der Kleine wollte auf dasselbe hinaus, als er eine knappe Selbstauskunft für etwaige Ermittler verfasste, die auf seine Recherchen stoßen mochten. Sein Interesse, schrieb er über sich in der dritten Person, lasse sich »nicht in wenigen Worten erklären, vielleicht könnte man sagen, dass es um eine große Frage mit einer einfachen Antwort geht und er diese Antwort einfach erfahren muss«.

Der Kleine teilte schließlich sein Bravourstück mit mir, das er »die Masterliste« nannte, ein 118 Seiten langes Dokument mit den Namen von etwa zweitausend Männern und Informationen über sie, darunter Geburtsdatum, aktuelle und frühere Adressen, Vorstrafen und sogar Fotos, so weit vorhanden. Seine Gründlichkeit – die Liste hat ein detailliertes Register – machte mich sprachlos. Unter einigen Namen stehen Anmerkungen (»engagierter Fahrradaktivist« und »Verwandte: Bonnie«), die keinen Sinn ergeben, es sei denn, man weiß wie wir viel zu viel über einen möglicherweise toten Serienmörder, der zuletzt während Reagans Präsidentschaft aktiv war.

»Irgendwann muss ich mich von alldem losreißen und mich auf mein eigenes Leben konzentrieren«, schrieb mir der Kleine in einer Mail. »Es entbehrt nicht einer gewissen Ironie – je mehr Zeit und Geld ich in dieses unzweckmäßige (und für die meisten unerklärliche) Unterfangen stecke, desto befähigter bin ich, damit weiterzumachen, damit ich dieses Arschloch vielleicht irgendwann identifizieren und so meine Investition rechtfertigen kann.«

Nicht jeder bewundert die Forumsdetektive oder ihre Arbeit. Neulich loggte sich ein Unruhestifter ein und hetzte gegen die Teilnehmer, die er als Möchtegernpolizisten mit einer perversen, armseligen Manie bezeichnete. Er warf ihnen vor, sie seien dilettantische Wichtigtuer mit einem ungesunden Interesse an Vergewaltigung und Mord.

»*Walter Mitty, Detektiv*«, schrieb er.

Ich war zu dieser Zeit überzeugt, dass einer dieser Walter Mittys den Fall wahrscheinlich aufklären würde.

EAST SACRAMENTO, 2012

Was die Menschen sehen: Scheinwerfer auf dem freien Feld hinter ihrem Haus, wo kein Auto sein sollte. Einen Mann mit einem weißen Hemd und dunkler Hose, der nachts um drei durch ein Loch im Zaun des Nachbarn klettert. Aufgebrochene Türen. Den Schein einer Taschenlampe, der durch ihr Schlafzimmerfenster fällt. Einen Mann, der aus einem Entwässerungsgraben steigt und in den Nachbargarten schleicht. Tore, die geschlossen waren und jetzt offen stehen. Unter einem Baum auf der anderen Straßenseite einen dunkelhaarigen Mann in einem blauen Freizeitanzug, der sie anstarrt. Geheimnisvolle Fußabdrücke im Garten. Einen Mann, der durch ein Gebüsch bricht und sich auf ein Fahrrad schwingt. Wieder Taschenlampenlicht in Schlafzimmerfenstern. Die untere Hälfte eines Mannes mit einer braunen Cordhose und Tennisschuhen, der an einem Haus entlangrennt und hinter einem Blumenkübel verschwindet. Einen Mann, der an die Tür klopft und wissen will, wie viele Personen in dem Haus wohnen, obwohl in diesem Jahr keine Volkszählung stattfindet. Ihren Nachbarn, einen vierunddreißig Jahre alten Mann, der morgens um zwei in Unterwäsche und an Händen und Füßen gefesselt aus seinem Haus taumelt und um Hilfe ruft.

Was die Menschen hören: bellende Hunde. Schwere Schritte auf dem Lavasteinweg. Schnitte durch ein Fliegengitter. Einen dumpfen Schlag gegen die Klimaanlage. Wie sich jemand an der gläsernen Schiebetür zu schaffen macht. Kratzen an der Hausseite. Einen Hilferuf. Ein Handgemenge. Schüsse. Den lang gezogenen Schrei einer Frau.

Niemand ruft die Polizei.

Diese Beobachtungen sammeln die Polizisten bei den Befragungen der Nachbarn nach vollbrachter Tat. Manchmal, wenn sie anklopfen, zeigt ihnen jemand ein zerschnittenes Fliegengitter oder ein kaputtes Terrassenlicht. Beim Lesen der Polizeiberichte erschien mir die Untätigkeit der Nachbarn anfangs nur seltsam. Der Gedanke ließ mich nicht mehr los. Zum Teil passierten diese verdächtigen Dinge in Sacramento während der Phase der größten Panik vor dem East Area Rapist, und trotzdem wurden sie nicht gemeldet.

»Er ist ständig durch diese Viertel geschlichen. Warum haben das nicht mehr Leute gemeldet?«, fragte ich Richard Shelby. Shelby hat markante Gesichtszüge, die zu einem pensionierten Polizisten Mitte siebzig draußen in Placer County passen. Er ist groß und wachsam, und wie bekannt fehlt ihm die Hälfte des linken Ringfingers, was ihm fast den Zugang zum Polizeidienst versperrt hätte. Doch er hatte auch etwas Sanftes an sich. Er trägt ein hellblaues Hemd, seine Stimme ist extrem leise, und als die Kellnerin beim Mittagessen sagte, es gebe keine Limonade mehr, runzelte er nicht die Stirn, sondern lächelte nur und murmelte: »Dann Eistee.« Shelby, der selbst zugibt, dass seine Karriere im Sacramento County Sheriff's Department holprig verlief, stieß früh zu den Ermittlungen, im Herbst 1976. Und er sah als einer der Ersten die Zusammenhänge und erkannte, dass sie es mit einem Serienvergewaltiger zu tun hatten.

»Was denn melden?«, sagte Shelby nicht ohne einen gewissen Spott in der Stimme. »Es ist Nacht. Er ist komplett schwarz gekleidet. Schleicht an den Hecken lang. Was sieht man da?«

»Ich meine, was bei der Befragung der Nachbarn herausgekommen ist. Sie haben doch sogar zugegeben, dass sie etwas gehört und gesehen haben.«

Mir ging vor allem eine Zeile nicht mehr aus dem Kopf, die ein Polizist bei der Hausbefragung in der Umgebung der Kreuzung Malaga Way und El Caprice Drive in Rancho Cordova, am 1. September 1976, nach der dritten Vergewaltigung, aufgeschrieben hatte. »Mehrere Nachbarn sagten aus, dass sie die Schreie hörten, aber nicht hinaussahen.«

Im Januar 1977 entdeckte ein Mann, der am Südufer des American River wohnte und bei dem kurz zuvor eingebrochen worden war, einen jungen Typen, der beim Nachbarhaus ins Fenster starrte. Er hustete, um den Spanner wissen zu lassen, dass er entdeckt worden war. Der Fremde lief weg. Die Geste wirkte beinahe höflich. Eine Woche später wurde eine fünfundzwanzig Jahre alte Frau eine Straße weiter nördlich Opfer Nummer elf. Sie war damals im sechsten Monat schwanger.

Vielleicht war dieser Widerwille gegen Anrufe bei der Polizei bezeichnend für die Siebziger. Ich erwähnte Shelby gegenüber die allgemeine Verunsicherung in der Zeit nach Vietnam, doch Shelby schüttelte den Kopf. Er kannte den Grund nicht, aber daran lag es nicht. Die Passivität der Nachbarn war für ihn nur ein Problem von vielen. Nicht nur die Bürger hatten versagt, sondern auch Shelbys Vorgesetzte, die so sehr mit ihren Machtspielchen beschäftigt waren. Auch Shelby in seinem Streifenwagen hatte Fehler begangen. Genau wie der Polizist, der einem Anrufer, der unter der Hecke hinter seinem Haus einen Stoffbeutel mit einer Taschenlampe, einer Skimaske und Handschuhen gefunden hatte, sagte: »Werfen Sie ihn weg.«

Shelby lebt jetzt etwa fünfzig Kilometer nördlich von Sacramento auf dem Land, wo er, wie er es ausdrückt, »auf Bauer macht«. Zum Mittagessen allerdings trafen wir uns in seinem alten Revier, dem Viertel am Fluss, durch dessen Straßen er vor sechsunddreißig Jahren Patrouille gefahren war, die Armaturenbeleuchtung gedimmt, geleitet nur von kurzen Durchsagen über Funk und der Hoffnung, er würde an der richtigen Stelle abbiegen und mit seinen Scheinwerfern einen jungen Mann um die eins fünfundsiebzig mit einer Skimaske erfassen. In seiner ganzen Laufbahn begegnete Shelby keinem zweiten Täter wie dem East Area Rapist. Immer wieder wurden auf Dächern kleine Gegenstände gefunden, die er Opfern gestohlen hatte. Aus irgendeinem Grund warf er sie dort hinauf. Nachdem genug Leute wegen seltsamer dumpfer Geräusche auf ihren Dächern angerufen hatten, begriff Shelby, dass die gestohlenen Gegenstände nicht hochgeworfen wurden, sondern ihm aus der Tasche fielen. Er kroch dort oben herum.

Shelby gehört zu diesen Menschen, die auf ihre direkte Art stolz sind, deren Blick aber zur Seite huscht, bevor sie etwas Unangenehmes sagen, und die damit ihre verborgene sanfte Seite verraten. Er hatte das Lokal ausgesucht, aber ich merkte ihm an, dass dieses Viertel für ihn immer der Ort bleiben würde, an dem ihm sein Gegenspieler durch seine Unberechenbarkeit entwischte. An dem er einmal das Spannerversteck dieses »soziopathischen Dreckskerls« gefunden hatte – gut zu erkennen an den zahlreichen Zigarettenstummeln und Schuhabdrücken mit Zickzackmuster, unter einem dicht gewachsenen Baum neben dem Northwood Drive. Ein weiteres subtiles Zeichen für seine Anwesenheit, das Nachbarn bemerkt, aber nicht gemeldet hatten.

»Die Leute halten ihn für so schlau«, sagte Shelby. Sein Blick huschte zur Seite. »Ehrlich gesagt musste er das nicht immer sein.«

Zu Beginn meiner Recherchen für einen Artikel über den EAR-ONS, den ich der Zeitschrift *Los Angeles* vorgeschlagen hatte, kam ich in Sacramento an einen USB-Stick mit über viertausend Seiten digitalisierter alter Polizeiberichte. Ich erhielt den Stick im Zuge eines altmodischen Tauschhandels, bei dem keiner dem anderen recht traut, also streckten wir die Hände aus, sahen uns fest in die Augen und vereinbarten, unsere Waren gleichzeitig loszulassen, damit der andere sie nehmen konnte. In meinem Besitz befand sich eine seltene Aufnahme auf CD, ein zweistündiger Verhörmitschnitt einer am Rande beteiligten, aber wichtigen Person im Zusammenhang mit einem der Morde in Südkalifornien. Ich übergab sie, ohne mit der Wimper zu zucken. Zu Hause lag noch eine Kopie.

Solche heimlichen Geschäfte als Ergebnis verstohlener Bündnisse, geschmiedet durch eine gemeinsame Besessenheit, waren nicht unüblich. Internetdetektive, pensionierte Polizisten und aktive Ermittler – alle machten mit. Ich bekam so einige Mails mit der Betreffzeile »Quidproquo«. Genau wie die anderen Detektive war ich der Überzeugung, ich allein würde entdecken, was allen anderen entging. Dafür musste ich aber wirklich *alles* wissen.

Die größenwahnsinnige Spürnase in mir konnte es kaum erwarten, den USB-Stick in mein Laptop im Hotel zu stecken. An jeder Ampel berührte ich die oberste Tasche meines Rucksacks, um sicherzugehen, dass der kleine unscheinbare Speicherstick noch dort war. Ich wohnte im Citizen Hotel in der J Street mitten in der Stadt. Mir hatten die Bleiglasfenster und die senffarbene Streifentapete auf den Fotos im Netz gefallen. Die Wände der Rezeption bestanden aus eingebauten Bücherregalen. Der Empfangstresen war verschnörkelt und blutrot lackiert.

»Wie würden Sie diesen Stil beschreiben?«, fragte ich den Rezeptionisten beim Einchecken.

»Als Mischung aus juristischer Bibliothek und Bordell«, sagte er.

Später fand ich heraus, dass der Architekt dieses Gebäudes,

George Sellon, auch das Gefängnis San Quentin entworfen hatte.

In meinem Zimmer zog ich sofort den frischen weißen Hotelbademantel an. Ich ließ die Jalousie herunter und stellte mein Handy aus. Eine Tüte Gummibärchen aus der Minibar leerte ich in ein Glas, stellte es neben mich auf das Bett und setzte mich im Schneidersitz vor mein Laptop. Vor mir lagen ausnahmsweise einmal vierundzwanzig Stunden ohne Störung oder Ablenkung – keine kleinen, von Farbe verschmierten Kinderhände, die gewaschen werden wollten, kein gedankenverlorener, hungriger Ehemann, der in die Küche kam, um nach dem Abendessen zu fragen. Ich steckte den USB-Stick in den Computer. Innerlich im Post-Sortier-Modus und mit dem Zeigefinger auf der Pfeiltaste nach unten las ich nicht, sondern verschlang.

Polizeiberichte lesen sich wie Geschichten, die Roboter erzählen. Sie sind prägnant und zielgerichtet und lassen wenig Raum für Bewertungen oder Emotionen. Anfangs sagte mir diese Knappheit zu. Ich war sicher, dass so befreit von allem Überflüssigen sein Name aufscheinen würde. Ich lag falsch. Die gedrängte Form der Berichte täuscht. Bei ausreichender Lektüre häufen sich selbst die knappsten Details zu einem undurchdringlichen Wust auf. Einzelne Momente stachen heraus, sie lösten Gefühlsregungen aus, mit denen ich nicht gerechnet hätte – die seit Kurzem getrennt lebende achtunddreißigjährige Mutter, die im Dunkeln über den Boden robbt, nach der Spielzeugsäge ihres Sohns tastet und vergeblich versucht, damit die Fesseln um ihre geschwollenen Hände aufzutrennen; die Dreizehnjährige, die gefesselt auf ihrem Bett liegt und, nachdem der Vergewaltiger ihr Zimmer verlassen hat, ihren geliebten Hund fragt: »Du Trottel, warum hast du nichts gemacht?« Der Hund stupst sie mit der Nase an. Sie sagt ihm, er solle sich hinlegen und schlafen, was er auch tut.

SACRAMENTO COUNTY SHERIFF'S DEPARTMENT
DUANE LOWE, SHERIFF
CONTINUATION REPORT

8/10/77
1300

Contacted victim ▮▮▮▮ at her residence for the purpose of asking a series of questions pertaining to the attack on the victim on 10/5/76.

1. Victim received 2 suspicious phone calls (no answer when victim answered phone) about 2 weeks prior to the attack. She further stated that she was the victim of a Burglary 2 weeks prior to the attack.
2. Victim stated that the house accross the street from her residence was for sale at the time of the attack. The house was listed by Century 21 ▮▮▮▮ and the house has no swimming pool.
3. ▮▮▮▮ stated that she did not notice any unusual actions on the part of the suspect as she was blindfolded immediately.
4. The victim has no idea if the suspect was Right or Left handed.
5. The victim cannot recall if she made any purchases or gave her name, address and phone number to anyone just prior to the rape.
6. The victim owns a ▮▮▮▮ and a ▮▮▮▮.
7. Her phone was listed under the name of ▮▮▮▮.
8. The only contact with door to door salesmen was the Fuller Brush man but he is an elderly man.
9. The victim has a personal checking account with her name, address and phone number printed on the checks.

End of interview.

SGT J. BEVINS 31 Det

Eine typische Seite der umfangreichen Unterlagen des Sacramento County über die Verbrechen des East Area Rapist.

Stunden verstrichen. Die Gummibärchen waren längst vertilgt. Mein Zimmer lag im neunten Stock, direkt über einem großen Festpavillon mit einer Hochzeitsgesellschaft. Auf dem Weg in mein Zimmer musste ich den Brautjungfern in ihren meerschaumgrünen Kleidern ausweichen, die im Flur für Fotos posierten, und jetzt setzte die Musik ein. Und zwar laut. Ich griff zum Hörer, um bei der Rezeption anzurufen. Was sollte ich sagen? »Freut euch leiser?« Ich legte das Telefon weg. Ich fühlte mich kribbelig – durch den Zucker, meinen Hunger und zu viel Zeit allein im Dunkeln mit fünfzig Kapiteln einer Horrorgeschichte, erzählt von einer so monotonen Stimme, dass sie dem Mitarbeiter einer Kfz-Zulassungsstelle hätte gehören können. Meine Augen waren vom Monitorlicht müde und staubtrocken. *Celebration* von Kool and the Gang lieferte nicht den richtigen Soundtrack für meine Gemütsverfassung.

Die Stadt Sacramento liegt am nördlichen Ende des kalifornischen Central Valley, wo der Sacramento River und der American River zusammenfließen, und schon beim Bau wurden Abflussmöglichkeiten berücksichtigt. Es wurde so geplant, dass überschüssiges Wasser aus den Bergen oder durch Regenfälle den Fluss hinunter zum California Delta und weiter ins Meer strömte. Das weiß ich nur, weil Abwassergräben und betonierte Kanäle häufig in den Polizeiberichten vorkommen. Von Anfang an war durch Schuhabdrücke und andere Spuren, durch Zeugenaussagen und aufgrund der Tatsache, dass ein Opfer dorthin gebracht wurde, klar, dass der East Area Rapist sich entlang dieser Wege fortbewegte, dass er wie ein nachtaktives Tier den Einbruch der Dunkelheit abwartete. Das erinnerte mich an eine berühmte Szene aus dem Film *Der Schrecken vom Amazonas*, in der die Meeresbiologin Kay, gespielt von der bildhübschen Julie Adams, vom Expeditionsschiff in die schwarze Lagune springt und wir unter Wasser zusehen, wie das furchterregende menschenähnliche Wesen aus dichtem Seetang hervorschwimmt, unter sie gleitet, fasziniert ihre Bewegungen spiegelt. Man wartet darauf, dass sie es sieht und panisch um sich schlägt, doch es bleibt unentdeckt. Nur einmal streift es mit einer schuppigen, mit Schwimmhäuten versehenen Klaue ihren Fuß, und sie zuckt erschrocken zurück.

Der East Area Rapist stalkte einzelne Personen, aber nach der Lektüre der Polizeiberichte war klar, dass er die Wohnviertel insgesamt heimsuchte, indem er Sacramentos abgesenktes Labyrinth aus Kanälen und Abwassergräben durchquerte. Er bevorzugte einstöckige Häuser – nach Möglichkeit das vorletzte vor einer Kreuzung, mit einer Grünfläche in der Nähe, einem freien Feld oder einem Park. Vor den Überfällen gab es Hinweise darauf, dass jemand um die Häuser schlich. Bei den Nachbarn des Opfers wurde eingebrochen, kleine Dinge ohne Wert, zum Teil persönliche Gegenstände, verschwanden. Direkt vor einem Überfall gab es in einem Radius von vier, fünf Blocks um das Haus zahlreiche Telefonanrufe, bei denen sich niemand meldete. Er spähte das Umfeld aus. Er analysierte die Menschen, fand heraus, wann sie zu Hause waren. Offenbar hatte er es sich zur Methode gemacht, sich ein Wohnviertel auszusuchen, ein halbes Dutzend möglicher Opfer ins Visier zu nehmen und vielleicht sogar eine Rangliste aufzustellen. Er maximierte die Anzahl seiner Möglichkeiten und leistete Vorarbeit; wenn er sein Vorhaben dann umsetzen wollte, wusste er sehr genau, wie er seinen Trieb befriedigen konnte.

Das bedeutet, dass es Frauen gibt, die ihm durch eine Veränderung ihres Zeitplans oder durch glückliche Zufälle nicht zum Opfer fielen, die aber – wie das Objekt der Begierde des Kiemenmenschen vom Amazonas – die flüchtige Berührung von etwas Furchteinflößendem spürten.

In den dürftigen fünf, sechs Zeilen, die ihnen in den Berichten zugestanden werden, vermitteln die Nachbarn gedrängt wie in einem Haiku einen Eindruck von einem bestimmten Zeitpunkt und Ort. Bei den Befragungen antworten sie, sie seien auf dem Heimweg von der Disco gewesen oder von einer Doppelvorstellung von *Erdbeben* und *Verschollen im Bermuda-Dreieck* im Autokino oder vom Jack-LaLanne-Fitnessstudio. Sie berichteten, sie würden zwei Damenjacken Größe 36 vermissen, eine aus braunem Wildleder, die andere aus Glattleder. Ein Mädchen sah einen verdächtig wirkenden Mann, der Ähnlichkeit mit Discjockey Wolfman Jack hatte. Vertreterbesuche aller Art – Handelsvertreter, Porträtfotografen, Maler – waren damals an der Tagesordnung. In einer Wohngegend schienen alle morgens um fünf zur Arbeit zu gehen. Neue, »schicke« Autos fielen diesen Menschen sofort auf. In anderen Vierteln, vor allem nördlich des American River, war manchmal nur ein Kindermädchen im Haus, um die Fragen der Polizisten zu beantworten. Diese Nachbarn reagierten auf »dreckige« Autos misstrauisch, auf Autos mit Beulen an der Seite, auf heruntergekommene »Schrottkarren«.

Im April 1977 hob ein Junge seine kleine Schwester auf seine Schultern. Von ihrer höheren Position aus bemerkte sie plötzlich jemanden im Nachbargarten, einen Weißen in dunkler Kleidung, der im Gebüsch hockte. Als er merkte, dass er entdeckt worden war, rannte er weg und übersprang dabei mehrere Zäune. Einen Monat später weckte die Nachbarin, eine junge Kellnerin, morgens um vier ihren Mann. »Ich habe was gehört. Ich habe was gehört«, sagte sie. In ihrer Schlafzimmertür leuchtete eine Taschenlampe auf. Sie sagte der Polizei später, sie habe die Drohung des EAR, er würde sie umbringen, geglaubt und habe gefesselt im Dunkeln gelegen und sich gefragt, wie es sich anfühlen würde, wenn eine Kugel ihren Körper durchschlägt.

Wenn man die Berichte aus Sacramento liest, kann man nachvollziehen, wie die Anwesenheit eines Serienvergewaltigers ins öffentliche Bewusstsein gedrungen ist. Beim ersten Dutzend Überfälle lag das Wissen darum praktisch bei null, als die Geschichte dann durch die Medien ging, kamen erste Gerüchte auf. Paranoia machte sich breit. Ein Jahr nach den ersten Überfällen berichteten Opfer, sie seien von einer Taschenlampe geweckt worden und hätten sofort gedacht: *O Scheiße! Das ist er.* Sie erzählten den Ermittlern, sie hätten ihr Verhalten dem Tratsch angepasst, den sie über den East Area Rapist gehört hatten, und sich zum Beispiel hingekauert, weil es ihm angeblich gefiel, seine Opfer so verängstigt zu sehen. Nach etwa einem Jahr war die Untätigkeit der Nachbarn nicht mehr mit Ahnungslosigkeit oder Trägheit zu entschuldigen. Es war reine Wagenburgmentalität. Wenn sie etwas sahen, schlossen sie die Türen ab, schalteten das Licht aus, zogen sich ins Schlafzimmer zurück und hofften, er würde sie nicht holen. »Ich hatte Angst«, gab eine Frau zu. Aber warum hatte sie nicht die Polizei angerufen? Meine Gedanken kreisten immer wieder um die Frage, wie es hätte laufen können.

Die Menschen dachten nicht an ihre Nachbarn, doch er tat es. Ich glaube, um den Kick zu erhöhen, trieb er Spielchen mit den Leuten und hinterließ absichtlich Spuren. Dem ersten Opfer stahl er zum Beispiel zwei Päckchen Winston-Zigaretten, die er vor dem Haus des vierten Opfers deponierte. Modeschmuck, den er zwei Wochen zuvor aus dem Haus eines Nachbarn gestohlen hatte, ließ er im Haus des fünften Opfers zurück. Opfer Nummer einundzwanzig lebte in Rufweite einer Wasseraufbereitungsanlage, ein Angestellter der Anlage, der dreizehn Kilometer entfernt wohnte, wurde das nächste Opfer. Tabletten oder Waffenmunition von Opfern wurden später in Nachbargärten gefunden. Einige Opfer teilten denselben Nachnamen oder Beruf.

Es war ein Machtspiel, ein Zeichen der Allgegenwärtigkeit. Ich bin gleichzeitig überall und nirgends. Du glaubst vielleicht, du hättest nichts mit deinem Nachbarn gemein, doch das hast du. Die Gemeinsamkeit bin – ich. Ich bin derjenige, den du nie richtig wahrnimmst, dunkelhaarig, blond, stämmig, schlank, von hinten gesehen, im Dämmerlicht erspäht, das Band, das euch noch miteinander verbindet, auch wenn ihr nicht mehr gegenseitig auf euch achtgebt.

Als ich Sacramento verließ, war ich in schlechter Stimmung. Ich hatte nicht gut geschlafen. Auf dem Weg aus dem Hotel versperrte die verkaterte Hochzeitsgesellschaft den Ausgang. Am Flughafen kam ich an einer riesigen roten Hasenskulptur vorbei, die ich bei meiner Ankunft nicht bemerkt hatte, weil ich so in Gedanken versunken war. Ich weiß nicht, wie ich sie hatte übersehen können. Der siebzehn Meter lange, über vier Tonnen schwere Aluminiumhase hängt an Kabeln und sieht aus, als würde er sich auf den Gepäckbereich stürzen. Ich suchte auf meinem iPhone nach »Sac Flughafen Hase«, während ich auf meinen Flug wartete. In einem Artikel der Associated Press las ich, der Künstler Lawrence Argent sei beauftragt worden, ein Wahrzeichen für das neue Terminal zu schaffen, das im Oktober 2011 enthüllt wurde.

»Ich habe mit der Idee herumgespielt, dass etwas von außen in das Gebäude hineinspringt«, sagte Argent.

DIE MANSCHETTEN-KNOPF-CODA

Am Tag nachdem ich die Manschettenknöpfe gekauft hatte, rief ich den Kleinen an.* Ich erzählte ihm, dass ich sie als Lieferung per Nachtexpress bestellt hätte.
»An ein Postfach?«, fragte er. Ähm, nein, gab ich zu. Ein aberwitziger Gedanke schoss mir durch den Kopf: Der EAR-ONS verkaufte die Manschettenknöpfe dem Laden, in dem er selbst arbeitete und in dem er die Adressen der Kunden eingab. Es würde ihn sicher misstrauisch machen, dass jemand vierzig Dollar für den Nachtexpress von Manschettenknöpfen für acht Dollar zahlte.
Das Beste wäre es, die Knöpfe an die EAR-ONS-Ermittler weiterzugeben, das war mir klar. Damit ginge ich allerdings das Risiko ein, sie mit dieser eigenmächtigen Aktion zu verärgern. Zufällig hatte ich kurz zuvor mein erstes Interview mit Larry Pool in Orange County vereinbart. Ich beschloss, wenn das Interview gut lief, würde ich die Geschichte erzählen und ihm die kleinen goldenen Manschettenknöpfe in dem quadratischen Plastikbeutelchen überreichen.
Wie bei allen Ermittlern war das Problem, dass mich die Aussicht auf ein Treffen mit Pool einschüchterte. Er war als

---

* Der folgende Abschnitt ist ein Auszug aus einem frühen Entwurf von Michelles Artikel *In the Footsteps of a Killer*.

unnahbar beschrieben worden. Ich wusste, dass er seit vierzehn Jahren an dem Fall arbeitete. Zusammen mit Bruce Harrington, dem Bruder des Opfers Keith Harrington, hatte er entscheidend zur Annahme des Gesetzesentwurfs 69 beigetragen, durch den 2004 in Kalifornien eine DNA-Datenbank mit den Profilen sämtlicher Straftäter eingerichtet wurde. Das kalifornische Justizministerium führt jetzt die größte aktive DNA-Datenbank des Landes.

Pool und Harrington glaubten, durch die Erweiterung der Datenbasis würde ihnen der EAR-ONS sicher ins Netz gehen. Die Enttäuschung, als das nicht geschah, war bitter, wie mir gegenüber angedeutet wurde.

Ich hatte mir Larry Pool als knochenharten Polizisten mit grimmiger Miene in einem schummrigen Büro vorgestellt, die Wände mit Phantombildern des EAR-ONS zugepflastert. Im Vorraum des Labors für Computerforensik von Orange County begrüßte mich stattdessen ein freundlicher, wenn auch etwas förmlicher Mann mit einer Metallbrille und einem rot karierten Hemd. Wir setzten uns in ein Besprechungszimmer. Er war an diesem Tag Chef vom Dienst des Computerlabors, und wenn gelegentlich ein Kollege den Kopf durch die Tür streckte und etwas sagte, antwortete Pool mit einem knappen: »Verstanden.«

Ich lernte ihn als besonnenen Gesprächspartner kennen, als einen Menschen, hinter dessen stoischem Äußeren sich ein zuvorkommendes, hilfsbereites Wesen verbarg. Bei meinem Treffen mit Larry Crompton merkte ich, dass der pensionierte Ermittler die Tatsache, dass er den Fall nicht lösen konnte, persönlich nahm. Es halte ihn nachts oft wach, gestand Crompton, und er frage sich immer: »Was habe ich übersehen?«

Pool schien sich nicht so zu quälen. Anfangs hielt ich das für Überheblichkeit. Später begriff ich, dass es Hoffnung war. Er hat noch längst nicht aufgegeben.

Als sich unser Gespräch dem Ende zuneigte, hatte ich einen Menschen kennengelernt, dem korrektes Vorgehen sehr wichtig war, und ich kam zu dem Schluss, dass ihm die Geschichte der Manschettenknöpfe nicht gefallen würde. Aber schließlich wurde ich doch schwach, ich weiß nicht, warum. Ich redete zu schnell und durchkramte meinen Rucksack. Ohne eine Miene zu verziehen, hörte Pool sich alles an. Ich schob ihm die Manschettenknöpfe über den Konferenztisch zu. Er nahm das Tütchen und musterte es sehr genau.

»Für mich?«, fragte er mit ausdruckslosem Gesicht.

»Ja.«

Er gestattete sich den Hauch eines Lächelns.

»Ich glaube, ich mag Sie«, sagte er.

Als ich zu Hause in Los Angeles ankam, hatte Pool schon den Besitzer herausgesucht und ihm ein hochauflösendes Foto der Manschettenknöpfe gemailt. Ursprünglich hatten die Knöpfe einem verstorbenen Familienmitglied gehört, der Mann hatte sie vor dem Diebstahl nur kurze Zeit besessen. Sie sahen zwar aus wie seine, aber der Mann befürchtete, da könne Wunschdenken mit im Spiel sein. Deshalb fragte er bei einem anderen Verwandten nach, dem die Knöpfe vertrauter waren. Ein paar Tage später rief Pool mich an: Es waren nicht dieselben Manschettenknöpfe.

Ich war enttäuscht, Pool blieb gelassen. »Ich reagiere nicht mehr so stark wie früher auf solche Dinge«, hatte er vorher schon erzählt. Vor zehn Jahren, als die Verblüffung über die DNA-Übereinstimmung von EAR und ONS noch frisch war, standen ihm für seine Ermittlung sämtliche Ressourcen zur Verfügung. Einmal flog ein Hubschrauber des Orange County Sheriff's Department nach Santa Barbara, nur um die DNA-Probe eines Verdächtigen abzuholen. Der Verdächtige wurde damals observiert. Pool reiste nach Baltimore, um eine Leiche zu exhumieren. Das war vor den Anschlägen vom 11. September, und er erinnert sich noch, dass er Teile dieses Verdächtigen in seinem Handgepäck mitnahm.

Irgendwann wurde die Finanzierung für alte Fälle heruntergefahren. Ermittler wurden anderweitig eingeteilt. Und Pool ging bei neuen Entwicklungen emotional nicht mehr so mit. Sogar das Phantombild des EAR-ONS über Pools Schreibtisch wirkt bedacht und nüchtern – es zeigt den Verdächtigen mit einer Skimaske.

Die Skizze eines maskierten Einbrechers, mutmaßlich des East Area Rapist, den ein unter Schlafstörungen leidender Einwohner von Danville am 5. Juli 1979 verscheuchte.

»Hilft das irgendwie weiter?«, fragte Pool und gab sich selbst die Antwort. »Nein. Aber das ist alles, was wir über sein Aussehen wirklich wissen.«

Er zeigte mir den Stapel Post mit Hinweisen aus der Bevölkerung, die immer noch bei ihm eingehen, darunter die Kopie des

Führerscheinfotos eines Mannes mit den Worten: »Das ist der EAR-ONS.« (Der Mann war viel zu jung, um als Verdächtiger infrage zu kommen.)

Achttausend Verdächtige wurden im Laufe der Jahre untersucht, schätzt Pool, von mehreren Hundert wurde die DNA analysiert. Die DNA eines Verdächtigen aus den Südstaaten ließen sie ein zweites Mal durchlaufen, da sie mit der Qualität der Extraktion nicht zufrieden waren. Wenn Pool auf einen besonders vielversprechenden Verdächtigen stößt, setzt bei ihm sofort eine Umkehrreaktion ein: »Mal sehen, ob wir den auch ausschließen können.«

Trotz seiner Zurückhaltung hat Pool bei diesem Fall Grund zum Optimismus. Tatsächlich stimmen sogar alle, die das Auf und Ab des Geheimnisses um den EAR-ONS durchgestanden haben, überein, dass das Pendel im Moment aufwärts schwingt.

LOS ANGELES, 2012

Ich war in Panik verfallen. In unserem Haus hatten sich – wie in den vier Jahren zuvor auch schon – etwa ein Dutzend Erwachsene und vier Kinder unter zehn Jahren versammelt, und die zweite Fassung meines siebentausend Wörter langen Artikels war Dienstag fällig. Vor ein paar Tagen hatte ich per Mail Notrufe verschickt, kurze, direkte Bitten um Hilfe, von denen ich hoffte, dass sie verstanden wurden. »Brötchen. Butter.« An Thanksgiving packt mich immer Heimweh nach dem Mittleren Westen mit seinen spürbar wechselnden Jahreszeiten. Doch der Tag war zwar sonnig, aber ungewöhnlich frisch, einer dieser kalifornischen Herbstnachmittage, an denen man die Bougainvilleen und die nassen Badeanzüge, die zum Trocknen über den Gartenstühlen hängen, fast vergessen kann. Um in Herbststimmung zu kommen, versuchte ich, mich auf die graue Strickjacke meiner Freundin zu konzentrieren und auf den Bissen Kürbiskuchen in meinem Mund und die aufgeschnappten Fetzen des Footballkommentars im Fernsehen.

Aber ich stand zu sehr neben mir und war schrecklich ungeduldig. Immer wieder hielt ich Patton vor, dass er einen zu kleinen Truthahn gekauft hatte. Als bei Tisch rundum jeder laut sagte, wofür er oder sie dankbar war, vergaß ich einen Moment lang den Feiertag, schloss die Augen und dachte an einen Wunsch. Nach dem Essen verdrückten sich die Kinder aufs Sofa und sahen sich den *Zauberer von Oz* an. Ich hielt mich vom

Wohnzimmer fern. Kleine Kinder haben große Gefühle, und ich musste meine zügeln.

Am Samstag, also zwei Tage später, kümmerte Patton sich um Alice, und ich zog mich in mein Büro im ersten Stock zurück, um zu arbeiten. Gegen vier Uhr nachmittags klingelte es an der Tür. Wir bekommen viele Lieferungen, und ich hatte an diesem Tag schon mehrmals die Tür geöffnet und für Pakete unterschrieben. Diese weitere Unterbrechung ärgerte mich. Normalerweise ignoriere ich das Klingeln, und die Paketboten stellen ihre Lieferung vor der Tür ab. Nur zur Sicherheit gehe ich dann zum Fenster, spähe hinaus und sehe in aller Regel noch den Rücken des FedEx-Boten und unser Tor, das sich hinter ihm schließt.

Ich weiß nicht genau, warum ich dieses Mal aufstand, aber ich lief unsere geschwungene Treppe ein paar Stufen hinunter und rief: »Wer ist da?« Keine Antwort. Ich ging zum Schlafzimmerfenster und lugte hinaus. Ein schlanker afroamerikanischer Junge mit einem rosa Hemd und Krawatte entfernte sich von unserem Haus. Er schien noch keine zwanzig zu sein, aber ich hatte ihn nur kurz gesehen. Wahrscheinlich verkaufte er an der Tür Zeitschriftenabos, dachte ich und ließ die Gardine zurückfallen. Ich setzte mich wieder an die Arbeit und vergaß den Vorfall.

Etwa eine Dreiviertelstunde später stand ich auf und nahm meine Autoschlüssel. Ich hatte mich mit Patton und Alice zu einem frühen Abendessen in einem unserer Lieblingsrestaurants in der Nähe verabredet. Ich achtete darauf, dass die Türen verschlossen waren, und ging zu meinem Auto, das an der Straße parkte. Auf halbem Weg zur Straße sah ich aus dem Augenwinkel einen jungen Mann zu meiner Linken, der sehr langsam mit dem Rücken zu mir am Haus meines Nachbarn vorbeiging.

Ich bin nicht sicher, ob er mir ohne seine ungewöhnliche

Körpersprache aufgefallen wäre. Als ich aus dem Haus gelaufen kam, erstarrte er regelrecht. Er war ein junger Afroamerikaner, nicht derjenige, der bei uns geklingelt hatte, aber mit einem pastellblauen Hemd und einer Krawatte ähnlich gekleidet. Er stand still da und drehte nur den Kopf ganz leicht in meine Richtung. Ich zögerte. Wieder dachte ich an einen Teenager, der Zeitschriftenabos verkauft, und überlegte, ob er mich als mögliche Kundin ins Auge fasste. Aber dafür kam mir die Situation zu seltsam vor. Seine Körpersprache passte einfach nicht. Ich stieg ins Auto, fuhr los und nahm dabei mein Handy, um die Polizei anzurufen. Ich drückte die erste Ziffer. Aber was sollte ich sagen? Verdächtiger junger Schwarzer? Das erschien mir rassistisch und war eindeutig übertrieben ängstlich. Ich legte das Handy beiseite. Sie hatten nichts offensichtlich Kriminelles getan. Trotzdem trat ich auf die Bremse, riss das Lenkrad herum und fuhr nach einer schnellen Kehrtwende zurück zu unserem Haus. Es konnten nicht mehr als fünfundvierzig Sekunden vergangen sein, doch von den Jungen war keine Spur mehr zu sehen, nicht zuletzt wegen der Dämmerung. Wahrscheinlich hatten sie bei jemandem geklingelt, hatten ihren Spruch aufgesagt und waren hineingebeten worden. Ich fuhr zum Restaurant.

Am nächsten Abend hörte ich oben im Büro, dass es klingelte und Patton jemanden begrüßte. »Michelle!«, rief er. Ich ging nach unten. Unser direkter Nachbar Tony war herübergekommen.

Tony war der erste Nachbar, den wir nach dem Hauskauf vor zweieinhalb Jahren, kennengelernt hatten. Wir waren noch nicht eingezogen, und ich unterhielt mich im Haus mit unserem Handwerker über Renovierungsarbeiten, als ein attraktiver Mann Mitte vierzig den Kopf durch die Haustür streckte und sich vorstellte. Ein höflicher, umgänglicher Typ. Der vorherige

Besitzer hatte als Einsiedler gelebt, und Tony hatte das Haus noch nie von innen gesehen. Er war neugierig. Ich sagte, er könne sich ruhig umsehen. Bei seinem offenen Auftreten dachte ich, wir würden uns sicher anfreunden, wie man das halt macht, wenn man sich sein Leben an einem neuen Ort vorstellt. Er erzählte, er sei frisch geschieden, seine Tochter im Teenageralter würde zu ihm ziehen und die katholische Mädchenschule in der Nähe besuchen. Er hatte das Nachbarhaus gemietet.

Unsere Beziehung war zwar freundlich, aber es entwickelte sich nie eine echte Freundschaft. Wir winkten und wechselten gelegentlich ein paar Worte. Nach unserem Einzug sprachen Patton und ich darüber, in unserem Garten ein kleines Beisammensein zu veranstalten, um alle Nachbarn kennenzulernen. Die guten Vorsätze waren vorhanden. Wir behielten das Thema im Auge, aber es kam immer etwas dazwischen. Ständig wurde im Haus gebaut, oder einer von uns war verreist. Aber wenn Alice' Ball über den Zaun in den Nachbargarten flog, gaben Tony und seine Tochter ihn immer mit netten Worten zurück. Als ich ein verwaistes Taubenjunges auf dem Gehweg vor unserem Haus fand, aus einem Weidenkorb und Blättern ein Nest baute und es an einen Ast band, kam Tony aus dem Haus und lächelte mir zu.

»Du bist ein guter Mensch«, sagte er. Ich mochte ihn. Aber unsere Kontakte beschränkten sich auf kurze Treffen vor der Haustür, Momente bei Spaziergängen mit dem Hund oder mit einem quirligen Kleinkind.

Das Fenster meines Büros im ersten Stock ging auf ihr Haus, uns trennten nur fünf Meter voneinander. Ich hatte mich an die Rhythmen ihres Lebens gewöhnt. Am späten Nachmittag höre ich ihre Haustür knallen, und Tonys Tochter, die eine wunderschöne Stimme hat, beginnt zu singen. Ich will ihr immer sagen, wie schön sie singen kann, und vergesse es dann wieder.

Tony war herübergekommen, um zu berichten, dass er am Tag zuvor ausgeraubt worden war.

»Ich glaube, ich weiß, was passiert ist«, sagte ich und winkte ihn zum Wohnzimmersofa. Ich erzählte vom Klingeln, auf das ich nicht reagiert hatte, und von dem, was ich gesehen hatte. Er nickte. Das ältere Ehepaar, das Tony gegenüber wohnte, hatte gesehen, wie die beiden Jungen Taschen aus Tonys Haus schleppten. Sie waren durch das Küchenfenster eingestiegen und hatten das Haus regelrecht geplündert. Die Polizei hatte ihm erklärt, diesen Trick würden kleine Einbrecherbanden gerne an Feiertagswochenenden anwenden. Man klingelt, um zu sehen, ob jemand zu Hause ist, und wenn niemand aufmacht, bricht man ein.

»Dass sie unsere iPads und Computer mitgenommen haben, ist verdammt ärgerlich«, sagte Tony, »aber ich denke immer, was, wenn meine Tochter allein zu Hause gewesen wäre? Was hätte dann passieren können?«

Bei dem Wort »Tochter« zitterte seine Stimme. Ihm traten Tränen in die Augen. Mir auch.

»Du musst das nicht erklären«, sagte ich. »So etwas ist ein schlimmer Übergriff.« Ich legte eine Hand auf seine.

»Michelle schreibt True Crime«, erklärte Patton.

Tony wirkte überrascht.

»Das wusste ich gar nicht«, sagte er.

An diesem Tag versprachen wir uns, dass wir gegenseitig aufeinander aufpassen würden. Wir würden uns Bescheid geben, wenn wir verreisten. Wir würden bessere Nachbarn sein.

Später am Abend gingen mir die Ereignisse der letzten Tage immer wieder durch den Kopf. Ich dachte an diesen Augenblick der Nähe im Wohnzimmer, an diesen unerwartet gefühlvollen Moment, den wir mit Tony geteilt hatten. »Wir kennen nicht mal seinen Nachnamen«, sagte ich zu Patton.

Alice schläft schlecht. Sie leidet unter Albträumen, deshalb haben wir ein allabendliches Ritual entwickelt. Bevor sie einschläft, ruft sie mich in ihr Zimmer.

»Ich will nicht träumen«, sagt sie.

Ich streiche ihre braunen Haare zurück, lege eine Hand auf ihre Stirn und sehe ihr fest in die großen braunen Augen. »Du wirst heute Nacht nicht träumen«, verkünde ich voller Überzeugung.

Ihr Körper entspannt sich, und sie schläft ein. Ich lasse sie allein und hoffe, dass eintritt, was ich versprochen habe. Garantieren kann ich es nicht.

Das machen wir ständig, wir alle. In guter Absicht versprechen wir Schutz und können ihn doch nicht garantieren.

Ich passe auf dich auf.

Aber dann hört man einen Schrei, und man sagt sich, da albern sicherlich ein paar Teenies herum. Ein junger Mann, der über einen Zaun springt, nimmt eine Abkürzung. Ein Schuss nachts um drei ist ein Böller oder eine Fehlzündung. Im ersten Moment setzt man sich erschrocken im Bett auf. Was einen erwartet, sind der kalte, harte Fußboden und ein Gespräch, das vielleicht nirgendwohin führt. Man lässt sich auf sein warmes Kissen zurücksinken und schläft weiter.

Später wird man von Sirenen geweckt.

Heute Nachmittag habe ich Tony beim Spazierengehen mit seinem großen weißen Hund gesehen und ihm zugewinkt, während ich nach meinen Schlüsseln kramte und an etwas dachte, das ich erledigen musste.

Seinen Nachnamen kenne ich immer noch nicht.

CONTRA COSTA, 2013

CONCORD

Zur Geschichte von Concord, Kalifornien, gehören der Teufel und eine Reihe von Missverständnissen. Der Legende nach verfolgten spanische Soldaten 1805 eine Gruppe Indianer, die sich widerstrebend hatte missionieren lassen, und stellten ihre Beute in einem Weidenwäldchen, wo heute Concord liegt. Die Indianer versteckten sich im dichten Grün, aber als die Soldaten hineinstürmten und zuschnappen wollten, waren die Indianer verschwunden. Die entsetzten Spanier nannten das Gebiet Monte del Diablo – Teufelswäldchen –, wobei eine veraltete Bedeutung des Wortes *monte* sich frei als »Wald« übersetzen lässt. Im Laufe der Jahre veränderte es sich zum gebräuchlicheren »mountain« oder »mount«, Berg oder Hügel. Die englischsprachigen Neuankömmlinge übertrugen den Namen auf den nahe gelegenen, 1173 Meter hohen Berg, der die East Bay überragte, und so wurde er zum Mount Diablo. Teufelsberg. 2009 stellte der Ortsansässige Arthur Mijares bei der Bundesregierung den Antrag, den Berg in Mount Reagan umzutaufen. Den Teufelsnamen fand er anstößig.

»Ich bin ein einfacher, gottesfürchtiger Mann«, sagte er der *Los Angeles Times*. Mijares hatte keinen Erfolg, aber er hätte sich keine Sorgen machen müssen. Concord liegt fünfzig Kilometer östlich von San Francisco, und man spürt jeden einzelnen davon. Sollte es dort einmal unheimliche Wildnis gegeben haben, ist sie längst planiert und durch öde Einkaufstempel ersetzt worden. Gegenüber von meinem Hotel steht das Willows Shopping Center, eine weitläufige Ansammlung besorgniserregend leerer Filialgeschäfte und Restaurants: Old Navy, Pier One Imports und Fuddruckers. Wenn ich nach Concord frage, erwähnt fast jeder, wie praktisch die Haltestelle der BART ist, des U- und S-Bahn-Systems »Bay Area Rapid Transit«: »Nur zwanzig Minuten bis Berkeley«, heißt es dann.

Paul Holes und ich haben vereinbart, dass er mich um neun Uhr vor meinem Hotel abholt. Er will mit mir die Tatorte in Contra Costa County abfahren. Morgens ist es schon über fünfundzwanzig Grad warm, und es wird ein glühend heißer Tag im wärmsten Monat des Jahres in der East Bay. Ein silberner Ford Taurus fährt genau pünktlich vor, und ein sportlicher, gut gekleideter Mann mit kurzen blonden Haaren und leichter Sommerbräune steigt aus und ruft meinen Namen. Es ist mein erstes persönliches Treffen mit Holes. Bei unserem letzten Telefonat hat er scherzhaft geklagt, sein Golden-Retriever-Welpe würde ihn nachts nicht schlafen lassen, aber er sieht aus, als hätte er wirklich keine größeren Sorgen. Er ist Mitte vierzig und hat einen ruhigen, entspannten Gesichtsausdruck. Er lächelt freundlich und begrüßt mich mit einem festen Händedruck. Die nächsten acht Stunden werden wir über Vergewaltigung und Mord sprechen.

Sicher, genau genommen ist Holes kein Polizist, er ist Forensiker, Leiter des kriminaltechnischen Labors des County Sheriff's Office, aber ich habe viel Zeit mit Polizisten verbracht, und er erinnert mich an sie. Mit Polizist meine ich eigentlich Ermittler. Nachdem ich genug Zeit in ihrer Nähe verbracht habe, sind mir ein paar Dinge aufgefallen. Alle umgibt ein leichter Seifenduft. Ich habe noch nie einen Ermittler mit fettigen

Haaren getroffen. Sie sind Meister im Blickkontakt und haben eine beneidenswerte Körperhaltung. Sie werden fast nie ironisch. Bei Wortspielen fühlen sie sich unbehaglich. Gute Ermittler schaffen in Gesprächen weite Leerräume, die man reflexartig füllt. Dieser Kniff, der auch bei Verhören angewendet wird, hat mir anhand meines eigenen Plapperns bewiesen, wie leicht man einem Menschen Geständnisse entlocken kann. Ihre Mimik ist sparsam, um nicht zu sagen inexistent. Ich bin noch nie einem Ermittler begegnet, der das Gesicht verzogen hätte. Sie zucken nicht zurück oder reißen die Augen auf. Ich schneide ständig Grimassen. Schließlich bin ich mit einem Comedian verheiratet. Viele meiner Freunde sind im Showbusiness, ausdrucksvolles Mienenspiel gehört zu ihrem Beruf. Ermittler sind das genaue Gegenteil. Ihre Miene ist freundlich, aber sonst absolut neutral. Ich habe versucht, sie nachzuahmen, aber es gelingt mir nicht. Mit der Zeit sind mir dann doch subtile Veränderungen in den fast unbewegten Gesichtern aufgefallen – ein leichtes Zusammenkneifen der Augen, ein Anspannen des Kiefers, meist als Reaktion auf eine Theorie, die sie schon längst ausgeschlossen haben. Aber sie lassen sich nie in die Karten schauen. Sie sagen nie: »Diesen Ansatz haben wir schon vor Jahren untersucht.« Stattdessen hören sie sich alles an und lassen sich nicht mehr als ein höfliches »Hm« abringen.

Ermittler unterscheiden sich nicht nur in ihrer Zurückhaltung von Leuten aus dem Showbusiness, sondern auch in nahezu allem anderen. Sie hören zu. Sie verschaffen sich einen Eindruck ihres Gegenübers. Entertainer wollen einschätzen können, wie sie auf ihr Publikum wirken. Ermittler haben handfeste Aufgaben. Eine befreundete Schauspielerin ereiferte sich einmal eine Stunde lang über einen Dreizeiler, der ihre Gefühle verletzt hatte. Nach einiger Zeit erkenne ich die Risse in der Fassade der Ermittler, aber anfangs fühle ich mich in ihrer

Gegenwart immer erstaunlich erleichtert. Als wäre ich einer schummrigen Schauspielerparty entkommen, auf der alle um die Wette schnattern, und hätte mich zu den Pfadfindern geschlagen, die ihre nächste gute Tat planen. Ich lebe nicht in der Welt dieser nüchternen Kopfmenschen, aber ich genieße meine Zeit dort.

Der erste Überfall des EAR in der East Bay fand in Concord statt, nur zehn Autominuten von meinem Hotel entfernt. Holes und ich sparen uns den Small Talk und diskutieren sofort über den Fall. Die naheliegendste Frage lautet: Was hat ihn hierher gebracht? Warum hat er in Sacramento aufgehört und ab dem Oktober 1978 ein knappes Jahr lang die East Bay heimgesucht? Ich kenne die gängigste Theorie. Holes auch. Sie überzeugt ihn nicht.

»Ich glaube nicht, dass er Sacramento aus Angst verlassen hat«, sagt er.

Vertreter dieser Theorie weisen darauf hin, dass die Polizei am 16. April 1978, zwei Tage nach einem Überfall des EAR auf eine fünfzehnjährige Babysitterin in Sacramento, ein verbessertes Phantombild von zwei möglichen Verdächtigen im Maggiore-Mordfall veröffentlich hat – ein junges Paar war aus rätselhaftem Grund beim Spaziergang mit seinem Hund erschossen worden. Nach der Veröffentlichung der Zeichnung hörten die Überfälle des EAR in Sacramento auf. Eine einzige Vergewaltigung in Sacramento County wurde ihm noch zugeschrieben, und sie geschah ein Jahr später. Eine der Zeichnungen zum Maggiore-Fall, so lautet die Überlegung, muss ihm unangenehm ähnlich gesehen haben.

Holes ist skeptisch. Er hat Erfahrung im geografischen Profiling, einer Verbrechensanalyse, die versucht, den wahrscheinlichen Wohnort des Täters zu ermitteln. Ende der Siebziger standen Polizisten vor einer mit Stecknadeln gespickten Karte und stellten Mutmaßungen an. Heute ist das geografische Profiling ein eigenes Spezialgebiet mit spezieller Software und Algorithmen. Bei geplanten Verbrechen umgibt das Haus des Täters normalerweise eine »Pufferzone«. Ziele innerhalb dieser Zone sind weniger beliebt, weil sie ein höheres Risiko bedeuten. Bei Verbrechensserien analysieren geografische Profiler die Lage der Tatorte, um die Pufferzone auszumachen, den Ring, in dessen Mitte der Täter lebt, weil Verbrecher genau wie alle anderen berechenbaren Gewohnheiten folgen.

»Ich habe viele Studien darüber gelesen, wie Serientäter ihre Opfer auswählen«, sagt Holes. »Das passiert im normalen Tagesablauf. Nehmen wir zum Beispiel einen Serieneinbrecher, der jeden Tag zur Arbeit fährt, wie alle anderen. Er hat einen Ankerpunkt zu Hause und einen Ankerpunkt an der Arbeitsstelle. Aber er ist aufmerksam. Er sitzt hier, so wie wir jetzt«, Holes zeigt mit einer Geste auf die Kreuzung, an der wir gehalten haben, »und ihm fällt auf, dass die Apartmentanlage da drüben etwas für ihn sein könnte.«

Die geografische Verteilung der Überfälle in Sacramento bildet ein vollkommen anderes Muster als in der East Bay, sagt Holes, und das bedeutet etwas.

»In Sacramento springt er hin und her, bleibt aber immer in den Vorstädten im Nordosten, Osten. Geografische Profiler bezeichnen ihn als ›Marodeur‹. Er agiert von einem Ankerpunkt aus. Aber nach seinem Umzug hierher wird er zum ›Pendler‹. Er bewegt sich offensichtlich entlang der 680.«

Die Interstate 680 ist eine gut hundert Kilometer lange Nord-Süd-Verbindung, die mitten durch Contra Costa County verläuft. Die meisten Überfälle des EAR in der East Bay geschahen in der Nähe der I-680, die Hälfte von ihnen anderthalb Kilometer oder weniger von einer Ausfahrt entfernt. Auf einer professionell aufbereiteten Profiling-Karte sah ich die Fälle in der East Bay als Reihe kleiner roter Kreise, alle rechts, das heißt östlich, der 680 – rote Tropfen entlang einer gelben Ader.

»Sie werden ein Gefühl dafür bekommen, wenn wir die 680 rauf- und runterfahren«, sagt Holes. »Ich glaube, er verlegt seine Aktivitäten, weil sich seine Lebensumstände geändert haben. Es würde mich nicht wundern, wenn er immer noch in Sacramento wohnt, aber zur Arbeit pendelt und es für seine Angriffe nutzt, in einem anderen Rechtsraum zu sein.«

Bei dem Wort »Arbeit« spitze ich die Ohren. Aus unserem Mail-Wechsel in letzter Zeit habe ich herausgelesen, dass Holes dem möglichen Beruf des EAR auf der Spur ist, aber die Einzelheiten behält er für sich. Jetzt winkt er ab, weil er meine Frage schon erwartet.

»Dazu kommen wir später.«

Holes ist nicht hier aufgewachsen. 1978 war er noch ein Kind. Aber er arbeitet seit dreiundzwanzig Jahren für das Contra Costa County Sheriff's Office und hat die Tatorte unzählige Male besucht. Er hat sich auch intensiv damit beschäftigt, wie diese Gegend damals aussah. Er hat Baugenehmigungen eingesehen. Luftaufnahmen studiert. Mit den Anwohnern gesprochen. Er hat eine Karte dieser Gegend vom Stand Oktober 1978 im Kopf, die er während unserer Fahrt über die aktuelle Karte legt. Er fährt langsamer und zeigt auf eine Sackgasse. Die Häuser stehen direkt hinter dem Haus, in dem der erste Überfall des EAR in Concord stattgefunden hat.

»Die gab es damals noch nicht«, sagt Holes. »Das war ein freies Feld.«

Wir halten vor einem Eckhaus in einer ruhigen Wohngegend. Auf einem Foto in der ersten East-Bay-Akte ist ein attraktives Paar mit seiner einjährigen Tochter zu sehen. Das kleine Mädchen trägt einen Geburtstagshut mit Pünktchen und ein Sommerkleid, und die Eltern halten gemeinsam einen Ball vor ihm hoch, wahrscheinlich eines seiner Geschenke. Alle drei lächeln in die Kamera. Anderthalb Monate nachdem das Foto aufgenommen wurde, am 7. Oktober 1978, wachte der Mann auf, als etwas seinen Fuß berührte. Er öffnete die Augen und sah erschrocken am Fußende des Betts eine Gestalt mit einer dunklen Skimaske.

»Ich will nur Geld und Essen, mehr nicht. Ich bringe euch um, wenn ihr nicht macht, was ich sage.« Der Eindringling hielt eine Taschenlampe in der linken Hand und einen Revolver in der rechten.

Holes zeigt auf das Esszimmerfenster, durch das der EAR vor fünfunddreißig Jahren einstieg, um ins Schlafzimmer des Paars zu gelangen. Das kleine Mädchen ließ er in Ruhe, es verschlief das schreckliche Ereignis.

Das Haus wurde 1972 gebaut, es ist einstöckig, L-förmig und von einem etwa tausend Quadratmeter großen Grundstück umgeben, wie die anderen Häuser in diesem Block. Ich merke erstaunt, wie sehr dieses Haus den anderen Tatorten ähnelt, die ich gesehen habe. Sie sind austauschbar.

»Eindeutig dieselbe Art Haus«, sage ich. Holes nickt.

»In sehr wenigen Vierteln, in denen er zugeschlagen hat, standen zweistöckige Häuser«, sagt er. »Das ist sehr sinnvoll, wenn man weiß, dass die Opfer schlafen. Bei zwei Etagen gibt es nur einen Weg nach oben beziehungsweise unten. In einer solchen Situation kann man leichter in die Enge getrieben werden. Außerdem kann man bei einstöckigen Häusern besser sehen, was sich drinnen abspielt, man muss nur von Fenster zu Fenster gehen. Und wenn man durch die Gegend schleicht, über Zäune klettert und Gärten durchquert, wird man vom ersten Stock aus eher gesehen als vom Erdgeschoss aus.«

Der Ehemann erinnerte sich unter Hypnose daran, dass er, als er am Abend vor dem Überfall mit seiner Frau gegen Viertel nach elf nach Hause gekommen war, einen jungen Mann gesehen hatte, der in der Seitenstraße neben ihrem Haus vor einem geparkten Lieferwagen stand. Der Lieferwagen war kastenförmig und zweifarbig, weiß über türkis. Der junge Mann schien zwischen zwanzig und dreißig zu sein, er war weiß, dunkelhaarig, durchschnittlich groß und schwer, und er stand gebückt rechts am Heck, als würde er einen Reifen überprüfen. Eines der flüchtigen Bilder, wie man sie täglich hundertfach sieht. Ich stelle mir vor, wie der Ehemann dasaß, sich einen Schnappschuss vor Augen rief und analysierte, der erst im Rückblick entscheidend wurde. Oder auch nicht. Das war das Verrückte bei diesem Fall: Die Bedeutung jeder einzelnen Spur war ungewiss.

»Bei diesem Mal war auffällig, wie geschickt er eingebrochen ist«, sagt Holes. »Es sieht aus, als hätte er es an der Seitentür versucht. Er versucht es mit einem Messer in der Nähe des Türknaufs. Aus irgendeinem Grund gibt er diesen Versuch auf. Er geht nach vorne. Im Esszimmer ist ein Fenster. Er schlägt ein kleines Loch in die Scheibe, um den Riegel zu lösen, und kommt so ins Haus.«

»Ich habe keine Ahnung von Einbrüchen. War er gut?«

»Ja, war er«, sagt Holes.

Wir sitzen im heißen Auto und zählen auf, worin er strategisch gut war. Bluthunde, Schuhabdrücke und Reifenspuren haben Ermittlern gezeigt, dass er seine Wege geschickt gewählt hat. Wenn es in der Nähe eine Baustelle gab, parkte er dort, weil er sich durch den häufigen Wechsel der Fahrzeuge vor aller Augen verstecken konnte. Die Leute nahmen einfach an, er hätte beruflich dort zu tun. Er näherte sich Häusern auf einem anderen Weg als dem, den er bei der Flucht nahm, damit ihn niemand beim Kommen und beim Gehen sah. So wurde es unwahrscheinlicher, dass sich jemand an ihn erinnerte.

Hunde, die normalerweise bellten, schlugen bei ihm nicht an, was vermuten ließ, dass er sie vorab mit Futter trainiert hatte. Er besaß die ungewöhnliche Angewohnheit, eine Decke über eine Lampe oder einen stumm geschalteten Fernseher zu werfen, wenn er die weiblichen Opfer ins Wohnzimmer brachte. Dadurch war es hell genug, um zu sehen, aber nicht so hell, dass es von außen aufgefallen wäre. Und seine Planung. Das Paar aus dem Eckhaus sagte, bei seiner Heimkehr sei die Tür zum Büro des Mannes zu gewesen, was sie sonst nicht war, und die Haustür war entgegen ihrer Erinnerung nicht abgeschlossen. Sie fragten sich, ob er da schon im Haus war, sich vielleicht zwischen den Mänteln im Wandschrank im Flur versteckte, darauf wartete, dass ihre Stimmen leiser wurden und der Lichtstreifen zu seinen Füßen erlosch.

Mein Gespräch mit Holes ist ins Stocken geraten. Wenn man mit einem Kenner länger über den Fall diskutiert, kommt dieser Moment unweigerlich. Es ist Zeit für das vernichtende Urteil. Eine verbale Kehrtwende, wie man sie macht, wenn man zu lange über seinen Ex geredet hat, es plötzlich merkt und betont, dass besagter Ex natürlich ein mieser Scheißkerl ist.

»Er ist sehr geschickt darin, seine Verbrechen zu begehen«, sagt Holes, »aber er seilt sich nicht an Häusern ab. Nichts, was er tut, deutet auf eine Spezialausbildung hin.«

Holes' Eltern stammen aus Minnesota, und er hat sich den munteren Sprachrhythmus des Mittleren Westens bewahrt, aber als er sagt, der EAR habe keine besonderen Fähigkeiten bewiesen, verliert seine Stimme Schwung, und er klingt weder überzeugt noch überzeugend.

Und dann folgt die nächste typische Phase der Fallanalyse: Kritik der eigenen Argumente.

»Er hat Mumm. Der EAR. Das ist es eben«, sagt Holes ungewohnt verbissen. »Was ihn von anderen Verbrechern unterscheidet, ist, dass er ins Haus geht. Der Zodiac-Killer zum

Beispiel – in vielerlei Hinsicht hatten seine Taten was Feiges. Pärchentreffpunkte. Aus der Ferne. Ins Haus zu gehen ist eine Steigerung. Umso mehr, wenn ein Mann im Haus ist.«

Wir sprechen darüber, dass die männlichen Opfer übersehen werden. Er erzählt mir, dass er einmal in Stockton ein weibliches Opfer befragen musste, dessen Mann den Angriff miterlebt hatte. Holes beschloss, sich zuerst an den Ehemann zu wenden, weil er einen unerwarteten Anruf wahrscheinlich besser verkraften würde. Der Mann sagte, er glaube nicht, dass seine Frau über den Fall reden wolle. Sie habe ihn verdrängt und wolle ihn nicht noch einmal durchleben. Trotzdem erklärte der Mann sich widerstrebend bereit, Holes' Fragen an seine Frau weiterzugeben. Holes bekam keine Antwort. Er gab die Sache schon verloren. Mehrere Monate später meldete sich die Frau doch noch bei Holes. Sie beantwortete seine Fragen. Sie sei bereit, ihm zu helfen, sagte sie. Sie sei bereit, sich zu erinnern. Ihr Mann war es nicht.

»Er ist derjenige, der Probleme hat«, vertraute sie Holes an.

Die männlichen Opfer waren in den Vierziger- und Fünfzigerjahren geboren worden und gehörten einer Generation an, für die eine Therapie eine befremdliche Vorstellung war. In den Polizeiakten sind die Geschlechterrollen klar verteilt: Die Ermittler fragen die Frauen, wo sie einkaufen, und die Männer nach den Schließmechanismen von Fenstern und Türen. Den Frauen legen sie Decken über die Schultern und fahren sie ins Krankenhaus. Die Männer werden nach ihren Beobachtungen gefragt, nicht nach ihren Gefühlen. Viele der männlichen Opfer hatten einen militärischen Hintergrund. Sie hatten im Garten einen Werkzeugschuppen. Sie waren Macher, Beschützer, die in diesem Fall ihre Machtlosigkeit zu spüren bekommen hatten. Ihr Zorn zeigt sich in den Details: Ein Ehemann nagte die Fußfesseln seiner Frau mit den Zähnen durch.

»So viele Traumata wirken bis heute nach«, sagt Holes.
Wir fahren weiter. Das Eckhaus gerät außer Sicht. Die Akte enthält einen kurzen handgeschriebenen Brief des weiblichen Opfers, der hübschen jungen Mutter des süßen kleinen Geburtstagskinds, an den leitenden Ermittler, geschrieben fünf Monate nach dem Überfall.

Rod,
beiliegend finden Sie Auflistungen
a) der fehlenden Gegenstände und
b) der ausgestellten Schecks für Juli–August.
Alle Schmuckstücke wurden entweder aus unserer Schlafzimmerkommode oder von der Spiegelkommode genommen. Bei anderen Gegenständen stehen entsprechende Vermerke. Ich hoffe sehr, damit haben Sie alles, was Sie brauchen, weil wir uns inständig ein normales Leben zurückwünschen. Sicher haben wir beide Verständnis für die Standpunkte des anderen.
Viel Glück beim Zusammensetzen der Puzzleteile!

Der Brief war betont vernünftig und sachlich. Geradezu optimistisch. Ich fand ihn außergewöhnlich. Manche Menschen, dachte ich beim Lesen, können furchtbare, traumatische Dinge erleben und darüber hinwegkommen. Ein paar Seiten später fand ich in der Akte eine kurze Notiz, handgeschrieben von einem Mitarbeiter des Sheriffs. Die Familie lebte nicht mehr in Contra Costa County, stand dort. Sie war Hunderte Kilometer weit weggezogen.
Viel Glück beim Zusammensetzen der Puzzleteile!
Ich hatte das Ausrufezeichen als Optimismus gedeutet. Dabei war es ein Abschied gewesen.

Wir fahren Richtung Osten. Der zweite Überfall in Concord hatte eine Woche nach dem ersten stattgefunden, etwa einen halben Kilometer entfernt. Holes hält an einem Stoppschild. Er zeigt auf die Straße, die unsere kreuzt, und gleicht sie mit der Karte vom Oktober 1978 in seinem Kopf ab. »In dieser Ecke wird neu gebaut. Also nehmen die Leute, Bauarbeiter, LKW-Fahrer, diese Straße«, er zeigt auf unsere, »oder diese Straße, um zur Baustelle zu gelangen.«

Von den beiden größten Durchgangsstraßen, die man im Oktober 1978 zur Baustelle nehmen konnte, sagt Holes, führt eine am ersten Tatort vorbei und die andere am zweiten. Mir fällt Holes' Bemerkung ein, er glaube, dass der EAR der Arbeit wegen in diese Gegend gekommen ist.

»Ein Bauarbeiter?«, frage ich.

»Das ist die Theorie, der ich nachgehe.«

Mir fällt auf, dass er »die Theorie« sagt, nicht »eine der Theorien«.

»Wissen Sie, wer der Bauträger war?«

Er antwortet nicht, aber seinem Gesichtsausdruck nach weiß er es.

Wir halten vor dem zweiten Tatort in Concord, einem weiteren einstöckigen, L-förmigen Haus, dieses Mal cremefarben mit grünen Verzierungen. Eine mächtige Eiche dominiert den kleinen Vorgarten. Nichts in dieser Gegend lässt vermuten, dass hier Menschen mit viel Freizeit unter der Woche leben. Niemand geht mit dem Hund spazieren. Niemand walkt zügig mit einem iPod vorbei. Auf der Straße sind nur wenige Autos.

In diesem Fall lässt das Verhalten des EAR eine interessante Vermutung aufkommen, und das nicht zum einzigen Mal. Es war Freitag, der 13., halb fünf Uhr morgens. Das psychosexuelle Rollenspiel, das der EAR seinen Opfern mit seiner Taschenlampe und den heiser ausgestoßenen Drohungen aufzwingt, ist bei seinem mittlerweile neununddreißigsten Überfall so bekannt, dass man beim Lesen des Polizeiberichts den Hinweis leicht übersehen kann: die entscheidende Änderung des Wortes »ich« zu »wir«.

»Wir wollen nur Essen und Geld, dann hauen wir wieder ab«, redete er auf das desorientierte Paar ein. »Ich will nur Essen und Geld für meine Freundin und mich.«

Als das Paar gefesselt und fügsam war, durchsuchte er fieberhaft das Haus, knallte Küchenschranktüren, kramte in Schubladen herum. Das weibliche Opfer wurde ins Wohnzimmer geführt. Er legte sie auf den Boden.

»Willst du sterben?«, fragte er sie.

»Nein«, antwortete sie.

Er verband ihr mit einem Handtuch die Augen.

»Das wird jetzt hoffentlich der beste Fick meines Lebens, sonst bringe ich dich um.«

Sie erzählte den Ermittlern, sie habe immer wieder an Truman Capotes *Kaltblütig* denken müssen, an die Geschichte einer Familie, die mitten in der Nacht von launischen Mördern umgebracht wurde.

Was folgte, war für das Opfer entsetzlich, aber der Täter wirkte dabei seltsam unreif und fast desinteressiert. Er strich mit den Händen schnell und gleichgültig über ihre Oberschenkel. Sie konnte spüren, dass er Lederhandschuhe trug. Sie musste ihn kurz masturbieren, dann penetrierte er sie und war nach dreißig Sekunden fertig. Danach durchsuchte er weiter das Haus. Das Plündern schien ihn stärker zu stimulieren als der Geschlechtsakt.

Eine Tür wurde geöffnet, und sie spürte einen Luftzug. Er war in die angebaute Garage gegangen. Ein Müllbeutel raschelte. Er schien zwischen dem Haus und der Garage hin- und herzulaufen. Sie hörte, dass er etwas sagte, aber er sprach nicht zu ihr.

»Hier, stell das ins Auto«, flüsterte er.

Es kam keine Antwort, sie hörte keine Schritte. Es wurde kein Motor angelassen. Sie wusste nicht, wie oder wann er ging, nur, dass er irgendwann ging.

Nicht nur bei diesem Fall gab der EAR zu verstehen, er habe einen Komplizen. Das erste Opfer meinte, im Wohnzimmer zwei Stimmen zu hören, die sich flüsternd stritten und dabei überschnitten. Auf »Sei still« folgte sofort »Ich habe *dir* gesagt, du sollst still sein«.

Ein anderes Opfer hörte ein Auto viermal hupen, danach ging die Türklingel. Jemand klopfte ans Fenster an der Straßenseite. Sie hörte gedämpfte Stimmen, eine davon möglicherweise eine Frauenstimme. Ob der EAR auch etwas sagte, konnte das Opfer nicht mit Bestimmtheit sagen. Er verließ das Haus, die Stimmen verstummten, aber das Opfer, das gefesselt bäuchlings auf dem Wohnzimmerboden lag, konnte nicht sagen, ob diese Dinge gleichzeitig geschehen waren oder überhaupt miteinander zusammenhingen.

»Draußen im Auto wartet mein Kumpel«, sagte er einmal.

War es eine Lüge, Schauspielerei, wenn er das Bedürfnis nach Rückendeckung verspürte? Ein Versuch, die Polizei in die Irre zu führen? Die meisten Ermittler halten es für einen Bluff. Holes ist sich nicht so sicher.

»Hat er jemanden, der ihm manchmal hilft? Bei den Vergewaltigungen nicht, nein, aber was die Einbrüche an sich angeht? Wer weiß? Es passiert oft genug, dass man denkt: ›Vielleicht.‹ Vielleicht müssen wir diese Möglichkeit in Betracht ziehen.«

Holes räumt ein, dass der EAR häufig ablenken und irreführen wollte. Er redete davon, er würde in seinem LKW oder in einem Lager am Fluss leben, er verströmte aber selten den Körpergeruch eines Landstreichers. Er erfand Verbindungen zu seinen Opfern. »Als ich dich beim Schulball gesehen habe, wusste ich, dass ich dich haben muss«, flüsterte er einem Mädchen ins Ohr. Er hatte ihr die Augen verbunden, aber sie hatte gehört, wie Klebeband von der Zimmerwand gezogen wurde – er hatte das Foto von ihrem Schulball abgelöst. »Ich habe dich am See gesehen«, sagte er zu einer Frau, in deren Auffahrt ein Wasserskiboot stand.

Manche Lügen sollten wohl das Bild vom harten Kerl verstärken, das er selbst von sich zeichnete – er sprach davon, er habe in Bakersfield Menschen getötet und er sei vom Militär rausgeworfen worden. Die vorgetäuschten Verbindungen zu seinen Opfern waren möglicherweise Teil seiner Fantasie oder ein Versuch, sie noch mehr zu verängstigen. Holes und ich spekulieren über seine anderen Verhaltensweisen, etwa die keuchenden Atemzüge. Sie wurden als tiefes, gieriges Luftholen beschrieben, das an Hyperventilation grenzte. Ein Profiler, der den Fall in den Siebzigern analysierte, war der Ansicht, dass diese Art der Atmung den Opfern Angst einjagen sollte, dass er sie glauben machen wollte, er wäre wahnsinnig und zu allem fähig. Holes sagt, ein Kollege mit Asthma habe überlegt, ob es tatsächlich Atemnot gewesen sein könnte – Adrenalin kann einen Anfall auslösen.

Der EAR ist wie eine verdeckte Karte auf dem Tisch. Mit unseren Spekulationen geraten wir in eine Sackgasse. Wir drehen uns im Kreis.

»San Ramon?«, fragt Holes.

SAN RAMON

Wir halten auf die 680 zu, die uns siebenundzwanzig Kilometer Richtung Süden zum Ort des nächsten Überfalls bringt, dem dritten in jenem Monat. Oktober 1978. Carter war Präsident.

Grease hatte im Sommer in den Kinos eingeschlagen, und *Summer Nights* von John Travolta und Olivia Newton-John lief im Radio rauf und runter, während *Who Are You* von The Who die Charts erklomm. Das natürlich-frische Gesicht der dreizehnjährigen Brooke Shields starrte sonderbar ausdruckslos vom Titelblatt der *Seventeen*. Die Yankees schlugen die Dodgers in der World Series. Sid Vicious' Freundin Nancy Spungen verblutete an einer Stichwunde auf dem Boden eines Badezimmers im Chelsea Hotel. Johannes Paul II. war der neue Papst. Drei Tage vor dem Überfall in San Ramon war der Film *Halloween* angelaufen.

»Was ist mit dem Weinen? Halten Sie das für echt?«, frage ich Holes.

Fast ein Dutzend Opfer berichtete, er habe geweint. Er habe geschluchzt, sagten sie. Er taumelte und wirkte hilflos. Er wimmerte mit hoher Stimme wie ein Kind. »Es tut mir leid, Mom«, schluchzte er. »Mommy, bitte hilf mir! Ich will das nicht tun, Mommy.«

»Ja«, antwortet Holes. »Frauen können das Verhalten von Männern gut deuten. Manchmal sagen die Opfer, dass seine Wut vorgetäuscht ist, dass er sie nur spielt, aber wenn er in einer Ecke hemmungslos schluchzt, kommt es ihnen echt vor. Seine Gefühle sind widersprüchlich. Wenn er weint, dann nach den Vergewaltigungen. Dann schluchzt er.«

Die meisten Opfer hielten die Tränen für echt, doch es gab eine Ausnahme. Die Frau aus Stockton, deren Mann den Angriff nicht verarbeiten konnte, kaufte ihm das Weinen nicht ab, erzählt Holes.

»Sie hat die Geräusche gehört. Aber sie hat das nicht als Weinen aufgefasst«, erklärt Holes.

»Als was denn?«

»Als Hysterie«, sagt Holes. »Als hysterisches Lachen.«

Jahrelang scheint niemandem aufgefallen zu sein, dass die Notrufnummer 911 im gemeindefreien San Ramon nicht funktionierte, obwohl die Telefongesellschaft den Anwohnern diesen Service in Rechnung stellte. Eine Frau, die am Ende einer ruhigen Sackgasse wohnte, stieß auf diesen Missstand. Das schrille Fiepen aus dem Hörer, das eine nicht zustande gekommene Verbindung anzeigte, versetzte ihr nach zwei Stunden sexueller Gewalt durch einen Fremden einen zusätzlichen Schock. In einem Artikel der *Oakland Tribune*, der am 10. Dezember 1978 erschien, sechs Wochen nach ihrem Überfall, wird sie unter dem Namen Kathy zitiert. Als Kathy in der Nacht ihrer Vergewaltigung aufwachte, versuchte sie panisch, in der Dunkelheit etwas zu erkennen. Das Einzige, was sie in ihrem rabenschwarzen Zimmer sah, waren seine »›kleinen Augen, die *nur starrten*‹« – körperlos und grausam.

»Ich hasse diesen Kerl einfach«, sagt Kathy nüchtern über ihren unbekannten Vergewaltiger. Sie erklärt, dass sie außerdem auf die Telefongesellschaft wütend sei, weil die Notrufnummer nicht funktionierte – obwohl sie, wie alle anderen, für die Bereitstellung dieser Nummer bezahlt habe. Für dieses Vergehen, sagt Kathy dem Reporter, könne sie messbare Gerechtigkeit verlangen: Sie lässt die Gebühr für die Notrufnummer jetzt von ihrer Rechnung abziehen und spart jeden Monat achtundzwanzig Cent.

Hilfe kam, nachdem Kathy direkt das Contra Costa County Sheriff's Office angerufen hatte.

Nach den beiden Vergewaltigungen in Concord hatte das Sheriff's Office seine Mitarbeiter in Alarmbereitschaft versetzt. Sacramento hatte sich mit seiner Warnung als vorausschauend erwiesen: Der EAR drückte seine Skimaske jetzt gegen die Fenster in Concord. Alle mussten wachsam sein. Eine Spezialeinheit machte sich daran, Wohngegenden zu identifizieren, in denen der EAR zuschlagen könnte. Die Kennzeichen von Fahrzeugen, die neben freien Flächen parkten oder anderweitig verdächtig wirkten, wurden unauffällig erfasst.

Habachtstellung war nicht die übliche Haltung der Polizei von San Ramon. Von 1970 bis 1980 hat sich die Einwohnerzahl der Stadt mehr als vervierfacht, trotzdem war und ist sie noch von hügeligem Grasland mit vereinzelten Eichen umgeben, großen Flächen unbebauten Lands, die einen Eindruck von Weite und Stille vermitteln. Der Polizeifunk war von langen Pausen durchsetzt. Das Scheinwerferlicht der Streifenwagen glitt über die immer gleichen frei stehenden Garagen, die immer gleichen dunklen Fenster einstöckiger Häuser, in denen junge Familien wohnten. Nur selten zeigten sich verdächtige Gestalten im einförmigen Stadtbild von San Ramon. An keinem Zaun war etwas zu sehen, in keinem Gebüsch raschelte es. Die Polizisten waren für den Einsatz ausgebildet, aber Ruhe gewohnt.

Das änderte sich am 28. Oktober kurz nach fünf Uhr morgens, als der Disponent sich bei der Nachtschicht mit knappen, aber beunruhigenden Einzelheiten meldete. Einbruch, Vergewaltigung und Raub. Montclair Place. Erster am Tatort war ein einzelner Polizist. Die Opfer, Kathy und ihr Mann David,* öffneten ihm gefasst die Tür. Nachdem der Polizist sich vergewissert hatte, dass die beiden nicht sofort medizinische Hilfe benötigten, galt sein Interesse ganz dem bizarren Anblick, der sich ihm im Haus bot. Es war nahezu leer. Die Schubladen der wenigen Möbel waren geöffnet und leer. Schranktüren standen offen und gaben den Blick auf nichts als Kleiderbügel frei. Hatte der Einbrecher das Haus komplett ausgeräumt? Nein, erklärten Kathy und David, sie bereiteten gerade ihren Auszug vor.

---

* Pseudonym

Er hatte sie in ihren letzten Stunden im Haus heimgesucht. Wieder spielten Immobilien eine Rolle. Ebenso das Timing, das auf Insiderwissen schließen ließ. Kathy und David hatten einen dreijährigen Sohn. Sie wiesen die Ermittler darauf hin, dass der EAR die Kinderzimmertür nicht geöffnet oder sich ihr auch nur genähert hatte. Anderen Opfern mit kleinen Kindern fiel dasselbe auf. Wie er seine Opfer umkreiste und sich mit ihrem Leben und dem Grundriss ihrer Häuser vertraut machte, war Gegenstand unzähliger Spekulationen.

Gary Ridgway, der Green River Killer, bezeichnete die Zeit vor den Überfällen, in der er seine Opfer ausspionierte, als »Patrouille«. Seine Gewöhnlichkeit diente ihm als Tarnung. Er fuhr mit seinem Pick-up rückwärts auf den Parkplatz eines 7-Eleven-Supermarkts am Pacific Highway South, dem trostlosen Abschnitt am Flughafen Seattle-Tacoma, der für Prostitution bekannt war. Manchmal klappte er die Motorhaube auf. Er war ein schmächtiger, blasser Mann, der Probleme mit dem Motor hatte. Seine Anwesenheit fiel nie auf. Die verwaschen graue Landschaft verschluckte ihn regelrecht. Nur ein aufmerksamer, geduldiger Beobachter hätte bemerken können, dass etwas nicht stimmte: Der Mann hatte alle Zeit der Welt. Sein Blick glitt hin und her, konzentrierte sich auf alles Mögliche, nur nicht auf seinen Motor. Er wog Möglichkeiten ab, traf Entscheidungen.

Rumms. Das Geräusch war so gewöhnlich, dass es im Lärm der Stadt unterging, im Rauschen nasser Reifen im Nieselregen und im Klimpern der Türglocken in den Geschäften. Es war das erschreckendste Geräusch, das niemand hörte – wenn Ridgway seine Motorhaube zuklappte. Die Patrouille war vorbei, eine neue Phase hatte begonnen.

Anfangs vermutete ich, der EAR müsse sich wie Ridgway vor aller Augen versteckt haben. Er schien über Wissen zu verfügen, das man nur durch sorgsame, anhaltende Beobachtung erlangen kann. Aber er lungerte eindeutig nicht in der Öffentlichkeit herum. In mehreren Tausend Seiten Polizeiberichten, darunter Aussagen der Opfer und Befragungen der Nachbarschaft, ergab sich keine einheitliche Beschreibung eines Verdächtigen. Bei fünfzig Vergewaltigungen sollte sich ein Gesicht herausschälen, dachte ich, zumindest müsste über die Haarfarbe Einigkeit herrschen. Aber das war nicht der Fall. Und genau das war das Rätsel. Irgendwann siegt die Wahrscheinlichkeit. Auf das Glück kann man sich nicht ewig verlassen. Wie konnte er so lange beobachten, ohne selbst beobachtet zu werden?

Meine Gedanken kehrten immer wieder zu einem Mann in Uniform oder Arbeitskleidung zurück, einem Leitungsmonteur der Telefongesellschaft oder einem Postboten, einer gewöhnlichen Arbeiterbiene direkt aus Richard Scarrys *Busytown*, einem Menschen, dessen Anwesenheit signalisiert, dass alles seinen Gang geht. Niemand achtete auf ihn. Er verschmolz mit dem Hintergrund. Niemand sah die zerstörerische Wut in seinen Augen.

Ein pensionierter Ermittler, der die Morde in Irvine bearbeitet hatte, wollte mich von meiner Vorstellung abbringen, dass der EAR ein Meister im Auskundschaften gewesen sei. Seiner Meinung nach benötigten die Überfälle keine große Planung oder Insiderwissen. Er und sein Partner führten während der Ermittlungen in diesem Fall eines Abends ein Experiment durch. Sie kleideten sich schwarz, zogen Schuhe mit weichen Sohlen an und folgten in Irvine den Wegen, von denen sie glaubten, dass der Mörder sie genommen hatte. Sie schlichen an Betonmauern entlang, spähten über Gartenzäune und versteckten sich im Dunkeln hinter Baumstämmen.

Hell erleuchtete Fenster lockten sie an. Sie gewährten ihnen Einblicke in das Leben fremder Menschen. Manchmal war es nur ein schmaler Streifen zwischen Vorhängen, breit genug, um das ausdruckslose Gesicht einer Frau zu sehen, die in der Küche ein einzelnes Glas immer wieder abspülte. Meist war es still, manchmal brandete in einem Fernseher Lachen auf. Eine junge Frau legte den Kopf in den Nacken, während ihr Freund ihren Rock hochschob.

Bei der Erinnerung schüttelte der Ermittler den Kopf.

»Sie würden staunen, was man alles zu sehen bekommt«, sagte er zu mir.

Tatsächlich fragte ich jeden Ermittler, mit dem ich sprach, nach dem Ausspähen der Häuser und bekam jedes Mal dieselbe Reaktion, ein Kopfschütteln und einen Gesichtsausdruck, der besagte, dass es ein Kinderspiel sei.

Ein zwanghafter Spanner lernt schnell, Körpersprache zu deuten, etwa, wie eine Frau, die allein zu Hause ist, aus dem Wohnzimmerfenster sieht, bevor sie das Licht ausschaltet, oder wie ein Teenager sich leiser bewegt, wenn seine Eltern schlafen. Nach einer Weile erkennt er Muster. Die Vorbereitungszeit reduziert sich deutlich.

Ich frage Holes, als wie methodisch er den EAR bei der Auswahl seiner Opfer einschätzt.

»Ich glaube, es gibt für beide Arten Beweise. Bei manchen Fällen glaube ich, dass er lange beobachtet hat. Er sieht eine Frau. Konzentriert sich auf sie. Folgt ihr. Und manchmal greift er an, wenn er sie zum ersten Mal sieht.«

Niemand weiß, wie lange er Kathy beobachtet hat, aber man kann vermuten, von welcher Stelle aus er es getan hat. Das Grundstück grenzt an eine Weihnachtsbaumplantage. Der Forensiker fand zickzackförmige Abdrücke von vermutlich Joggingschuhen am Lattenzaun hinter dem Haus.

Holes biegt rechts ab und zeigt mir das Gebiet, an dem sich früher die Weihnachtsbaumplantage befand. Ein, zwei Blocks

Die Skizze eines Mannes, den eine junge Frau, am 8. August 1979 allein zu Hause in San Ramon, entdeckte, als er versuchte, bei ihr einzubrechen. Der Vorfall ereignete sich weniger als achthundert Meter von einem früheren Überfall des EAR entfernt. Als er merkte, dass er entdeckt worden war, floh der verhinderte Einbrecher in die Weihnachtsbaumplantage, die ihm bereits beim vorherigen Überfall als Fluchtweg gedient hatte.

weiter biegt er wieder rechts ab, zum 7400er-Abschnitt der Sedgefield Avenue.

»Am nächsten Tag steht hier am Straßenrand ein Fahrzeug. Im Innenraum findet sich Blut.«

Das Auto war ein Ford Galaxie 500. Es war als gestohlen gemeldet worden.

»Jemand hat offensichtlich geblutet, wahrscheinlich aus der Nase. Es gibt eine Blutspur, die seinem Weg folgt. Die Beweise sind natürlich längst verschwunden, aber wenn jemand mitten in der Nacht durch eine Weihnachtsbaumplantage flieht, wie wahrscheinlich ist es, dass er gegen einen Baum gelaufen ist? Und dann in dieses gestohlene Auto gestiegen ist und es hat stehen lassen? Ich hatte mal einen Fall, wo jemand vor einer Schießerei weggelaufen und vor einen Telefonmast gerannt ist. Hat genau so eine Blutspur hinterlassen.«

Die Blutspur führte Richtung Osten und auf die Straße. Im Rinnstein lagen zerknüllte Taschentücher. Die Blutstropfen wurden kleiner und hörten auf. Wie bei jeder Spur in diesem Fall endete man auch bei dieser vor einer kahlen Wand. Weit und breit keine Tür. Jeder Gegenstand, der bei der Suche entdeckt wurde, konnte, *musste* ihm aber nicht gehören, und keiner von ihnen lieferte eine heiße Spur. Es gab tausend Wege für diesen Fall, und trotzdem gab es keine Fortschritte.

»Keine Spur ist sicher«, sagt Holes.

»Wie sah es damals in San Ramon mit Baustellen aus?«, frage ich.

Holes erzählt, dass sie von Kathy hilfreiche Informationen bekommen haben.

»Sie konnte sich an mehrere Stellen in ihrem Viertel erinnern, an denen zum Zeitpunkt des Überfalls neue Siedlungen hochgezogen wurden.«

Ich begreife erst nach einem Moment, dass er damit sagt, er habe persönlich mit Kathy gesprochen.

»Sie haben mit ihr geredet?«

Ihm ist klar, warum ich so überrascht bin.

Larry Crompton hat Kathy in *Sudden Terror*, seinem Buch über diesen Fall, ziemlich negativ dargestellt. Crompton schreibt, sie habe sich während der Aussage aufgeführt, als würde sie »einen absoluten Kick« noch einmal durchleben. Er gibt wenig schmeichelhafte Details über ihr Leben nach dem Angriff preis und erklärt, ihr Mann und ihr Sohn würden ihm leidtun. Ich mag Crompton, aber hier, fand ich, war er eindeutig im Unrecht. Er verglich sogar ihr Aussehen mit dem der anderen Opfer – positiv, aber trotzdem war es falsch. Wie er Kathy behandelt, ist bestenfalls extrem unsensibel, streng genommen aber eine Schuldzuweisung ans Opfer. Seine Schilderung unterstellt, es gäbe nur eine richtige Art, auf sexuelle Gewalt zu reagieren.

Ihm fehlen Mitgefühl und Verständnis. Zum Beispiel beschreibt er abfällig ihre Aussage, sie habe den EAR vorher um ein Glas Wasser gebeten, als er sie zu Fellatio zwingen wollte, ohne zu bedenken, dass sich ein verängstigtes Opfer mit der Bitte um etwas zu trinken vielleicht Zeit verschaffen möchte. Und das Pseudonym »Sunny«, das Crompton für sie gewählt hat, war wahrscheinlich nicht bewusst spöttisch gemeint, es wirkt vor dem Hintergrund seiner Beschreibung aber so.

Kurz nachdem Cromptons Buch erschienen war, erhielt das Sheriff's Office eine Mail von Kathy. Sie war aufgebracht darüber, wie sie dargestellt worden war. Rechtlich durfte man ihr keinen Kontakt zum pensionierten Crompton vermitteln, aber Holes und eine Kollegin luden Kathy zu einem persönlichen Treffen ins Revier ein.

»Sie hat gezittert wie Espenlaub«, erinnert sich Holes, und ich höre seiner Stimme an, dass er es ihr nachfühlen konnte. Bei dem Treffen sah Kathy ihm kaum in die Augen, was er den Nachwirkungen ihres Traumas zuschrieb. Die Beziehung zwischen Opfern und den Ermittlern in alten Fällen ist eine seltsame Mischung aus vertraut und distanziert. Holes war zehn Jahre alt, als ein maskierter Mann Kathy ein Messer an den Hals hielt und sie zwang, sich auf den kalten Linoleumboden der Küche zu legen. Neunzehn Jahre später holte Holes einen verschlossenen Beutel mit ihrer Fallnummer darauf aus der Asservatenkammer und entnahm einem Plastikröhrchen einen Abstrichtupfer. Kathy war für ihn eine Fremde. Er hatte die Spermazellen ihres Vergewaltigers unter einem Mikroskop untersucht, aber er hatte ihr noch nie in die Augen gesehen oder ihr die Hand geschüttelt.

Er stellte bei dem Treffen nur wenige Fragen und überließ seiner Kollegin die Gesprächsführung. Dann sagte Kathy etwas, das ihn aufhorchen ließ.

Sie und ihr Mann David waren seit Langem geschieden. Wie bei vielen Paaren, die dem EAR zum Opfer gefallen waren, hatte ihre Beziehung nicht überlebt. Kathy erzählte, David habe nach dem Überfall gesagt, er habe die Stimme des EAR wiedererkannt, sie aber nicht zuordnen können.

Kathys Aussage war aus zwei Gründen wichtig. Erstens hatte sie das geografische Profil nie gesehen. Sie wusste nicht, dass Contra Costa County hinsichtlich des Wohnorts zwar nicht dasselbe offensichtliche Muster wie Sacramento aufwies, der Profiler aber trotzdem geschlossen hatte, dass der Täter höchstwahrscheinlich dort lebte: in San Ramon. Die Stadt lag im Zentrum der Fälle in der East Bay und gehörte zu den wenigen Orten, an denen er nur einmal zugeschlagen hatte. Mit der wachsenden Entfernung zum Wohnort eines Täters wächst auch die Anzahl der potenziellen Ziele. Aber manchmal greift ein Gewalttäter doch in der Nähe seines Hauses an, sei es, weil er sich von einem bestimmten Opfer angezogen fühlt, sei es, weil er sicher ist, dass er nicht erwischt wird.

Auf der Karte mit dem geografischen Profil verläuft ein roter Streifen, der die wahrscheinlichsten Bereiche für das Haus des EAR markiert, von Osten nach Westen, in unmittelbarer Nähe nördlich von Kathys Haus.

Kathy wusste auch nicht, dass eine FBI-Profilerin kurz zuvor bei einer Besprechung der Sondereinheit EAR neue Erkenntnisse vorgestellt hatte. Eine Aussage der Profilerin weckte Holes' Interesse. Sie riet, die Ermittler sollten in Betracht ziehen, dass bei manchen Taten die männlichen Opfer das Ziel waren. Möglicherweise habe der EAR an einigen Männern für ein vermeintliches Unrecht Rache nehmen wollen.

Kathys neue Information machte es wahrscheinlicher, dass es eine bisher nicht beachtete Verbindung zwischen Täter und Opfer gab, die zum Verdächtigen führen konnte. Bei vielen bekannten Verbrechensserien stellt sich heraus, dass es mindestens eine solche Verbindung gab. Eine ehemalige Mitbewohnerin von Lynda Healy, einem Opfer von Ted Bundy, war Teds Cousine, und später fanden die Ermittler heraus, dass Ted und Lynda mindestens drei Kurse an der Uni zusammen besucht hatten. Dennis Rader, der sogenannte BTK-Killer, wohnte sechs Häuser von seinem achten Opfer, Marine Hedge, entfernt. John Wayne Gacy unterhielt sich vor Zeugen in einem Geschäft mit Robert Piest darüber, ihn für Bauarbeiten anzuheuern, kurz bevor Piest verschwand.

Der EAR gab sich große Mühe, seine Identität zu verbergen. Er verhüllte sein Gesicht und verstellte seine Stimme. Er blendete seine Opfer mit einer Taschenlampe und drohte, sie zu töten, falls sie ihn ansahen. Andererseits war er ziemlich furchtlos. Von bellenden Hunden ließ er sich nicht abschrecken. Zwei Jogger, Bruder und Schwester, beide Anfang zwanzig, entdeckten an einem nebligen Abend im Dezember 1977 einen Mann mit einer dunklen Skimaske, der aus einem Heckenweg vor einem Haus auf den 3200er-Abschnitt des American River Drive trat. Als der Mann die Jogger sah, blieb er abrupt stehen. Sie liefen weiter. Bei einem Blick zurück beobachteten sie, wie er rasch in einen älteren Stepside-Pick-up stieg. Die Art, wie der Mann gezögert hatte und dann hinter das Lenkrad gesprungen war, ließ sie schneller laufen. Mit laut rasselndem Motor raste der Pick-up auf sie zu. Sie sprinteten um die Ecke; der Wagen bremste quietschend und setzte hastig zu ihrer Straße zurück. Sie liefen zu einem anderen Haus, versteckten sich und sahen zu, wie der Pick-up ihnen folgte und auf der Straße Kreise zog, bis der Mann aufgab und davonraste.

Der EAR besaß einen ausgeprägten Selbsterhaltungstrieb, doch der anhaltende Erfolg hatte ihn überheblich werden lassen – und Überheblichkeit sabotiert die besten Pläne. Sie flüstert einem größenwahnsinnige Ideen ein. Eine Reihe mentaler Barrieren, vor denen jeder normale Mensch haltgemacht hätte, hatte er schon überwunden: Einbruch in fremde Häuser, Vergewaltigung, der Überfall von Paaren statt lediglich von alleinstehenden Frauen. Nach Dutzenden von erfolgreich verübten Taten war er so im Rausch, dass er seine eigene Regel brach, nur Opfer auszuwählen, zu denen er keine Verbindung hatte. Ein kehliges Flüstern in einer Nacht vor sechsunddreißig Jahren war vielleicht der entscheidende Hinweis.

Nach San Ramon schlug der EAR zweimal in San Jose zu, fünfundsechzig Kilometer weiter südlich. Holes und ich beschlossen, San Jose zu überspringen, um Zeit zu sparen.

»Ich würde Ihnen gerne Davis zeigen«, sagt er. »Ich glaube, Davis ist wichtig.«

Aber davor haben wir noch zwei andere Ziele. Nach San Jose kehrte der EAR nach Contra Costa County zurück und beging die erste von drei Taten in Danville. Holes und ich fuhren auf der 680 Richtung Norden nach Danville. Dort hatte am 9. Dezember 1978 der Überfall stattgefunden, der ihm die vielversprechendste Spur geliefert hatte.

DANVILLE

Vor hundert Jahren untermalte das stete Stampfen von Dampfzügen den Bauboom im breiten grünen Tal am Fuße des Mount Diablo. Ab 1891 beförderte die Southern Pacific Railroad ihre Fahrgäste auf einer dreißig Kilometer langen Strecke von San Ramon bis knapp nördlich von Concord. Geschäftstüchtige Besucher mit Träumen und Blaupausen in der Hand stiegen aus. Land gab es im Überfluss. Man steckte Parzellen ab und baute. Nach der Erfindung des Automobils wurde der Personenverkehr schließlich eingestellt, aber über die San Ramon Branch Line lief der Güterverkehr weiter: Bartlett-Birnen, Kies, Schafe. Überall fraß sich die Bahn durch das Land. Das Pfeifen der Züge maß die Zeit. Alle Eisenbahndepots wurden gleich gestrichen, in Löwenzahngelb und Braun. Die Gleise verliefen entlang der Murwood Elementary School in Walnut Creek, und wenn die Grundschulkinder in der Pause das Grollen der Züge hörten und spürten, wie der Boden vibrierte, unterbrachen sie ihr Himmel-und-Hölle-Spiel, um den vorbeifahrenden Eisenbahnern zuzuwinken, und wurden mit einem Pfeifen belohnt.

Die Southern Pacific trug zum Wandel des ländlichen Tals bei, doch nicht im Sinne der Eisenbahnbetreiber. In dieser Gegend entwickelten sich nie Industriezentren. Stattdessen wurden Einfamilienhäuser gebaut. Das Herz von Contra Costa County wurde zur »äußeren East Bay«. Die Fertigstellung der I-680 im Jahr 1964 war der Anfang vom Ende der Southern Pacific. Es war billiger, Güter mit dem LKW zu transportieren. Die Zahl der Eisenbahnwaggons schrumpfte und schrumpfte. Die weitläufigen Obstplantagen waren verschwunden, auf beiden Seiten schwappte ein Meer aus Häuserdächern auf die Gleise zu. Schließlich beantragte die Southern Pacific bei der Interstate Commerce Commission, der zuständigen Bundesbehörde, die Strecke stilllegen zu dürfen. Im September 1978, fast ein Jahrhundert nach dem Verlegen der ersten Gleise, wurde sie endgültig aufgegeben.

Anschließend wurde darüber diskutiert, was mit dem Gelände geschehen soll. Solange keine Entscheidung gefällt wurde, lag der sechs Meter breite Streifen brach, wie ein Schattenkorridor trennte er Wohnviertel voll warm erleuchteter Häuser voneinander. Dieser ungenutzte Bereich weckte keine Furcht, er wurde schlicht nicht beachtet. Das galt besonders für den acht Kilometer langen Abschnitt in Danville, der Stadt direkt nördlich von San Ramon. In Danville waren die Grundstücke größer, die Häuser älter, die Bewohner wohlhabender und gesetzter. Die verlassenen Gleise lagen hinter sorgsam abgeschotteten Gärten. Die Zäune fungierten im Grunde wie Vorhänge. Da die Bahnstrecke keinen Zweck mehr erfüllte, wurde sie aus der Wahrnehmung gestrichen. Nichts rührte sich. Nichts war zu hören. Bis zu einem Dezembermorgen, an dem ein sonderbares Geräusch die Stille störte. Wer es nur beiläufig bemerkte, war vielleicht nicht besorgt. Das Geräusch war gleichmäßig, rhythmisch, dem feinfühligen Zuhörer aber vermittelte es einen Eindruck von Dringlichkeit: ein Bluthund in vollem Lauf, konzentriert und zielstrebig.

Anfang Dezember 1978 hegten die meisten Bewohner von Contra Costa County die unausgesprochene Hoffnung, dass es überstanden war. Im Oktober war der East Area Rapist über ihre Region regelrecht hereingebrochen und hatte in einundzwanzig Tagen gleich dreimal zugeschlagen. Nach dem dritten Überfall verbrachten die Menschen die Nächte eingeschlossen in ihren hell erleuchteten Häusern, kämpften gegen den Schlaf an und versuchten den Gedanken an schwarze Skimasken zu verscheuchen. Doch die nächsten Wochen verstrichen ohne weitere Vorfälle. Andere grauenhafte Ereignisse drängten sich in den Vordergrund. Nachrichtensprecher unterbrachen das reguläre Programm am 18. November mit der Meldung, in einer Urwaldkommune in Guyana seien neunhundert Amerikaner, ein Drittel von ihnen Kinder, gestorben, weil sie auf Geheiß ihres Sektenführers Jim Jones mit Zyankali versetztes Flavor Aid getrunken hatten. Der Peoples Temple, Jones' Kirche, hatte seinen Hauptsitz in San Francisco gehabt, bevor er nach Guyana im Norden Südamerikas gezogen war. Unter den Toten befand sich auch der Kongressabgeordnete Leo Ryan aus

Nordkalifornien. Er war dorthin geflogen, um Missbrauchsvorwürfe zu untersuchen, und wurde kurz vor dem Rückflug auf der Startbahn erschossen. Das Jonestown-Massaker erregte Aufsehen im ganzen Land, sogar weltweit, aber die Bay Area erschütterte es besonders.

Das Thanksgiving-Wochenende verlief friedlich. In der Nacht des 30. November überzog bei Neumond tiefe Schwärze den Himmel. Die Dunkelheit schuf viele Verstecke, wer unentdeckt bleiben wollte, fand ideale Bedingungen vor. Doch der allgemein befürchtete neue Überfall des EAR blieb aus. Die Menschen verrammelten und verriegelten weiterhin ihre Häuser, aber die Anspannung ließ ein wenig nach.

Wahrscheinlich ist es kein Zufall, dass der EAR aus fünf Häusern Uhrenradios stahl, obwohl er wertvollere Gegenstände hätte mitnehmen können. Zeit war ihm wichtig – sie zu kontrollieren, zu manipulieren. Er besaß ein erstaunliches Gespür dafür, wie viel Zeit vergehen musste, bevor Sicherheitsmaßnahmen gelockert wurden. In Städten und bei einzelnen Opfern ein Gefühl der Unsicherheit zu erzeugen, ob er dort war, verschaffte ihm strategische Vorteile. Eine Frau mit verbundenen Augen im Dunkeln nimmt ihre akustische Umgebung ganz anders wahr. Das leise Schließen der Schiebetür empfindet sie als lautes, metallisches Klicken. Sie berechnet die Entfernung leiser Schritte. Hoffnung flackert auf. Trotzdem wartet sie. Je mehr Zeit verstreicht, desto mehr schärfen sich ihre Sinne. Sie lauscht auf fremdes Atmen. Fünfzehn Minuten vergehen. Das furchterregende Gefühl, beobachtet zu werden, einen Blick auf sich zu spüren und sich vor Angst nicht bewegen zu können, ist abgeklungen. Dreißig Minuten. Fünfundvierzig. Die Spannung in ihrem Körper lässt unmerklich nach. Ihre Schultern lockern sich. Doch in diesem Moment, in dem sie fast wieder frei atmen kann, geht der Albtraum unvermittelt weiter – das Messer streift ihre Haut, das schwere Atmen setzt wieder ein, kommt näher, bis sie merkt, wie er sich neben ihr niederlässt – ein Tier, das geduldig wartet, bis seine sterbende Beute sich nicht mehr rührt.

Die Illusion, er sei gegangen, war ein grausamer und wirkungsvoller Streich. Ein Opfer, dem er diesen Streich schon gespielt hatte, wartete beim nächsten Mal deutlich länger, bis es dachte, der EAR sei fort. Manche Frauen blieben starr vor Angst stundenlang liegen, sie warteten, bis die Vögel zwitscherten und mattes Sonnenlicht an die Ränder ihre Augenbinde drang. Je mehr Zeit verging, bevor die Polizei gerufen wurde, desto weiter konnte der EAR sich vom Tatort entfernen.

Anfang Dezember lag der letzte Überfall des EAR in Contra Costa County sechs Wochen zurück. Die Menschen glichen dem vorsichtig hoffnungsvollen Opfer, das glaubte, der Eindringling habe das Haus endgültig verlassen. In Sacramento und in der East Bay wusste niemand, weder die Öffentlichkeit noch die Ermittler, dass der EAR während seiner Abwesenheit aus ihrer Region fünfundsechzig Kilometer weiter südlich in San Jose zwei Vergewaltigungen begangen hatte, eine Anfang November und die andere am 2. Dezember. Selbst wenn sie von den Taten in San Jose gewusst hätten, wären sie über den Ortswechsel vielleicht erleichtert gewesen. Er schien immer weiter nach Süden zu ziehen: erst Concord, dann dreißig Kilometer die I-680 entlang nach San Ramon, und danach San Jose in einem anderen County.

Als am Freitag, dem 8. Dezember, die Nacht anbrach, gingen die Bewohner der Schlafstädte am Fuße des Mount Diablo, in Orten der äußeren East Bay wie Concord, Walnut Creek, Danville und San Ramon, mit dem Gefühl zu Bett, dass ihnen keine Gefahr mehr drohte. Es erschien logisch, dass er weiter nach Süden gehen und in Santa Cruz oder Monterey zuschlagen würde. Sie selbst gerieten als Ziele außer Sicht. Das Schlimmste war überstanden. Mitternacht verstrich. Kühlschränke summten in dunklen Häusern. Ab und an durchbrach das Rauschen eines vorbeifahrenden Autos die Stille. Der kollektive Biorhythmus war auf Ruhe eingestellt. Doch das galt nicht überall. In Danville, östlich von den stillgelegten Bahngleisen, bog sich ein zwei Meter hoher, von Bäumen geschützter Holzzaun unter dem Gewicht eines Kletterers. An dem einstöckigen Haus hinter dem Zaun brannte außen kein Licht. Die Nacht war perfekt für den Kletterer. Vor Blicken verborgene Stellen zogen ihn an. Er streifte in dunkler Kleidung umher und hielt nach einer Unterbrechung in der hell erleuchteten Häuserreihe Ausschau. Mit schwarzen Pupillen suchte er Schatten.

Er durchquerte den Garten zur Terrasse. Auch im Haus war kein Licht eingeschaltet. Auf der Küchenanrichte lag eine Handtasche. Die gläsernen Schiebetüren ließen sich mit leichtem Druck aufstemmen, was kaum Lärm verursachte. Er betrat die Küche. Irgendwo lief leise ein Radio. In dem knapp zweihundert Quadratmeter großen Haus befanden sich kaum Möbel oder persönliche Gegenstände, weil es zum Verkauf stand. Seit zwei Monaten ließen freundliche Makler Fremde herein. Hatte er sich unter die unscheinbaren Neugierigen gemischt? Er wird gemurmelt haben, wenn er überhaupt gesprochen hat. Während potenzielle Käufer mit Fragen ihr Interesse bekundeten, wird er vielleicht ein wenig mürrisch gewirkt haben, als würde sein prüfender Blick Missfallen ausdrücken. Tatsächlich war er nur bemüht, sich die Gegebenheiten einzuprägen.

Jetzt ging er an geschlossenen Zimmertüren vorbei direkt zum Schlafzimmer in der nordwestlichen Ecke des Hauses. In der Tür blieb er stehen, etwa drei Meter vom Bett entfernt. Eine Frau lag dort, allein. Sie schlief, auf dem Bauch liegend, das Gesicht im Kissen vergraben, tief in Morpheus' Armen versunken.

Wer war sie in dem Augenblick, bevor er sie aus dem unbekümmerten Schlaf riss? Esther McDonald* war klein. Menschen der Generation, in der ihr Name beliebt war, hätten sie vielleicht als zartes Püppchen bezeichnet. Daheim in einem kalten Staat im Mittleren Westen hatte ihre mit neunzehn geschlossene, kinderlos gebliebene Ehe zehn Jahre gehalten. Plötzlich war sie dreißig, was im Herzen Amerikas älter ist als an den Küsten. *California Dreamin'* war kein Lied, sondern der Sirenengesang einer sonnigeren Zukunft. Sie zog mit einer Freundin nach San Francisco. Der Sommer der Liebe war vorbei, aber die Bay Area hatte sich den Ruf bewahrt, dass einem dort alle Möglichkeiten offenstanden, dass man seine Vergangenheit abstreifen und ein neues Leben beginnen konnte.

Sie fand Arbeit – als Floristin im Großhandel und bei einer Reparaturfirma für Elektromotoren. Ein zwanzig Jahre älterer Pfandleiher umwarb sie, schenkte ihr Schmuck und bat sie, zu ihm nach Danville zu ziehen. Das Haus lag acht Kilometer von der Calaveras-Verwerfung entfernt, ganz in der Nähe der San-Andreas-Verwerfung. Sechs Monate später trennten sie sich einvernehmlich. Er zog aus, gab das Haus zum Verkauf frei und überließ es ihr, bis es verkauft wurde. Mit einem Kollegen bahnte sich eine neue Romanze an, der Pfandleiher war noch im Spiel. Ihr Herz war unentschlossen und zog sie in zwei Richtungen.

So sah es im Leben von Esther McDonald aus, als sie um zwei Uhr nachts in jener kalten Dezembernacht schlief. Sie war eine Frau mit einem nicht ungewöhnlich komplizierten Liebesleben, die in einem Staat, der für seinen Pioniergeist bekannt war, einen Neuanfang wagte und deren Leben unwiderruflich verändert werden sollte. Welchen bleibenden Schaden trägt

---

* Pseudonym

man davon, wenn man glaubt, das warme Nest, in dem man gerade geschlafen hat, würde zum eigenen Grab werden? Die Schmerzen einer Verletzung verlieren mit der Zeit an Schärfe, doch sie lassen einen niemals los. Ein namenloser Virus zirkuliert von nun an durch den Körper. Manchmal schläft er lange, doch dann löst er wieder mächtige Wellen des Schmerzes und der Angst aus.

Eine Hand legte sich um ihre Kehle. Die stumpfe Spitze einer Waffe drückte sich seitlich gegen den Hals. Mindestens ein halbes Dutzend Ermittler aus Nordkalifornien hätten die ersten geflüsterten Worte im Dunkeln geradezu mitsprechen können.

»Beweg dich nicht.«

»Schrei nicht.«

Er war wieder da, war zurückgekehrt. Die Ungewissheit, wohin er gehen würde, die Beliebigkeit der Tatorte machten ihn zu einer unberechenbaren dunklen Macht.

Nach dem Notruf trafen die ersten Polizisten um 5.19 Uhr ein. Mit jedem verräterischen Zeichen stieg die Anspannung. Zusammengeknotete weiße Schnürsenkel. Streifen eines zerrissenen orangefarbenen Handtuchs. Zerschnittene Telefonleitungen. Im Haus war es auffallend kalt. Er hatte das Thermostat ausgestellt, genau wie das Radio, offenbar, um so gut wie möglich hören zu können. Funksprüche wurden abgesetzt. Telefone klingelten. In der blauschwarzen Dämmerung trafen immer mehr Leute ein. Ermittler Larry Crompton hielt vor dem Haus. Die Suche nach entscheidenden Details schärfte seinen Verstand. Trotz der frühen Stunde war er hellwach. Er bemerkte das Maklerschild im Vorgarten, das leere Grundstück nebenan und die Bahngleise hinter dem Haus – ideale Bedingungen für den EAR, die seinen inneren Zwang anfachen mussten.

Wenige Wochen später sollte Crompton zum Sergeant befördert werden und sich der hastig zusammengestellten Sondereinheit EAR anschließen. Als er das Haus betrat und die Tür hinter ihm zufiel, wusste er noch nicht, dass ihm dieser Fall das ganze Leben lang nachhängen sollte. Es wurde wie eine Partie Galgenmännchen, bei der er sich einfach nicht geschlagen geben wollte. Alles war falsch und das Strichmännchen fast aufgeknüpft. Crompton ließ den letzten Zug noch offen, schob die Niederlage hinaus, indem er wartete, bis er oder einer seiner Nachfolger die Wende bringen und die letzten Leerstellen füllen könnte. Erst dann, wenn der letzte Buchstabe richtig eingetragen war, würde die lange, quälende Jagd im Dunkeln mit dem einfachsten, aber lang ersehnten Preis enden: dem Namen eines Mannes.

Der erste von drei Bluthunden traf ein. Die Hündin Pita wirkte sofort aufgeregt und schnupperte in der Luft. Wer weiß, was im Kopf eines Spürhunds vor sich geht, wenn er die Hoffnungen der ernsten Menschen um sich herum spürt. Pitas Aufgabe war beneidenswert einfach: Finde den Geruch und folge ihm. Eine kleine Gruppe aus Hundeführern und Polizisten, darunter Crompton, beobachteten, wie Pita das Haus über die Terrasse verließ und zielstrebig zur südwestlichen Ecke des Gartens lief. Am Zaun zeigte sie an, dass sie hinüberwollte. Sie wurde durch den Garten zur anderen Seite geführt, zu den verlassenen Bahngleisen. Sie reckte ihre Nase hoch.

Man fand, was der unbekannte Täter zurückgelassen hatte. An einer Flasche »Schlitz«-Malzbier, die er aus dem Kühlschrank genommen und im Garten abgestellt hatte, klebte noch Schaum. Die Kratzspuren am Zaun wurden fotografiert. Die Gruppe an den Bahngleisen drängte sich in der Kälte zusammen und wartete darauf, was Pita als Nächstes tun würde. Ihre Hoffnungen bauten darauf, dass eine Hundenase ein Molekül erschnupperte.

Dann eine plötzliche Bewegung. Pita hatte ihre Spur, sie roch den Täter. Auf dem linken Pfad neben den Gleisen folgte der kleine Suchtrupp ihr Richtung Süden. Sie hatte Witterung aufgenommen und lief erst langsam, dann schneller weiter, ganz in die Suche vertieft. Der plötzliche Aufruhr auf den Gleisen war für einen Samstagmorgen in Danville ungewöhnlich. Diese Störung der Morgenruhe sollte sich in den kommenden Monaten mehrmals wiederholen.

Etwa einen Dreiviertelkilometer vom Startpunkt entfernt blieb Pita abrupt an der Stelle stehen, an der die Bahngleise eine Straße durch das Wohngebiet kreuzten. Zwei weitere Bluthunde, Betsey und Eli, wurden am Tatort eingesetzt. Pitas Hundeführerin Judy Robb hielt in ihrem anschließenden Bericht fest, dass die Zeit und selbst winzige Veränderungen der Windgeschwindigkeit einen Geruchspool ändern können. An mehreren Stellen waren sich die drei Hundeführer allerdings einig. Die Hunde hatten an vielen Zäunen geschnuppert und waren durch zahllose Gärten zwischen Häusern geflitzt. Ihr Verhalten ließ vermuten, dass der Verdächtige die Umgebung lange ausgekundschaftet hatte. Den Garten des Opfers hatte er über den Zaun an der Nordseite betreten. Geflohen war er über die südwestliche Ecke des Zauns und Richtung Süden an den Gleisen entlang bis zur kreuzenden Straße, an der er wahrscheinlich in ein Fahrzeug gestiegen war.

Das Opfer war von einem Sergeant ins Krankenhaus gebracht worden. Nachdem die Frau untersucht worden war, fuhr er sie wieder zurück, doch als er mit dem Dienstwagen vor ihrem Haus hielt, war sie wie erstarrt. Die Qualen waren zu schlimm. Das Sonnenlicht spendete keinen Trost. Sie wollte nicht hineingehen. Eine schwierige Situation. Bei allem Mitgefühl brauchten die Ermittler sie. Sie machten ihr behutsam klar, wie wichtig es war, dass sie mit ihnen den Tatort abging. Die Frau willigte in eine kurze Begehung ein, danach verschwand sie. Ihre Sachen ließ sie später von Freunden abholen. Sie betrat das Haus nie wieder.

Es stellt sich immer die Frage, wie man einen unbekannten Straftäter in Polizeiberichten nennt. Die Wahl fällt häufig auf »der Verdächtige«, manchmal auf »der Täter« und gelegentlich einfach auf »der Mann«. In Danville entschied sich der Verfasser der Polizeiberichte für eine Bezeichnung, die sachlich und eindeutig klang und doch direkt mit dem Finger auf ihn zeigte. Die Bezeichnung berührte mich, als ich sie las. Ich übernahm sie und verwendete sie selbst, wenn ich morgens um drei wach lag und wieder einmal die angesammelten vagen Hinweise und uneinheitlichen Beschreibungen seines Aussehens durchging. Ich bewunderte sie in ihrer nüchternen Unerschrockenheit: »der Verantwortliche«.

Holes parkt in einem Wohngebiet in Danville neben dem Iron Horse Regional Trail, einem Weg für Radfahrer, Pferde und Wanderer, der sich auf fünfundsechzig Kilometern durch das Herz von Contra Costa schlängelt: Es ist die alte Bahnstrecke der Southern Pacific Railroad, die betoniert und fußgängerfreundlich neu gestaltet wurde.

»Hier steigen wir aus und laufen«, sagt er.

Wir wenden uns auf dem Weg Richtung Süden. Nach vielleicht drei Metern macht Holes mich auf einen Garten hinter einem Haus aufmerksam.

»Die Bluthunde haben den Fluchtweg des EAR zur Gartenecke des Opfers verfolgt«, sagt er. Er geht einen Schritt vor. Eine Reihe Agaven schützt die Rückseite des Zauns und vereitelt jeden Versuch, näher heranzukommen.

»Hier springt er über den Zaun.« Holes deutet auf die Stelle. Einen langen Moment starrt er auf die dicken, schwertförmigen Blätter der Agave.

»Ich wette, der Überfall hat den späteren Besitzern solche Angst eingejagt, dass sie diese stacheligen Dinger gepflanzt haben«, sagt er.

Wir gehen weiter. Genau diese Strecke hat der Forensiker John Patty vor fünfunddreißig Jahren nach Beweismitteln abgesucht, nachdem die Bluthunde den Fluchtweg des EAR aufgezeigt hatten. Patty wurde bei seiner Suche fündig. Er beschriftete eine Beweismitteltasche aus Plastik und versiegelte die Gegenstände darin. Die Tasche wanderte in einen Karton, der in die Asservatenkammer gebracht und in ein Stahlregal geschoben wurde, in dem eng an eng bereits Hunderte solcher Kartons lagerten. Dort blieb die Tasche ungestört dreiunddreißig Jahre. Am 31. März 2011 rief Holes bei der Asservatenkammer an und erkundigte sich nach der Skimütze eines EAR-Verdächtigen aus den Siebzigern, den er sich noch einmal vornehmen wollte. Der Leiter der Asservatenkammer hatte einen Karton bereitgestellt, als Holes eintraf. In dem Karton befand sich die Skimütze. Dann fiel Holes ein Plastikbeutel mit einem Etikett auf, auf dem stand: »Gesichert an den Bahngleisen«. Was er darin fand, gab seiner Ermittlung eine neue Richtung.

Wie jeder Aspekt der Polizeiarbeit erfordert auch die Beweismittelsicherung viel Papierkram. John Pattys Liste der Asservate vom Tatort besteht aus handgeschriebenen knappen Beschreibungen: »1a) 2 Blatt aus Spiralblock, 3-fach gelocht, mit Bleistift beschrieben; b) 1 Blatt aus Spiralblock, 3-fach gelocht, mit einem von Hand gezeichneten Lageplan; c) 1 violetter Wollfaden 104 cm lang; d) 1 abgerissenes Stück Papier, mit Maschinenschrift«.

Wurden die Gegenstände zusammen gefunden? Auf dem Boden verstreut? Es gab weder ein Foto noch eine Zeichnung des Fundorts, an dem Holes sich hätte orientieren können. In einer kurzen Notiz hatte Patty erklärt, wo an den Bahngleisen er die

Beweismittel gefunden hatte. Mehr nicht. Holes kann das Papier auf durch Berührung übertragene DNA untersuchen und es hochauflösend scannen lassen, mehrere Experten können jedes Detail der Karte auseinandernehmen und analysieren, doch eine entscheidende Größe fehlt ihm: John Patty. Er starb 1991 an Krebs. Das ist die Krux bei alten Fällen: Wissen, das als unwichtig erachtet und ignoriert wurde und das später für entscheidend gehalten wird, stirbt mit.

Anfangs wusste Holes nicht, wie er die sogenannten Hausaufgaben-Beweise einschätzen sollte, womit die beschriebenen Seiten aus dem Spiralblock gemeint waren. Bei dem Text auf dem ersten Blatt schien es sich um den Beginn eines stümperhaften Schulaufsatzes über General Custer zu handeln. Der Inhalt des zweiten Blatts war interessanter. »*Verrückt ist das Wort*« beginnt der Text. Dann lässt der Autor sich über die sechste Klasse und einen Lehrer aus, der ihn demütigte, indem er ihn zur Strafe immer wieder denselben Satz schreiben ließ.

»Ich habe niemanden je so gehasst wie ihn«, sagt der Autor über den namenlosen Lehrer.

Auf dem dritten Blatt befindet sich ein von Hand gezeichneter Lageplan einer Wohngegend, auf dem ein Geschäftsbereich, Sackgassen, Fußwege und ein See verzeichnet sind. Auf der Rückseite fanden sich mehrere Kritzeleien.

Diese Beweismittel stellten Holes vor ein Rätsel, das ihn nicht mehr loslassen sollte. Er ermittelte in alle Richtungen und wandte sich auch an grafologische Experten. Die beiläufige Bemerkung eines Immobilienentwicklers gab ihm einen interessanten Hinweis. Beweise wurden in ein neues Licht gerückt. Holes wusste, dass seine Theorien von denen seiner Kollegen abwichen. Er beschloss, sich davon nicht beirren zu lassen. Unter seinen Kollegen nahm er die Position des Außenseiters mit, wie er es nannte, »unkonventionellen Ansichten« ein. Er stellte weiter Fragen. Für die seltsame Mischung aus unreifem Schreibstil und offensichtlichem zeichnerischen Können bekam er mehrere überzeugende Erklärungen geliefert. Die Erkenntnisse summierten sich. In diesem Fall besteht immer die Gefahr, in den Katakomben falsch abzubiegen. Es gibt einfach zu viele Verzweigungen. Jeder innere Kompass hat Konstruktionsschwächen und schlägt durch Voreingenommenheit und das Bedürfnis, etwas zu glauben, manchmal falsch aus. Holes hatte eine neue Möglichkeit ins Auge gefasst, und sein innerer Kompass zeigte in eine ganz bestimmte Richtung.

Bei längeren Ermittlungen werden nur selten unerwartet neue Aspekte entdeckt. Es ist aufregend, den Code zu entschlüsseln, der einen Straftäter wie den EAR identifizieren könnte. Die Synapsen knistern. Der sonst besonnene Multitasker ist ganz dem Jagdfieber verfallen. Solche aufwühlenden Momente vergisst man nie. Als Holes in der Asservatenkammer fertig war, ging er mit den Seiten, die er gefunden hatte, zum nächsten Kopiergerät. Im Labor vertiefte er sich in eine Kopie des handgezeichneten Lageplans, bis sein Assistent ihn ansprach.

»Paul?«

»Hm.«

»*Paul.*«

Holes ließ die Zeichnung sinken und zog die Augenbrauen hoch. Der Assistent deutete mit einer Geste an, er solle das Blatt umdrehen. Das tat Holes. Das Gekritzel auf der Rückseite war ihm schon aufgefallen, aber er hatte es nicht weiter beachtet. Jetzt sah er, was der Assistent meinte.

Dort standen mehrere unleserliche Wörter, die man unterschiedlich interpretieren konnte. Zwei Wörter waren durchgestrichen, eines davon energisch. Man konnte mit etwas Fantasie den Namen Melanie erkennen. Aber da stand noch etwas. Das

Mad is the word, the word that reminds me of 6th grade. I hated that year.

I wish I had know what was going to be going on during my 6th grade year, the last and worst year of elementary school. Mad is the word that remains in my head about to my 6th grade year as a 6th grader. My madness was one that was caused by disapointments that hurt me very much. Disapointment from my teacher, such as feild trips that were planed, then canceled. My 6th grade teacher gave me a lot of disapointments which made me very mad and made me built a state of hatel in my heart, no one ever let mes down that hard befor and I never "hated anyone" as much as I did him. Disapointment wasn't the only reason that made me mad in my 6th grade class, another was getting in trouble at school especically talking thats what really bugged me was writing sentances, those awlful sentance that my teacher made

> me write, hours and hours I'd sit
> and write 50-100-150 sentence
> day and night. I write those dreadful
> paragraphs which embarassed me and
> more important it made me ashamed
> of myself which in turn, deepdown
> inside made me realize that writing
> sentence wasn't fair, it wasn't fair
> to make me suffer like that, it
> just wasn't fair to make me sit and
> wright until my bones aked, until
> my hand felt every horrid pain it
> ever had and as I wrote, I got
> mader and mader, until I cried,
> I cried because I was ashamed,
> I cried because I was discouraged,
> I cried because I was mad, and
> I cried for myself, kid who kept on
> having to write those blame
> sentences. My angryness from
> sixth grade will scar my memory
> for life and I will be ashamed
> for my sixth grade year forever.

»Verrückt ist das Wort, das mich an die 6. Klasse erinnert ...« Herausgerissene Seiten aus einem Spiralblock, die nach einem Überfall des East Area Rapist (EAR) in der Nähe des Tatorts gefunden wurden. Sie lagen zusammen mit anderen Dingen neben Bahngleisen in Danville, Kalifornien, an einer von Bluthunden gefundenen Spur. Bei dem Text scheint es sich um einen Tagebucheintrag zu handeln. Der Schreiber schildert darin einen strengen Lehrer in der sechsten Klasse und eine als Schikane empfundene Bestrafung.

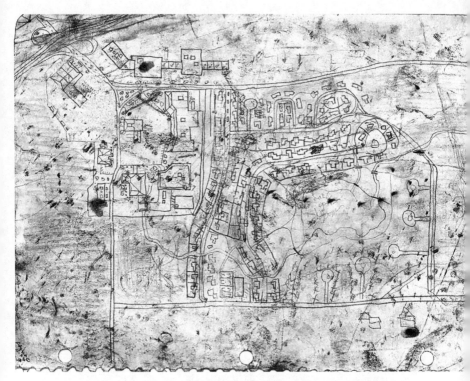

Ein Lageplan, der zusammen mit dem Tagebucheintrag »Verrückt ist das Wort« gefunden wurde. Es ist nicht klar, welches Gebiet er darstellt, aber Paul Holes von der Polizei Contra Costa glaubt, dass man dem Lageplan die Erfahrung eines Menschen ansieht, der im Bereich Landschaftsarchitektur oder -entwicklung arbeitet. Auf der Rückseite sind Kritzeleien zu sehen, darunter das dick gekrakelte Wort »*punishment*« – »Bestrafung«.

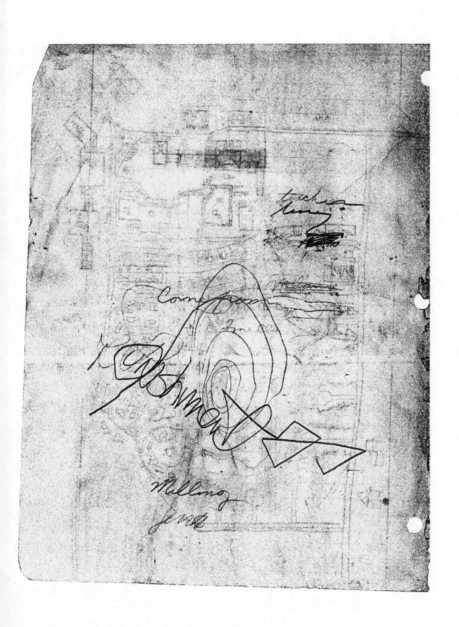

Wort hob sich so sehr von dem restlichen Gekritzel ab, dass man seine Bedeutung erst nach einem Moment erkannte, außerdem waren die Buchstaben anders geformt – übergroß, eine Mischung aus Schreib- und Druckschrift, der letzte Buchstabe, ein *T*, unnötig wiederholt und zu harten Dreiecken verzerrt. Die Buchstaben dieses Worts waren dunkler als die anderen auf der Seite, als hätte der Schreiber den Stift wütend aufgedrückt. Das restliche Gekritzel war gerade ausgerichtet, aber dieses Wort nicht. Es stand diagonal und nahm den Großteil der unteren Blatthälfte ein. Der erste Buchstabe, ein *P*, war größer als die anderen und, was besonders irritierend wirkte, spiegelverkehrt.

Es schien deutlich einem Geist entsprungen zu sein, der aus dem Gleichgewicht geraten war.

»*Punishment*« – Bestrafung.

Holes war fasziniert.

Unser Weg auf dem Iron Horse Regional Trail endet abrupt vor einem Strommast. Es ist der zweite Mast nördlich von einer Kreuzung ein paar Hundert Meter entfernt, der Stelle, an der die Bluthunde die Spur des EAR verloren haben und man annimmt, dass er in ein Fahrzeug gestiegen ist.

»In diesem Bereich wurden die ›Hausaufgaben-Beweise‹ gefunden«, sagt Holes.

Die praktischen Umstände lassen ihn glauben, dass die Blätter dem EAR gehörten. Spürhunde sind nicht unfehlbar, aber dass drei Bluthunde unabhängig voneinander angezeigt haben, er sei entlang der Gleise Richtung Süden geflohen, wirkt als Beweis überzeugend. Wichtiger ist für Holes, dass der Weg und die Stelle, an der die Hunde die Witterung verloren haben, mit dem bekannten Vorgehen des EAR übereinstimmen, in einer gewissen Entfernung von seinem Ziel zu parken. John Patty war ein angesehener Forensiker und in die Fälle in Contra

Costa County eng eingebunden. Wenn Patty die Beweise gesichert hat, muss er sie für relevant gehalten haben. Die anderen Gegenstände, die bei den »Hausaufgaben-Beweisen« gefunden wurden, der violette Wollfaden und das abgerissene Stück Papier mit der unleserlichen Schrift, führten nicht weiter. Die Seiten aus dem Spiralblock allerdings sind mit dem Tatort eines Sexualverbrechens nicht so unvereinbar, wie man annehmen könnte. Serienvergewaltiger und -mörder machen sich oft Notizen, wenn sie nach Opfern Ausschau halten, manchmal entwickeln sie sogar eigene Codewörter. Mehrere Zeugen, die in der Zeit der Überfälle des EAR in Sacramento eine verdächtige Person meldeten, beschrieben einen Mann mit einem Spiralblock. Und so geschickt der EAR auch darin war, sich den Behörden zu entziehen, ließ er doch manchmal Dinge fallen, sei es absichtlich oder unabsichtlich: einen Schraubenzieher, ein blutiges Pflaster, einen Kugelschreiber.

Ein weiterer Hinweis ist das wilde Hin und Her zwischen Wut und Selbstmitleid in »Verrückt ist das Wort«. Gewalttätige Verbrecher wie der EAR, das heißt, Seriensexualstraftäter, die sich zu Mord steigern, kommen selten vor und unterscheiden sich zudem so stark voneinander, dass man ihre Vorgeschichte und ihr Verhalten nicht verallgemeinern sollte. Gewisse Ähnlichkeiten gibt es allerdings. Der spätere Albtraum beginnt als jugendlicher Tagträumer. Seine Welt ist zweigeteilt – gewalttätige Fantasien fungieren als Schutzwall gegen eine raue, frustrierende Wirklichkeit. Vermeintliche Bedrohungen für sein Selbstwertgefühl werden unverhältnismäßig stark internalisiert. Kränkungen werden gespeichert und alte Wunden immer wieder aufgekratzt.

Gewalttätige Fantasien entwickeln sich zu ausgefeilten fiktiven Szenarien. Der spätere Serientäter prägt sich einen Ablauf ein und verfeinert sein Vorgehen. In dieser Geschichte ist er der Held, dem übel mitgespielt wurde. In wechselnder Besetzung starren verängstigte Gesichter mit gequältem Blick zu ihm auf. Seine verzerrte Weltanschauung lässt ihn glauben, er könnte sein Gefühl der Unzulänglichkeit besiegen, indem er absolute Macht über seine Opfer ausübt, indem er ihnen einen Ausdruck der Hilflosigkeit abzwingt. Diesen Blick kennt er von sich selbst, und er hasst ihn.

Die meisten Menschen, die gewalttätige Fantasien hegen, leben sie niemals aus. Was bringt die anderen dazu, die Grenze zu überschreiten? Stressfaktoren verschmelzen miteinander. Ein emotionales Streichholz wird angezündet. Der Tagträumer tritt aus seiner Trance und in das Haus eines Fremden.

Der Autor von »Verrückt ist das Wort« weist die Art von übersteigerter emotionaler Reaktion auf, die bei Gewalttätern häufig anzutreffen ist. Ein Lehrer der sechsten Klasse, der ihn bestraft hat, »hat in meinem Herzen Hass aufgebaut«. Der Schreiber wählt selbstmitleidige, melodramatische Worte, um seine Erfahrungen zu beschreiben. »Leiden«, »ungerecht«, »entsetzlich«, »grauenvoll«.

Wir gehen zum Auto zurück. Ich überlege, was ich über Danville weiß. Die Stadt hat eine ähnliche Entwicklung durchgemacht wie viele andere Städte in Nordkalifornien. Es war einmal ein Land, das von Indianern bewohnt wurde, am Mount Diablo im Nordosten befand sich ein Lager. Doch 1854 kam ein weißer Mann, reich geworden durch den Goldrausch, in diese Gegend und kaufte viertausend Hektar. Er hieß Dan. Man baute Obst und Weizen an, bis in den 1970er-Jahren die Baubranche boomte und Menschen herzogen, die aus der Stadt eine der lauschigsten, wohlhabendsten Wohngegenden der East Bay machten. In dem Gebiet, in dem der EAR durch die Gärten schlich, wurde damals allerdings nicht viel gebaut, sagt Holes, das würden Luftfotografien aus der Zeit belegen. Das Haus des

Opfers war Mitte der Sechziger gebaut worden. Das malerische Danville besaß eine große Anziehungskraft. Bis 1980 hatte sich die Bevölkerung verdoppelt.

Heutzutage gilt Danville als homogen und standesbewusst. Auf einer Liste der amerikanischen Städte mit den höchsten Pro-Kopf-Ausgaben für Kleidung rangierte Danville vor Kurzem auf dem ersten Platz.

»Glauben Sie, dass er in einem Umfeld wie diesem aufgewachsen ist?«, frage ich Holes.

»Mittelschicht? Ja, ich halte es für wahrscheinlich, dass er nicht aus ärmlichen Verhältnissen stammt.«

Ich spreche an, dass zum EAR kein passendes DNA-Profil gefunden wurde. Es ist reine Spekulation, ich weiß, aber ich glaube schon lange, es könnte darauf hinweisen, dass er hinter einer seriösen Fassade agiert. Ich hake bei Holes nach, wie er über die DNA denkt.

»Es überrascht mich«, sagt er. »Wir vergleichen DNA seit über zehn Jahren landesweit und haben keinen Treffer zu ihm.«

»Überrascht es Sie, dass es auch zu Verwandten keine Treffer gibt? Deutet das nicht auf eher geordnete Verhältnisse hin?« Eine dürftig als Frage getarnte Meinung.

»Das könnte schon sein, verglichen mit jemandem, der ständig Straftaten begeht«, antwortet er zurückhaltend.

Holes und ich haben mittlerweile mehrere Stunden miteinander verbracht. Man kann gut mit ihm auskommen. Er wirkt so gelassen und freundlich, dass ich länger als sonst brauche, um sein Gesprächsverhalten richtig zu deuten. Wenn er bei einer bestimmten Sache anderer Ansicht ist, erklärt er es mir gleichmütig. Aber wenn ihm eine Fragerichtung unangenehm wird, weicht er unauffällig aus, indem er entweder nicht richtig antwortet oder auf etwas Interessantes in der Umgebung hinweist.

Als es um die sozioökonomische Herkunft des EAR geht,

bemerke ich ein ähnliches Ausweichmanöver. Holes ist Forensiker, erinnere ich mich. In seinem Beruf quantifiziert er mit Waagen und Messschiebern. Er ist nicht pedantisch, aber wenn man ihm mit faulen Schlussfolgerungen kommt, trennt er Fakten von Spekulationen. Er korrigiert mich, als ich von den dicken Waden des EAR spreche. Tatsächlich hat der Zeuge von breiten Oberschenkeln gesprochen. Später an diesem Tag wird er mir anhand einer umfangreichen Tabelle zeigen, wie aussichtslos es ist, aus Zeugenaussagen irgendetwas über das Aussehen des EAR abzuleiten. Augenfarbe und Haarfarbe variieren wild. Mangelhafte Beleuchtung und Traumata trüben die Wahrnehmung. Holes weist mich darauf hin, dass nur seine Statur gleichbleibend beschrieben wird. Der EAR wurde auf eins fünfundsiebzig geschätzt. Mit eins achtzig würde ein Verdächtiger schon als groß gelten. Trotzdem würden sie sich auch einen solchen Verdächtigen ansehen, fügt Holes hinzu.

»Man will immer auf Nummer sicher gehen.«

Durch und durch Wissenschaftler.

Später werde ich wieder besonnener und wissenschaftlicher vorgehen, aber in diesem Moment, bevor wir Danville verlassen, spinne ich noch Theorien. Ich liste weitere Argumente dafür auf, dass der EAR eine Maske der Normalität tragen könnte. Die meisten Mordopfer gingen gehobenen Berufen nach und wohnten in Oberschichtvierteln. Er muss so aufgetreten sein, als würde er dorthin gehören. Er muss einer geregelten Tätigkeit nachgegangen sein. Er war finanziell gut gestellt.

»Wir wissen, dass er ein Fahrzeug besaß«, sage ich.

Holes nickt ernst. Er scheint zu überlegen, ob er mir eine Überlegung anvertrauen soll.

»Wir wissen, dass er ein Fahrzeug besaß«, wiederholt er. Den nächsten Satz sagt er sehr langsam. »Ich glaube, das war möglicherweise nicht alles.«

Ich habe keine Ahnung, worauf er hinauswill.

Holes liefert mir die Antwort. »Ich glaube, er könnte ein Flugzeug besessen haben.«

Das einzige Wort, das mir dazu einfällt, ist: »Ernsthaft?«

Er lächelt geheimnisvoll. Offenbar habe ich sein Verhalten falsch gedeutet. Er hat meine Spekulationen nicht missbilligt. Er hat überlegt, ob und wann er seine eigene Version der Geschichte mit mir teilen soll. »Beim Mittagessen erkläre ich es Ihnen«, verspricht er.

Vorher müssen wir eine letzte Station in Contra Costa County anfahren: Walnut Creek.

WALNUT CREEK

Das von Frank Lloyd Wright entworfene Sidney-Bazett-Haus an der Reservoir Road in Hillsborough bei San Francisco liegt am Ende einer geschwungenen, von Bäumen verborgenen Auffahrt und ist von der Straße aus nicht zu sehen. Es soll ein außergewöhnliches Haus sein, aber nur wenige Menschen haben es je betreten.

Eines Nachmittags im Jahr 1949 wurde die Schwiegermutter des Besitzers, die allein zu Hause war, von einem Klopfen an der Haustür überrascht. Der Besucher war ein Geschäftsmann in mittleren Jahren mit dicken Brillengläsern. Hinter ihm stand ein halbes Dutzend Männer in Schlips und Kragen und mit ersten Mienen. Der Mann erklärte, er heiße Joseph Eichler. Er und seine Familie hätten das Haus drei Jahre lang gemietet, von 1942 bis 1945, bis der jetzige Besitzer es kaufte. Das Bazett-Haus mit seinem Rotholz und den Glaswänden, in das das Tageslicht aus vielen verschiedenen Richtungen einfällt und die Stimmung jedes Zimmers im Laufe des Tages verändert, ist ein wahres Kunstwerk, das Eichler berührt hatte. Er habe das Haus nie vergessen, erklärte er. Dort zu wohnen habe sogar sein Leben verändert. Er sei mittlerweile Bauunternehmer und habe seine Kollegen mitgebracht, um ihnen die Quelle seiner Inspiration zu zeigen. Die Gruppe wurde hereingebeten. Als Eichler, der seine Karriere an der Wall Street begonnen hatte und als harter Geschäftsmann bekannt war, die Schwelle übertrat, stiegen ihm Tränen in die Augen.

Mitte der Fünfzigerjahre gehörte Joseph Eichler in der Bay Area zu den erfolgreichsten Bauunternehmern von Einfamilienhäusern im Stil der kalifornischen Moderne – Holzständerbauweise, Flachdächer oder leicht geneigte Giebeldächer, offene Grundrisse, Glaswände, Atrien. Sein Ehrgeiz wuchs mit seinem Unternehmen. Die nach dem Krieg rasch anwachsende Mittelschicht sollte sich an klaren geometrischen Formen erfreuen können, er wollte den Massen die Ästhetik der Moderne bringen. Eichler sah sich im Herzen von Contra Costa County nach Land für eine Wohnsiedlung um. Er brauchte mehrere Hundert Hektar. Und es musste bei ihm funken. Das Gebiet sollte an der Schwelle stehen, noch unberührt von den Auswucherungen der Großstädte, aber mit einer aufkeimenden Infrastruktur. 1954 besuchte Eichler Walnut Creek. Im Grunde war die Stadt Pferdeland. Die Ygnacio Valley Road, heute eine große Hauptstraße, bestand aus zwei Fahrbahnen, über die nicht selten Kühe trotteten. Aber kurz zuvor war das erste Einkaufszentrum der Gegend eröffnet worden. Es gab ein neues Krankenhaus. Eine Schnellstraße wurde geplant.

Auf einer Walnussplantage im Nordosten der Stadt, gegenüber dem Heather-Farm-Park, fand Eichlers Suche ein Ende. In der Ferne erhob sich der Mount Diablo. Hier war in seinen Augen der perfekte Ort für eine Gemeinschaft kreativer, progressiver Köpfe, die moderne Kunst und Design zu schätzen wussten,

Menschen, die es leid waren, in Nullachtfünfzehn-Häusern zu wohnen, durch die man sich mit verbundenen Augen tasten konnte. Die Siedlung mit 563 Häusern – 375 nach Eichlers Vorstellungen, der Rest typische Einfamilienhäuser – wurde 1958 fertiggestellt. In einer Werbebroschüre blickt eine schöne Frau in einem fließenden Kleid durch eine Glaswand in ihren gepflegten Garten. Eine von Balken getragene Holzdecke, Stühle von Eames. Eichler nannte seine neue Siedlung »Rancho San Miguel«.

Das Viertel hatte auch Gegner. Manche hielten Eichlers Design mit der durchgehenden Wand zur Straße und der Ausrichtung zum Garten hin für ungesellig. Man konnte den Nachbarn nicht mehr aus dem Fenster zuwinken. Andere fanden die Häuser hässlich und meinten, sie sähen wie Garagen aus. Trotzdem haben die »Eichlers«, wie man sie nennt, eine begeisterte Anhängerschaft gefunden, und Rancho San Miguel mit seinen Parks und guten Schulen ist seit seiner Fertigstellung ein begehrter Wohnort. Doch die ungewöhnlichen Häuser mit Glaswänden auf der Rückseite, Schiebetüren und hohen Zäunen, zwischen denen die einzelnen Gärten abgeschottet lagen, fanden noch eine andere Art von Anhängerschaft, die nicht zukunftsorientiert, sondern von finsteren Motiven getrieben war. Öffentlich wird nicht darüber gesprochen, aber im Vertrauen rätselt man seit Jahren über den Grund.

Holes und ich halten vor dem ersten Tatort des EAR in Walnut Creek, einem Eichler-Haus in Rancho San Miguel.

»Ich nenne dieses Viertel das Bermudadreieck von Contra Costa County«, erzählt Holes. »Hier haben noch andere Serienmörder zugeschlagen. Ein vermisstes Mädchen. Ein belegter Überfall eines Serienmörders. Eine Hausfrau, die 1966 erdrosselt und mit zerrissenem Slip gefunden wurde. Die beiden Taten des EAR. Und man fragt sich, warum?«

Im Frühjahr 1979 erhielt eine Siebzehnjährige, die in Rancho San Miguel in Walnut Creek lebte, mehrere anonyme Anrufe. Besonders beunruhigend war, dass ihr die Anrufe zu den Häusern folgten, die sie als Babysitterin besuchte. Die Eltern verließen das Haus, die Kinder lagen im Bett. Dann wurde die Ruhe vom Telefonklingeln gestört. »Hallo?« Der vertrauten Stille folgte jedes Mal ein *Klick*. Der Anrufer hatte aufgelegt.

Das Mädchen passte regelmäßig auf die Kinder zweier Familien auf, die einander gegenüber an der El Divisadero Avenue in Eichler-Häusern wohnten. Anfang Mai fehlten plötzlich ein Nachthemd und ein Telefonbuch aus ihrem Haus. Trotzdem spürte sie den heißen Atem der näher kommenden Bedrohung nicht. Eine Besonderheit bei Eichler-Häusern liegt darin, dass sie die Aufmerksamkeit nach außen lenken. Hinter den Glaswänden sind die Bewohner wie seltene Museumsstücke ausgestellt. Nachts schränkt das Spiel von Licht und Dunkelheit die Sicht so ein, dass man nur sein eigenes Spiegelbild sieht. Die Finsternis hinter der Scheibe beschwört ein mulmiges Gefühl herauf.

Fünf Monate später sollte *Das Grauen kommt um zehn* in den Kinos anlaufen. Basierend auf einer bekannten modernen Legende geht es in dem Film um eine junge Babysitterin, die mit einer Reihe immer unheimlicherer Anrufe gequält wird. »Haben Sie nach den Kindern gesehen?«, fragt ein Unbekannter. Das cremefarbene Telefon steht so bedrohlich wie eine Zeitbombe im Wohnzimmer. Die beklemmende Stimmung der Eröffnungsszene steigert sich zu einem ersten Höhepunkt, als der Polizist, der ihr helfen will, die Babysitterin mit einer wichtigen Information anruft.

»Wir haben festgestellt, woher der Anruf kommt. Er kommt aus Ihrem Haus.«

Das Grauen kommt um zehn lief am 2. Juni 1979 noch nicht im Kino. An diesem Samstagabend erhielt die Babysitterin in

Walnut Creek keine anonymen Anrufe. Sie saß am Küchentisch, als sie Schritte oder die Stimme eines Mannes hörte. Sie wusste nicht mehr, was zuerst da war, nur dass er plötzlich aus dem dunklen Flur auf sie zuschoss.

Er sagte nur wenige Worte, die er mehrfach wiederholte. Was er wollte, unterstrich er mit abrupten, unvorhersehbaren Gewaltausbrüchen. Er drückte ihren Kopf hinunter. Ihre Handgelenke schnürte er eng mit Kabelbindern zusammen. Er biss sie in die linke Brustwarze. Laut Vorschriften müssen Forensiker am Tatort die Opfer fotografieren. Niemand wirkt dabei glücklich, aber wer kann, sieht normalerweise in die Kamera. Die Babysitterin nicht. Sie hat den Blick abgewendet und auf den Boden geheftet. Es wirkt, als wollte sie ihn nie wieder heben.

Damals lagen ein weites freies Feld und eine Schule auf der anderen Straßenseite. Das Nachbarhaus stand leer und war zur Vermietung annonciert. Hunde verfolgten die Witterung des EAR um die Straßenecke, wo er offenbar in ein Fahrzeug gestiegen war. Er hatte vor einem Haus geparkt, in dessen Garten gerade ein Pool gebaut wurde.

Polizisten, die nach der Vergewaltigung durch das Viertel patrouillierten, hielten einen betrunkenen Fahrer an, der im Besitz eines Messers samt Scheide war. Sie fassten einen Mann mit heruntergelassener Hose, der behauptete, er würde seine entlaufene Katze suchen. In seinem Auto fanden sich Fotos von ahnungslosen Frauen, die er mit einem Teleobjektiv aufgenommen hatte. Das waren nur zwei der vielen suspekten Gestalten, die sich allnächtlich in den Vorstädten herumtrieben.

Dreiundzwanzig Tage später kehrte der EAR nach Rancho San Miguel zurück.

Ermittler, die einmal die Aufklärung einer Verbrechensserie geleitet haben, berichten, dass man irgendwann das Gefühl hat, der Täter würde mit ihnen sprechen. Als würde er ihre

Gedanken lesen und ihnen darauf antworten. Es ist ein wortloser Dialog, ein Austausch kleiner Gesten, deren Bedeutung nur die beiden Kontrahenten verstehen.

Das zweite Eichler-Haus stand nur dreißig Meter vom ersten entfernt. Dieses Mal war das Opfer eine Dreizehnjährige. Ihr Vater und ihre Schwester hielten sich im Haus auf und bemerkten nicht, was gerade geschah. Die Spürhunde zerrten ihre Führer um eine Ecke und blieben an einer bekannten Stelle abrupt stehen: am selben Ort wie beim letzten Mal, vor dem Haus, in dessen Garten ein Pool gebaut wurde.

»Ist er schon mal zurückgekommen?«, fragte das dreizehnjährige Mädchen die Ermittler.

»Nein«, antwortete der erste Ermittler.

»Nie«, bestätigte der zweite.

»Das sicherste Haus in der ganzen Gegend«, fügte der erste hinzu.

Als würde sie sich je wieder in irgendeinem Haus sicher fühlen.

Das Viertel passt nicht recht zu Holes' Theorie mit den Bauarbeiten. Die Eichler-Häuser waren alle in den Fünfzigern entstanden. In Rancho San Miguel wurde damals nicht gebaut, allerdings wurde an einer angrenzenden Siedlung gearbeitet. Sie liegt drei Kilometer von der I-680 entfernt.

»Das ist etwas abseits seines üblichen Reviers«, erklärt Holes und sieht sich um. »Irgendetwas zieht ihn weiter in diesen Vorort hinaus.«

Die Fahrt durch Contra Costa County erlebt Holes anders als ich. Ich sehe diese Stadtteile zum ersten Mal. Holes fährt von einem alten Mordfall zum nächsten. Jedes »Willkommen in …«-Schild wird von der Erinnerung an forensische Beweise begleitet, an Nachmittage im Labor, über das Mikroskop gebeugt, bis der Blick sich trübte. Walnut Creek berührt Holes besonders, weil die Stadt für ihn mit dem Rätsel des vermissten Mädchens verknüpft ist.

Elaine Davis wollte gerade einen Messingknopf an ihre dunkelblaue Cabanjacke nähen, als ihre Mutter ihr Haus in der Pioneer Avenue im nördlichen Walnut Creek verließ, um Elaines Vater von der Arbeit abzuholen. Es war halb elf Uhr abends am 1. Dezember 1969, einem Montag. Als das Ehepaar Davis nach Hause kam, war Elaine, eine siebzehnjährige Einser-Schülerin mit dunkelblonden Haaren und herzförmigem Gesicht, verschwunden. Ihre drei Jahre alte Schwester schlief in ihrem Bettchen. Im Haus schien alles unverändert zu sein. Die kurzsichtige Elaine hatte ihre Brille zurückgelassen, die sie dringend brauchte. Nach und nach tauchten Gegenstände von Elaine auf. Der Knopf, den sie an ihre Jacke nähen wollte, wurde auf einem Feld hinter ihrem Haus gefunden. Einer ihrer braunen Slipper mit einer goldenen Schnalle lag am Straßenrand der I-680 in Alamo. Eine Hausfrau entdeckte die Cabanjacke eines zierlichen Mädchens an einem abgelegenen Highway in den Santa Cruz Mountains, hundertzwanzig Kilometer entfernt.

Achtzehn Tage nach Elaines Verschwinden wurde am Lighthouse Point in Santa Cruz eine Frauenleiche angeschwemmt. Ein Radiologe ging nach einer Untersuchung der Knochen davon aus, dass die Frau zwischen fünfundzwanzig und dreißig Jahre alt war. Es war nicht Elaine. Die Unbekannte wurde in einem anonymen Grab beerdigt. Die Untersuchung von Davis' Verschwinden wurde eingestellt.

Einunddreißig Jahre später brachte ein Polizist aus Walnut Creek kurz vor der Pensionierung die Fallakte zu Holes, der sie durchsah. Holes kam zu dem Schluss, dass der Radiologe sich geirrt hatte, was das Alter betraf. Er schloss sich offiziellen Bestrebungen an, die Leiche der Unbekannten exhumieren zu lassen. An dem Berghang, an dem sie bestattet war, trafen Schaufeln auf den tief vergrabenen Leichensack voller Knochen.

Elaines Vater war tot. Ihre Mutter lebte in Sacramento. Zwei Tage nach der Exhumierung baten Polizisten aus Walnut Creek sie um ein Gespräch. Elaines kleine Schwester reiste für das Gespräch von außerhalb an. Die Polizisten teilten Mutter und Schwester die Neuigkeit mit: Wir haben Elaine identifiziert.

»Die Familie beerdigt sie«, sagt Holes. »Eine Woche später stirbt Mom.«

Wir verlassen Walnut Creek Richtung Westen. Mount Diablo gerät außer Sichtweite. Zwischen den hohen Felsen des Berges sollen schwarze Pumas herumstreifen. Geheimnisvolle Lichter wurden beobachtet. 1873 wurde einer Legende zufolge siebzig Meter unter der Erde ein lebender Frosch gefunden, der zum Teil in einer Kalksteinplatte steckte. Ende August und Anfang September, gleich nach den ersten Regenfällen, krabbeln Hunderte männlicher Vogelspinnen aus Erdlöchern. Sie huschen durch nach Minze duftenden Beifuß auf der Suche nach paarungsbereiten Weibchen, die in ihren mit Spinnseide ausgekleideten Wohnhöhlen warten. Bei Sonnenuntergang und kurz nach Einbruch der Dunkelheit, wenn man die Vogelspinnen am besten beobachten kann, ziehen Massen von Besuchern mit Taschenlampen auf den Berg. Fledermäuse drehen über Digger-Kiefern und immergrünen Eichen ihre Runden. Manchmal hört man den getragenen Ruf des Virginia-Uhus. Der Schein der Taschenlampen streift über die Wege hin und her und findet Erdklumpen, die sich bewegen. Bei genauerem Hinsehen entpuppen sie sich als trippelnde untertassengroße Vogelspinnen. Die männlichen Tiere kehren nicht in ihre Erdlöcher zurück. Sie paaren sich, so oft sie können, und sterben dann an Hunger oder Kälte.

Wir überqueren die Brücke nach Solano County, wo wir uns nach Osten Richtung Davis wenden.

»Bei klarem Wetter kann man von hier aus Sacramento sehen. Und die Sierras«, sagt Holes.

Er lebt auf halbem Weg zwischen Sacramento und der East Bay. An den Wochenenden sieht er sich oft die Tatorte an.

»Ich fahre gerne herum«, erklärt er. Bei jedem Besuch in Südkalifornien klappert er auch dort die Tatorte ab. Wenn die Kinder bei Familienausflügen nach Disneyland müde werden, lässt seine Frau sie im Hotel einen Mittagsschlaf machen, während Holes eine Fahrt unternimmt. Zur Wohnsiedlung Northwood in Irvine, zum Haus Encina Nr. 13, in dem Janelle Cruz wohnte, oder zur Columbus Nr. 35, in dem Drew Witthuhn das Blut seiner Schwägerin Manuela wegwischte.

»Jedes Mal suche ich die Antwort auf die Frage: Warum hier?«, sagt Holes. »Warum diese Taten?«

DAVIS

PAUL HOLES: Runter zur East Bay wird der EAR genau hierher gefahren sein. Hier über die I-80.[*]
MICHELLE: Wenn Sie raten müssten, woher er stammt, also wo er zur Schule gegangen ist … Ich will Sie nicht darauf festnageln. Ich bin nur neugierig.
PAUL HOLES: Wenn ich raten müsste? Sacramento State. Falls er studiert hat. Vom Ort her, wenn man sich ansieht, wo die Überfälle stattgefunden haben … Da ist die Ballung in Rancho Cordova. Dann die Überfälle am La Ri-

---

[*] Für diesen Abschnitt wurden Teile einer Tonaufzeichnung transkribiert, die auf der Fahrt nach Davis entstand.

viera Drive. Hier kam es auch zu Überfällen, direkt an der California State University-Sacramento. Die Sac State halte ich für wahrscheinlich. Es gibt auch ein paar Community Colleges im Raum Sacramento, die er besucht haben könnte. Tja, die High School? Puh ... Da gibt es so viele Möglichkeiten.

MICHELLE: Ich meine, Sie haben nicht das Gefühl, er könnte in Goleta aufgewachsen sein?

PAUL HOLES: Das würde ich nicht sagen, aber wenn ich mir die Fälle in Sacramento ansehe ... das will ich Ihnen irgendwann noch zeigen ... wenn man die Reihenfolge seiner Überfälle in Sacramento im Überblick nimmt, merkt man sehr schnell, dass er hin und her springt. Er kennt sich in dieser Gegend also bestens aus.

MICHELLE: Er kommt nicht nur her, um an der Sac State zu studieren.

PAUL HOLES: Nein, nein. Ich glaube, seine Vorgeschichte verbindet ihn mit Sacramento. Hat er auch eine Verbindung zu Goleta? Ich meine, möglich ist alles. Wir wissen es nicht. Aber unten im Süden ist Goleta – für mich – der Ausgangspunkt im Süden. Und irgendwas verbindet ihn auch mit Irvine. Es hat einen Grund, warum er dort zwei Taten begeht.

MICHELLE: Die nicht besonders weit auseinanderliegen.

PAUL HOLES: Genau. Ventura und Laguna Niguel bilden die beiden Ausreißer* ... Modesto/Davis finde ich wichtig.

MICHELLE: Modesto war nur einmal oder zweimal?

PAUL HOLES: Zweimal.

---

* Damit meint Holes den Fall in Dana Point. Manche halten Dana Point irrtümlich für einen Teil von Laguna Niguel.

MICHELLE: Okay.

PAUL HOLES: Also, bei meiner ersten geografischen Analyse habe ich den EAR in Phasen unterteilt. Die erste Phase war oben in Sacramento. Die zweite Phase war Modesto/Davis. Die dritte Phase war die East Bay und dann die vierte unten in Südkalifornien. Stockton fasse ich mit Sacramento zusammen, weil der EAR nach Stockton wieder nach Sacramento geht. Aber nachdem er in Modesto zugeschlagen hat, kehrt er erst nach der East Bay nach Sacramento zurück. Und zwischen Modesto und Davis springt er hin und her. Mit dem Auto sind es hundertachtzig Kilometer von einer Stadt zur anderen. Und zwischen dem zweiten Überfall in Modesto und dem zweiten in Davis liegen nur zweiundzwanzig Stunden. Warum pendelt er? Ich glaube, dass es mit seiner Arbeit zusammenhängt. Er macht das nicht, um die Polizei von seiner Spur abzubringen. Ich glaube, dass er der Arbeit wegen nach Modesto geschickt wird und nach Davis fahren und pendeln muss.

MICHELLE: Zwischen den Überfällen liegen nur zweiundzwanzig Stunden?

PAUL HOLES: Zweiundzwanzig Stunden.

MICHELLE: Wow. Ich wusste nicht, dass sie so kurz hintereinander waren.

PAUL HOLES: Und ganz zufällig gibt es in diesen beiden Fällen, und *nur* in diesen beiden Fällen, eine Besonderheit. In Modesto gibt es einen Taxifahrer, der einen Mann vom Flughafen abholt, der ihm auffällig erscheint. Der Mann wird zuletzt gesehen, als er zu einer Baustelle geht, die knapp südlich von den Tatorten liegt. Und Davis ist der Fall, bei dem Fußspuren vom Haus des Opfers zum Flughafen UC-Davis führen. Schuhabdrücke. Die will ich Ihnen zeigen. Also, ist es möglich, dass der EAR nach

Modesto fliegt, einen Angriff begeht und dann zum UC-Davis fliegt und den zweiten begeht?
MICHELLE: Der Arbeit wegen?
PAUL HOLES: Der Arbeit wegen. Und was sagt das über ihn aus?
MICHELLE: Ja.
PAUL HOLES: Tja, ein einfacher Arbeiter nimmt nicht das Flugzeug.
MICHELLE: Nein.
PAUL HOLES: Ein einfacher Arbeiter fertigt keinen detaillierten Lageplan an.
MICHELLE: Stimmt.
PAUL HOLES: Für so etwas braucht man die Mittel. Wenn man die Fallakten über den EAR liest, glaubt man eher nicht, dass er Geld hat, oder?
MICHELLE: Nein.
PAUL HOLES: Ich verstehe das nicht. Das scheint sich zu widersprechen. Aber eigentlich war es typisch für den EAR. Alles an ihm war Irreführung.
MICHELLE: Also tendieren Sie dazu, dass er eher wohlhabend war?
PAUL HOLES: Ich glaube, er hat ... Also, wenn sich herausstellt, dass der EAR das nicht nur im Rahmen eines Uniprojekts gemacht hat, sondern es ihm wirklich um Bauvorhaben geht und er für einen Bauträger arbeitet, ist er wenigstens minimal so an der Firma beteiligt, dass er was zu sagen hat ...

So, das hier ist Village Homes in Davis. Die Siedlung ist regelrecht berühmt. Was ich Ihnen hier zeige, ist eine Luftaufnahme von Village Homes, wie es zwischen dem ersten und zweiten Überfall in Davis aussah. Es wurde zufällig acht Tage vor Überfall Nummer sechsunddreißig

aufgenommen. So war es damals. Und sehen Sie sich die vielen Baustellen gleich nördlich vom Tatort an. Ich fahre mit Ihnen raus und zeige Ihnen den ganzen Flughafen ... Das Opfer aus Stockton, mit dem ich geredet habe, die Frau hat für einen der größten Bauunternehmer im Central Valley gearbeitet. Sie hat an vielen Projekten mitgewirkt. Als sie schwanger wurde, hat sie die Firma verlassen. Ich habe den Lageplan einem Freund aus der Baubranche gezeigt. Er hat gesagt: »Das hat ein Profi gezeichnet ... Er benutzt die typischen Symbole.« Und das war die Meinung eines Sachverständigen aus dem Baugewerbe. Deshalb halte ich das für sehr überzeugend.
MICHELLE: Ich glaube, Sie haben recht. Das ist keine leere Theorie.
PAUL HOLES: Glaube ich auch nicht. Immerhin sagt ein Landschaftsarchitekt von der UC-Davis: »Hier finden sich ein paar Besonderheiten, die es nur in Village Homes gibt.«
MICHELLE: Ach, ja?
PAUL HOLES: Ja. Sie werden es sehen, wenn wir nachher da sind. Village Homes ist eine sehr ungewöhnliche Siedlung. Der EAR fährt also hin und begeht einen Überfall. Vielleicht kommt der EAR nach Village Homes, und als er einige der Besonderheiten sieht, bindet er sie in seinen Lageplan ein, an dem er gerade arbeitet.
MICHELLE: Genau. Und dann reicht er ihn ein und sagt: »Das hier sollten wir machen!« So in der Art?
PAUL HOLES: Ja.

Holes erreicht den ersten Tatort in Davis, eine Apartmentanlage.
Dieser Überfall, der vierunddreißigste, geschah gegen 3.50 Uhr am Morgen des 7. Juni 1978 – zwei Tage nach

dem ersten Überfall des EAR in Modesto. Das Opfer war eine einundzwanzig Jahre alte Studentin der University of California-Davis, die in einem mehrstöckigen Apartmenthaus wohnte. Larry Pool bezeichnete es später als »bauliche Anomalie«, weil es das einzige Gebäude dieser Art war, in dem der EAR eine Tat beging.
Er betrat die Wohnung im ersten Stock durch eine gläserne Balkonschiebetür. Diesem Opfer gegenüber verhielt er sich besonders brutal. Er schlug der jungen Frau mehrmals mit der Faust ins Gesicht, als sie sich anfangs wehrte, und drückte ihr Gesicht während der Vergewaltigung gewaltsam auf den Boden. Sie behielt eine gebrochene Nase und eine Gehirnerschütterung zurück.
Mehrere Hinweise sprechen dafür, dass er diese Tat spontaner als die meisten anderen beging: Statt einer Skimaske trug er einen Nylonstrumpf, die einzigen Waffen, von denen man weiß, waren eine Nagelfeile und ein Schraubenzieher, und der Angreifer schien sein T-Shirt auf links zu tragen. Trotzdem war das Verbrechen eindeutig dem EAR zuzuordnen. Das belegten seine Äußerungen und das charakteristische Detail, dass der Vergewaltiger seinen Penis in die gefesselten Hände des Opfers steckte und es zwang, ihn zu masturbieren.

PAUL HOLES: Also, der erste Fall in Davis war die Studentin an der UC-Davis. Textiltechnik im Hauptfach.
MICHELLE: Der, bei dem er angeblich gesehen wurde, als er vom Parkplatz gerast ist?
PAUL HOLES: Genau. In einem schwarzen Camaro oder was Ähnlichem. Aber ich bin nicht sicher, dass er das war ... Tja, die Gegend hat sich verändert. Ich habe hier selbst mal gewohnt.

MICHELLE: Ach ja? Sind das Studentenwohnheime?
PAUL HOLES: Ja, außerhalb des Campus. Ich glaube, in den Siebzigern haben sie anders ausgesehen. Das hier war zu meiner Zeit anders.

Holes hält an. Er lässt den Motor laufen.

PAUL HOLES: Hier sind überall Studenten. Auf dem Russell Boulevard wimmelt es von Studenten auf Fahrrädern. Also, wenn er sowieso aus irgendeinem Grund in Davis war, glaube ich, er hat eine Frau gesehen und ist ihr gefolgt.
MICHELLE: Verstehe.
PAUL HOLES: Er sieht eine junge Frau, sie fällt ihm auf, warum auch immer, und er findet heraus, wo sie wohnt. Ich glaube nicht, dass er die Gegend auskundschaftet oder einbricht. Das ist untypisch für ihn …
MICHELLE: Für sein übliches Vorgehen.
PAUL HOLES: Ja.

Sie fahren zum zweiten Tatort, dem Schauplatz von Überfall Nummer sechsunddreißig. Die zweite von drei Taten in Davis beging der EAR gegen drei Uhr morgens am 24. Juni 1978 – einen Tag nach Vergewaltigung Nummer fünfunddreißig in Modesto.
Das Opfer war eine zweiunddreißig Jahre alte Hausfrau, deren Mann neben ihr im Bett lag. Beide wurden gefesselt. Anwesend war außerdem der zehnjährige Sohn des Paars, den der Angreifer im Badezimmer einschloss. Er durchwühlte das Haus, bevor er zu der Frau zurückkehrte, sie ins Wohnzimmer brachte und sie vergewaltigte. Bevor er das Haus verließ, stahl er siebzehn Rollen Pennys.

PAUL HOLES: Hier fängt Village Homes an.
MICHELLE: Aha.
PAUL HOLES: Alle Straßen haben Namen aus *Der Herr der Ringe*.
MICHELLE: Echt?
PAUL HOLES: Ja. Der Bauunternehmer, Michael Corbett, war ein großer Fan.
MICHELLE: Offensichtlich.
PAUL HOLES: Er und seine Frau Judy Corbett haben den Bau der Siedlung vorangetrieben. Diese ganzen Häuser ... Wir sind auf der Straße, das sind die Rückseiten der Häuser. Die Fronten zeigen auf eine Grünfläche, die von allen genutzt wird. Damit soll das Gemeinschaftsgefühl gestärkt werden. Damit die Nachbarn rauskommen. Sie haben Gärten – Gemeinschaftsgärten, eine Stückchen Grün, das man sich teilt.
MICHELLE: Als Student würde man hier also nicht wohnen?
PAUL HOLES: Unwahrscheinlich. Ich meine, man könnte, aber damals waren die Häuser neu. Studenten hätten sie sich nicht leisten können.

Holes fährt durch die Siedlung und sucht das Haus, in dem der Überfall stattfand.

PAUL HOLES: Also, unser Opfer hat in diesem Haus gewohnt ... Gleich hier auf der rechten Seite.
MICHELLE: Hm.
PAUL HOLES: Und alles hier auf dieser Seite wurde gerade erst gebaut. Da sehen Sie die langen, schmalen Sackgassen, zu denen die Stadt gesagt hat: »Auf keinen Fall.« Und die Corbetts haben die Feuerwehr mit ihren Löschfahrzeugen

anrücken lassen und ihnen gezeigt, doch, hier hinten kann man drehen. Ich fahre etwas herum, damit Sie einen Eindruck bekommen. Solar. Alle Häuser nutzen passiv Solarenergie. Das war damals eine große Sache ...
Hier, das hier ist ein Beispiel. Eine Fußgängerbrücke über einen offenen Wasserablaufkanal. Und über diesen Weg ist der EAR gekommen.
MICHELLE: Woher wissen Sie das?
PAUL HOLES: Schuhabdrücke. Corbett hat mir erzählt, dass der Bereich hier unten wie ein Sandkasten war. Er hat ihn jeden Tag glatt geharkt. Und nach dem Angriff ist er hier draußen, und in seinem frisch geharkten Sandkasten sind Schuhabdrücke. Er ist ihnen zum Haus des Opfers gefolgt, um das Haus herum, über die Grünfläche. Und ich rede mit ihm, und er sagt: »Na ja, ich war bei den Pfadfindern, und was mir am meisten Spaß gemacht hat, war Spuren lesen. Ich habe ständig Spuren gelesen.« Und dann sagt er: »Ich habe diese Schuhabdrücke gesehen und hatte das Gefühl, ich muss ihnen folgen.« Er ist darin also etwas erfahrener als die meisten Menschen. Ich würde ihn nicht als Such- und Rettungsexperten bezeichnen, aber ...
MICHELLE: Er wusste halbwegs, was er tut.
PAUL HOLES: Genau. Und dann sagt er, diese Schuhabdrücke kamen hier herunter und gingen da weiter.
MICHELLE: Aha.
PAUL HOLES: Das ist eine Art Gemeinschaftswiese.
MICHELLE: Moment, die Spur verlief in einer Schleife?
PAUL HOLES: Ja, also, er ist hierhergelaufen, dann ist er vom Haus des Opfers zurückgekommen, und diese Schuhabdrücke waren im Garten des Opfers.
MICHELLE: Die Siedlung ist interessant. Ich glaube, an einem solchen Ort war ich wirklich noch nie.

PAUL HOLES: Er ist einzigartig. Village Homes ist weltberühmt. François Mitterrand ist in einem Hubschrauber hergeflogen, weil es so neuartig war. Studenten aus der ganzen Welt und auch Bauunternehmer kamen her, um es sich anzusehen. Und die Leute dachten sich: »Village Homes in Davis. Wir haben ein neues Bauprojekt, schauen wir uns mal an, was die da machen und was wir für unsere Sache übernehmen können.« Es war in den Medien. Auf dem Cover der *Sunset*. Betty Ford ist hier Fahrrad gefahren. Ich bin mal mit meiner Frau durchgefahren, und sie meinte: »Hier würde ich nie wohnen wollen.«
MICHELLE: Es ist ein bisschen klaustrophobisch.
PAUL HOLES: Es hat was Klaustrophobisches, und es ist ein Paradies für Kriminelle. Man sieht nichts. Ich meine, er kann einbrechen, er kann die Leute überfallen und wieder gehen, und niemand würde etwas mitbekommen …
Das dritte Opfer – da fahre ich im Anschluss mit Ihnen vorbei – hat da drüben im Nachbarviertel gewohnt. Die drei Überfälle in Davis liegen ziemlich nah beieinander.
MICHELLE: Ja, das stimmt.
PAUL HOLES: Interessant ist unter anderem, dass dieses Opfer und das dritte in Davis eine Fahrgemeinschaft gebildet haben. Ihre Kinder waren im selben Kindergarten. Das ist die einzige bekannte Verbindung zwischen den Opfern, von der ich weiß. Aber sie ist nie richtig untersucht worden.
MICHELLE: Aha.
PAUL HOLES: Niemand ist noch mal zu diesen Opfern gegangen und hat mit ihnen gesprochen. Könnte der EAR sie zusammen bei der Fahrgemeinschaft gesehen und sie deshalb ausgesucht haben, oder war es nur Zufall, weil er die Tatorte so nah beieinander gewählt hat?

MICHELLE: Tja. Wussten die beiden Frauen voneinander, dass sie Opfer desselben Mannes waren? Nicht mal das wissen Sie?
PAUL HOLES: Nein, nicht mal das … Also, der EAR kam hier raus … und jetzt verfolgt er die Spur auf dieser Seite. Und am Anfang haben die Ermittler das nicht so beachtet. Der erste Polizist, den Corbett gerufen hat, Corbett sagt ihm: »He, ich habe hier Schuhabdrücke verfolgt«, und der Polizist meint: »Na ja, das ist eine beliebte Joggingstrecke, und es ist so weit weg, ich kann mir nicht vorstellen, dass der Täter sein Fahrzeug da unten parkt und hier raufläuft, um in das Haus einzubrechen.« Die Schuhabdrücke führen dann nach unten, folgen dem Weg durch diesen Olivenhain, da hinunter.
PAUL HOLES: Und das ist die andere Seite des Olivenhains.
MICHELLE: Okay. Dann könnte er hier am Straßenrand geparkt haben?
PAUL HOLES: Nein. Die Schuhabdrücke führten nämlich weiter.
MICHELLE: Meine Güte. Ist es nicht riskant? Er könnte gesehen werden.
PAUL HOLES: Mitten in der Nacht? Es ist stockdunkel.
MICHELLE: Stimmt. Und wahrscheinlich trägt er dunkle Kleidung.
PAUL HOLES: Ich meine, wie macht er es denn sonst? Und er ist in Wohnsiedlungen, zwischen Häusern. Läuft herum. Das ist wahrscheinlich riskanter als das hier.
MICHELLE: Ja, da ist was dran.

Holes fährt weiter auf das Gelände der UC-Davis mit ihren verstreut liegenden Forschungseinrichtungen zur Rechten und Ackerflächen zur Linken.

PAUL HOLES: Er folgt den Schuhabdrücken ... die ganze Strecke bis hier unten. Hier kann ich nicht weiterfahren. Das hier ist die Abteilung für Bienenbiologie. Hier forschen sie über Bienen.
MICHELLE: Aha.
PAUL HOLES: Als ich diese Akte zum ersten Mal gelesen habe, konnte ich es nicht richtig entziffern. Ich dachte, da steht Birnenbiologie. Und dass es da hinten auf dem Campus ist, deshalb habe ich mir gesagt: »Da ist nichts.« Aber wenn Sie sich ansehen, wo er sagt, dass er die Spur verloren hat, schwenken die Schuhabdrücke nach links ab. Was ist da? Tja ... sehen Sie hier. Der Flughafen!
MICHELLE: Oh!
PAUL HOLES: Also rufe ich bei Flughäfen an und frage: »Sie führen doch bestimmt über alles Buch?«

Beide lachen.

PAUL HOLES: Meine naive Vorstellung vom Fliegen war ... nun ja, dass man für jeden Flug eine Art Flugplan einreicht. Man landet auf einem Flughafen, die Leute wissen, dass man da ist, und so weiter. Aber die haben mir gesagt: »Nein, nein. Hier kann jeder kommen und gehen. Wir haben keine Ahnung, wer hier ist. Wenn jemand außerhalb der Öffnungszeiten landet, verzurrt er einfach sein Flugzeug. Er erledigt, was er wollte, und fliegt wieder ab. Wir erfahren gar nicht, dass er hier war.«
MICHELLE: So läuft das? Das ist komisch.
PAUL HOLES: Hier haben wir diesen Fall, zweiundzwanzig Stunden nach der Tat in Modesto. Bei dem Fall in Modesto gibt es diesen Mann, der dem Taxifahrer auffällt, als er ihn am Flughafen abholt, der in der Nähe einer Baustelle

aussteigt und, wie es scheint, auf das Haus des Opfers zugeht.
MICHELLE: Was war denn an dem Mann so auffällig?
PAUL HOLES: Der Taxifahrer hat ausgesagt, dass er nur eine Tasche dabeihatte. Und er sagt nur: »Bringen Sie mich zur Ecke Sylvan und Meadow.« Und dann: »Lassen Sie mich hier raus.« Er steigt aus und geht dahin, wo laut Taxifahrer nichts ist, nur halb fertige Häuser. Und dann beim nächsten Fall haben wir ebenfalls eine Verbindung zum Flughafen.
MICHELLE: Ich überlege, wer wohl ein solches Flugzeug haben könnte. Eine kleine Maschine?
PAUL HOLES: Na ja, ein kleines Flugzeug eröffnet Möglichkeiten. Bauunternehmer hatten meist mehrsitzige Firmenjets. Wenn es um jemanden geht, der ein kleines Flugzeug hat, der kein Millionär ist oder nicht besonders wohlhabend ...
MICHELLE: Ja.
PAUL HOLES: Wenn man mit diesen Bauleuten spricht und sagt: »Würden Sie fliegen? Wenn Sie Baustellen im ganzen Bundesstaat hätten, würden Sie hinfliegen?« Dann antworten sie: »Ja, würden wir. Ein Flugzeug zu nehmen ist sehr teuer, aber da ging es ums Ego. Wir wollten, dass man uns als erfolgreich wahrnimmt, weil wir in unserem eigenen Jet anreisen. Und ja, manchmal sind wir rumgeflogen und haben in unseren neu entstehenden Königreichen nach dem Rechten gesehen.«
MICHELLE: Verstehe. Hm. Gab es bei den anderen Fällen noch weitere Hinweise, die für Flugzeug sprechen würden? Hatte er nicht was, das zu einem Piloten passen würde?
PAUL HOLES: Nein, nicht, dass ich wüsste.

Holes hält nach dem Haus des dritten Opfers in Davis Ausschau. Dieser Überfall, Nummer siebenunddreißig, fand am 6. Juli 1978 um zwanzig vor drei Uhr morgens statt. Das Opfer war eine dreiunddreißig Jahre alte Frau – seit Kurzem getrennt und allein in ihrem Bett –, deren Söhne in einem anderen Zimmer schliefen. Der EAR benutzte die Kinder als Druckmittel und drohte, sie zu töten, falls die Frau nicht tun sollte, was er verlangte. Nachdem er das Opfer vaginal und anal vergewaltigt hatte, schluchzte er. Dieser Tat folgte eine dreimonatige Pause, nach der er wieder in der East Bay zuschlug.

PAUL HOLES: Es war ein Eckhaus, also das letzte des Blocks. Diese Häuser standen damals noch nicht hier, glaube ich. Und dahinter sind keine Häuser. Die Schule wurde gerade gebaut. Hier hat der Überfall stattgefunden. In der Gegend gab es eine Menge Baustellen … Hier ist es … Dieses Opfer hat mit dem vorigen in Davis eine Fahrgemeinschaft gebildet.
MICHELLE: Erstaunlich. Die Tatorte liegen oft viel näher beieinander, als ich gedacht hätte. Ich meine, nicht alle, aber einige schon. Das ist interessant.
PAUL HOLES: Stimmt. Typische Wohnsiedlungen halt. Er hat sich mit den Vierteln vertraut gemacht. In Danville ist alles dicht gedrängt. Concord. Walnut Creek.
MICHELLE: Klar, ich meine, Rancho Cordova … lagen da nicht zwei direkt nebeneinander?
PAUL HOLES: Nun, nicht direkt nebeneinander, aber einmal um den Block. Das Haus dazwischen, so in der Art.
MICHELLE: Stimmt. Ich meine, und wenn man ohne Hose rausgeht, wohnt man entweder da oder hat das Auto ganz in der Nähe. Oder ist verrückt. Oder alles zusammen.

PAUL HOLES: Na ja, einer dieser Typen, die mich lange beschäftigt haben, ein Serienmörder namens Phillip Hughes ... bei seinen Gesprächen mit dem Psychiater gibt er zu, dass er sich während der High School mitten in der Nacht aus dem Haus geschlichen hat ... seine Eltern haben nichts mitbekommen ... und zwar nackt, und er ist in Häuser in der Nähe eingebrochen, um den Frauen Kleidung zu stehlen.

MICHELLE: Und das schon, bevor er jemandem Gewalt angetan hat?

PAUL HOLES: Ja, soweit wir wissen. Er hatte einige Tiere getötet. Sie kennen ja wohl diese Theorie der Serienmörder-Triade.*

MICHELLE: Ja.

PAUL HOLES: Aber da war er schon auf der High School. Ich glaube, es war für ihn ein besonderer ... Kick, unbekleidet im Freien zu sein.

MICHELLE: Okay.

PAUL HOLES: Es könnte aber auch praktische Gründe haben. Nehmen wir an, es ist sein erster Überfall, und er denkt sich: »Wie soll ich das mit der Hose regeln? Ich ziehe einfach keine an. Ich will nicht, dass sie im Weg ist.«

MICHELLE: Okay. Ja, deshalb finde ich es interessant, dass er bei vielen Morden einfach benutzt hat, was er gerade zur Hand hatte.

PAUL HOLES: Ja. Er hatte eine Pistole, aber als Schlagwaffen hat er genommen, was da war.

---

* Die sogenannte »Macdonald triad« besagt, dass Tierquälerei, Brandstiftung und Bettnässen über das Kleinkindalter hinaus sexuell gewalttätiges Verhalten als Erwachsener voraussagen.

MICHELLE: Unterscheiden sich Leute, die ihre Opfer erschlagen, von denen, die anders morden?
PAUL HOLES: Na ja, erschlagen und erstechen sind im Grund dasselbe. Es ist persönlich. Man lässt an diesem Menschen eine Menge Gewalt, eine Menge Wut aus. Und beim Strangulieren ... jemanden mit den Fäusten zu schlagen oder zu strangulieren, das ist alles ...
MICHELLE: Also hat alles, was man mit den Händen macht, irgendwie denselben Hintergrund?
PAUL HOLES: Ja, es ist alles dasselbe. Im Gegensatz zum Töten mit einer Schusswaffe, das ist weniger persönlich. Und es ist einfach. Mit einer Schusswaffe kann jeder jeden umbringen. Man kann aus der Entfernung töten. Aber wenn man mit demjenigen in einer körperlichen Auseinandersetzung ist, ist es was Persönliches. Man liest oft von Tätern, die den Opfern in die Augen sehen, während sie sie erdrosseln ...
MICHELLE: Ja.
PAUL HOLES: Und sie fühlen sich wie Gott, weil sie darüber bestimmen, ob dieses Opfer lebt oder stirbt.

FRED RAY

Mit Todesverachtung trinke ich meine zweite Tasse scheußlichen Kaffee in einem Café in Kingsburg, Kalifornien, dreißig Kilometer südöstlich von Fresno, während ich mir die Lösung eines Rätsels erklären lasse, das mich jahrelang verwirrt hat. Der Mann, der mir die Lösung liefert, heißt Fred Ray, er ist groß und lakonisch und spricht mit einem leicht nasalen, schleppenden Tonfall, der zu einem Abkömmling von Farmern aus dem Central Valley passt. Wenn Ray mit seinen langen Fingern nicht gerade gestisch eine Aussage unterstreicht, faltet er die Hände und lässt sie sanft wie ein Gelehrter auf der Brust ruhen. Seine noch weitgehend braunen Haare sind beneidenswert üppig für einen Ermittler im Ruhestand, der über einen Doppelmord vor fünfunddreißig Jahren ausgefragt wird, in dem er ermittelt hat. Als Ray mit seiner ramponierten Aktentasche und näselndem Dust-Bowl-Akzent hereingetrottet kam, war mein erster Eindruck von ihm wenig positiv. Er wollte sich recht früh treffen, um der Schülermeute aus dem Weg zu gehen, wie er sagte, aber ich sehe in dem winzigen Café niemanden unter siebzig. Eine Handvoll Tische mit durchsichtigen Plastikdecken stehen vor Regalen mit schwedischen Nippsachen (Kingsburg ist als Klein-Schweden bekannt) und einer schmalen Glastheke mit vereinzelten Gebäckstücken. Zu den wenigen Gästen des Cafés gehören Rays Frau und dann sein Pastor, der mich fragt, woher ich komme, obwohl ich nicht als Besucherin von außerhalb vorgestellt wurde. Ich antworte, ich käme aus Los Angeles.

»Willkommen im Hinterland«, sagt der Pastor.

Doch mein Eindruck von Ray ändert sich schon zu Beginn unserer Unterhaltung schlagartig, als er von seiner Zeit als Ermittler beim Santa Barbara County Sheriff's Office erzählt, vor allem von seinen Erfahrungen bei Befragungen einer bestimmten Art von verhaltensauffälligen Jugendlichen. Nach außen stellten die meisten Jugendlichen von Santa Barbara, größtenteils weiße Jungs, kaum eine Gefahr dar. Die entspannte Atmosphäre einer seit Langem wohlhabenden Küstenstadt hatte auch auf sie abgefärbt, selbst wenn sie nicht im exklusiven Hope Ranch mit seinen Reitwegen und Privatstränden wohnten, sondern in der Wohnwagensiedlung in Hollister. Sie hießen Gary oder Keith und waren abgerissene Typen der späten Siebziger mit Zottelhaaren, die auf die Dos Pueblos oder San Marcos High gegangen waren, ohne je einen Abschluss zu machen. Sie schleppten zerschlissene Sessel in die Avocado-Plantagen und versteckten sich dort, um selbst angebautes Gras zu rauchen. Tagsüber surften sie am Haskell's Beach, abends versammelten sie sich betrunken um Lagerfeuer, wo sie sich in Sicherheit wähnten. Sie wussten, dass kein Polizist die mit Beifuß überwucherten steilen Hänge herunterklettern würde, um eine Strandparty zu sprengen. Was sie anstellten, war harmlos. Bagatelldelikte. Bis Ray entdeckte, dass überraschend viele von ihnen einem erschreckenden Zeitvertreib nachgingen, den sie sogar voreinander geheim hielten: Es gab ihnen einen Kick, nachts in fremde Häuser einzubrechen.

Sie spähten Häuser aus. Waren Spanner. Die Einbrüche ergaben sich einfach so. Sie bildeten sich regelrecht etwas darauf ein, wie Ray erfuhr, in ein Haus eindringen zu können, über den Boden zu kriechen und unbemerkt aus dunklen Ecken heraus die Menschen beim Schlafen zu beobachteten. Ray staunte über die Einzelheiten, die sie ihm erzählten, als er sie erst einmal zum Reden gebracht hatte.

»Ich konnte Jungs immer gut dazu bringen, mit mir zu reden«, erzählt Ray.

»Wie haben Sie das geschafft?«

Er breitet die Hände aus. Seine Miene wird fast unmerklich sanfter. »Ach, wissen Sie, so was macht doch jeder.« Sein Tonfall klingt gleichzeitig verschwörerisch und verbindlich. »Jeder wollte doch schon mal sehen, wie es bei anderen Leuten zu Hause ist.«

Das klingt einleuchtend. Ich nicke.

»Stimmt«, sage ich.

Doch dann schaltet Ray plötzlich wieder um, ist er selbst, der echte Ray, und erst im Nachhinein wird mir klar, was ich gerade nicht bewusst wahrgenommen habe. Er hatte die Schultern leicht hängen lassen und seine Gesichtsmuskeln gelockert, um lässiger zu wirken. Das war nicht die Holzhammermethode, wie man sie aus *Law and Order* kennt, um Verdächtige zu Geständnissen zu bringen. Diese schlagartige Veränderung war erstaunlich. Ich hatte ihm die Masche tatsächlich abgenommen. Besonders gewinnend ist Rays Angewohnheit, sein Gegenüber unerwartet anzustrahlen, was bei ihm ganz natürlich wirkt. Er hat mich eingewickelt, und das weiß er auch. Er grinst.

»Alle wollen ihre Geschichte erzählen, aber nur jemandem, der deswegen nicht gleich ausrastet. Wenn man nur dasitzt und nicht emotional reagiert, ihnen vielleicht sogar zustimmt, als würde einem ihre Geschichte gefallen, dann reden sie auch.«

Die jungen Männer, die Ray vor Jahrzehnten befragt hat, interessierten mich aus einem bestimmten Grund.

»Sie haben diese Jungs verhört, diese Einbrecher«, sage ich. »Glauben Sie, er könnte dabei gewesen sein?«

»Nein«, antwortet er sofort.

Dann zögerlicher: »Vielleicht doch.«

Aber er schüttelt den Kopf.

Er. Die dritte Person, die an jedem meiner Interviews teilnimmt, der namenlose Mörder, dessen Tennisschuhspuren Ray einmal durch eine Siedlung folgte – von Fenster zu Fenster auf der Suche nach einem Opfer. Ray war in Ermittlungen über einen Serienmörder eingebunden, der Anhalterinnen mitnahm, ihnen seitlich in den Kopf schoss und Sex mit ihren Leichen hatte. Im Laufe seines Berufslebens stand er vor kopflosen Leichen und untersuchte ritualistische Zeichen, die in die verwesende Haut einer jungen Frau geritzt waren. Trotzdem erwähnt er nur einen Mörder, bei dem sich ihm »die Nackenhaare aufgestellt haben« – den Mann, wegen dem ich hier bin. Ihn.

Es überrascht mich nicht, dass Ray überzeugt ist, er habe nie mit dem Unbekannten gesprochen, den ich den Golden State Killer getauft habe. Jeder Ermittler in diesem Fall, den ich interviewt habe, behauptet dasselbe. Sie hielten zurechtgeschnittene Fesseln in der Hand, die er zurückgelassen hatte, und betrachteten durch ein Mikroskop seine Spermien. Immer wieder hörten sie sich Tonaufnahmen von hypnotisierten Zeugen und überlebenden Opfern an und achteten auf jede beiläufige Bemerkung, die auf seine Identität hätte hinweisen können. Ein Ermittler hockte Jahrzehnte nach seiner Pensionierung im Wald vor dem Haus eines möglichen Verdächtigen und wartete darauf, dass jemand den Müll hinausbrachte, damit er einen Gegenstand für eine DNA-Probe stehlen konnte. Der Golden State Killer sucht ihre Träume heim. Er hat ihre Ehen zerstört. Er hat sich so tief in ihr Bewusstsein gegraben, dass sie glauben wollen oder müssen, sie hätten ihn erkannt, wenn sie ihm in die Augen geblickt hätten.

»Es ist ein bisschen wie bei einem Bluthund«, erklärte mir ein

Ermittler. »Ich glaube, wenn er in einem Einkaufszentrum an mir vorbeiginge, würde ich es wissen.«

Ich erzähle Ray, dass ich mich für seine Erinnerungen an jugendliche Einbrecher interessiere, weil ich vor Kurzem Goleta besucht habe, die Stadt dreizehn Kilometer westlich von Santa Barbara an der kalifornischen Küste, wo der Mörder zwischen 1979 und 1981 dreimal zugeschlagen hat. Alle Angriffe fanden in einem unscheinbaren Wohnviertel im Nordosten Goletas statt, einem kaum fünf Quadratkilometer großen Gebiet. Schuhabdrücke und Fesseln aus Schnur, die ihm wahrscheinlich aus der Tasche gefallen waren, zeigten, dass er dem San Jose Creek gefolgt war, der sich durch die Reihensiedlung schlängelt. All seine Opfer lebten nahe am Fluss.

Ich bin am Flussbett entlanggelaufen, erzähle ich Ray, und dabei ist mir aufgefallen, wie verlockend der überwucherte Weg zwischen den wuchtigen, vor Blicken schützenden Bäumen und den moosbedeckten Steinen auf manche Jungen aus der Vorstadt wirken musste, auf womöglich vernachlässigte Kinder, die sich nach einem Ort sehnen, an dem sie sich geborgen fühlen. Schwingseile baumelten von Platanen herab. Erwachsene, die schon als Kinder dort gelebt hatten, berichteten, dass Mitte der Siebziger ein paar Jungs dort unten eine BMX-Strecke angelegt hatten. In den betonierten Entwässerungsgräben fuhren sie Skateboard. Es gab geheime Tunnel. Und nirgends standen Laternen. Der Weg war verwirrend, es war schwer, ihm zu folgen. Ich hatte das Gefühl, man konnte sich dort nur zurechtfinden, wenn man als Kind dort gelebt hatte.

»Vor allem, wenn man den ersten Überfall in der Queen Ann Lane bedenkt«, sage ich. Das Haus in der Queen Ann Lane kann man von der Straße aus nicht einmal sehen, es wird von einem anderen verdeckt. Man würde es nur auf dem Pfad am Flussufer im Blick haben.

Als ich die Tat in der Queen Ann Lane am 1. Oktober 1979 erwähne, verhärtet sich Rays Miene.

»Ich glaube, in dieser Nacht hätten sie ihn schnappen können«, sagt Ray.

Es war die Nacht, in der er begriff, dass er töten musste. Die Nacht, in der seine Opfer überlebten und ihr Nachbar, ein FBI-Agent, den Verdächtigen bei der Flucht auf einem gestohlenen Rennrad verfolgte. Ich bin die Strecke der Verfolgungsjagd abgelaufen bis zu der Stelle, wo der Agent ihn verloren hatte. Der Agent stand in Funkkontakt mit den anrückenden Polizisten. Ich habe nie begriffen, warum er nicht gefasst wurde.

»Ich wusste, was passieren würde«, sagt Ray. Er schüttelt den Kopf. »Ich wusste genau, was die Polizisten machen würden.«

Sie ließen ihn entwischen.

DER RICHTIGE

Jim Walthers* Verstrickung in den EAR-Fall begann vor drei Jahrzehnten in Danville, in den frühen Morgenstunden des 2. Februar 1979, als Carl Fabbri von der Polizei Contra Costa ihn mit seiner Taschenlampe weckte. Walther hatte in seinem grau grundierten 1968er Pontiac LeMans am Straßenrand geschlafen und behauptete, er sei von der Interstate 680 abgefahren, um nach seiner Schicht als Bremser bei der Western Pacific Railroad ein Nickerchen zu machen. Fabbri kaufte ihm die Geschichte nicht ab. Walthers Auto parkte an der Camino Tassajara, gute zweieinhalb Kilometer von der Schnellstraße entfernt. Warum sollte man für ein Nickerchen so weit fahren? Er musterte Walthers Augen, ob sie nach Schlaf aussahen. Fabbris Nerven waren angespannt. Er fuhr in diesem Viertel Patrouille, weil er in der Nacht zuvor eine verdächtige Person hierher verfolgt und verloren hatte. Vor fünf Monaten war der East Area Rapist von Sacramento gute hundert Kilometer Richtung Südwesten in ihre Gegend gezogen. Vier Überfälle. Eine zweiunddreißig Jahre alte geschiedene Frau, die in einem Eckhaus beim Iron Horse Regional Trail wohnte, war im Dezember sein bisher letztes Opfer geworden. »Machst du gerne Schwänze steif?«, hatte er ihr zugeflüstert. »Warum machst du dann jedes Mal meinen steif, wenn ich dich sehe?« Der Überfall hatte

---

* Pseudonym

keine zwei Kilometer von der Stelle entfernt stattgefunden, an der Walther jetzt parkte.

Deputy Fabbri befahl Walther zu bleiben, wo er war, und überprüfte ihn. Für den jungen Mann stand ein Haftbefehl wegen mehrerer Verkehrsdelikte aus. Sein Vorstrafenregister listete eine Verhaftung wegen eines geringfügigen Vergehens mit Marihuana vor zwei Jahren auf – in Sacramento. Er war einundzwanzig, eins achtundsiebzig, siebzig Kilo. Auch wenn nicht alle Einzelheiten passten, stimmte doch das grobe Profil. Fabbri und sein Partner nahmen Walther fest. Walthers Protest hielt sich im Rahmen, bis Fabbris Partner ihn mit einer Polaroidkamera fotografierte. Es war, als wäre ein Schalter umgelegt worden. Walther rastete völlig aus. Fabbri musste ihn festhalten. Es war seltsam. Der Junge hatte schon ein paar Vorstrafen. Warum drehte er wegen eines Fotos durch? Sie mussten seinen Kopf hochdrücken, um ihn fotografieren zu können.

Auf dem Weg zum Gefängnis führte Walther ein befremdliches, größtenteils einseitiges Gespräch mit den Polizisten, die ihn verhaftet hatten.

»Die echten Verbrecher werden nie geschnappt«, erklärte Walther ihnen. »Die kommen immer davon.«

Von Anfang an mehrten sich belastende Indizien. Als Walther nach seiner Adresse gefragt wurde, nannte er die Sutter Avenue in Carmichael. Östlich von Sacramento. Ein Polizist erinnerte sich, etwa zur Zeit der EAR-Überfälle in San Ramon dort ein Auto gesehen zu haben, das Walthers auffälligem Wagen ähnlich sah. Kurz nach seiner Verhaftung stieß Walther das Auto ab und besorgte sich ein neues. Als die Ermittler der Sondereinheit EAR ihn befragten, machte er dicht und schickte seinen Anwalt vor. Den hatte er seiner Mutter zu verdanken, einer herrischen Frau, die ihren erwachsenen Sohn »meinen Jimmy«

nannte und sich einmal fast mit seinem Bewährungshelfer geprügelt hätte. Der Anwalt erklärte den Ermittlern, sein Mandant würde nicht auf ihrem Stückchen Mull kauen, um eine Speichelprobe abzugeben, weil es »ihn möglicherweise belasten könnte«. Die Ermittler übten weiter auf Walther Druck aus. Er blieb weiterhin stur. Freiwillig gab er preis, dass er Blutgruppe A und Schuhgröße 42 hatte, wie der EAR. Im August klingelten sie ihn aus der Wohnung seiner Freundin heraus und sagten, sie wüssten, dass sie dort Marihuana anbaue. Sie stellten ihn vor die Wahl: Entweder würde er sofort ein Stück Mull kauen, oder sie würden die Freundin verhaften. Er kaute den Mull.

Durch die Ergebnisse des Speicheltests wurde Walther ausgeschlossen. Er war ein Sekretor. Der EAR war ein Nicht-Sekretor. Die Sondereinheit ließ ihn als Verdächtigen fallen und wandte sich anderen Verdächtigen zu.

Über dreißig Jahre später stellte Paul Holes diese Entscheidung infrage. Als Laborveteran wusste er, dass die Prüfmethode für den Sekretorenstatus damals alles andere als perfekt funktionierte. In den Achtzigern hatten Experten der Qualitätskontrolle bei dieser Methode schwere Mängel festgestellt. Außerdem hatten Wissenschaftler in der Zwischenzeit entdeckt, dass ein kleiner Teil der Bevölkerung sogenannte aberrante Sekretoren sind, das heißt, einige ihrer Körperflüssigkeiten weisen Blutgruppen-Antigene auf, aber andere nicht. Holes hielt es für unzuverlässig, Verdächtige aufgrund ihres Sekretorenstatus auszuschließen.

Außerdem profitierte Holes vom Rückblick auf drei Jahrzehnte. Sie wussten jetzt viel mehr über den EAR. Holes konnte auf seinem Computer Google Earth aufrufen und in chronologischer Reihenfolge zu den Tatorten und Stellen verdächtiger

Funde oder Ereignisse reisen – ein schwindelerregender Flug von einer gelben Reißzwecke zu einem winzigen blauen Auto und zu kleinen Figuren, die für Schuhabdrücke oder Zeugen standen. Geschwindigkeit und Höhe konnte er anpassen. An seinem Schreibtisch konnte er den Weg des Mörders nachvollziehen. Der Zickzackkurs wirkte beliebig, aber es gab jemanden, für den er das nicht war.

Holes bedauert, dass er vor zwanzig Jahren, als er es zum ersten Mal in Erwägung gezogen hatte, nicht zu den Ermittlern gewechselt ist. Die Sicherheit war ihm damals wichtiger gewesen. Er hatte zwei kleine Kinder gehabt. In der Forensik ging es mit seiner Karriere voran. Man sieht, warum er für den Chefsessel bestimmt ist. Er ist blond, fit und attraktiv und hat ein freundliches Gesicht. Er schneidet nie Grimassen oder verdreht die Augen. Das in Minnesota typische gedehnte O hört man bei ihm noch leise heraus. Als ich einmal den Medienmogul Rupert Murdoch erwähnte, zuckte er mit den Schultern, weil er den Namen nicht kannte. »Wir verkehren nicht in denselben Kreisen«, sagte er. Wenn man ihn ansieht, würde man nicht vermuten, dass seine Eltern ihm mal – als Mitbringsel – *Sexual Homicide: Patterns and Motives* von John Douglas geschenkt haben.

Früher waren DNA-Tests mit vielen, oft langwierigen Prozeduren verbunden. Bei Fällen von sexueller Gewalt zum Beispiel nahm man einen Abstrichtupfer aus einer Plastikröhre, isolierte die Spermien und lokalisierte die DNA-Marker mithilfe einer »Blotting« genannten Technik, für die man weiße Papierstreifen, Schalen und spezielle Lösungen brauchte. Mit der Weiterentwicklung der Technik übernahmen zunehmend Roboterarme und Computer die Aufgaben. Dadurch blieb Holes mehr Zeit, um sich alten Fällen zu widmen. Er glaubte, Walther könne der Richtige sein.

Als Holes an einem Nachmittag im Frühjahr 2011 die »Hausaufgaben-Beweise« in der Asservatenkammer entdeckte, suchte er eigentlich nach einer Skimaske – Walthers Skimaske. Er wusste, dass die Ermittler der Sondereinheit in der Phase, in der Walther als wahrscheinlichster Verdächtiger galt, seinen Freund befragt hatten, einen Typen, der 1977 in Sacramento zusammen mit Walther wegen des Verkaufs von Marihuana verhaftet worden war. Der Freund hatte ihnen einige Gegenstände von Walther gegeben, unter anderem eine schwarze Skimaske. Walthers DNA war noch nicht in der Datenbank. Holes überlegte, ob er aus Haaren oder Hautzellen aus der Maske ein Profil erstellen könnte.

Walther selbst war leider nicht aufzutreiben. Der Mann war wie vom Erdboden verschluckt. Zu einem Gerichtstermin wegen häuslicher Gewalt war er 2003 nicht erschienen, und es gab einen offenen Haftbefehl gegen ihn. Im Juni 2004 wurde ihm die Fahrerlaubnis entzogen. Danach nichts mehr. Keine Kredite. Keine offizielle Anstellung. Keine Sozialhilfe. Holes versuchte, Walthers chaotischen Lebensweg so gut wie möglich nachzuvollziehen. Er forderte Walthers Schulunterlagen an und stellte fest, dass ihn in der sechsten Klasse ein männlicher Lehrer unterrichtet hatte, was damals einigermaßen ungewöhnlich war. Holes rief den Lehrer an. Der betagte Herr sagte, er könne sich an einen Walther nicht erinnern. Aber einen Schüler hundertmal denselben Satz schreiben zu lassen, könne gut eine seiner Strafarbeiten gewesen sein.

Der Lehrer erwähnte, vor etwa zehn Jahren habe ihn ein Mann angerufen, ohne seinen Namen zu nennen, und *Freedom Isn't Free* gesungen, ein Lied, das Kinder in seinem Unterricht singen mussten, wenn sie sich danebenbenommen hatten. »Vergessen Sie das nicht«, hatte der Unbekannte gesagt und aufgelegt. Der Anruf hatte den Lehrer so erschreckt, dass er sich eine

Geheimnummer zugelegt hatte. Er sagte Holes, es tue ihm leid, dass er ihm nicht weiterhelfen könne.

Holes suchte den Text von *Freedom Isn't Free* von Paul Colwell heraus.

»Es war einmal ein General namens George«, beginnt die vierte Strophe, »mit einer Handvoll Männer in Valley Forge ...«

Ron Greer* musste »der Richtige« sein. Er lebte in einer heruntergekommenen Wohnung und rauchte drei Päckchen am Tag, und jetzt boten sie ihm beiläufig Zigaretten seiner Lieblingsmarke an, die sie kannten, weil sie ihn observiert hatten, und er nahm keine einzige. Er war angespannt und misstrauisch. Detective Ken Clark und sein Partner vom Sacramento County Sheriff's Office waren darauf bedacht, den Mann in Sicherheit zu wiegen. Sie waren auf eine frische DNA-Probe aus. Doch Greer wollte nicht einmal an einer Wasserflasche nippen. Er weiß, was hier läuft, dachte Ken. Er ist nervös und auf der Hut, was Beweismittel anging. Er war es.

Auf Greer waren sie durch einen dreißig Jahre alten Anhang zu einem Polizeibericht gestoßen. Viele Ermittler waren davon überzeugt, der Name des EAR sei irgendwo in den Aktenbergen vergraben, notiert bei einer Fahrzeugkontrolle oder in einem Bericht über verdächtige Vorkommnisse. Seine Schutzbehauptungen waren entweder wasserdicht, oder er wurde wegen eines lausigen, aber trotzdem akzeptierten Alibis ausgeschlossen. Ken und sein Partner nahmen sich die alten Berichte methodisch vor. Dabei fiel ihnen Greers Name auf.

Er war am 15. April 1977 auf dem Sunrise Boulevard Richtung Süden mit seinem zweitürigen gelben Datsun in eine Fahrzeugkontrolle geraten. Es war 4.27 Uhr morgens, wenige Mi-

---

* Pseudonym

nuten nachdem eine Vergewaltigung des EAR einige Straßen entfernt gemeldet worden war. Er sagte den Polizisten, er sei auf dem Weg zu seiner Arbeit als Hausmeister in einer Reismühle. Ihnen fiel auf, dass er sich betont ruhig und kooperativ gab. Als sie seinen Kofferraum öffneten, schrillten bei ihnen sämtliche Alarmglocken: Sie sahen ein Seil in einer aufgerissenen Zellophanverpackung, daneben ein Paar Tennisschuhe und zwei große Taschen mit Reißverschluss. In den Taschen fanden sie eine Pistole und ein Jagdmesser.

Greer willigte in eine Hausdurchsuchung ein. Seine Mutter sei vor Kurzem gestorben, erklärte er, und er wohne jetzt bei seiner Schwester. Genauer gesagt auf dem Grundstück seiner Schwester, in einem schrottreifen Frachtanhänger, der an einem steilen Hügel zwischen Büschen verborgen in Fair Oaks stand. Der Anhänger war höchstens zweieinhalb Meter lang und nicht groß genug, um darin aufrecht zu stehen. Greer schien für eine der früheren Vergewaltigungen des EAR ein wasserdichtes Alibi zu haben. Doch da waren immer noch diese unglaublichen Fundstücke in dem Kofferraum.

Deshalb hatten Ken und sein Partner ihn dreißig Jahre später aufgespürt. Greer hatte inzwischen schwerwiegende gesundheitliche Probleme. Trotzdem kein Wasser, vielen Dank. Keine Zigarette. Sie waren mit ihrer Geduld fast am Ende, als es den Ermittlern schließlich doch noch gelang, ihn dazu zu bewegen, an einem Umschlag zu lecken. Nur zur Sicherheit nahmen sie Wischproben von den Griffen seiner Autotüren, als er es nicht sah.

Greer wurde in der Frühlingsnacht 1977 nahe dem Tatort einer Vergewaltigung des EAR angehalten, weil er der groben Beschreibung des Angreifers entsprach: Er war ein Weißer, fünfundzwanzig, eins fünfundsiebzig, siebzig Kilo. Das Erste, was die Streifenpolizisten mit ihren Taschenlampen entdeckten, war eine Plastikflasche Handcreme auf dem Vordersitz. Eine weiße Maske, wie sie Maler oder auch Chirurgen benutzen, lag auf der Beifahrerseite auf dem Armaturenbrett. Deshalb forderten sie ihn auf, den Kofferraum zu öffnen.

Ken und sein Partner schickten Greers DNA-Proben ins kriminaltechnische Labor. Sie warteten. Die Ergebnisse kamen.

Unglaublich.

Greer war es eindeutig *nicht*.

Wie gesagt, die Fixierung auf einen Verdächtigen ähnelt dem ersten Rausch blinder Verliebtheit in einer Beziehung. Das Blickfeld verengt sich auf ein einziges Gesicht. Die Welt verblasst zu einer bloßen Hintergrundkulisse in einem Kammerspiel, das man in seinem Kopf immer wieder neu in Szene setzt. Doch wie viel man auch über den Menschen weiß, der einem nicht aus dem Kopf geht, es ist nie genug. Man verlangt nach mehr. Immer mehr. Man achtet darauf, welche Schuhe er gerne trägt, und fährt mithilfe von Google Maps an seinem Haus vorbei. Man sucht Bestätigung für seine kühnen Vermutungen. Man projiziert. Ein weißer Mann in mittleren Jahren, der auf einem Facebook-Foto lächelnd einen mit Kerzen dekorierten Kuchen anschneidet, feiert nicht seinen Geburtstag, sondern hält ein Messer in der Hand.

Zum ersten Mal fielen mir diese Parallelen auf, als mir ein erschöpft wirkender Larry Pool gestand, er sei anfangs bei Verdächtigen »emotionaler mitgegangen«, als er 1997 in Orange County als Ermittler für ungelöste Fälle auf den Original Night Stalker angesetzt wurde. Damals sei er noch »frischer« gewesen, sagte er, und er klang dabei wie ein Dating-Veteran, den die Launen der Liebe abgehärtet hatten.

Pool erinnerte sich an einen der frühen aufregenden Augenblicke im Sommer 2001, als er in das Büro des Hilfssheriffs gerufen wurde. Solche Anrufe bedeuteten für gewöhnlich, dass es gute Neuigkeiten gab. Als er das Büro betrat, drehte sich eine ganze Gruppe lächelnd zu ihm um – sein Captain, sein Lieutenant, Leute von der Verwaltung sowie Mary Hong, die Forensikerin aus Orange County, die das DNA-Profil des Original Night Stalker erstellt hatte. Hong arbeitete in einem anderen Gebäude.

Pool schüttelte triumphierend die Faust, noch bevor er die Tür schloss. »Ja!«, sagte er. Mittlerweile arbeitete er seit drei Jahren ohne Unterbrechung an dem Fall.

Sie hatten einen Treffer zu einem Fingerabdruck, erklärte der Hilfssheriff Pool. Ein Abdruck auf einer Lampe an einem Tatort des East Area Rapist in Danville gehörte mutmaßlich dem Mörder. Das Opfer hatte gehört, wie er die Lampe eingeschaltet hatte. Die Lampe war erst kurz zuvor ausgepackt worden und trug wahrscheinlich keine Abdrücke von anderen Personen. Ein pensionierter Ermittler aus Contra Costa hatte eine alte Kopie des Abdrucks herausgesucht und sie nach Orange County geschickt.

»Großartig«, sagte Pool.

Der Verdächtige sei vor fünf Jahren eines natürlichen Todes gestorben, fuhr der Hilfssheriff fort und schob ihm die Akte des Mannes auf dem Tisch zu. Pool, der mehr über den Mörder wusste als jeder andere im Raum, schlug die Mappe auf. Alle beobachteten ihn erwartungsvoll. Die Enttäuschung versetzte Pool einen Stich.

»O Mann. Sein Alter gefällt mir nicht«, sagte Pool. Der Verdächtige war Jahrgang 1934. Pool blätterte den Bericht durch. Auch die kriminelle Vorgeschichte des Mannes gefiel ihm nicht. Verstöße gegen das Waffenrecht. Illegaler Handel. Banküberfälle. Der Kerl war im Zeugenschutzprogramm gewesen. Pool hatte kein gutes Gefühl dabei.

Er spürte, wie sich die Atmosphäre im Zimmer veränderte.

»Ich halte ihn nicht für unseren Mann«, gab Pool zu. »Aber wer weiß, vielleicht haben wir ihn deshalb nicht gefunden. Er ist nicht, was wir erwarten.«

»Finden Sie heraus, wo dieser Mann beerdigt ist«, trug ihm der Hilfssheriff auf.

»Alles klar, Chef«, sagte Pool.

Pool entdeckte, dass der tote Verdächtige mit dem Freund des Opfers befreundet gewesen war. Die beiden Männer hatten sich einige Wochen vor dem Überfall zerstritten. Etwa zur selben Zeit wurde dem Opfer und seinem Freund die Stereoanlage gestohlen, und Pool vermutete, der Verdächtige habe sich so an seinem Freund für den Streit gerächt. Er musste die Lampe berührt haben, als er eingebrochen war, um die Anlage zu stehlen. Er war kein Mörder, nur ein schlechter Freund mit einem Hang zu Einbrüchen.

Doch Pools Chef wollte Gewissheit haben.

»Wir müssen ihn ausbuddeln und seine DNA überprüfen«, sagte der Hilfssheriff.

Pool flog nach Baltimore, um die Leiche zu exhumieren. Das Orange County Sheriff's Department hatte noch nie einen Verdächtigen ausgegraben – Opfer schon, aber noch nie einen bloßen Verdächtigen. Die Mordkommission von Baltimore half bei der Exhumierung. Der Verdächtige war in einem modernen Kunststoffsarg beerdigt worden. Als man ihn öffnete, klang es laut Pool, als hätte man eine riesige Dose Pepsi aufgemacht. Abgesehen von einer Schimmelschicht war die Leiche erstaunlich gut erhalten. Aber der Geruch.

»Stellen Sie sich den schlimmsten Verwesungsgeruch in zehnmal stärker vor«, sagte Pool.

Kein Wunder, dass die Mordermittler aus Baltimore oben auf dem Hügel, wo der Mann bestattet war, Zigarren angezündet hatten.

Pool nahm ein paar Zähne und Haare des Verdächtigen als Proben und verstaute sie in seinem Handgepäck. Ein Oberschenkelknochen und Fleischstücke wurden auf Trockeneis in eine Box gepackt, die er am Flughafen aufgab. Als Pool die Box in Orange County vom Gepäckkarussell holte, musste er feststellen, dass sie leckte.

Die DNA bestätigte Pools Verdacht. Der Tote mit den Fingerabdrücken war nicht »der Richtige«.

Doug Fiedler[*] musste »der Richtige« sein.

Eines Nachts, um eine Minute nach Mitternacht, traf in meinem Posteingang eine Mail von »John Doe«[†] ein.

»John Doe« lieferte keine Erklärung für seinen Wunsch nach Anonymität. Ihm ging es um etwas anderes: Er hatte mich in einem Podcast über den Fall gehört und wollte mir einen, wie er glaubte, guten Tipp geben: »Worldcat.org ist ein nützliches Suchinstrument, um herauszufinden, welche Bibliotheken ein bestimmtes Buch oder Medium vorrätig halten. Sucht man nach Detective Cromptons *Sudden Terror*, werden folgende Orte aufgelistet: Salem, Oregon; Post Falls, Idaho; Hayden Lake, Idaho; Sidney, Nebraska; Los Gatos, Kalifornien. Vielleicht hat der EAR-ONS sich das Buch über seine Bibliothek besorgt, um es nicht online kaufen zu müssen?«

Es war eine interessante Idee. *Sudden Terror* war im Selbstverlag erschienen. Bibliotheken würden es wahrscheinlich nur besitzen, wenn ein Leser ausdrücklich darum gebeten hatte, es anzuschaffen. Ich war mir ziemlich sicher, dass ich wusste, wer in Oregon und Kalifornien dafür verantwortlich war (pensio-

---

[*] Pseudonym
[†] »John Doe« ist vor allem in den USA ein üblicher Platzhaltername für fiktive oder nicht identifizierte Personen (Anm. d. Übers.).

nierte Ermittler), also konzentrierte ich mich auf Idaho und Nebraska. Mir war klar, dass die Bibliotheken mir keine Namen nennen würden, weil sie die Privatsphäre ihrer Leser schützen mussten. Ich starrte auf meinen Computer. Eine leere Suchzeile wartete auf eine zündende Idee, wie ich sie nutzen könnte. Ich entschied mich für die entsprechenden Postleitzahlen und die Bezeichnung einer berüchtigten Gruppe von Menschen, zu denen der EAR mittlerweile vielleicht auch gehörte: registrierte Sexualstraftäter.

Etwa eine Stunde lang scrollte ich mich durch Polizeifotos von Perversen und Gewaltverbrechern. Das Unterfangen schien mir reine Zeitverschwendung zu sein. Doch dann sah ich ihn. Zum ersten Mal, seit ich den Fall untersuchte, traf es mich wie ein Blitz: *Du.*

Ich las seine Daten. Doug Fiedler wurde 1955 geboren. Größe und Gewicht stimmten. Ursprünglich kam er aus Kalifornien, und in den späten Achtzigern war er dort wegen mehrerer Sexualdelikte verurteilt worden, darunter Vergewaltigung unter Anwendung oder Androhung von Gewalt und sexueller Kindesmissbrauch.

Auf einer Website für Ahnenforschung fand ich heraus, dass seine Mutter aus einer großen Familie in Sacramento County stammte. Mit jeder neuen Information schlug mein Herz schneller. Anfang der Achtziger und vielleicht schon davor lebte sie im Norden von Stockton, unweit der Orte, an denen der EAR Vergewaltigungen begangen hatte. Dougs geschiedene Frau hatte Adressen über ganz Orange County verteilt, unter anderem in Dana Point, keine drei Kilometer von dem Haus entfernt, in dem Keith und Patty Harrington ermordet wurden.

Auf seinem Arm war ein Tier tätowiert, das man leicht für einen Bullen halten konnte (unter Hypnose erinnerte sich ein junges Mädchen, in dessen Haus der EAR eingedrungen war, an eine Tätowierung auf seinem Unterarm, die es an den Bullen auf »Schlitz«-Malzbierflaschen erinnert hatte).

Ich ließ seinen Namen durch das Google News Archive laufen. Als ich die Ergebnisse sah, wäre ich fast aufgesprungen. Ein Artikel der *Los Angeles Times* vom August 1969 berichtete von einem Jugendlichen, der seiner Mutter bei einem Familienstreit zu Hilfe gekommen war und dabei seinem neunzehnjährigen Halbbruder mit einer Bratpfanne gegen den Kopf geschlagen und ihn erstochen hatte. Der jüngere Bruder? Doug Fiedler.

Schläge mit einem schweren Gegenstand. Ein Messer. Bei der Durchführung seiner Verbrechen legte der EAR eine ganze Reihe seltsamer Verhaltensweisen an den Tag, aber die bizarrste war meiner Meinung nach sein gelegentliches Wimmern und Weinen. Und diese kläglichen Rufe zwischen dem Schluchzen: »Mommy! Mommy!«

Doug lebte jetzt mit seiner betagten Mutter in einer Kleinstadt in Idaho. Google Street View zeigte ein bescheidenes weißes Häuschen, überwuchert von Pflanzen.

Als ich Pool eine Mail mit meinen Erkenntnissen zu Doug Fiedler schickte, drückte ich es nicht direkt so aus, aber ich hielt es für ziemlich wahrscheinlich, dass ich ihm den Mörder lieferte.

»Guter Fund«, schrieb Pool zurück. »Profil und Äußeres passen. Ich habe gerade telefonisch und per Mail abgeklärt, dass er durch DNA (CODIS) ausgeschlossen wurde.«

Stundenlang hatte ich mich gefühlt, als käme ich endlich weiter, als würde ich durch die Straßen rasen wie bei einer grünen Welle. Jetzt war ich gegen eine Mauer gefahren. Das Wissen des Zeitreisenden kann trügerisch sein, merkte ich. Wir wenden uns der Vergangenheit zu, mit neusten Erkenntnissen und modernsten technischen Möglichkeiten. Die riesige Menge an Daten, die uns zur Verfügung steht, birgt auch Gefahren, denn sie bedeutet, dass wir uns mehr Details zurechtbiegen und sie miteinander verbinden können. Wir sind versucht, uns aus den unzähligen Einzelteilen einen Bösewicht zusammenzubasteln. Das ist verständlich. Wir alle halten Ausschau nach Mustern. Entdecken wir den groben Umriss unseres Gesuchten, bleiben wir hängen und krallen uns fest, obwohl wir loslassen und weitergehen könnten.

»Schicken Sie mir weiter solche Verdächtigen!«, schrieb Pool. Er wollte mich trösten. So etwas kannte er aus eigener Erfahrung. Nachdem er mir erzählt hatte, wie aufgeregt er anfangs bei bestimmten Verdächtigen in diesem Fall war, fragte ich ihn, wie er jetzt, fünfzehn Jahre später, reagierte.

Er ahmte nach, was er tat, wenn er einen Bericht bekam. »Okay«, sagte er knapp, nachdem er ihn ernst und schweigend durchgesehen hatte, dann tat er so, als würde er den Bericht auf einen Stapel werfen.

Aber er hatte mir auch einmal einen anderen Moment vorgeführt, den Augenblick, als er das Büro seines Chefs betrat und die versammelte Truppe sah, die auf ihn wartete. Es hätte einer dieser Momente sein können, von denen viele Polizisten – meist vergeblich – während ihrer ganzen Laufbahn träumen. Er antwortete nicht grundlos so schnell auf meine Mails, wenn ich ihm etwas Interessantes schickte. Auch sein Schütteln der Faust und sein »Ja!« hatte er mir vorgeführt. Ich wusste, dass er sich insgeheim wieder einen solchen Moment ersehnte.

LOS ANGELES, 2014

»Die Leute vergessen bei *Rocky* immer die erste Szene, in der er rausgeht und trainiert. Seine Beine tun höllisch weh. Er hat seine besten Jahre hinter sich. Es ist eiskalt. Er torkelt. Er kommt kaum die Treppe rauf.«

Mit seiner Geschichte über *Rocky* wollte mein Mann Patton mich aufmuntern. Ich hatte mit ihm über Sackgassen gesprochen. Wie oft musste ein Mensch in einer Sackgasse landen, bevor er aufgab?

»Rocky steht einfach jeden Morgen auf und macht weiter. Jeden Tag. Bei den Leuten, die sich mit ungelösten Fällen beschäftigen, ist es dasselbe. Ihr investiert so viel Zeit und Energie. Ihr telefoniert herum. Durchwühlt Kartons. Zieht den Leuten Geschichten aus der Nase. Tauscht euch aus. Und dann lautet die Antwort Nein. Davon darf man sich nicht entmutigen lassen. Man muss am nächsten Morgen aufstehen, seinen Kaffee kochen, den Schreibtisch aufräumen und von vorne anfangen.«

Ich begriff, dass Patton auch von sich selbst sprach, davon, dass er als junger Comedian immer wieder auf die Bühne gegangen und ohne Gage vor ein feindseliges Publikum getreten war. Die Entschlossenheit brannte in ihm, und er hat eine Schwäche für Geschichten über Menschen, denen es ebenso geht. Wenn er Geschirr spült, fällt mir manchmal auf, dass sich seine Lippen tonlos bewegen.

»Was machst du da?«, fragte ich einmal.

»Ich arbeite an einem Gag.«

Überarbeiten. Verbessern. Immer noch mal von vorne anfangen.

»Rocky hat Apollo Creed nicht geschlagen, weißt du noch?«, sagte Patton. »Aber er hat ihn und die ganze Welt verblüfft, weil er einfach nicht aufgeben wollte.«

Wir feierten unseren achten Hochzeitstag mit einem Abendessen. Patton hob sein Weinglas. Er wollte mich mit allen Mitteln aus meiner Apathie reißen – raus aus der Sackgasse.

»Die Zukunft hält jede Menge Bösewichte für dich bereit«, sagte er.

»Hör auf!«, bat ich. »Sag so was nicht.«

Er meinte es nur gut, das wusste ich. Aber ich konnte oder wollte mir die Zukunft nicht vorstellen.

»Ich will nicht ›jede Menge Bösewichte‹«, sagte ich. »Ich will nur den einen.«

Schon als ich es aussprach, merkte ich, wie krank das war. Dabei meinte ich, dass ich nach dem EAR mit Sicherheit nie wieder auf eine so fieberhafte Suche gehen wollte. Ich wollte nie wieder atemlos auf einer grünen Welle reiten, nur um am Ende wieder gegen eine Wand zu krachen.

Patton holte ein großes, wunderhübsch mit altmodischem Geschenkpapier eingepacktes Paket unter dem Tisch hervor. Wenn es um Geschenke geht, ist er wunderbar. Er stöbert gerne junge Künstler und Kunsthandwerker auf und gibt bei ihnen einzigartige Geschenke in Auftrag. In einem Jahr hat er eine Puppe anfertigen lassen, die er scherzhaft als »das Gegenteil einer Actionfigur« von mir bezeichnet: Ich sitze im Pyjama im Bett, in der Hand einen Vanilla Latte von Starbucks, vor mir das aufgeklappte Laptop mit meiner True-Crime-Website. Ein anderes Mal ließ er von einem jungen Kunstschlosser eine Holzkiste bauen. Das Haus, in dem wir sieben Jahre lang gewohnt haben, ist auf einem Bronzeschild auf der Vorderseite abgebildet. Innen verbergen sich winzige Geheimfächer, in denen Erinnerungen an unser gemeinsames Leben stecken – Eintrittskarten, Klebezettel.

Letztes Jahr hat er mir drei kleine Aquarelle von dem Maler Scott Campbell geschenkt, auf denen ich berüchtigten Verbrechern entgegentrete. Auf einem töte ich den Zodiac-Killer mit Blicken. Das zweite zeigt mich mit einer Kladde in Händen, kurz davor, D. B. Cooper zu verhören, den berühmten Flugzeugentführer. Und auf dem dritten stehe ich mit meinem Laptop in der Hand und einem eigenartigen Lächeln auf den Lippen »ihm« gegenüber, maskiert und unbekannt, meinem Fluch, dem EAR.

Ich öffnete mein diesjähriges Geschenk. Patton hatte meinen Artikel für die Zeitschrift *Los Angeles* professionell binden und eigens einen schwarzen Schuber anfertigen lassen. Der Schuber enthielt ein Fach für meine wichtigsten Notizen zu meiner Geschichte. In einem weiteren Fach lag eine DVD mit einem Interview, das ich den Lokalnachrichten gegeben hatte.

Später fiel mir auf, dass meine Hochzeitsgeschenke zwei Jahre nacheinander auf die eine oder andere Art etwas mit dem EAR zu tun hatten.

Das klingt nach dem offensichtlichsten Beweis dafür, wie sehr er mittlerweile mein Leben bestimmte, aber das war es nicht. Sondern die Tatsache, dass ich für Patton nicht einmal eine Glückwunschkarte besorgt hatte.

SACRAMENTO, 2014

Holes nahm unermüdlich Walthers Vorgeschichte auseinander. In der Sutter Avenue in Carmichael stand Walthers Elternhaus in einer wichtigen Pufferzone, um die herum der EAR seine Opfer gesucht hatte. Mitte der Siebziger hatte Walther seiner Mutter bei ihrer Arbeit als Hausmeisterin in Apartmentanlagen für einkommensschwache Mieter in Rancho Cordova geholfen. Eine der Anlagen befand sich neben einem der EAR-Tatorte. Holes fand heraus, dass Walther im Mai 1975 in Sacramento in einen schlimmen Autounfall verwickelt war, von dem er im Gesicht Narben zurückbehielt. Opfer Nummer sieben hatte es mit »paradoxer Intervention« versucht und dem EAR gesagt, er sei gut im Sex. Er hatte geantwortet, die Leute würden sich immer wegen seiner geringen Größe über ihn lustig machen, was wahrscheinlich der Wahrheit entsprach, weil er tatsächlich unterdurchschnittlich ausgestattet war. Der EAR hatte außerdem erwähnt, dass »mit meinem Gesicht was passiert« war.

Vier Überfälle fanden weniger als einen Kilometer von der Del Campo High School entfernt statt, die Walther besuchte. Der Vater eines Opfers unterrichtete an der Schule für Kinder mit Lernschwierigkeiten, auf die Walther von der Del Campo wechselte. 1976 arbeitete Walther in einer Filiale von Black Angus, in der zwei Opfer häufig essen gingen, wie sie den Ermittlern erzählten.

Walther trat 1978 eine Stelle bei der Western Pacific Railroad an. Seine Arbeit führte ihn nach Stockton, Modesto und Davis (auf dem Weg nach Milpitas) zu der Zeit, als der EAR in diese Gebiete vordrang. Im August 1978 bekam er in Walnut Creek zwei Strafzettel wegen zu schnellen Fahrens. Die Angriffe des EAR in diesem Teil der East Bay begannen zwei Monate später. Ein Gerichtstermin zu einem der Verkehrsdelikte fand zwei Wochen vor dem Überfall dort statt.

1997 wurde Walther angehalten, weil er ein Stoppschild überfahren hatte. In seinem Hosenbund steckten zwei Steakmesser in einer Messerscheide aus Klebeband. Gerichtsunterlagen nach seiner Verhaftung wegen häuslicher Gewalt belegen, dass er seiner Frau gedroht hatte: »Ich schneide dich in kleine Stücke.«

»Sei still, oder ich schneide dich in Stücke«, hatte der EAR gesagt. Häufig hatte er gedroht, Ohren, Zehen und Finger abzutrennen.

Walther war entweder tot oder hatte es irgendwie geschafft, komplett unterzutauchen. Holes rief wiederholt bei Rechtsmedizinern an und erkundigte sich nach unbekannten Toten, die zur Beschreibung passten. Schließlich spürte er Walthers einziges Kind auf, eine Tochter. Ein Detective der Ermittlungseinheit von Contra Costa sagte der Tochter, er suche ihren Vater, weil Walther wegen eines Gefängnisaufenthalts 2004 noch Geld zustehe. Die Tochter behauptete, sie habe seit 2007 nicht mehr mit Walther gesprochen. Er habe sie einmal von einem Münztelefon aus angerufen, sagte sie. Damals sei er obdachlos und in Sacramento gewesen.

Holes bat die Behörden in Sacramento, alle Unterlagen herauszusuchen, die sie möglicherweise über Walther hatten. Nichtsesshafte hatten oft kleinere Zusammenstöße mit der Polizei. Wenn Walther im Bereich Sacramento als Obdachloser lebte, gab es wahrscheinlich einen Bericht mit seinem Namen.

Vielleicht hatte der Vermerk es nicht in die Datenbank geschafft, aber irgendwo war er vergraben. Schließlich klingelte Holes' Telefon.

»Walther haben wir nicht«, sagte der Polizist, »aber sein Bruder ist als Zeuge einer Straftat aufgeführt. Er wohnt in seinem Auto hinter einer Union-76-Tankstelle in Antelope.«

Holes zog eine Kopie der Übertragungsurkunde für das Haus des Bruders aus Walthers Akte. Das Haus war nicht mit einer Hypothek belastet, weil es vom Vater auf den Bruder übergegangen war. Holes war verwirrt.

»Warum sollte Walthers Bruder obdachlos sein?«, fragte er. Am anderen Ende der Leitung herrschte Schweigen.

»Sind Sie ganz sicher, dass Sie mit Walthers Bruder gesprochen haben?«, fragte Holes.

Wenig später bekam Holes den Anruf aus dem Sacramento Sheriff's Office, auf den er schon gewartet hatte. Die Kollegen hatten sich Walthers Bruder mit ernsten Mienen und einem tragbaren Fingerabdruckscanner genähert, und er war eingeknickt und hatte die Hände hochgerissen. Er hatte gestanden. Der Daumenabdruck hatte es bestätigt – der Obdachlose war Jim Walther. Sie hatten einen Abstrich genommen und die DNA-Probe sofort ins Labor geschickt.

Auf einer Rundfahrt zu den relevanten Orten in der East Bay hielt Holes in Danville an und zeigte mir die genaue Stelle, an der Walther am 2. Februar 1979 schlafend in seinem geparkten Pontiac LeMans aufgefallen war. Eine Frage beschäftigt Holes noch immer. Warum sollte jemand acht Jahre lang untertauchen, um einer dreißigtägigen Strafe zu entgehen?

Aber die wichtigste Frage, die er achtzehn Monate lang untersucht hatte, war beantwortet.

»Er war nicht der EAR«, sagte Holes. Er schüttelte den Kopf. »Aber ganz ehrlich, er war sein Schatten.«

Wir starrten auf die Stelle.

»Sind Sie sicher, dass beim DNA-Test alles richtig gelaufen ist?«, fragte ich.

Holes zögerte einen winzigen Moment.

»In Sacramento machen sie ihre Arbeit sehr, sehr gut«, antwortete er.

Wir fuhren weiter.

SACRAMENTO, 1978

Detective Ken Clark und ich standen an der Stelle östlich von Sacramento, an der im Februar 1978 ein Doppelmord begangen wurde, als er seine Ausführungen abrupt unterbrach und fragte: »Sind Sie für Obama?« Wir sahen uns kurz an, dann lachten wir beide. Mit einem Schulterzucken tat er unsere unterschiedlichen politischen Ansichten ab und sprach weiter. Er redete wie ein Wasserfall. Ich kam kaum zu Wort, was für mich von Vorteil war. Wir standen vor dem Garten, in dem der East Area Rapist ein junges Paar erschossen hatte, wie Clark glaubte. Der Mord an den Maggiores konnte nicht eindeutig mit dem EAR in Verbindung gebracht werden, aber vor Kurzem fand Clark Polizeiberichte über verdächtige Beobachtungen und Einbrüche in jener Nacht in dieser Gegend. Sie waren näher und näher gekommen, bis Katie und Brian Maggiore aus ungeklärten Gründen beim Spaziergang mit ihrem Hund erschossen wurden. Zeugen konnten den Verdächtigen gut beschreiben. Als das Phantombild veröffentlicht wurde, zog der EAR nach Westen nach Contra Costa County. Während Paul Holes mir schon gesagt hat, dass er die Theorie des verschreckten EAR für falsch hält, glaubt Clark, er habe Angst bekommen. Er zeigt mir das Phantombild. »Ich glaube, dieses Bild kommt ihm von allen, die wir haben, am nächsten.«

Clark zeigt mir die alten Polizeiberichte, die er jetzt nach Hinweisen durchkämmt. Darunter sind Berichte über Ver-

Brian Maggiore und seine Frau Katie wurden am 2. Februar 1978 in Rancho Cordova beim Spaziergang mit ihrem Hund von einem Unbekannten erschossen. Der Golden State Killer gilt als mutmaßlicher Täter.

Ermittler untersuchen den Garten in Rancho Cordova, in dem Brian und Katie Maggiore erschossen aufgefunden wurden, nachdem sie versucht hatten, vor ihrem Angreifer zu fliehen.

kehrskontrollen und Vorfälle mit Spannern. Damals wurde viel als unwichtig eingestuft und ignoriert. Clark kann nicht erklären, warum. Es macht ihn fertig. »Sie haben einen guten Verdächtigen laufen lassen, weil seine Schwägerin ausgesagt hat, sie sei mal mit ihm nackt baden gewesen und finde, sein Penis habe eine anständige Größe.« (Was auf den EAR nicht zutraf.) »Ein anderer, und das ist kein Witz, hatte eine ›zu große Unterlippe‹.«

In Sacramento wimmelt es von Ansätzen, die man verfolgen kann. Was hat ihn hierher gebracht? Ist es ein Zufall, dass alle Teilstreitkräfte ihre Navigationsausbildung am 1. Juli 1976 in die Mather Air Force Base verlegten, zur selben Zeit, als die Vergewaltigungen begannen? Was ist mit der California State University-Sacramento? Ihre Studientermine stimmten perfekt mit den Verbrechen überein (er griff nie während der Semesterferien an). Mit neuer Technologie legt ein geografischer Profiler genau fest, in welchen Straßen der EAR seiner Meinung nach gewohnt haben könnte. Ich fahre wieder in die Stadtviertel. Ich spreche mit den Alteingesessenen. Mein Laptop füttere ich mit allem, was ich finde. Selbst ernannte Detektive auf der Jagd.*

---

*   Michelle McNamara starb am 21. April 2016.

Michelle McNamara bei der Arbeit an ihrem liebsten Schreibplatz.

TEIL DREI

Eine Woche nach Michelles Tod bekamen wir Zugang zu ihren Festplatten und begannen, ihre Dateien über den Golden State Killer zu sichten.* Alle 3500. Dazu kamen Dutzende Notizbücher, Schreibblöcke, lose Zettel und Tausende Seiten digitalisierter Polizeiberichte. Und die siebenunddreißig Kartons voller Akten, die Michelle von der Staatsanwaltschaft von Orange County bekommen und liebevoll »Jackpot« genannt hatte.

Tausende Puzzleteile, und nur ein Mensch wusste, wie das fertige Bild aussehen sollte. Dieser Mensch war nicht Michelle. Es war der Mörder.

Michelles weißer Wal war nicht der Mörder der »schwarzen Dahlie« oder der Zodiac-Killer oder gar Jack the Ripper – berühmt-berüchtigte Täter, deren Verbrechen nie aufgeklärt wurden, deren »Lebenswerk« aber relativ überschaubar war. Nein, Michelle war hinter einem Monster her, das mehr als fünfzig Frauen vergewaltigt und mindestens zehn Menschen ermordet hatte. Es gab über fünfundfünfzig Tatorte mit Tausenden Beweisstücken.

Wir griffen auf Michelles wichtigste Festplatte zu und sahen die Kapitel durch, die sie beendet hatte. Und wieder spürten wir, was uns an ihren Texten schon immer so sehr angesprochen

---

*   Als Michelle starb, hatte sie die Hälfte von *Ich ging in die Dunkelheit* geschrieben. Um das Buch für die Veröffentlichung vorzubereiten, arbeiteten Michelles wichtigster Rechercheur, Paul Haynes, auch bekannt als »der Kleine«, und der renommierte investigative Journalist Billy Jensen, der mit Michelle befreundet war, zusammen, um das von Michelle hinterlassene Material zu ordnen und das Buch zu Ende zu schreiben. Das folgende Kapitel haben Haynes und Jensen gemeinsam verfasst.

hatte. Ihre Prosa berührt den Leser unmittelbar. Es ist, als wäre Michelle bei uns und als würden wir sie in den Straßen von Rancho Cordova, Irvine und Goleta auf der Suche nach dem Mörder begleiten. Gleichzeitig enthalten ihre Texte eine ungeheure Detailfülle. Aber Michelles ebenso unbeirrbare wie einfühlsame Art zu schreiben verwebt die Details zu einer Erzählung, die den Leser mitzieht. Gerade wenn man der Unmenge an Fakten überdrüssig werden könnte, benutzt sie eine Formulierung oder präsentiert ein interessantes Detail und reißt damit das Ruder herum. In ihrem Manuskript und in ihrem Blog *True Crime Diary* fand Michelle immer das perfekte Gleichgewicht zwischen den typischen Extremen des Genres. Sie schreckte nicht davor zurück, die furchtbaren Ereignisse in ihrer ganzen Grausamkeit zu schildern, suhlte sich aber nie sensationslüstern in schaurigen Details. Dazu vermied sie moralinsaure Kreuzzüge der Gerechtigkeit ebenso wie die Heiligsprechung der Opfer. Ihre Worte vermittelten die Faszination, die Neugier, den Drang, ein Rätsel zu lösen und beklemmende Leerstellen zu füllen.

Doch Michelle konnte nicht alle Teile der Geschichte beenden. Wir verschafften uns einen Überblick darüber, was fertig war. Sie hatte so nuanciert gearbeitet, wie man es im True-Crime-Genre selten findet (vielleicht mit der Ausnahme von Capote – der allerdings manchmal einen Aufhänger einfach erfand, wenn er ihn brauchte). Michelle hat ein Sachbuch in einem Stil geschrieben, den man nicht nachahmen kann. Wir haben es versucht, aber es hat nicht funktioniert. Zum Glück hat sie diese Geschichte mehrfach erzählt – in ihren fertigen Kapiteln, in dem Artikel für die Zeitschrift *Los Angeles* und in ihren zahlreichen Blog-Beiträgen –, sodass es genug Material gab, um die Lücken zu stopfen.

Allerdings gab es auch Themen, auf die sie mit Sicherheit

näher eingegangen wäre, hätte sie das Buch beenden können. Viele Akten oder hingeworfene Notizen standen für eine Spur, die sie verfolgen wollte – oder für eine falsche Fährte, die sie nicht weiter beachtet hätte. Während andere Menschen Dinge wie »Paris besuchen« oder »Fallschirmspringen ausprobieren« auf ihre Wunschliste fürs Leben schreiben, stand auf Michelles Liste: »Nach Modesto fahren«, »Die Rückwärtssuche für das Telefonbuch von Goleta fertigstellen« und »Herausfinden, wie man bei 23andMe oder Ancestry.com DNA einreicht«.

Nachdem Michelle 2001 auf *True Crime Diary* ihre erste Geschichte über den EAR-ONS (den Beinamen Golden State Killer gab sie ihm erst später) gepostet hatte, fiel ihr Paul Haynes zum ersten Mal auf. Er teilte einen Link zu ihrem Text im Forum der TV-Serie *Cold Case Files*, dem einzigen Ort, an dem damals über den Fall diskutiert wurde.

Michelle schrieb ihm sofort.

»Hallo!«, begann sie. »Deine Beiträge im Forum lese ich immer besonders gerne.« Dann schrieb sie über einen seltenen Nachnamen, über den sie gestolpert war und dessen wenige Träger eine interessante geografische Verbindung teilten. Vielleicht würde es sich lohnen, sich das näher anzusehen.

»Ich leide unter Schlafstörungen«, erklärte sie, »und wenn ich nicht schlafen kann, schnüffle ich nach Verdächtigen für den EAR herum. Ich weiß nicht, wie Dein System aussieht oder ob Du eins hast, aber ich gehe wie folgt vor: Ich suche nach Namen von den Friedhöfen in Goleta, und ich recherchiere Namen auf Ehemaligenlisten von Schulen in Irvine, vor allem im Stadtteil Northwood. Nicht gerade Schäfchenzählen, aber in gewisser Weise doch hypnotisierend.«

Die Ergebnisse von Michelles Schlaflosigkeit offenbarten sich auf ihrer Festplatte:

- alte Karten und Luftaufnahmen von Goleta, um sie mit der Karte der »Hausaufgaben-Beweise« zu vergleichen
- Bilder von Schuhabdrücken und Fesselwerkzeugen von den Tatorten
- eine Analyse des Rasenziegelstechers, der möglicherweise beim Domingo-Mord verwendet wurde
- ein berstend voller Ordner über den Visalia-Plünderer und Theorien, die sie entwickelt hatte, die ihn mit dem EAR-ONS in Verbindung brachten

Eine Liste führte einige der Gegenstände auf, die den Opfern des East Area Rapist gestohlen wurden:

- Silberdollar »MISSILE«
- Silberdollar »M. S. R.« 8. 8. 72
- Ring mit Gravur »For my angel« 11. 1. 70
- ein Paar Manschettenknöpfe, Gelbgold, Initialen »NR« in Schreibschrift
- Herrenring Gold, Diamant 80 Punkte, quadratisch, 3 Goldnuggets
- Ring mit Gravur »Always« 11. 2. 71
- Goldring mit Initialen »WSJ«
- Ring aus antikem Silberlöffel, Prelude von International
- Absolventenring, Lycoming College 1965

Und dazu die Notiz, dass der Vergewaltiger eine besondere Vorliebe für Uhrenradios hegte und fünf Stück gestohlen hatte.

Inmitten der Unmenge von Dokumenten listete eine Tabelle die Namen und Adressen der Geländelaufmannschaft von 1976 der Dos Pueblos High School auf. Auf diesen Pfad der Suche hatte sie der Gedanke getrieben, der EAR könne ein junger Läufer mit muskulösen Beinen gewesen sein.

Eine Datei trug den Titel »Möglicherweise interessante Personen«. Sie enthielt eine Liste mit Notizen und Informationen, die Michelle über längere Zeit erweitert hatte, wenn die Namen und Geburtsdaten potenzieller Verdächtiger überprüft waren. Unter manchen Fragmenten stand noch die Signatur »Von meinem iPhone gesendet« – damit verriet sich der Inhalt als kurze Notiz an sich selbst, wenn Michelle bei einer Filmpremiere Zeit totschlagen musste.

In einem Notizblock schrieb sie: »Unterschätze die Fantasie nicht: keine Vergewaltigung vor Männern – Angst vor Männern; funktional; ungestört sein, sich windender Mann nicht Teil seiner Fantasie. Mommy und weinen. Keine Reue. Wahrscheinlich Teil der Fantasie.«

In anderen Anmerkungen betrieb sie Selbstreflexion:

- Er hat zwanghaft ausgekundschaftet und gesucht. Wir, die ihn jagen, leiden unter demselben Drang. Er spähte durch Fenster. Ich drücke die Eingabetaste. Eingabe. Eingabe. Mausklick, Mausklick.
- Ratten suchen sich ihr Fressen.
- Die Jagd ist der Adrenalinrausch, nicht der Fang. Er ist der falsche Hai im *Weißen Hai*, selten gesehen, umso mehr gefürchtet.

Michelle nahm Kontakt zu Zeugen aus alten Polizeiberichten auf, wenn sie das Gefühl hatte, ein Detail sei nicht ausreichend beachtet worden oder die Ermittler hätten eine Frage nicht gestellt, die sie nicht losließ. Einer dieser Zeugen war Andrew Marquette.*

---

* Pseudonym

In der Nacht des 10. Juni 1979 war es besonders heiß, und Marquette hatte in der Hoffnung auf ein bisschen frische Luft sein Schlafzimmerfenster geöffnet und versuchte zu schlafen. Gegen Mitternacht hörte er knirschende Schritte auf dem Kiesweg vor seinem Fenster. Er spähte hinaus und sah einen Fremden, der langsam an seinem Haus entlangschlich, den Blick starr auf das Fenster seiner Nachbarn gerichtet. Marquette erkannte hinter dem Fenster das Paar nebenan, das gerade sein Kind zu Bett brachte.

Marquette beobachtete den Mann dabei, wie er über den Rasen auf eine Kiefer zupirschte und in die Dunkelheit eintauchte. Er holte seine Pistole Kaliber .22, die er am Bett aufbewahrte, und zog den Schlitten zurück. Dieses Geräusch musste der Spanner draußen erkannt haben, denn er lief sofort los und kletterte über den Zaun in den Vorgarten. Marquette ging zum Haus seiner Nachbarn und klopfte an die Eingangstür. Niemand antwortete.

Er brachte die Pistole zurück ins Haus und wollte es noch einmal bei seinen Nachbarn versuchen. Auf halbem Weg dorthin strichen die Scheinwerfer eines vorbeifahrenden Autos über die Häuser auf der Nordseite der Straße und erfassten kurz den Spanner, der jetzt auf einem Fahrrad sitzend an einer Hauswand lehnte. Als Marquette sich ihm näherte, trat der Mann hektisch in die Pedale, er fuhr über den Rasen, floh vor Marquette und verschwand in der Nacht. Marquette rief die Polizei. Sie fuhren die Umgebung ab, doch ihre Suche blieb erfolglos.

Mehrere Stunden später beging der EAR einen halben Block entfernt seine siebenundvierzigste Tat. Die Ermittler sprachen während der Befragung der Nachbarn auch mit Marquette, und er erzählte ihnen seine Geschichte.

Der Spanner war ein weißer Mann zwischen zwanzig und dreißig mit kragenlangen Haaren, der eine Levi's und ein dunkles

T-Shirt trug – das stimmte mit der Beschreibung des letzten Opfers des EAR überein. Später am Morgen wurde das Fahrrad, auf dem der Spanner geflohen war, mehrere Blocks entfernt gefunden, daneben eine Dose Olympia-Bier aus dem Kühlschrank des Opfers. Die Ermittler fanden schnell heraus, dass es sich um dasselbe Fahrrad handelte, das mehrere Stunden vor dem Überfall aus einer offenen Garage anderthalb Kilometer entfernt gestohlen worden war. Neben der Garage fanden die Detectives ein Paar weißer, zusammengeknoteter Schnürsenkel.

Michelle hatte das Gefühl, dass sich ein Gespräch mit Marquette lohnen könnte. Ende 2015 meldete sie sich bei ihm.

Sie schickte ihm eine Karte, die sie gezeichnet hatte, beschrieb, was sie von den Ereignissen jener Nacht wusste, und bat ihn, ihre Ausführungen zu bestätigen oder gegebenenfalls zu korrigieren. Paul stellte eine Auswahl von siebzehn Fotos zusammen, und Michelle fragte Marquette, welches dem Mann von damals am ähnlichsten sah.

Am Telefon wollte sie von Marquette wissen, welches Wort ihm spontan einfiel, wenn er den Spanner beschreiben sollte. Ohne zu zögern, antwortete Marquette: »Schuljunge.«

In einer Datei von 2011 mit dem Namen »EAR-Hinweise« versuchte Michelle, viele der bekannten Fakten über den Mann zu einem Profil zusammenzufügen:

- Äußerlich wird er meist als zwischen eins fünfundsiebzig und eins achtzig mit einer Schwimmerfigur beschrieben. Schlank, aber mit einer muskulösen Brust und auffällig dicken Waden. Sehr kleiner Penis, sowohl schmal als auch kurz. Schuhgröße 42–43. Dunkelblonde Haare. Überdurchschnittlich große Nase. Blutgruppe A, Nicht-Sekretor.
- Er rief seine Opfer an, manchmal vor einem Angriff,

manchmal danach. Manchmal legte er auf, ohne etwas zu sagen. Manchmal gab er sich melodramatisch wie im Horrorfilm, atmete tief und drohte.
- Er trug Skimasken. Er hatte Pistolen dabei. Er hatte eine Stabtaschenlampe, wie Piloten sie besitzen, damit schreckte er seine Opfer gerne aus dem Schlaf auf, indem er sie anleuchtete und blendete. Er riss Handtücher in Streifen oder benutzte Schnürsenkel, um seine Opfer zu fesseln.
- Er hatte ein Drehbuch, an das er sich hielt. Sein Text war eine Variante von: »Mach, was ich sage, sonst bringe ich dich um.« Er behauptete, er wolle nur Geld und Essen. Manchmal sagte er, es sei für seine Wohnung. In anderen Fällen sprach er von seinem Lieferwagen. Er zwang die Frau, den Mann zu fesseln, und brachte sie dann in ein anderes Zimmer. Manchmal stapelte er auf dem Rücken des Mannes Geschirr und sagte ihm, sollte er es fallen hören, würde er das weibliche Opfer töten.
- Er brachte oft Babyöl zum Tatort mit und benutzte es als Gleitmittel.
- Er stahl gerne in der Nähe ein Fahrrad und floh damit.
- Persönliche Gegenstände, die mit ihm in Verbindung gebracht werden: eine Tasche mit einem langen Reißverschluss, wie eine Arzttasche oder eine Reisetasche; blaue Tennisschuhe; Motocrosshandschuhe; Cordhosen.
- Er hat Führerscheine und Schmuck gestohlen, vor allem Ringe.
- Einige seiner Bemerkungen, die vielleicht wahr sind, vielleicht auch nicht, aber auf jeden Fall interessant: hat jemanden in Bakersfield getötet; zieht nach LA zurück, »Ich hasse dich, Bonnie«; wurde aus der Air Force geworfen.

- Ende Oktober 1977 könnte bei ihm etwas Schlimmes vorgefallen sein. Bei zwei verschiedenen Überfällen aus dieser Zeit soll er geschluchzt haben.
- Einige der Fahrzeuge, die möglicherweise etwas mit dem EAR-ONS zu tun haben: grüner Chevy Van, gelber Stepside-Pick-up aus den Sechzigern, VW Käfer.

Eine weitergeleitete Mail von Patton zeigt, dass Michelle sogar ihren Schwiegervater, einen Berufssoldaten von der US-Marine, für die Recherche über Militärstützpunkte damals in diesem Gebiet eingespannt hat, weil der Vergewaltiger einer Theorie zufolge bei den Fliegern gewesen sein könnte.

> Weitergeleitete Nachricht
> **Von:** Larry Oswalt
> **Datum:** 18. April 2011, 14:01:06 PDT
> **An:** Patton
> **Betreff:** Air-Force-Stützpunkte um Sacramento
>
> Mom sagt, Michelle habe ein paar Fragen zu Air-Force-Stützpunkten um Sacramento. Hier ist die Liste.
> In der Nähe von Sacramento:
>   McLellan 2001 geschlossen
>   Mather 1993 geschlossen
>   Beale noch aktiv – 65 km nördlich von Sacramento
> Travis liegt in Fairfield, Kalifornien, mehr oder weniger nördlich von San Francisco und ein gutes Stück von Sacramento entfernt.
> Sagt Bescheid, wenn Ihr noch mehr Infos braucht.
> Dad

Im Laufe der Jahre haben viele versucht, ein Profil des EAR-ONS zu erstellen, aber Michelle wollte einen Schritt weitergehen und die Orte der Vergewaltigungen genau analysieren, um zu sehen, ob geografisches Profiling zu seiner Identität führen konnte. Unter den unfertigen Texten, die sie hinterlassen hat, befinden sich ihre Überlegungen zur geografischen Situation des EAR-ONS:

- Meinem Eindruck nach sind die beiden wichtigsten Orte Rancho Cordova und Irvine.
- Die erste und die dritte Vergewaltigung fanden nur ein paar Meter voneinander entfernt in Rancho Cordova statt. Nach dem dritten Überfall ging er gemächlich ohne Hose weg, was vermuten lässt, dass er in der Nähe wohnte.
- Am 6. Februar 1981 ermordete er in Irvine Manuela Witthuhn. Fünf Jahre später brachte er Janelle Cruz um. Manuela und Janelle wohnten in derselben Siedlung, nur zwei Kilometer voneinander entfernt.
- Es ist interessant, dass die Kassette aus Manuelas Anrufbeantworter bei dem Angriff gestohlen wurde. War die Stimme des Verdächtigen auf der Kassette? Falls ja, hatte er Angst, dass man ihn als jemanden aus der Nachbarschaft erkennen würde?

Eine Datei, die Michelle im August 2014 erstellte und »Geo-Kapitel« nannte, zeigt, dass sie die Karte nach über drei Jahren durchgehender Recherche anders bewertete. Wenn man sie öffnet, steht da nur eine Zeile: »Carmichael wirkt wie eine zentrale Lichtung, wie eine Pufferzone.«

DEN MÖRDER MIT GEO-PROFILING FINDEN

Auch wenn niemand seine wichtigsten Merkmale – seinen Namen und sein Gesicht – kennt, lässt sich mit ziemlicher Sicherheit sagen, dass der East Area Rapist – zusammen mit etwa siebenhunderttausend anderen Menschen – Mitte bis Ende der Siebzigerjahre in Sacramento County lebte.

Weniger offensichtlich ist, was den EAR mit den vielen anderen Orten verband, an denen er seine Taten beging – Stockton, Modesto, Davis, die East Bay.

In Sacramento war der East Area Rapist besonders aktiv, er war so allgegenwärtig und vertraut mit der Region, dass er von dort stammen musste. Bei Orten wie Stockton, Modesto und Davis, in denen er zwei- oder dreimal zuschlug, stellt sich die Frage, was ihn dorthin brachte. Vielleicht war es die Familie oder sein Beruf. Möglicherweise kannte er sie von der Durchreise. Oder er hatte mit einem Dartpfeil auf eine Landkarte geworfen.

Man müsste wohl lange nach einem Ermittler suchen, der nicht glaubt, dass der EAR in Sacramento gelebt oder zumindest gearbeitet hat.

Wenn wir annehmen, dass der EAR von 1976 bis 1978 oder 1979 in Sacramento lebte, was so gut wie sicher ist, und dann in der ersten Hälfte der Achtziger in Südkalifornien wohnte, was *sehr* wahrscheinlich ist, wird der Heuhaufen deutlich kleiner. Erstellt man eine Liste der Personen, die während dieser Zeit in beiden Gebieten wohnten, schrumpft die Gruppe der möglichen Verdächtigen von knapp einer Million auf vielleicht zehntausend.

Es wäre optimal, wenn man bei dem Vorgang Filter einsetzen könnte, wie zum Beispiel bei einer Produktsuche im Online-Handel. Mit wenigen Klicks könnte man die Kriterien auswählen: Geschlecht (männlich), Zeitraum der Geburt (1940–1960), Hautfarbe (weiß), Größe (eins fünfundsiebzig bis eins achtzig), bisherige Wohnorte (Carmichael *und* Irvine; oder Rancho Cordova *und* Postleitzahl 92620; oder Citrus Heights, Goleta *und* Dana Point) und zusätzlich noch den Beruf (Immobilienmakler, Bauarbeiter, Maler, Landschaftsgärtner, Landschaftsarchitekt, Krankenpfleger, Apotheker, Pfleger, Polizist, Wachmann *oder* Militärangehöriger – all das und noch viel mehr haben die diversen Ermittler und Schreibtischdetektive als mögliche Berufe des EAR in den Raum gestellt). Man filtert nach diesen Angaben und voilà!, schon hat man eine handliche, aber umfassende Liste möglicher Verdächtiger.

Doch so einfach ist es nicht. Die Namen müssen irgendwoher kommen, und es gibt keine zentrale Datenbank von, nun ja, Menschen. Sie muss entweder zusammengeführt oder neu erstellt werden. Und eine solche Liste zu erstellen gehörte tatsächlich zu den Projekten, in die Michelle die größte Hoffnung setzte.

Möglicherweise stammte er aus Visalia. Oder er war in Goleta aufgewachsen. Er könnte im Postleitzahlenbereich 92620 von Irvine gewohnt haben. Vielleicht hat er die Cordova High School besucht. Sein Name könnte sowohl im Telefonbuch von Sacramento von 1977 als auch im Telefonbuch von Orange County von 1983 stehen. Auch ohne Zugriff auf vertrauliche Informationen oder offizielle Verdächtigenlisten konnten wir mögliche Kandidaten entdecken, die bisher nirgendwo aufgefallen sind. Alle nötigen Informationen und Werkzeuge, mit denen man die Liste bearbeiten könnte, existierten in Form von Suchmaschinen für öffentlich zugängliche Behördendaten, Personenstandsdaten, Unterlagen über Grundbesitz, Jahrbücher und vergilbte Telefonbücher aus den Siebziger- und Achtzigerjahren (von denen viele zum Glück digitalisiert wurden).

Im letzten Jahr vor Michelles Tod hatte Paul begonnen, eine Liste mit den Stammdaten der Einwohner von Sacramento County und Orange County für die entsprechenden Zeitabschnitte zu erstellen. Dafür kombinierte er Namen aus Quellen wie den Heirats- und Scheidungsunterlagen auf Ancestry.com, von den Grundbuchämtern der entsprechenden Countys (was den Einsatz eines Web-Scrapers erforderte), von Ehemaligenlisten und alten Adressverzeichnissen und Telefonbüchern.*

Michelle setzte sich dann mit einem Programmierer in Kanada in Verbindung, der anbot, ihr so gut er konnte zu helfen. Nach Pauls Vorgaben schrieb er ein Programm zum Abgleich mehrerer Listen, das übereinstimmende Zeilen finden konnte. Paul konnte die Anwendung mit zwei oder mehr Listen füttern und die Treffer analysieren. Es waren über vierzigtausend.

Den fertigen Abgleich ging er dann durch und sortierte alle falschen Treffer aus (die bei gebräuchlichen Namen wie John Smith weit häufiger vorkamen), indem er Aggregatoren öffentlich zugänglicher Behördendaten nutzte. Anschließend trug Paul zu jedem Treffer so viele Informationen wie möglich zusammen, bis er sich davon überzeugt hatte, dass der Überprüfte und möglicherweise vorhandene männliche Verwandte nicht infrage kamen. Die Namen derjenigen, die er nicht ausschließen konnte, fügte er einer Stammdatenliste möglicher Verdächtiger hinzu.

---

*   Diese Adressverzeichnisse und Telefonbücher wurden mithilfe einer Texterkennungssoftware, auch OCR genannt (*optical character recognition*), digitalisiert, die das Bild des gescannten Materials in Text umsetzt. Weil dabei ein digitales Auge analoges Material in unterschiedlicher Druck- und Scanqualität liest, wimmelt das Ergebnis von Transkriptionsfehlern. Das reicht von der Verwechslung zum Beispiel der Buchstaben *D* und *O* bis zu chaotischen Ansammlungen von Satzzeichen, Symbolen und anderen verirrten nicht alphanumerischen Zeichen. Es erforderte Hunderte Stunden, diese Scans jahrzehntealter Bücher in lesbare und einheitlich formatierte Namenslisten zu verwandeln.

Bei Serien von Einbrüchen, Vergewaltigungen oder Morden schwillt die Liste der Verdächtigen oft auf mehrere Tausend Namen an. Weil sich eine so umfangreiche Datenbasis nur schwer bearbeiten lässt, muss man ein System entwickeln, das alle Verdächtigen in eine Rangfolge bringt. Als Faktoren können bisherige Straftaten und Kontakte mit der Polizei, Verfügbarkeit für alle Verbrechen der Serie, körperliche Merkmale und – wenn ein geografisches Profil erstellt wurde – die Adressen von Wohnort und Arbeitsstelle dienen.

Das geografische Profiling ist eine spezielle Ermittlungsmethode bei Straftaten – eine vielleicht nützlichere und wissenschaftlichere Methode als die Verhaltensanalyse, bei der es mehr um subjektive Einfühlung geht. Man analysiert die wichtigsten Orte einer Verbrechensserie, um die wahrscheinlichen Ankerpunkte (Wohnort, Arbeitsstätte etc.) des Täters zu bestimmen. Dadurch kann man sich auf einzelne Untergruppen in der deutlich größeren Menge sämtlicher Verdächtiger konzentrieren.

Obwohl Grundzüge der Methode schon seit Längerem eingesetzt werden – bereits in Akira Kurosawas *Zwischen Himmel und Hölle* (1963) spüren Polizisten auf diesem Wege einen Entführer auf –, wurde erst Ende der Achtziger der Begriff »geografisches Profiling« geprägt, etwa zehn Jahre nachdem der Begriff »Serienmörder« in den allgemeinen Sprachgebrauch eingegangen war. Da sich diese Methode noch nicht verbreitet hatte, konnte sie den EAR, der seine Verfolger nur zu gerne in die Irre führte, nicht veranlasst haben, in weit entfernte Wohngebiete in Südkalifornien zu fahren und so falsche geografische Spuren zu legen. Zudem wurden dem EAR seine Verbrechen in Südkalifornien allgemein nicht zugeschrieben, bis die DNA-Beweise es belegten. Er schien es sogar gezielt darauf anzulegen, die Verbindung zu verschleiern, und ging wahrscheinlich auch deshalb dazu über, seine Opfer zu töten – er wollte die Zeugen beseitigen. Rein logisch müssen wir also schlussfolgern, dass der EAR in Südkalifornien lebte, während er dort seine Taten beging.

Wir würden zwar nicht dafür plädieren, jemanden grundsätzlich auszuschließen, nur weil sich kein Wohnort in Südkalifornien nachweisen lässt, aber wir bräuchten schon einen verdammt guten Grund, um für einen solchen Verdächtigen Interesse aufzubringen.

Allerdings bietet Südkalifornien durch die wenigen bekannten Verbrechen des EAR dort und die große räumliche Streuung nicht die idealen Voraussetzungen für ein geografisches Profil. Weil unser Täter in den zehn Jahren seiner Aktivität besonders häufig in Sacramento zugeschlagen hat, ist es von allen relevanten Regionen die ergiebigste für das geografische Profiling.

Mit neunundzwanzig einzelnen Orten, die mit belegten Überfällen des EAR zusammenhängen, fast hundert Einbrüchen, die ihm wahrscheinlich zuzuschreiben sind und verdächtigen Vorfällen aller Art liegen mehr als genug Daten vor, um ein geografisches Profil zu erstellen und die Wohngegenden zu bestimmen, in denen der EAR *höchstwahrscheinlich* gelebt hat. Im Zusammenhang mit Geo-Profilen spricht man von Pufferzonen. Diese Zonen ähneln dem Auge des Orkans, sie entstehen, weil Serientäter üblicherweise davor zurückschrecken, in der nahen Umgebung zuzuschlagen.

Theoretisch sollte man den EAR also identifizieren können, wenn man Personen sucht, die Anfang der Achtzigerjahre in Südkalifornien und davor etwa ab 1975 in Sacramento County gelebt haben – höchstwahrscheinlich in einer dieser Pufferzonen.

Betrachtet man die Gegenden, mit denen der Täter sich in den ersten Phasen seiner Tatserie vertraut gezeigt hat, und stellt sie den Gebieten gegenüber, in die er später vordrang, kann man die Reihenfolge der Angriffe in Sacramento analysieren und in mehrere Phasen einteilen. Wir haben fünf gewählt:

- Überfälle 1–4 (vor der Pressesperre)
- Überfälle 5–8 (vor der Pressesperre)
- Überfälle 9–15 (nach der Pressesperre und den ersten Artikeln über einen Serienvergewaltiger im östlichen Sacramento County)
- Überfälle 16–22 (beginnend mit der wesentlichen Veränderung im Vorgehen, statt einzelner Frauen Paare zu überfallen, und endend mit der dreimonatigen Pause im Sommer 1977)
- Angriffe 23–44 (nach der Pause des EAR im Sommer 1977 und seinem ersten bekannten Überfall außerhalb von Sacramento County)

Erstellt man mit Google Maps eine Karte mit einer Ebene für jede Phase, kann man jede einzeln betrachten, hin- und herschalten, die Ausbreitungen vergleichen und feststellen, ob ein vermuteter Ankerpunkt oder eine angenommene Pufferzone bestehen bleibt, während der Täter schrittweise den Radius seiner Aktivitäten erweitert. Außerdem scheinen Bündelungen von Tatorten auf Wohnviertel hinzuweisen, die er möglicherweise nicht besonders gut kannte.

Besonders interessant ist der Bereich von Sacramento County, wo Carmichael, Citrus Heights und Fair Oaks aneinandergrenzen. In diesem Teil des Countys liegen die Tatorte des EAR besonders verstreut – und hier findet sich auch die am deutlichsten umrissene Pufferzone. (Siehe Abb. 1.)

Paul gelangte zu der Annahme, der EAR habe in der Nähe des Bereichs gewohnt, wo auf der Karte »North Ridge Country

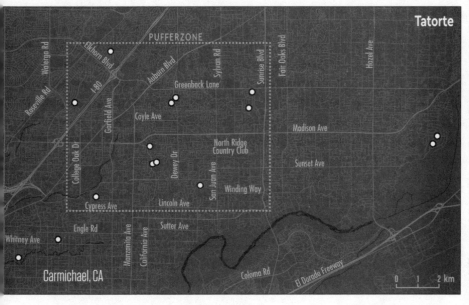

Abbildung 1

Club« steht. Ihm fiel auf, dass der EAR bei jedem neuen Überfall in diesem Gebiet die angenommene Pufferzone übersprang und auf der anderen Seite ein Ziel suchte, vielleicht teils instinktiv, teils aus Berechnung.

Paul wollte versuchen, ein geografisches Profil zu erstellen – ganz unwissenschaftlich, nur mit Bordmitteln gewissermaßen. Er öffnete Screenshots seiner Google-Maps-Karte in Photoshop und verband jeweils zwei aufeinanderfolgende Überfälle in diesem Gebiet mit einer Linie. Auf jeder Linie markierte er die Mitte und die Schnittpunkte mit anderen Linien. Als Paul die Punkte gleicher Art miteinander verband, ergaben sich Formen, die er unterschiedlich schattierte. Das am stärksten markierte Gebiet stellte theoretisch den ungefähren Wohnort des EAR dar. (Siehe Abb. 2.)

Als zweite Variante fügte er in der Mitte jeder Linie, die zwei Überfälle miteinander verband, je eine senkrecht stehende Linie

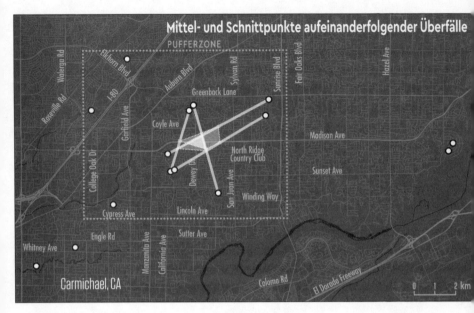

Abbildung 2

Abbildung 3

ein, um zu sehen, in welchem Bereich die meisten Linien aufeinandertrafen. Das Ergebnis fiel ähnlich aus. (Siehe Abb. 3.)

Anschließend wählte Paul einen anderen, ebenso unorthodoxen Ansatz, indem er die drei abgelegensten Überfälle in der East Area zu einem Dreieck verband und die Mittelpunkte der Seiten als Spitzen eines kleineren, umgedrehten Dreiecks nahm, um die Mitte zu finden. Diesen Vorgang wiederholte er, bis das Dreieck so klein war, dass es einem Blatt Papier entsprach, das er nicht mehr falten konnte. (Siehe Abb. 4.)

Alle Versuche – die oben beschriebenen wie auch zahlreiche weitere, die wir den Lesern hier ersparen wollen – führten zu einem ähnlichen Ergebnis. Sie ließen vermuten, dass sich ein Ankerpunkt des EAR in der Nähe der Kreuzung Dewey Drive und Madison Avenue befunden hatte, an der Grenze zwischen Carmichael und Fair Oaks. Teilweise wurde diese Schluss-

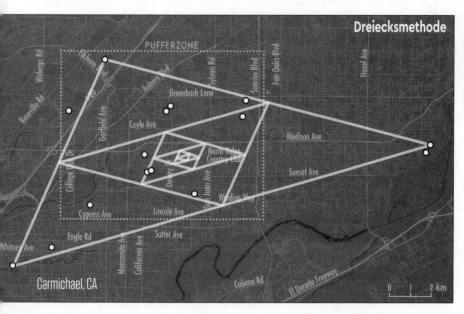

Abbildung 4

folgerung von einer Analyse des FBI von 1995 (Warren u.a.) gestützt, die ergeben hatte, dass in der relativen Mehrheit der Fälle die fünfte Tat einer Verbrechensserie näher am Wohnort des Täters stattfindet als alle anderen (in 24 Prozent der Fälle, verglichen mit 18 Prozent der Fälle, in denen der erste Angriff der geografisch nächste ist). Der fünfte Überfall des EAR lag von dem angenommenen Ankerpunkt aus an zweiter Stelle, wobei Überfall Nummer siebzehn nur unwesentlich (knappe hundert Meter) näher stattfand.

Ein paar Jahre später bekam Michelle ein geografisches Profil zu den Überfällen des EAR in Sacramento in die Hände, das Kim Rossmo, der Vater des modernen geografischen Profiling, erstellt hatte. Rossmo hatte auch den Namen der Methode geprägt.

Der von Rossmo ermittelte Ankerpunkt befand sich in der Nähe der Kreuzung Coyle Avenue und Millburn Street – einen knappen Dreiviertelkilometer nordwestlich von dem Ankerpunkt, den Paul ermittelt hatte, ohne Rossmos Analyse gekannt zu haben. (Siehe Abb. 5.)

DEN MÖRDER ÜBER DIE DNA SEINER VERWANDTEN FINDEN

Scrollt man durch die restlichen 3500 Dateien auf Michelles Festplatte, stößt man auf eine mit dem Namen »Neue DNA-Ergebnisse«. Sie enthält eine Analyse der sogenannten Y-STR-Marker* des EAR, inklusive der Marker für seine seltene Form der Phosphoglucomutase (PGM).

---

* Short Tandem Repeats (STR) sind kurze DNA-Sequenzen auf dem Y-Chromosom, über die man die männliche Abstammungslinie verfolgen kann.

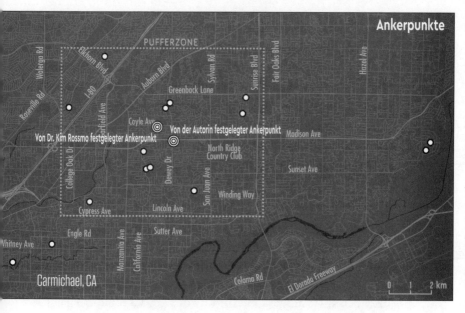

Abbildung 5

Die DNA des Golden State Killer zu haben war gewissermaßen der entscheidende Trumpf der Ermittler.

Allerdings ist die DNA eines Mörders immer nur so gut wie die Datenbasis, mit der wir sie abgleichen können. In CODIS fand sich kein Treffer. Auch nicht in der Y-STR-Datenbank des kalifornischen Strafvollzugs. Wäre in den vergangenen sechzehn Jahren der Vater, ein Bruder oder Onkel des Mörders wegen einer schweren Straftat verurteilt worden, wären Paul Holes oder Erika Hutchcraft (leitende Ermittlerin in Orange County) alarmiert worden. Sie hätten die Familie des Mannes überprüft, sich auf ein Familienmitglied konzentriert, das in der Region der Verbrechen lebte, und Ermittlungen eingeleitet.

Aber sie hatten keinen Anhaltspunkt.

Es gibt öffentliche Datenbanken, die man für einen Vergleich des DNA-Profils nutzen könnte. Ihre Daten stammen nicht von verurteilten Verbrechern, sondern von Amateur-Ahnenforschern.

Man kann die STR-Marker auf dem Y-Chromosom des Mörders in diese öffentlichen Datenbanken eingeben und nach einer Übereinstimmung suchen oder zumindest nach einem Nachnamen, der bei der Suche weiterhelfen könnte.

Genau das hatte Paul Holes 2013 getan, und so wie Michelle gelächelt und verkündet hatte: »Ich habe den Fall geknackt!«, dachte Holes, er habe den Mann mit dieser Technik endlich aufgespürt.

Michelle erzählt die Geschichte in einem halb fertigen Kapitel mit der Überschrift »Sacramento, 2013«.

Paul Holes klingt immer noch das Geräusch im Ohr, mit dem die Schublade seines Aktenschranks zuknallte. Er hatte alles über den EAR ausgeräumt, in Kartons gepackt und per FedEx zu Larry Pool in Orange County geschickt.

»Larry schafft das«, dachte Holes. Es war nur eine Frage der Zeit.

Zehn Jahre später war Holes zum zweiten Mal verheiratet und hatte zwei kleine Kinder mit seiner zweiten Frau. Mittlerweile leitete er das kriminaltechnische Labor, doch die Arbeit langweilte ihn. Er war schon so lange dabei, dass er miterlebt hatte, wie neue, vielversprechende Methoden entwickelt wurden, nur um bald darauf diskreditiert zu werden. Haaranalyse? Schon bei dem Gedanken daran zuckte er zusammen. Er und seine Kollegen lachten manchmal über die Hilfsmittel, mit denen sie früher arbeiten mussten, schwerfällige und fehlerhafte Geräte, wie die erste Generation Handys.

Zehn Jahre lang hatte er sich der Familie wegen auf seine sichere Karriere im Labor konzentriert, aber jetzt verfolgte er endlich sein eigentliches Ziel. »Ermittler Paul Holes«. Das klang wie Musik in seinen Ohren. Er traf sich mit den entsprechenden Leuten. Qualifizierte sich. Eine Versetzung in das Büro des Staatsanwalts, wo er in Vollzeit unaufgeklärte Fälle untersuchen sollte, war bereits in die Wege geleitet worden.

Es gab nur ein Problem, und er wusste, es würde ihn bis in die Staatsanwaltschaft verfolgen. Den EAR. Mit jedem Jahr, in dem der EAR nicht gefasst wurde, war Holes' Interesse an dem Fall nur noch gestiegen. Seine Frau würde es vielleicht eher als Besessenheit bezeichnen. Immer neue Tabellen wurden erstellt. Familienausflüge mit dem Auto mutierten zu Rundfahrten zu Tatorten. Nicht nur einmal, sondern wöchentlich.

Manchmal, wenn er daran dachte, was dieser Mann alles zerstört hatte – und Holes dachte nicht nur an die Opfer und ihre Familien, sondern auch an die Ermittler, die mit dem Misserfolg leben mussten, an die Verschwendung von Geld und Zeit und Mühe, an die verlorenen Stunden mit den Familien und die kaputten Ehen ... Holes fluchte nur selten. War nicht sein Ding. Aber wenn er an all das dachte, lautete sein einziger Gedanke: Verdammter Scheißkerl. Du sollst in der Hölle schmoren.

Die ersten Ermittler in diesem Fall waren nicht mehr die Jüngsten. Selbst die zweite Generation, die nur noch sporadisch an ihm gearbeitet hatte, ging bald in den Ruhestand. Die Zeit lief davon. Der EAR grinste sie durch eine halb geschlossene Tür hämisch an.

Holes rollte mit seinem Stuhl zu seinem Computer. Im letzten Jahr war die genetische Abstammung ein beliebtes Thema bei Amateur-Ahnenforschern geworden. Von der Polizei wurde sie ohne großes öffentliches Tamtam eingesetzt, um nicht identifizierte Straftäter zu finden. Viele Gesetzeshüter waren skeptisch. Es gab Probleme mit der Qualitätssicherung. Mit dem Datenschutz. Holes kannte sich mit DNA aus. Sehr gut sogar. Seiner Ansicht nach konnte die genetische Abstammung als Hilfsmittel dienen, aber keine Gewissheit bringen. Er hatte aus der DNA des EAR ein Y-DNA-Profil erstellt, was bedeutet, dass er die väterliche Linie isoliert hatte. Das Y-DNA-Profil konnte bei verschiedenen Websites für Ahnenforschung eingegeben werden, die eine Suche nach Cousins und anderen Verwandten anboten. Man gibt eine Reihe von Markern aus seinem Y-DNA-Profil ein, zwischen 12 und 111, und bekommt basierend auf den Übereinstimmungen eine Namensliste mit Familien, mit denen man möglicherweise einen Vorfahren teilt. Fast alle Übereinstimmungen weisen eine genetische Distanz von 1 zu einem selbst auf, was bei der Suche nach Verwandten nicht viel bedeutet. Die Jagd gilt der seltenen 0 – einer signifikanten Übereinstimmung.

Holes wiederholte das alle paar Wochen, ohne sich große Hoffnungen zu machen. Es war einfach eine Möglichkeit, seiner Obsession zu frönen. Und so gab er auch an einem Nachmittag Mitte März 2013 die vertraute Sequenz in eine entsprechende Suchzeile ein und drückte die Eingabetaste. Einen Augenblick später erschien die Liste. Viele Nachnamen erkannte er von seinen früheren Suchen wieder, doch den obersten Namen auf der Liste kannte er nicht.

Der EAR hat einen sehr seltenen genetischen Marker. Diesen Marker besitzen nur zwei Prozent aller Menschen auf der Erde. Als Holes auf den Link zum obersten Namen klickte, sah er, dass dieses Profil den seltenen Marker enthielt. Es stimmte in elf weiteren Markern mit dem EAR überein, alle waren gleich – eine genetische Distanz von 0. Holes hatte noch nie eine Distanz von 0 gefunden.

Er wusste nicht, was er zuerst tun sollte. Er griff zum Telefon, um Ken Clark anzurufen, den Detective aus Sacramento County, mit dem er am häufigsten sprach, doch dann legte er wieder auf, ohne gewählt zu haben. Sacramento war mit dem Auto eine Stunde von Holes' Büro in Martinez entfernt. Er schnappte sich seine Autoschlüssel.

Er würde zu dem Ort fahren, an dem vor sechsunddreißig Jahren alles begonnen hatte.

Die Pointe konnte Michelle nicht mehr erzählen – eine Pointe, die jeden, der so viele Jahre an diesem Fall gearbeitet hatte, um den Verstand hätte bringen können. Wie sich herausstellte, hatte ein früherer Agent des Secret Service und Hobbydetektiv namens Russ Oase anonym die Marker des EAR in dieselbe Datenbank hochgeladen. Die Übereinstimmung, die Paul Holes gefunden zu haben glaubte, war also in Wahrheit nur dem Zufall geschuldet, dass zwei Männer das DNA-Profil desselben Mörders eingegeben und spiegelgleiche Treffer bekommen hatten.

Michelle hielt DNA für die Spur, die früher oder später zum Golden State Killer führen würde. Als einer von nur neun Staaten erlaubte Kalifornien die Suche nach der DNA von Verwandten in der staatlichen Datenbank. Allerdings enthält diese Datenbank nur Menschen, die wegen eines Verbrechens verhaftet oder verurteilt wurden. Sollte der Bruder des GSK morgen wegen einer schweren Straftat verhaftet werden, würde es zu einem Treffer kommen.

Michelle glaubte, sie habe den Mörder möglicherweise gefunden, als sie sein DNA-Profil in die Y-STR-Datenbank auf der Website Ancestry.com hochgeladen hatte.

Auf den ersten Blick wirkt der Seitenanfang vielversprechend. Der oberste Name (wir haben alle Namen geschwärzt) weist viele Übereinstimmungen auf, wie man an den Häkchen sieht. Der Name ist sehr ungewöhnlich (ihn tragen nur eine Handvoll Menschen in den USA und England). Das Kürzel MRCA neben dem Namen steht für den Most Recent Common Ancestor, also den letzten gemeinsamen Vorfahren, und die Zahl gibt

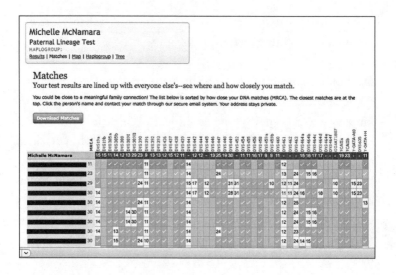

an, wie viele Generationen man in seinem Stammbaum zurückgehen muss, um mit einer fünfzigprozentigen Wahrscheinlichkeit einen gemeinsamen Vorfahren zu finden. Der MRCA, den sich der Mann in der ersten Zeile und Michelle (die hier für die DNA des Mörders steht) teilen, soll also vor elf Generationen gelebt haben, und das mit einer Wahrscheinlichkeit von fünfzig Prozent.

Als Michelle ihre Entdeckung Paul Holes und anderen Experten mitteilte, begriff sie, dass sie weniger bedeutsam war als zuerst angenommen. Man müsste in der Familiengeschichte dieses Mannes dreihundertdreißig Jahre zurückgehen, und selbst dann stand es fünfzig-fünfzig, ob man ihn fand.

Mit solchen Ergebnissen die richtige Person aufzuspüren funktionierte mit diesem Test nicht.

Zu den Experten, die Michelle zurate zog, gehörte Colleen Fitzpatrick, eine forensische Genealogin, die Menschen hilft, ihre leiblichen Eltern zu finden – und die zur Aufklärung mehrerer schwerer Verbrechen beigetragen hat, unter anderem im

Fall des berüchtigten Kanalmörders aus Phoenix. Fitzpatrick hat bereits mehrere Bücher über forensische Genealogie veröffentlicht,* und sie hat viele Stunden, zum Teil in Nachtsitzungen, mit Michelle am Telefon über verschiedene Wege diskutiert, die man einschlagen könnte, um den GSK mithilfe der Genealogie zu identifizieren.

Colleen erklärte Billy Jensen nach Michelles Tod, der oben gezeigte Vergleich habe zwar keinen Stammbaum geliefert, den man hätte verfolgen können, aber doch einen Hinweis:

»Wenn die Y-Übereinstimmungen weit entfernt sind, aber alle denselben Namen tragen, kann man annehmen, dass Mister X wahrscheinlich auch so heißt und weitläufig mit den anderen Treffern (in direkter Linie) verwandt ist, vielleicht viele Generationen zurückliegend. In diesem Fall gibt es allerdings verschiedene Namen, deshalb kann man sich nicht auf einen festlegen. Manchmal haben die Namen einen ›Einschlag‹, der auf eine ethnische Abstammung für Ihren Mister X hinweist. Wenn seine Liste zum Beispiel nur aus irischen Namen besteht, kann man sagen, dass er wahrscheinlich Ire ist. So bin ich bei den Kanalmorden vorgegangen. Ich habe nicht nur den Namen Miller für den Kanalmörder gefunden, ich habe der Polizei von Phoenix auch gesagt, dass er ein Miller irischer Abstammung ist. Ein paar Wochen später haben sie Bryan Patrick Miller verhaftet. Dadurch bin ich darauf gekommen, dass der EAR einen deutschen Namen hat, aber aus Großbritannien stammt. Bei den Untersuchungen, die ich für Michelle durchgeführt habe, habe ich bei den Namen diesen ›Einschlag‹ festgestellt.«

Wir suchten also einen Mann mit einem deutschen Namen, dessen Familie irgendwann in Großbritannien gelebt hatte. Er konnte natürlich auch adoptiert sein, dann war alles offen.

---

* 2005 erschien Colleen Fitzpatricks Buch *Forensic Genealogy*.

Am Ende kommt es ganz auf die Größe der Datenbank an, mit der man seine Probe vergleichen will. 2016 gab es eine ganze Reihe von Unternehmen, die für Kunden DNA-Profile erstellten und sie ihrer schnell wachsenden Datenbank hinzufügten. Diese Unternehmen testen autosomale DNA.* Für etwa hundert Dollar und ein wenig Speichel liefern sie ein DNA-Profil. Man kann nicht nur herausfinden, ob man später möglicherweise an Alzheimer leiden wird oder wie wahrscheinlich die eigene Augenfarbe war, der Test wird auch von Menschen genutzt, die adoptiert oder von einer alleinerziehenden Mutter großgezogen wurden. Die Ergebnisse, die sie erhalten, können ihnen Cousins liefern, die sie noch nicht kannten, und darüber können sie ihren leiblichen Vater und andere Informationen über ihre eigene Identität finden. Auch wenn man nicht sofort einen Treffer bekommt, besteht noch Hoffnung. Die Firmen verschicken Mails, wenn neue Verwandte ihre DNA hochgeladen haben. »Sie haben neue DNA-Verwandte«, stand in einer Mail, die Billy vor Kurzem von 23andMe bekam, nachdem er vor ein paar Jahren seine eigene DNA eingereicht hatte. »51 Personen, mit denen Sie DNA teilen, haben sich in den letzten 90 Tagen für die Funktion DNA-Verwandte angemeldet.« Die Tests suchen nicht nur Verbindungen über die männliche Abstammungslinie. Sie verbinden alle.

Und das Wichtigste: Die Datenbasen sind riesig. 23andMe hat anderthalb Millionen Profile und Ancestry zweieinhalb Millionen.

Man stelle sich vor, wie viele Morde, Vergewaltigungen und andere Gewaltverbrechen aufgeklärt werden könnten, wenn die Polizei diese Datenbanken mit an Tatorten gefundener DNA

---

* Autosomale DNA ist die DNA, die von beiden Elternteilen vererbt wird. Sie ist auf 22 Chromosomen organisiert. Das 23. Chromosomenpaar sind die Geschlechtschromosomen.

füttern und über einen Cousin des Täters im System die richtige Spur finden dürfte. Leider arbeiten beide Unternehmen nicht mit der Polizei zusammen und nennen als Gründe dafür den Datenschutz und ihre Allgemeinen Geschäftsbedingungen.

Der Gedanke, die Lösung für dieses Rätsel könne in den Datenbanken von 23andMe und Ancestry.com versteckt sein, brachte Michelle um den Schlaf.

Wenn wir echtes genetisches Material des Mörders – im Gegensatz zu wenigen Markern – bei einer der Datenbanken einreichen könnten, bestünden beste Aussichten, einen Cousin zweiten oder dritten Grades zu finden, der die leitenden Ermittler zur Identität des Mörders führen würde.

Die Antwort könnte also tatsächlich hinter dieser verschlossenen Tür stecken. Hinter einem Schloss aus Bedenken zum Datenschutz und zu illegalen Durchsuchungen und Beschlagnahmungen.

Michelle wünschte sich, sie könnte die DNA des Mörders in diese rasant anwachsenden kommerziellen Datenbanken eingeben. Dafür hätte sie sich auch den Geschäftsbedingungen widersetzt. Nur reichte man seine DNA ein, indem man in ein Röhrchen spuckte, das vom Unternehmen geschickt wurde, und es zurücksandte. Michelle hatte den Speichel des Mörders nicht, nicht einmal einen Abstrich. Sie hatte ein Profil auf Papier. Laut eines Wissenschaftlers, mit dem Billy befreundet war, ließ sich dieses Problem umgehen. Doch wenn Kritiker über Datenschutz, die Geschäftsbedingungen der Unternehmen und den vierten Verfassungszusatz, der die Bürger vor staatlichen Übergriffen schützen soll, sprechen, berufen sie sich gerne auf das klassische Zitat von Ian Malcolm, Jeff Goldblums Figur in *Jurassic Park*: »Ihre Leute waren nur darauf konzentriert, ob sie es schaffen konnten oder nicht. Ob sie es tun *sollten*, die Frage stellte sich keiner.«

Als Michelle mit dem Artikel für die Zeitschrift *Los Angeles* begann, der die Grundlage für dieses Buch bildete, fanden nach und nach offizielle Fallakten den Weg zu ihr. Sie las die Unterlagen sorgfältig und legte ein Verzeichnis der Menschen, Orte und Gegenstände an, die in den Berichten erwähnt wurden. Damit verfolgte sie drei Ziele: Sie wollte einfachen Zugriff auf ermittlungsrelevante Elemente in den Berichten ermöglichen, einzelne Personen eindeutig kennzeichnen und erkennen, wer vor dem Hintergrund späterer Ortswechsel von Interesse sein könnte, und mehrfach auftauchende Namen oder mögliche Verbindungen zwischen den Opfern finden.

Michelle hatte Beziehungen zu aktiven und ehemaligen Ermittlern aufgebaut, aus denen sich ein offener Austausch von Informationen entwickelt hatte. Sie war so etwas wie eine Ermittlerin ehrenhalber, und ihre Energie und ihre Erkenntnisse brachten frischen Wind in die ermattete Untersuchung. Ihre Ergebnisse leitete sie zusammen mit der Stammdatenliste an einige der aktiven Ermittler weiter.

Die Sammlung offizieller Unterlagen zu dem Fall wuchs weiter. Den Höhepunkt bildete eine überwältigende Menge an Fallmaterial, auf die Michelle und Paul im Januar 2016 Zugriff bekamen. Sie wurden in ein schmales Zimmer im Orange County Sheriff's Department geführt, in der fünfundsechzig Archivkartons voller Akten über den EAR-ONS untergebracht waren. Erstaunlicherweise durften sie die Unterlagen – unter Aufsicht – nicht nur durchsehen, sondern sie konnten auch ausleihen, was sie wollten.

Das war der Jackpot.

Sie wählten fünfunddreißig Kartons und zwei große Kunststoffboxen aus, um sie mit nach L. A. zu nehmen.

Michelle hatte vorausgedacht: Sie waren in zwei SUVs nach Santa Ana gefahren. Sie stapelten die Archivkartons auf Sackkarren und schoben sie zur Laderampe hinter dem Polizeipräsidium, wo sie alles in die beiden Autos verfrachteten. Der Hilfssheriff, der von der Aktion nichts wusste, kam währenddessen aus dem Gebäude und schien zum Glück nicht zu merken, was los war. Sie arbeiteten, so schnell es ging, damit es sich die Leute im OCSD nicht noch anders überlegten.

Zurück in L. A. wurden die Kartons in den ersten Stock von Michelles Haus geschafft. Aus dem »Spielzimmer« ihrer Tochter wurde das »Kartonzimmer«.

Sie begannen umgehend, das Material zu sichten. All die entscheidenden Details und Informationen, von denen Michelle bislang nur wusste, dass es sie geben musste, steckten in den Kartons, und dazu ein Berg an ergänzenden Polizeiberichten. Gerade auf diese Ergänzungen war Michelle besonders erpicht, es waren vermeintlich nicht relevante Berichte – die Ausreißer, die in dem entsprechenden Aktenschrank in die hinterste Ecke gewandert waren, weil es in keiner Fallakte Platz für sie gab. Michelle und Paul teilten die Ansicht, dass der Name des Täters, wenn er in diesen Akten stand, sich wahrscheinlich irgendwo als Randnotiz verbarg, als vergessener Verdächtiger, als nicht beachtete Zeugenaussage, als deplatziertes Fahrzeug, das nicht überprüft worden war, oder als verdächtige Gestalt, die eine scheinbar vernünftige Erklärung für ihre Anwesenheit an dem fraglichen Ort vorbringen konnte.

Michelle kaufte zwei Hochleistungsscanner, und zusammen mit Paul begann sie, die Unterlagen einzuscannen. Einen großen Teil des Materials hatten aktive Ermittler wie Paul Holes, Ken Clark und Erika Hutchcraft noch nicht zu Gesicht bekommen. Das Scannen ermöglichte nicht nur einen leichteren Zugriff auf die Akten und eine Textsuche, Michelle konnte sich damit auch für die Großzügigkeit dieser Ermittler revanchieren, indem sie ihnen die Scans zur Verfügung stellte.

Das war der aufregendste Durchbruch seit Beginn der Ermittlung. Es war ein echter Meilenstein, ein Wendepunkt. Michelle schätzte die Wahrscheinlichkeit, dass der Name des Täters in diesen Kartons verborgen war, auf achtzig Prozent.

Nachdem die Zeitschrift *Los Angeles* ihren Artikel veröffentlicht hatte, schrieb Michelle einen Blog-Eintrag über die Mails von Schreibtischdetektiven, die ihre Geschichte gelesen hatten und selbst vom Jagdfieber gepackt wurden.

> Letzte Woche haben mich Dutzende Antworten von Lesern zu meinem Artikel *In the Footsteps of a Killer* erreicht. Viele Mails enthielten Einsichten über die Beweismittel und neue Ideen für die Jagd auf den Golden State Killer, den flüchtigen Serientäter, der von 1976 bis 1986 in ganz Kalifornien Verbrechen beging.
> Die meisten Überlegungen bezogen sich auf den Lageplan, wobei viele Leser Theorien aufgrund ihres beruflichen oder akademischen Hintergrunds beisteuerten. Einen Leser, der als Generalunternehmer Erfahrung mit »Golfsiedlungen« hat, erinnerte der Lageplan an Wohnprojekte, an denen er gearbeitet hatte. Die handgezeichneten Wege, schrieb er, ähnelten den Wegen von Golfwagen.
> Ein anderer wies auf die eigentümliche Darstellung der Grundstücksgrenzen hin. Sie symbolisierten Zäune, schrieb er, weil der Zeichner der Karte die Hindernisse festhalten wollte, denen er im Dunkeln begegnen würde.
> Einer Leserin war bei dem Tagebucheintrag etwas aufgefallen: »Verrückt ist das Wort, das mich an die

6. Klasse erinnert ...« Sie wies darauf hin, dass die »6« eher wie ein »G« aussehe, und fügte hinzu, der Schreiber habe das Wort »die« vor der »6« eindeutig nachträglich eingefügt, als habe er verändern wollen, was er zuerst zu schreiben begonnen hatte. Ihrer Meinung nach war es der Name der Stadt, in der er aufgewachsen war. Einer Stadt, vermutete sie, die mit »G« begann.

In dem Beweisstück »Verrückt ist das Wort« beschreibt der Autor seine Wut auf seinen Lehrer in der sechsten Klasse. Mehrere Leser wiesen darauf hin, dass männliche Lehrer in dieser Jahrgangsstufe in den Sechzigerjahren, als der Schreiber sie wahrscheinlich besuchte, relativ selten waren.

Einem anderen Hinweis zufolge lebten in Visalia, wo der Golden State Killer möglicherweise seine Laufbahn als jugendlicher Straftäter begann, viele Piloten der nahe gelegenen Lemoore Naval Air Station. Der Mörder könnte der Sohn eines Piloten gewesen sein, mutmaßte der Leser, weil sich mehrere andere Tatorte der Verbrechensserie in der Nähe von Militärflughäfen befanden.

Einige dieser Spuren konnten womöglich helfen, ein Bild des Mörders zu entwerfen. Andere hatten wahrscheinlich nichts mit ihm zu tun – wie bei einem Puzzle vom Flohmarkt, bei dem sich Teile von zwanzig anderen Puzzles eingeschmuggelt haben.

Michelle war bis zum Ende fest entschlossen, jedes einzelne Teil zu untersuchen und zu sehen, ob es passte.

Eine der letzten Dateien auf der Festplatte, an denen Michelle gearbeitet hat – zuletzt am 18. April 2016, drei Tage vor ihrem Tod –, trug den Namen »Offene Fragen«.

- Debbi D nach Taschenlampe fragen; haben sie Taschenlampe aus anderem Haus mitgebracht? Weiß sie, ob Greg nach Toltec kam?
- [Einer der Detectives] musste nach Offerman/Manning aus psychiatrischen Gründen beurlaubt werden, und Ray sprach vom schlimmsten Tatort, den er je gesehen hat (in Mail an Irwin). Warum schlimmer als Domingo/Sanchez?
- An Erika: Weil ich nicht gelernt habe, Tatorte zu analysieren, was glauben Sie, was bei Cruz passiert ist?
- An Ken Clark: Gab es eine Verbindung zur Öffentlichkeit/Presse zu Maggiore zur Zeit des Mords? Stimmt es, dass das FBI nach Angehörigen gesucht hat, 200 bis 400 Namenstreffer erwartet und keinen einzigen bekommen hat?
- Von Ken herausfinden, was genau er mit dem Ehemann oder dem Typ im Clownskostüm auf der Straße meinte.

Die Fragen gehen noch seitenlang weiter. Auf Michelles Blog *True Crime Diary* werden wir versuchen, die Antworten auf ihre offenen Fragen zu finden. Über den Fall wird weiter diskutiert, und wir laden die Leser ein, mitzumachen und die zahlreichen Foren zu verfolgen, in denen Tag und Nacht neue Hinweise und verschiedene Theorien über den Mörder auftauchen. Michelle hat immer gesagt, ihr sei es egal, wer den Fall löse, Hauptsache, er werde gelöst.

Michelle hat bei diesem Fall fraglos etwas bewirkt. Wie Ken Clark es ausdrückte, hat sie »einen der am wenigsten bekannten, aber umtriebigsten Serienverbrecher, der je in den USA aktiv war, ins Licht der Öffentlichkeit gerückt. Hätte ich die Berichte in den Jahren, in denen ich in diesem Fall ermittelt habe, nicht selbst gelesen, fände ich die Geschichte fast unglaubwürdig.

Durch ihre professionelle Recherche, Detailgenauigkeit und ihren ernsthaften Wunsch, den Verdächtigen zu identifizieren, fand sie den Mittelweg, um die Privatsphäre der Menschen, die gelitten haben, zu schützen und gleichzeitig den Verdächtigen so darzustellen, dass ihn jemand erkennen könnte.«

»Es ist nicht leicht, das Vertrauen von so vielen Ermittlern in so vielen verschiedenen Zuständigkeitsbereichen zu gewinnen«, erklärte uns Erika Hutchcraft, »aber sie hat es geschafft, ganz klar durch ihren Ruf, ihre Beharrlichkeit und die Tatsache, dass ihr der Fall wichtig war.«

Paul Holes pflichtete dem bei und sagte sogar, er habe Michelle in diesem Fall als seine Partnerin betrachtet. »Wir standen ständig in Kontakt. Wenn ich etwas Aufregendes gefunden habe, habe ich es ihr geschickt, und sie schrieb voller Begeisterung zurück. Oder sie hat irgendwo einen Namen ausgegraben und ihn mir geschickt, damit ich ihn mir näher ansehe. Dieser Fall gleicht einer emotionalen Achterbahnfahrt – man ist ganz oben und fühlt sich großartig, wenn man glaubt, man hat den Kerl gefunden, und dann stürzt man ab, wenn man einen vielversprechenden Verdächtigen durch DNA ausschließt. Michelle und ich haben dieses Auf und Ab gemeinsam erlebt. Ich hatte meine Verdächtigen und sie hatte ihre. Wir haben hin- und hergemailt und uns in unserer Aufregung hochgeschaukelt, nur um nach dem Ausschluss vor vollendeten Tatsachen zu stehen.

Michelle ist es gelungen, nicht nur mein Vertrauen zu gewinnen, sondern das Vertrauen der gesamten Sondereinheit. Sie war ein Naturtalent als Ermittlerin und hat mit ihren eigenen Einsichten und ihrer Hartnäckigkeit einen echten Beitrag geleistet. Diese Fähigkeit, sich mit dem Fall vertraut zu machen, Erkenntnisse zu gewinnen, zu denen viele nicht fähig wären, die Ausdauer und dazu die witzige und einnehmende Persönlichkeit in einem einzigen Menschen vereint zu haben, war erstaunlich.

Ich bin überzeugt davon, dass es niemandem außer ihr gelungen wäre, als Außenseiterin in diesem Fall zu erreichen, was sie erreicht hat, und mit der Zeit eine von uns zu werden. Ich glaube, eine solche Kooperation von privater und öffentlicher Seite ist bei einem Ermittlungsverfahren einmalig. Michelle war dafür perfekt.

Zum letzten Mal habe ich mich mit Michelle in Las Vegas getroffen, wir haben viel Zeit miteinander verbracht und über den Fall gesprochen. Ich konnte nicht ahnen, dass ich sie nie wiedersehen würde. Ihre letzte Mail hat sie mir am Mittwoch, dem 20. April geschickt. Wie immer hat sie geschrieben, dass sie Dateien von Sachen anhängt, die sie und ihr Rechercheur herausgefunden haben und von denen sie glaubte, ich sollte sie wissen. Unter die Mail hat sie geschrieben: ›Bis bald, Michelle‹.

Ihre Dateien habe ich heruntergeladen, nachdem ich Freitagabend erfahren hatte, dass sie gestorben war. Sie hat mir immer noch geholfen.«

In einer Mail an ihre Herausgeberin vom Dezember 2013 sprach Michelle das große Problem an, mit dem jeder True-Crime-Journalist zu kämpfen hat, wenn er über ein ungelöstes Verbrechen schreibt: Wie endet die Geschichte?

> Ich bin immer noch zuversichtlich, was die Entwicklungen in diesem Fall betrifft, aber nicht blind gegenüber der Herausforderung, über ein noch ungelöstes Rätsel zu schreiben. Mir ist dazu eine Idee gekommen. Nachdem mein Zeitschriftenartikel erschienen war, bekam ich unzählige Mails von Lesern, von denen fast alle ähnlich anfingen: »Vielleicht haben Sie schon daran gedacht, aber falls nicht, wie sieht es aus mit (irgendein Vorschlag zu den Ermittlungen).« Für mich hat das deutlich bestätigt, dass in jedem ein Sherlock

Holmes steckt, der glaubt, dass er das Rätsel mit genügend Hinweisen lösen könnte. Wenn die Herausforderung oder die vermeintliche Schwäche darin liegt, dass die Leser die fehlende Auflösung unbefriedigend finden, warum drehen wir es dann nicht um und nutzen es als Stärke? Ich habe buchstäblich Hunderte Seiten von Analysen, sowohl aus der Anfangszeit als auch neuere – Geo-Profile, Analysen des Schuhwerks, Wochentage, an denen er zuschlug, etc. Unter anderem habe ich daran gedacht, einiges davon ins Buch aufzunehmen und den Lesern so die Möglichkeit zu geben, Detektiv zu spielen.

Wir werden nicht aufhören, bevor wir seinen Namen haben. Wir werden auch Detektiv spielen.

Paul Haynes und Billy Jensen
Mai 2017

NACHWORT

Michelle fand alles, was mit Magie oder Raumschiffen zu tun hatte, langweilig. »Für mich ist das nichts«, sagte sie dann lachend. Laserpistolen, Zauberstäbe, Lichtschwerter, übermenschliche Fähigkeiten, Geister, Zeitreisen, sprechende Tiere, Superwissenschaft, verwunschene Relikte oder uralte Flüche: »Das ist doch alles nur Schmu.«

»Baut er jetzt *noch eine* Rüstung?«, fragte sie im Kino beim ersten *Iron Man*. Nach zwanzig Minuten modifiziert und verbessert Tony Stark seine klobige graue Rüstung »Mark I« zu der Superrüstung in Liebesapfelrot und königlichem Gold. Michelle kicherte und verabschiedete sich zum Shopping.

Spaghettiwestern waren zu lang und zu brutal. Zombies waren wissenschaftlicher Unsinn. Und dämonische Serienmörder mit ausgeklügelten Plänen waren in ihren Augen nichts anderes als Einhörner.

Michelle und ich waren zehn Jahre lang verheiratet und dreizehn Jahre lang zusammen. Zwischen unseren popkulturellen Vorlieben gab es keinen einzigen Berührungspunkt. Oh, Moment – *The Wire*. Wir mochten beide *The Wire*. Na, geht doch.

Als wir uns kennenlernten, war ich ein brodelnder Hexenkessel kurzlebiger Geheimtipps und unzusammenhängender Fakten. Filme, Romane, Comics, Musik.

Und Serienmörder.

Ich kannte die Opferzahlen und Vorgehensweisen und Zitate aus Interviews. Alles über Serienkiller zu horten ist eine Art Initiationsritus für Jungs ab zwanzig, die düster und verwegen wirken wollen. Ich war mit Anfang zwanzig so uncool, dass ich *alles* getan hätte, um düster und verwegen zu wirken. Also ratterte ich während der gesamten Flanellhemden-Ära der Neunzigerjahre Fakten über Henry Lee Lucas und Carl Panzram und Edmund Kemper herunter.

Michelle kannte all diese mehr oder weniger wissenswerten Dinge auch. Aber für sie war das nur Hintergrundrauschen, so unwichtig und letztlich uninteressant wie gegossener Beton.

Was sie interessierte, was ihren Verstand Funken schlagen ließ und alle Neuronen und Rezeptoren anfeuerte, waren *Menschen*. Vor allem Detectives und Ermittler. Männer und Frauen, die aus einer Handvoll Spuren (oder meist *zu vielen Spuren*, die ausgesiebt und von falschen Fährten befreit werden mussten) Fallen bauen konnten, um Monster zu fangen.

(Bah! Klingt ja wie die Tagline von einem Film. Tut mir leid. Ich lasse mich zu leicht hinreißen, wenn ich über Michelle spreche, über das, was ihr wichtig war.)

Ich war ein Jahrzehnt lang mit einer Kämpferin gegen das Verbrechen verheiratet, mit einer bodenständigen, methodischen Frau, die mit ihren »kleinen grauen Zellen« gegen das Verbrechen antrat. Ich sah ihre rechtschaffene Wut, wenn sie die Aussagen von Überlebenden las oder Angehörige befragte, die immer noch darunter litten, dass ihnen ein geliebter Mensch entrissen wurde. An manchen Morgen brachte ich ihr Kaffee, und sie saß weinend an ihrem Laptop, frustriert und ausgelaugt, nachdem sie wieder einmal einem Hinweis nachgejagt und am Ende frontal gegen eine Mauer gerannt war. Aber dann trank sie einen Schluck Kaffee, wischte sich die Augen ab und hämmerte wieder auf ihre Tastatur ein. Ein neues Fenster wurde geöffnet, eine neue Spur verfolgt, von Neuem Anlauf auf diesen mörderischen, abscheulichen Widerling genommen.

Das Buch, das Sie gerade gelesen haben, zeigt, wie weit sie gekommen ist. Sie hat immer gesagt: »Mir ist egal, ob *ich* ihn schnappe. Ich will nur Handschellen an seinen Gelenken und eine Zellentür, die hinter ihm zuschlägt.« Und das meinte sie ernst. Sie war mit dem Herzen und dem Verstand einer echten Polizistin geboren worden – sie lechzte nach Gerechtigkeit, nicht nach Ruhm.

Michelle war eine fabelhafte Autorin: Sie war ehrlich – manchmal zu ehrlich – zu ihren Lesern, zu sich und auch über sich. Das sieht man in den autobiografischen Kapiteln in diesem Buch. Und man sieht, dass sie ehrlich über ihre eigene Begeisterung schrieb, ihre Obsession, ihre zuweilen gefährliche Hingabe an die Jagd – oft auf Kosten von Schlaf und Gesundheit.

Das Gespür für Recherche und Logik. Das Herz für Empathie und Einsicht. Diese beiden Qualitäten vereinte sie, wie ich es nie zuvor bei einem anderen Menschen erlebt habe. Ohne es darauf anzulegen, brachte sie mich dazu, zu überdenken, welchen Weg ich im Leben einschlug, wie ich mit anderen Menschen umging und welche Dinge mir wichtig waren. Durch sie wurde ich und wurde jeder in ihrer Nähe ein besserer Mensch. Der Schlüssel dazu war ihre ruhige, mühelos authentische Art.

Ich erzähle Ihnen mal eine Anekdote.

2011 entwickelte ich mit Phil Rosenthal eine Sitcom, die auf meinem Leben basierte. Seit einem Jahr lief *Louie* im Fernsehen, und ich war hingerissen von den Innovationen, was die Strukturierung einer Sitcom und die Präsentation der Figuren betraf. Im Grunde wollte ich mein eigenes *Louie*. Also setzten Phil und ich uns zusammen und gingen die Einzelheiten meines Alltags durch.

»Was macht deine Frau?«, fragte Phil eines Nachmittags beim Schreiben.

Ich erzählte es ihm. Ich sagte, sie würde jetzt den Blog *True Crime Diary* führen. Und dass sie ihn anfangs genutzt habe, um über die zahlreichen alten und auch aktuellen Fälle zu schreiben, die sie online verfolgte. Ich erklärte, dass sie Myspace-Einträge von möglichen Verdächtigen einband. Sie hatte gemerkt, dass die sozialen Medien eine Goldgrube für Ermittler waren. Die alte, schweißtreibende Methode, Verdächtige zum Reden zu bringen, war ein Witz gegen Tumblr, Facebook und Twitter, wo diese narzisstischen Soziopathen sich bereitwillig noch den größten Dreck von der Seele schrieben. Mit Google Maps und einem Dutzend anderer Internetdienste entwickelte sie Lösungen für scheinbar aussichtslose Fälle. Sie hatte ein besonderes Händchen dafür, bisher unbekannte Verbindungen zwischen einem kaum bekannten, viele Jahre zurückliegenden Fall und einem aktuellen Verbrechen herzustellen. »Siehst du, wie er seinen Modus Operandi verfeinert? Ein misslungener Entführungsversuch an einer Stelle ohne gute Anbindung an eine Schnellstraße wird zu einem sauberen Zugriff direkt neben einem Schnellstraßenkreuz, wo er auffahren und die Richtung wechseln kann. Er hat an seinem Mut und seinem Können gearbeitet. Bei beiden Fällen ist es dasselbe Auto, und niemand bemerkt ihn, weil es ein anderer Staat ist und die Polizeibehörden oft keine Infos austauschen.« (Diesen speziellen Monolog, das weiß ich noch, hat sie eines Abends im Bett gehalten, mit dem Laptop auf dem Schoß. Das war Michelles Vorstellung von Bettgeflüster.)

Ihre Blog-Einträge erregten das Interesse von Nachrichtensendungen im Kabelfernsehen und später von *Dateline NBC*, die sie für Interviews mit Verdächtigen anheuerten. Eine Mormonin sollte ihren Mann getötet haben. Die betreffenden Personen hatten abgeblockt, als ein großer Fernsehsender an sie herangetreten war, aber mit einer Bloggerin plauderten sie nur allzu gerne. Ihnen war allerdings nicht klar, dass die Bloggerin eine umfassendere Version der Mordermittlung erfunden hatte. Sie erzählten ihr alles.

Phil ließ das erst einmal sacken, als ich fertig war. Dann sagte er: »Tja, die Sendung wäre deutlich interessanter als das, woran wir gerade arbeiten. Wie wäre es, wenn deine Fernsehfrau Partyplanerin ist? Klingt das gut?«

So weit die Anekdote.

Ich möchte Ihnen noch ein Beispiel für Michelles Einzigartigkeit geben. Wir leben in einer Zeit der Clickbaits, der Diskussionen mit 140 Zeichen und dreißigsekündigen viralen Videos. Es ist einfach, Aufmerksamkeit zu erregen, aber fast unmöglich, sie länger zu binden.

Michelle beschäftigte sich mit einem Thema, das beständige, oft vergebliche Aufmerksamkeit forderte, wollte man ein irgendwie zufriedenstellendes Ergebnis erzielen oder mit der Sache abschließen. Man muss nicht nur die Aufmerksamkeit eines einzelnen Lesers fesseln, sondern von Dutzenden Polizisten, Datensammlern und Bürgerjournalisten, um auch nur einen kleinen Durchbruch zu erzielen.

Diese Aufmerksamkeit verdiente und erhielt Michelle sich durch ihre kraftvolle, unwiderstehliche Art, zu schreiben und Geschichten zu erzählen. Man versteht den Blickwinkel jeder Person, die in ihren Texten auftaucht, und keine davon hat sie einfach erfunden. Es sind Menschen, die sie kennengelernt hat, die ihr wichtig waren und für die sie sich die Zeit nahm, sie so zu sehen, wie sie wirklich waren: die Polizisten, die Überlebenden, die Hinterbliebenen – und, so unvorstellbar es mir auch vorkommt, sogar eine kranke, destruktive Kreatur wie der Golden State Killer.

Ich hoffe immer noch, dass er irgendwann hört, wie die Zellentür hinter ihm zuschlägt. Und ich hoffe, dass sie es auch hört.

Vergangene Weihnachten öffnete unsere Tochter Alice ein Geschenk, das der Weihnachtsmann ihr gebracht hatte. Sie packte fröhlich ihre kleine Digitalkamera aus und spielte an den Einstellungen herum. Ein schönes Geschenk. Frohes Fest, mein Schatz.

Später am Vormittag fragte sie aus heiterem Himmel: »Daddy, warum hat der Weihnachtsmann dieselbe Handschrift wie du?«

Michelle Eileen McNamara ist nicht mehr bei uns. Aber sie hat eine kleine Detektivin zurückgelassen.

Und ein Rätsel.

Patton Oswalt
Herndon, Virginia
2. Juli 2017

EPILOG
BRIEF AN EINEN
ALTEN MANN

Du warst dein Herannahen. Der dumpfe Schlag gegen den Zaun. Ein kühler Hauch durch eine aufgestemmte Terrassentür. Der Geruch eines Aftershaves, der sich morgens um drei in einem Schlafzimmer ausbreitet. Eine Klinge an der Kehle. »Keine Bewegung, sonst bringe ich dich um.« Im bleischweren Schlaf flackerte ihre vorprogrammierte Gefahrenerkennung nur leise auf. Niemandem blieb die Zeit, sich aufzusetzen. Aufzuwachen hieß zu begreifen, dass sie überfallen wurden. Die Telefonleitungen waren durchtrennt worden. Die Munition aus Pistolen entfernt. Fesseln vorbereitet und zurechtgelegt. Du erzwangst Handlungen vom Rande der Wahrnehmung aus, als verschwommene Maske und befremdliche, keuchende Atemzüge. Deine Vertrautheit jagte ihnen Angst ein. Deine Hände griffen zielstrebig nach schwer zu findenden Lichtschaltern. Du kanntest Namen. Anzahl der Kinder. Lieblingsorte. Deine Planung gewährte dir einen entscheidenden Vorteil, denn wenn deine Opfer vom blendenden Licht der Taschenlampe und von verbissenen Drohungen aufwachten, warst du für sie immer ein Fremder, aber sie waren es nie für dich.

Herzen hämmerten. Münder wurden trocken. Körperlich bliebst du nicht greifbar. Du warst ein flüchtig gespürter Schuh mit harter Sohle. Ein mit Babyöl eingeriebener Penis, der zwischen gefesselte Hände gestoßen wurde. »Streng dich an.« Niemand sah dein Gesicht. Niemand spürte das ganze Gewicht deines Körpers. Mit verbundenen Augen konnten die Opfer nur nach Gerüchen und Geräuschen gehen. Babypuder mit Blumenduft. Ein Hauch Zimt. Ein Windspiel an der Gardinenstange. Der Reißverschluss einer Reisetasche, der geöffnet wurde. Münzen, die zu Boden fielen. Wimmern, Schluchzen. »Oh, Mom.« Ein kurzer Blick auf blaue Tennisschuhe aus Veloursleder.

Das Bellen der Hunde, das im Westen verklang.

Du warst, was du zurückgelassen hast: ein zehn Zentimeter langer, senkrechter Schnitt im Fliegengitter des einstöckigen Hauses am Montclair Place in San Ramon. Ein Beil mit grünem Griff auf der Hecke. Ein Seil, das in einer Birke hing. Schaum auf einer leeren Dose »Schlitz«-Malzbier im Garten. Spuren einer nicht identifizierbaren blauen Farbe. Foto 4 der Filmrolle 3 des Contra Costa County Sheriff's Office von der Stelle, an der du wahrscheinlich über den Zaun geklettert bist. Die bläulich angelaufene rechte Hand eines Mädchens, die stundenlang taub blieb. Der Umriss einer Brechstange im Staub.

Acht eingeschlagene Schädel.

Du warst ein Voyeur. Hast geduldig Gewohnheiten und Tagesabläufe ausspioniert. In der ersten Nacht, in der ein Ehemann bei seiner Arbeit als Disponent in die Nachtschicht wechselte, schlugst du zu. Beim Tatort im 3800er-Abschnitt am Thornwood Drive in Sacramento wurden vier bis sieben Tage alte Schuhabdrücke mit Fischgrätmuster vor dem Badezimmerfenster entdeckt. Den Polizisten fiel auf, dass du von dieser Stelle aus ins Schlafzimmer des Opfers blicken konntest. »Fick mich wie dein Alter«, hast du gezischt, als wüsstest du, wie das ging. Einer jungen Frau hast du hochhackige Schuhe angezogen, die sie auch mit ihrem Freund im Bett trug. Du hast Polaroids von einer Frau im Bikini als Andenken gestohlen. Mit deiner grellen Taschenlampe und den knappen, sich wiederholenden Sätzen bist du herumstolziert als Regisseur und Star eines Films, der sich in deinem Kopf abspielte.

Fast alle Opfer beschreiben dieselbe Szene: einen Moment, in dem sie spürten, dass du zurückgekommen warst, nachdem du in einem anderen Teil des Hauses fast beiläufig alles durchwühlt hattest. Kein Wort. Keine Bewegung. Trotzdem wussten sie, dass du dort standest, sie konnten sich den leblosen Blick durch die beiden Löcher in deiner Skimaske vorstellen. Eine Frau spürte, wie du die Narbe auf ihrem Rücken anstarrtest. Als sie lange nichts gehört hatte, dachte sie: *Er ist weg.* Sie atmete auf, gerade als die Messerspitze sich senkte und am Ende der Narbe entlangfuhr.

Gedankenspiele putschten dich auf. Deine klägliche Realität wurde von deiner Fantasie ersetzt. Die Unzulänglichkeit drang dir aus allen Poren. Ein Opfer versuchte es mit »paradoxer Intervention« und flüsterte: »Du machst das gut.« Erstaunt hast du sofort von ihr abgelassen. Dein Auftreten als harter Kerl wirkte wie Maulheldentum. In dein Flüstern mit zusammengebissenen Zähnen schlich sich ein Zittern, manchmal fiel ein Stottern auf. Ein anderes Opfer beschrieb der Polizei, wie du kurz seine linke Brust gepackt hattest. »Als wäre sie ein Türknauf.«

»Oh, fühlt sich das nicht gut an?«, hast du ein Mädchen während der Vergewaltigung gefragt. Dabei hast du ihr ein Messer an den Hals gehalten, bis sie bejahte.

Deine Fantasien waren tief verwurzelt, aber sie brachten dich nie zu Fall. Jede Suche nach einem flüchtigen Gewaltverbrecher ist ein Wettlauf. Du bist immer in Führung geblieben. Du warst gerissen. Um keinen Verdacht zu erregen, hast du gerade außerhalb des polizeilichen Suchradius geparkt, zwischen zwei Häusern oder auf einem leeren Grundstück. Du hast kleine

Löcher in Scheiben geschlagen, mit einem Werkzeug vorsichtig Holzriegel gelöst und Fenster geöffnet, ohne deine Opfer zu wecken. Du hast die Klimaanlage ausgeschaltet, um zu hören, falls jemand kam. Seitentüren hast du geöffnet und Terrassenmöbel umgestellt, damit du freie Bahn nach draußen hattest. Mit einem Rennrad bist du einem FBI-Agenten in seinem Auto entkommen. Du bist über Dächer geklettert. Am 6. Juli 1979 reagierte ein Spürhund in Danville so heftig vor einem Efeugestrüpp im Sycamore Hill Court, dass der Hundeführer annahm, der Geruchspool sei erst wenige Augenblicke alt.

Nach einem Angriff sah dich ein Nachbar fliehen. Du hast das Haus so verlassen, wie du es betreten hast: ohne Hose.

Hubschrauber. Straßensperren. Nachbarschaftspatrouillen, notierte Kennzeichen. Hypnotiseure. Hellseher. Hunderte weißer Männer, die DNA-Proben abgaben. Nichts.

Du warst ein Geruch und ein Schuhabdruck. Bluthunde und Ermittler folgten beidem. Sie führten fort. Sie führten nirgendwohin.

Sie führten in die Dunkelheit.

Eine lange Zeit über bleibst du im Vorteil. Deine Schritte treiben dich voran. In deinem Kielwasser folgen die Ermittlungen der Polizei. Der schlimmste Vorfall im Leben eines Menschen wird von einem oft gehetzten und schläfrigen Polizisten in nachlässiger Schrift aufgezeichnet. Es wimmelt von Rechtschreibfehlern. Eine kleine Zeichnung am Seitenrand stellt die Beschaffenheit von Schamhaaren dar. Um Spuren zu folgen, wählen Ermittler langsam Nummern auf einem Wählscheibentelefon. Wenn niemand zu Hause ist, klingelt das Telefon einfach weiter. Wollen sie alte Unterlagen einsehen, durchwühlen sie von Hand Papierstapel. Der ratternde Fernschreiber stanzt unzählige Löcher in Papierstreifen. Verdächtige werden aufgrund von Alibis ihrer Mütter ausgeschlossen. Irgendwann wandert der Bericht in eine Fallakte, in einen Karton und dann in einen Raum. Die Tür schließt sich. Das Papier beginnt zu vergilben, die Erinnerungen verblassen.

Du hast das Rennen so gut wie gewonnen. Der schwierigste Teil ist geschafft, das kannst du spüren. Die Opfer geraten in Vergessenheit. Ihr Leben wurde aus der Bahn geworfen, sie haben jede Zuversicht verloren. Phobien setzen ihnen zu. Noch immer lähmen sie die Erinnerungen. Es kommt zu Scheidungen. Drogenmissbrauch. Verjährungsfristen verstreichen. Aus Platzmangel werden Beweismittel entsorgt. Von dem, was ihnen angetan wurde, bleibt nicht mehr als von einem geworfenen Stein, der in einem Teich versinkt und nur ein paar schwache Kreise an der Oberfläche hinterlässt. Sie machen weiter, so gut sie können.

Du auch.

Doch das Spiel hat seine Spannung verloren. Das Drehbuch steckt voller Wiederholungen und erfordert höhere Einsätze. Angefangen hast du vor den Fenstern, dann bist du ins Haus eingedrungen. Die verängstigten Reaktionen haben etwas in dir ausgelöst. Aber nach drei Jahren genügen verzerrte Gesichter und Flehen nicht mehr. Du gibst deinen dunkleren Trieben nach. All deine Mordopfer sind bildhübsch. Manche führen ein kompliziertes Liebesleben. In deinen Augen sind sie sicher »Huren«.

Jetzt gelten andere Regeln. Wenn deine überlebenden Opfer gefesselt in ihren Häusern lagen, wusstest du, dass dir mindestens fünfzehn Minuten zur Flucht aus der Umgebung blieben. Doch als du am 13. März 1980 das Haus von Lyman und Charlene Smith in Ventura verlässt, treibt dich nichts zur Eile an. Ihre Leichen werden erst drei Tage später gefunden.

Ein Holzscheit. Eine Brechstange. Ein Schraubenschlüssel. Du tötest deine Opfer mit Gegenständen, die dir in ihren Häusern in die Hände fallen – so warst du immer schnell zu Fuß und hast wenig mehr als deine Wut mit dir herumgetragen.

Und dann, nach dem 4. Mai 1986, verschwindest du. Manche glauben, du seist gestorben. Oder im Gefängnis. Ich nicht. Ich glaube, du hast dich ausgeklinkt, als die Welt begann, sich zu verändern. Sicher, das Alter wird dich ausgebremst haben. Das Testosteron, das früher strömte, tröpfelte nur noch. Doch in Wahrheit sieht es so aus, dass Erinnerungen verblassen. Papier zerfällt. Aber die Technik schreitet voran. Du bist ausgestiegen, als du über die Schulter geblickt und gesehen hast, dass deine Verfolger aufholen.

Du hattest das Rennen so gut wie gewonnen. Du warst der Beobachter, der die Macht hatte und nie selbst beobachtet wurde. Der erste Rückschlag kam am 10. September 1984, als der Genforscher Alec Jeffreys in einem Labor der Leicester University das erste DNA-Profil erstellte. Ein zweiter folgte 1989 mit Tim Berners-Lees Hypertext-Projekt, das zum World Wide Web führte. Menschen, die noch nie von dir oder deinen Verbrechen gehört hatten, entwickelten Algorithmen, die helfen könnten, dich aufzuspüren. 1998 gründeten Larry Page und Sergey Brin ihre Firma Google. Polizeiberichte über dich wurden kistenweise hervorgeholt, gescannt, digitalisiert und geteilt. Die Welt wuchs durch die neuen Kommunikationsmittel zusammen. Smartphones. Texterkennung. Konfigurierbare interaktive Landkarten. Suche nach Verwandten durch DNA.

Ich habe Fotos der Abdrücke deiner dicken Profilsohlen gesehen, die du am 17. Juli 1976 vor dem Zimmer eines jungen Mädchens in Carmichael hinterlassen hast, ein primitives Überbleibsel aus einer Zeit, als Voyeure keine andere Wahl hatten, als sich selbst vor Fenster zu stellen. Im unauffälligen Heranschleichen warst du ein Ass. Aber deine Talente von damals sind heute wertlos. Deine Zeit ist abgelaufen. Das Blatt hat sich gewendet. Überall um dich herum öffnen sich virtuelle Fenster.

Du, der meisterhafte Beobachter, bist zum alternden, schwerfälligen Ziel in ihrem Fadenkreuz geworden.

Eine Skimaske wird dir jetzt nicht mehr helfen.

Bei einem Opfer klingelte vierundzwanzig Jahre nach der Vergewaltigung das Telefon. »Willst du spielen?«, flüsterte ein Mann. Das warst du. Sie war sich sicher. Du hast dir einen Anfall von Nostalgie gegönnt, wie ein ehemaliger Footballstar mit Arthrose, der sich ein altes Spiel auf einer Videokassette ansieht.

»Weißt du noch, wie wir gespielt haben?«

Ich stelle mir vor, wie du ihre Nummer wählst, allein in einem kleinen, dunklen Zimmer, wie du auf der Kante deines Einzelbetts hockst – weil dir als einzige Waffe im Arsenal die Erinnerung bleibt, die du wecken kannst, die Fähigkeit, mit deiner Stimme Schrecken zu verbreiten.

Eines Tages, es wird nicht mehr lange dauern, wirst du hören, wie ein Auto vor deinem Haus hält, wie ein Motor ausgeschaltet wird. Schritte werden sich deiner Tür nähern. Wie bei Edward Wayne Edwards, neunundzwanzig Jahre nachdem er Timothy Hack und Kelly Drew in Sullivan, Wisconsin, getötet hatte. Wie bei Kenneth Lee Hicks, dreißig Jahre nach seinem Mord an Lori Billingsley in Aloha, Oregon.

Es klingelt.

Es steht keine Seitentür offen. Die Tage, in denen du über Zäune gesprungen bist, hast du längst hinter dir. Schnapp tief nach Luft wie früher. Knirsch mit den Zähnen. Zwing dich ängstlich Schritt für Schritt zur Tür.

So wird es für dich enden.

»Du sagst nie wieder etwas, und ich verschwinde im Dunkeln«, hast du einem Opfer gedroht.

Öffne die Tür. Zeig uns dein Gesicht.

Tritt ins Licht.

Michelle McNamara

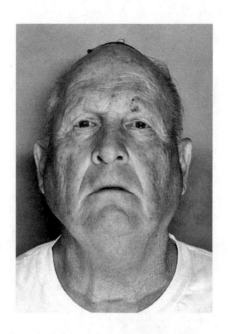

Am 24. April 2018 wurde der 72-jährige ehemalige Polizist Joseph James DeAngelo in seinem Haus in Citrus Heights, Kalifornien festgenommen. DeAngelos DNA-Profil stimmt zu einhundert Prozent mit dem des Golden State Killer überein. Er wurde in allen zwölf bekannten Mordfällen angeklagt.

Bildnachweis:
S. 31, 160, 357 (oben): © Classmates.com
S. 43, 164 ff., 172, 174, 189 (unten), 357 (unten): © Orange County Sheriff's Department
S. 85: © Richard Shelby
S. 90, 96, 239, 357 (unten), 415: © Sacramento County Sheriff's Department
S. 122: © Mary Lou McGowen
S. 146: © Michelle White
S. 158: © Larry Pool
S. 172, 174, 189 (unten): © Santa Barbara County Sheriff's Office
S. 188 f.: © Debbi Domingo
S. 208: © Paul Holes
S. 213: © Larry Crompton
S. 248, 277: © Tom Macris / Contra Costa County Sheriff's Office
S. 296 ff.: © Contra Costa County Sheriff's Office
S. 359: © Patton Oswalt

Deutsche Erstausgabe
1. Auflage 2019
© Atrium Verlag AG, Zürich, 2019
Alle Rechte vorbehalten
Die Originalausgabe erschien 2018 unter dem Titel
I'll Be Gone in the Dark bei HarperCollins Publishers,
New York, im Imprint Tell Me Productions
© 2018 Tell Me Productions, Inc.

Aus dem amerikanischen Englisch von Eva Kemper
Lektorat: Heiko Arntz, Wedel
Umschlaggestaltung: Hauptmann & Kompanie Werbeagentur, Zürich, unter Verwendung eines Fotos von © plainpicture / Folio Images / Ivan Brodey
Satz: Dörlemann Satz, Lemförde
Druck und Bindung: GGP Media GmbH, Pößneck
Printed in Germany
ISBN 978-3-85535-060-5

www.atrium-verlag.com